本书系人力资源和社会保障部调解仲裁管理司项目：《劳动人事智能仲裁院建设》；浙江省“十三五”产学研协同育人项目：劳动人事争议智能庭审实验室建设；教育部高教司2019年第二批产学研协同育人项目：浙江省温州市高教园区劳动人事争议预防调处实践教学基地结项成果

劳动人事争议智能仲裁研究

周湖勇——著

法律出版社
LAW PRESS·CHINA
——北京——

图书在版编目(CIP)数据

劳动人事争议智能仲裁研究 / 周湖勇著. -- 北京 :
法律出版社, 2023
ISBN 978-7-5197-7480-6

Ⅰ. ①劳… Ⅱ. ①周… Ⅲ. ①劳动争议—仲裁—研究
—中国 Ⅳ. ①D922.591.5

中国国家版本馆 CIP 数据核字(2023)第005878号

劳动人事争议智能仲裁研究
LAODONG RENSHI ZHENGYI ZHINENG ZHONGCAI YANJIU

周湖勇 著

策划编辑 似 玉
责任编辑 似 玉
装帧设计 臧晓飞

出版发行 法律出版社
编辑统筹 法律应用出版分社
责任校对 朱海波
责任印制 刘晓伟
经 销 新华书店

开本 710毫米×1000毫米 1/16
印张 24.75 字数 355千
版本 2023年2月第1版
印次 2023年2月第1次印刷
印刷 北京建宏印刷有限公司

地址:北京市丰台区莲花池西里7号(100073)
网址:www.lawpress.com.cn
投稿邮箱:info@lawpress.com.cn
举报盗版邮箱:jbwq@lawpress.com.cn
销售电话:010-83938349
客服电话:010-83938350
咨询电话:010-63939796

书号:ISBN 978-7-5197-7480-6 定价:99.00元
凡购买本社图书,如有印装错误,我社负责退换。电话:010-83938349

目录

导 论

一、国内外研究现状及其发展述评

（一）研究的主要内容

1. 研究概况

1970 年，Buchanan 和 Headrick 发表了《关于人工智能和法律推理若干问题的考察》一文，拉开了对法律推理进行人工智能研究的序幕，研究的重点是法律推理、裁量模型、信息检索和查询。从 20 世纪 80 年代起，美国一批智能专家学者开始关注人工智能和法律这一主题。美国东北大学计算机与信息科学学院教授伯曼和哈夫纳是该领域的开拓者。1987 年，他们在波士顿召开“人工智能与法国际学术大会”；1992 年，成立国际人工智能与法协会；1993 年创办《人工智能与法律》杂志。法律人工智能的发展虽有 30 多年的历史，但直到这几年由于人工智能的深度学习、互联网和大数据的发展，其运用才获得较大的突破。就研究领域而言，法律推理、专家系统等一直是人工智能与法研究的重点。同时，人工智能辅助量刑也是学者关注的一个重要领域。从“AI and Law”的发展轨迹来看，早期的“AI and Law”为适应工程应用的需要而侧重于技术层面，将研究的重点放在人工智能与法律推理、专家系统、司法裁量建模、量刑辅助系统等领域，发表的论文多属于计算机或工程类论文。

近年来，随着人工智能在法律领域的应用范围扩大，“AI and Law”的研究范围有所拓展，开始研究人工智能的法律地位、人工智能的法律责任、人工智能典型应用场景的法律规制等规则层面的问题。从国外“AI and Law”的演进历程来看，技术和规则均是其研究的对象。

我国对法律人工智能的研究起步较晚，对其进行研究也是这几年由于人工智能在我国司法等领域的广泛应用才得以展开的，研究人员多为实务部门的工作人员，2018 年之后，才有大批量学者进行研究。

2. 主要内容

(1)裁判人工智能何以可能

人工智能辅助裁判最高境界、最难的就是推理系统。推理系统致力于让机器模拟人的思维对案件的证据分析、事实认定甚至定性处理进行判断。而要让机器进行判断、预测和推理的前提在于需将法律规定、案例事实、证据规则由自然语言翻译成机器语言，建立知识图谱，形成推理模型[1]。因此，如何让机器利用自然语言处理能力去理解案件文本，并评估案件中所有可能的含义，是实现司法裁判智能化的关键，也是连接现实应用和计算机技术的核心所在。有的学者认为，人脑和计算机在抽象层面具有相同的功能，都可以用抽象原理系统表达客观现实世界经验，所有的理解都可以由形成和操作恰当的表述方式组成。有的学者则认为，计算机在理解、识别案情、作出裁判等方面都存在缺陷。机器不仅在理解案情方面存在“认知”短板，而且在裁判能力上也有缺陷，裁判需要对原有规则中定义不严密、含义开放的概念，以及由于更多的新知识出现，而使得原有单一性的规则发生变化等情况分别作出识别和处理，

---

〔1〕 参见李勇：《人工智能辅助办案，理论准备需要先行》，载《检察日报》2019 年 5 月 16 日第 3 版。

整个过程涵盖多种认知技能,如评判事实、条文解读、类比推理以及辩证思考。司法裁判往往需要判断证据的可采性、评价证据的证明力度、解读法律条文及其他规范性文件的含义和目的,知识覆盖面大、技术含量高的工作人工智能难以胜任[1]。人的智慧是通过生物性和社会性衍生出来的,而机器智能是通过算法和数据处理来模仿人。同时,人工智能可以在某些方面模仿人,但完全取代人恐怕难以实现。还有学者认为,人类是否为人工智能所取代,在现在看来也是一个伪命题或尚无法证明的问题。

(2)裁判人工智能的应用和功能

裁判人工智能的功能要根据人工智能的成熟程度确定,一般而言,有以下几个方面:一是通过智能语音识别技术,将司法辅助人员从记录和咨询事务中解脱出来。二是将智能图像和文件识别技术嵌入司法办案系统,将司法官从简案处理和烦琐文牍中解脱出来。三是通过数据提纯、算法测试和专业训练,让系统变得更加智能,辅助司法官决策判断。四是"阿尔法法官"自主办案系统的出现。就目前而言,主要是弱人工智能在裁判领域中的应用。目前,司法人工智能存在大数据和人工智能开发的技术障碍,包括图谱构建的技术障碍、情节提取的技术障碍、类案识别的技术障碍、模型训练的技术障碍、量刑预测的技术障碍、偏离度测算的技术障碍等[2]。同时,人工智能在裁判领域的应用只是将人工智能技术平移到裁判领域,目前还没有结合裁判的特征和要求进行精细化研究。法律领域人工智能今后的主要方向仍然在于法律语言的处理和法律语言的理解方面,目前绝大多数辅助系统中计算机视觉、语音识别等技术应用实质上都不是法律领域的专有技术,而是人工智能自身发展的副产品。裁判决策系统并非单一性逻辑法律推理系统,并非只有演绎,

---

〔1〕 参见吴习彧:《司法裁判人工智能化的可能性及问题》,载《浙江社会科学》2017 年第 4 期。

〔2〕 参见王禄生:《司法大数据与人工智能开发的技术障碍》,载《中国法律评论》2018 年第 2 期。

也不仅是“三段论”过程，而是包括道义逻辑、逆向推理逻辑等非单一逻辑所构建的推理系统。因此，建构符合人类正义观的裁判决策模型是其发展方向。

智能仲裁契合当前司法改革的需要，员额制改革等一系列改革使得法院“案多人少”的矛盾更加突出，同时案件审批制度等传统管理方式的改革使得法院裁判标准不一致，司法公正面临新的问题，而人工智能能为此提供新的技术手段，既可以缓解“案多人少”的矛盾，又可以实现类案同判。因此，最高人民法院将司法改革和信息化建设作为人民法院发展的“车之两轮、鸟之两翼”。从程序层面，智慧司法可以促进程序的效率、公开和规范化；从实体层面，智慧司法有助于实现大数据背景下的同案参照。[1]

(3)人工智能对裁判的影响及其存在的问题

人工智能对裁判的积极影响是显而易见的，有助于推进司法公开，提高司法效率，将司法人员从简单重复的劳动中解放出来，助推司法公正，实现同案同判，有助于公民接近司法，接近正义。但也会带来很多消极的影响：人工智能作为一个工具理性，会产生对司法本意的消解，消解司法的神圣性与权威性，物化法官职业，剥夺法官的内心自由，摧毁法官的主体地位，使法官的精神家园变得荒芜；会削弱司法自主性；会分化司法平等；技术外包会威胁司法公信。[2] 人工智能司法决策必然要求重新审视法律推理逻辑，重构审判责任理论，重塑法官职业身份内涵，甚至改变司法决策过程中人机互动的关系格局。[3] 人工智能裁判可能会导致庭审的弱化，最后庭审只是对系统中提取的案件要素的真实性和是否符合标准进行判断，而非对案件事实本身的再发现，还可能导致对裁判者

---

〔1〕 参见冯姣、胡铭：《智慧司法：实现司法公正的新路径及其局限》，载《浙江社会科学》2018 年第 6 期。

〔2〕 参见徐骏：《技术外包对司法公信的威胁》，载《法学》2017 年第 3 期。

〔3〕 参见周尚君、伍茜：《人工智能司法决策的可能与限度》，载《华东政法大学学报》2019 年第 1 期。

的个人经验造成压制。[1]

目前,裁判人工智能发展存在诸多的问题,对于这些问题,学者们有从理论视角进行研究的,也有从实务视角进行分析的。刘艳红认为,我国司法大数据技术开发存在五大“瓶颈”:未能深度融合法学理论与实践知识、未能充分回应一线需求、未能充分实现专有技术开发、过度的法院本位、显著的管理本位。[2]

(4)裁判人工智能的限度

“有限智能化”是司法界通行的观点,尽管将司法人工智能明确定位为“辅助办案系统”,但在具体的操作层面,究竟如何稳妥地划定人工智能的司法禁区,尚未形成共识。顾永忠认为,在司法工作中,如何运用科技,是否无选择、无条件地运用,值得思考和研究,比如人工智能就无法解决亲历性问题。[3] 卞建林认为,科技应当遵循司法规律,服务司法而不是引领司法。[4] 有的学者主张,以立法方式对人工智能的应用采取必要的监管,是一种较为便捷的防范人工智能可能或潜在风险的措施。有的学者认为,要区分“做人所能做之事”和“做人做之事”,于前者,人工智能是辅助性的,它的指向是将人从简单重复性劳动和数据计算中解放出来,人工智能是一个客体的物,并不具有主体性;于后者,人工智能是替代性的,它的指向不是将人从劳动中解放出来,而是将人从劳动中排斥出去,此时的人工智能虽然不能被当作一个道德上的人,但在做特定劳动的时候,它就是一个“人”,[5]还有的学者认为凡是与裁量性判断有

---

〔1〕 参见吴习彧:《裁判人工智能化的实践需求及其中国式任务》,载《东方法学》2018 年第 2 期。

〔2〕 参见刘艳红:《大数据时代审判体系和审判能力现代化的理论基础与实践展开》,载《安徽大学学报(哲学社会科学版)》2019 年第 3 期。

〔3〕 参见殷泓:《新时代,司法如何拥抱新技术》,载《光明日报》2017 年 12 月 7 日第 15 版。

〔4〕 参见殷泓:《新时代,司法如何拥抱新技术》,载《光明日报》2017 年 12 月 7 日第 15 版。

〔5〕 参见刘振宇:《人工智能时代的司法建设》,载《中国社会科学报》2017 年 8 月 16 日第 5 版。

关的数据，特别是智能系统的数据更新，提供主体必须保持唯一性——司法官和司法机关；[1]在刑事案件中，律师会见不能涉及人工智能。[2]

算法裁判无疑具有模拟人的智性、体现人的智性的功能，但很难具有源于人的心性和灵性的司法判断的潜质。由于人工智能本身作用的有限以及法院审判工作系统性、职业性、经验性的特点，人工智能只能定位于办案辅助工具。[3] 也有人认为，即使在技术上裁判人工智能具有可能性，人类也要将裁判主权牢牢地控制在自己的手中。

(5)裁判人工智能的安全问题

人工智能的安全问题是人工智能研究的一项重要领域。霍金指出人工智能可能会毁灭人类，有的人认为人工智能可能是人类最后的发明，因此人工智能的安全问题引起了学者广泛关注。霍金、马斯克等发起倡议《人工智能 23 条规则》。有的学者主张面向未来的制度构成，应当以人工智能的技术发展为主题，形成包含法律规则、政策制定和伦理规范的社会治理体系；[4]人工智能系统的核心是将价值标准和伦理思考嵌套在智能系统设计之中，这是人工智能治理的核心理念和根本要求；[5]对人工智能的法律治理，必须确立可追溯性原则，这样才能让智能机器人行为决策处于监管之下，如此一来，人类的监管机构不仅能够理解智能机器人的思考过程以及作出必要的修正，而且能够在特定的调查和法律行动中发挥其应有的作用。有的学者主张从内外进路予以规制：就前者而言，有伦理设计，限定人工智能应用范围、自主程度和智能水平等方式；就后者而言，有加强科学家的社会责任和促进国际合作、引导公众接受，以及对人工智能进行安全评估与管理等途径。有的学者主张，

---

[1] 参见黄京平：《刑事司法人工智能的负面清单》，载《探索与争鸣》2017 年第 10 期。

[2] 参见殷泓：《新时代，司法如何拥抱新技术》，载《光明日报》2017 年 12 月 7 日第 15 版。

[3] 参见潘庸鲁：《人工智能介入司法领域的价值与定位》，载《探索与争鸣》2017 年第 10 期。

[4] 参见吴汉东：《人工智能时代的制度安排与法律规制》，载《法律科学(西北政法大学学报)》2017 年第 5 期。

[5] 参见陈伟光：《关于人工智能治理问题的若干思考》，载《人民论坛》2017 年第 20 期。

让专门的人工智能安全管理系统来管理人工系统，因为人工智能的部分能力已经超过了人类，人类难以予以规制。[1] 有的学者分析立法机关、行政机关和法院在人工智能监管的作用中各有优劣，应当制定《人工智能发展法》分别予以规制[2]。有的学者主张民众参加人工智能研发。

对于裁判人工智能的安全问题，除传统的网络安全以外，最主要的还是保障裁判公正，而保障裁判公正，关键的是保障裁判大数据的准确性和真实性，以及算法的公正无偏私。为了确保数据的准确和真实，要拓宽大数据的来源渠道，加强司法公开，规范知识抽取过程，培养“人工智能+法律”横向复合型人才，建立算法监管体系。[3] 算法是人工智能的核心要素，代表人工智能决策的逻辑结构，其虽然以代码为表现形式，但并非都是客观的、中立的。随着人工智能在裁判领域的深度应用，算法偏见和歧视将会对裁判公正产生重大的影响。公正是裁判的生命线，对偏见和歧视具有天然的排斥性，防范算法偏见和歧视是智能裁判的一个重要任务。具体而言，可以采取以下措施：建立由法官、检察官、律师和其他人员组成的伦理审查委员会，审查算法的公正性；促进智能算法的公开；提升算法训练的质量；强化司法人员的主体地位等。同时，还要对智能裁判的算法实现全程监控，算法设计完成，法院并没有卸下监管职责，将算法嵌入有关产品及其产品的实践具体应用都离不开法院监管，只有确保从算法到产品到应用的全流程监管，算法决策才能经得起检验和推敲。[4] 有学者认为除以人工智能基本定律为技术安全前提外，还应以公正为根本的价值导向，要构建符合人类正义观的司法裁决模型。[5] 需针对算法决策设立相应的规制和救济机制，注入公开、公平和

---

〔1〕 参见杜严勇：《人工智能安全问题及其解决进路》，载《哲学动态》2016 年第 9 期。

〔2〕 参见[美]马修 U. 谢勒、曹建峰、李金磊：《监管人工智能系统：风险、挑战、能力和策略》，载《信息安全与通信保密》2017 年 3 期。

〔3〕 参见施珠妹：《智慧法院建设与“大数据”质量》，载《东方论坛》2019 年第 1 期。

〔4〕 参见施珠妹：《智慧法院建设与“大数据”质量》，载《东方论坛》2019 年第 1 期。

〔5〕 参见周尚君、伍茜：《人工智能司法决策的可能与限度》，载《华东政法大学学报》2019 年第 1 期。

责任理念，进而兴利除弊，促进科技向善和打造良性发展的智慧司法，更好地实现可视正义。[1]

（二）简要的评论

虽然上述研究成果为进一步发展人工智能进行了理论准备、提供了研究素材，但总体而言，法学界对法律人工智能的研究反应迟钝，弥漫着浓厚的保守气息，和人工智能在司法领域里如火如荼地实践形成了鲜明的对比，而且，已有的研究成果主要在近2年。没有理论指导的实践是盲目的实践，实践的发展迫切需要有价值的成果问世；人文社科的发展应当走在自然科学的前面，为解决人工智能安全问题作出充分的理论准备。"大数据时代绝对不是一个理论消亡的时代，相反地，理论贯彻于大数据分析的方方面面。……大数据不会叫嚣'理论已死'，反而会从根本上改变我们理解世界的方式。"[2]而对于人工智能在劳动人事争议仲裁领域应用的研究刚起步，因而虽然司法人工智能对智能仲裁具有借鉴和参考意义，但毕竟没有针对性，实践迫切需要智能仲裁的相关成果问世。

二、研究劳动人事争议智能仲裁的意义

2015年7月5日，国务院印发《关于积极推进"互联网＋"行动的指导意见》。2015年8月31日，国务院印发《促进大数据发展行动纲要》。2016年5月19日，中共中央、国务院印发《国家创新驱动发展战略纲要》。2016年7月27日，中共中央办公厅、国务院办公厅印发《国家信息化发展战略纲要》。2017年7月8日，国务院通过《新一代人工智能发展规划》，提出了面向2030年我国新一代人工智能发展的指导思想、战略目标、重点任务和保障措施，加快建设创新型国家和世界科技强国。党的十九大报告进一步指出要"推动互联网、大数据、人工智能和实体经济深度融合""提高社会治理社会化、法治化、智能化、专业化水平"。由上

[1] 参见马长山：《司法人工智能的重塑效应及其限度》，载《法学研究》2000年第4期。

[2] 参见[英]维克托·迈尔·舍恩伯格：《大数据时代：生活、工作与思维的大变革》，盛杨燕、周涛译，浙江人民出版社2013年版，第94页。

述内容可知,人工智能已经上升为我国的国家战略,劳动人事争议仲裁大数据是国家大数据的重要组成部分,智能仲裁建设有助于推进国家人工智能战略的实施。

根据全国“互联网＋人社”推进座谈会部署和“十三五”时期调解仲裁工作总体思路,人力资源和社会保障部调解仲裁管理司以“三系统一平台”[1]为基础,构建“互联网＋调解仲裁”工作体系。劳动人事争议仲裁作为解决劳动人事争议的主渠道,其改革和建设意义重大,通过智能仲裁建设,将有助于更好地发挥仲裁在劳动人事争议解决中的作用,以构建和谐劳动关系,维护社会的和谐和稳定。同时,开展智慧仲裁院和数字仲裁庭建设是一项重要的基础性工作,有助于进一步提高劳动人事争议仲裁效能和服务社会能力。

(一)实践意义

研究智能仲裁,可以为仲裁建设提供理论支撑。建设智能仲裁是贯彻国家人工智能战略的一项重要举措。同时,人工智能是解决劳动人事争议仲裁面临问题的突破口,劳动人事争议仲裁面临“案多人少”、裁判标准不统一、裁审衔接不畅等诸多问题,理论界和实务界都在进行探索,但基于各方面的原因,进展不大,而人工智能的引入为这些问题的解决提供了新的思路、新的契机和新的突破口,但由于没有现成的经验可以借鉴,实践急需理论予以指导。

法学理论研究应当密切关注社会现实,积极回应大数据、人工智能等新兴科学技术带来的一系列法律挑战,从而为我们立法以及有关法律制度的进一步完善提供有力的理论支撑。我们已进入人工智能的新时代,大数据和人工智能的发展深刻地影响着我们的社会生活,改变了我们的生产和生活方式,也深刻地影响着社会的方方面面。但同时,它们

[1] “三系统一平台”是指全国劳动人事争议仲裁办案系统、全国劳动人事争议仲裁机构人员管理系统、全国劳动人事争议仲裁案件监测系统、“互联网＋调解仲裁”服务平台。

也提出了诸多的法律问题,需要法学理论研究工作者予以回应。[1] 人工智能革命引发的法律问题才刚刚开始,法律研究者需要秉持理性主义精神,不断拓展知识储备,跟进理论创新和制度创新,探索和发现一个更适合人工智能时代的法律制度体系。[2] 未来人工智能相关的法律政策必将超越现有的法律政策体系,立法、执法、司法等应当作出回应。人工智能的发展对裁判的影响巨大,甚至颠覆了传统的诉讼或者仲裁规则,急需理论工作者作出回应。人工智能法律系统的前景,一方面取决于智能模拟技术的发展,另一方面取决于法理学对法律推理研究的深化。[3] 智能仲裁理论研究可为推进智能仲裁建设提供理论支撑和理论指导,可以少走弯路。

智能仲裁建设不仅可以促进劳动人事争议仲裁的发展和创新,而且可以推动人工智能的发展和创新。人工智能是一门交叉性学科,不仅是计算机、心理学、生物学等理工科的交叉,而且还是文科和理工科的交叉。国务院在《新一代人工智能发展规划》中提出,“建立人工智能法律法规、伦理规范和政策体系,形成人工智能安全评估和管控能力”。智能仲裁的发展需要法律制度予以规范,在代码中嵌入人类的伦理价值观,以保障人工智能的健康发展;通过算法公开化、透明化等措施以避免歧视、算法黑箱等问题的发生,并保障隐私安全和数据安全。同时,智能仲裁建设还需要法律学科、劳动关系学科和人工智能学科的对话和交流,彼此理解对方的需求,尤其是技术人员要理解法律人员特别是一线裁判人员的痛点,这样才能将他们的需求转为代码,转变为机器语言,实现技术和业务的对接而不是脱节,开发的产品才会更友好,更切合实践的需求。

(二)理论意义

1. 传统裁判理论的初步回应

传统劳动人事争议仲裁理论和诉讼法学难以适应智能裁判的要求,

---

〔1〕 参见王利明:《人工智能时代提出的法学新课题》,载《中国法律评论》2018 年第 2 期。

〔2〕 参见任希全:《人工智能之于法律的可能影响》,载《人民论坛》2018 年第 18 期。

〔3〕 参见张保生:《人工智能法律系统的法理学思考》,载《法学评论》2001 年第 5 期。

急需理论界作出回应。传统裁判公正、裁判公开、依法行使司法职权、裁判责任以及诉讼和仲裁规则在人工智能时代背景下既获得了新的内涵和实现途径，同时又产生诸多的不适应，实践迫切需要对其重新进行审视。应智能时代的需要，应对传统理论进行创新。

2. 裁判理论的初步探索

智能裁判产生了很多新的问题，如算法歧视、算法黑箱、数字鸿沟等，这些问题影响裁判公正和裁判公开，急需理论作出回应。这些问题的解决不仅回应实践的需要，而且会推动理论的发展和创新，本书对此作出回应，对这些问题作出初步的回答。

3. 智能裁判学科的初步探索

法律和人工智能的结合不仅相互需要、相互支撑，而且还会产生新的学科和新的领域。人工智能与法律问题作为法学研究的一对基本范畴，拥有广阔的探索空间。未来法律将会代码化，法律人工智能已经成为一门新的学科，并会催生新的学科，如法律信息学，它是研究如何在法律上应对人工智能现象的学科。该领域主要是以人工智能和法律为核心从事法律、社会科学、信息学、智能技术、逻辑和哲学领域等跨学科的研究。在裁判领域，可能会产生智能裁判这一新的研究领域。人工智能在仲裁和司法领域中的具体应用有其特殊规律，需要总结、提炼，从而形成智能裁判一系列相关理论，这是对传统裁判理论的超越和发展。

三、研究的主要内容、思路、方法、主要观点、创新之处

（一）研究的主要内容

1. 智能仲裁的界定和可行性

通过对智慧法院和智慧检务的类比分析，结合劳动人事争议案件的特点，得出智能仲裁的模型，进而分析智能仲裁的概念、特征和本质等具体内涵。

智能仲裁是否可行？通过对劳动人事争议案件特征和处理要求的

分析得出智能仲裁是否可行，同时对当前如火如荼的智慧法院和智慧检务建设进行类比分析，更进一步论证智能仲裁是否具有可行性。

2. 智能仲裁的应用范围和界限

为增强各级劳动人事争议仲裁机构的调解和仲裁服务能力、对劳动人事争议案件的管控能力，研发劳动人事争议仲裁智能办案解决方案，从而帮助各级劳动人事争议仲裁机构建立流程规范化、信息智能化的劳动人事争议仲裁体系，建立数字化仲裁庭，在有条件的地区探索仲裁办案全程无纸化、数字化、智能化。方案可以适用于全国省、市、县各级劳动人事争议仲裁院或劳动人事争议委员会的调解仲裁业务，根据用户规模和业务场景进行集中式、分布式部署。该智能办案解决方案主要包括当事人服务系统、办案辅助系统、质量监控和管理系统等，具体内容如下：①劳动人事争议仲裁门户智能化、信息化，包括法律咨询、典型案件分析、通知公告、案件信息及裁判文书公开、庭室排期等全业务、全信息智能化服务。②劳动人事争议仲裁智能办案：实现仲裁申请、案件受理、案件移送、调查取证、庭审记录、裁决等整个劳动人事争议仲裁整体业务的智能化。③劳动人事争议仲裁档案管理智能化：集档案著录、扫描挂接、档案检查、登记入库等功能于一体，服务于劳动人事争议仲裁档案业务工作。④劳动人事争议处理机制的有机衔接和统一：通过劳动实体法的检索、类案推送等智能化设计，实现劳动人事争议案件调解、仲裁、诉讼处理过程中交互信息的实体化，实现调解、仲裁、诉讼受案范围、认定事实、适用法律、裁判标准等相统一；程序的无缝对接，包括仲裁程序和社会化调解的无缝对接，如对调解协议的仲裁确认，以提升社会化调解的权威，以及诉讼和仲裁的对接，包括仲裁的先予执行、财产保全、强制执行可以嵌入法院相应部门。⑤调解过程的智能化支撑，支持调解现场的调解过程信息采集。⑥包括劳动关系预警系统在内的劳动人事争议仲裁指挥和管理系统的智能化。

人工智能在劳动人事争议仲裁领域的应用具有广泛性，在立案、调解、庭审、裁决等各个阶段和环节都有可行性，目前主要应用于很多辅助性的法律工作,如法律法规检索、类案推送、裁判文书的初步生成、统计分析、储存记录等可重复性、可标准化的工作,但是否有一个限度或界限的问题,比如证据判断、裁决的作出等关键领域使用人工智能是否具有可能性、可行性和必要性,值得进一步考虑。但不管将来人工智能如何发展,应当对其应用的界限作出规定。

3. 劳动人事争议智能仲裁的功能创新

部分法院已经开始以语音识别、图像识别、证据指引、知识图谱为媒介,对人工智能进行初步的运用,为智能仲裁提供借鉴和参考。该部分结合法院人工智能分析人工智能在劳动人事争议仲裁领域的具体应用范围,智能仲裁具有哪些功能,这些功能如何得到应用,比如法律法规检索、类案推送、裁判文书的生成等这些功能在裁判领域都可以应用。对于劳动关系调整的特殊功能,比如劳动关系预警等功能是否可行需进一步分析论证。

4. 劳动人事争议仲裁大数据建设

大数据建设是智能仲裁的基础,大数据和仲裁统计分析的结合,无疑对仲裁工作提出了新的机遇和挑战。相对于深度运用人工智能的技术要求,我国劳动人事争议仲裁实际上还处于数据比较匮乏的状态。同时,数据的质与量都还存在不足,严重影响智能仲裁的建设与发展。因此,需要大力建设仲裁大数据,包括厘清仲裁大数据建设的范围、难点以及具体的建设方案和措施,尤其需要采取措施保障大数据的准确真实、互联互通、社会共享,加强仲裁大数据的采集、存储、清洗、分析发掘、可视化、安全与隐私保护,建立仲裁和司法大数据研究基地或中心,加强对案例等仲裁数据的管理、分析和应用,为仲裁工作提供智能化的仲裁大数据服务。

5. 智慧法院建设的经验与教训

"全业务网上办理、全流程依法公开、全方位智能服务"的网络化、阳光化、智能化智慧法院已经初步建成,中国法院信息化整体达到世界先进水平,很多方面已经处于领先位置。劳动人事争议仲裁和司法从本质上同属裁判领域，在很多方面都具有共通性，建设智能仲裁应当借鉴智慧法院的经验教训，对其得失进行反思，为进一步推进智能仲裁建设提供借鉴和参考。

6. 劳动人事争议智能仲裁建设可能面临的问题

推进智能仲裁建设存在的问题，具体包括大数据的收集、共享、算法歧视、安全保障、对隐私权的侵犯、队伍建设等，尤其要对智能裁判遇到的新问题进行阐述，一方面，智能仲裁为仲裁公正、仲裁效率、仲裁公开提供新的技术手段；另一方面，其又使得仲裁公开、仲裁公正、独立裁判、裁判的能动性、司法责任等面临新的挑战，人工智能在推进仲裁公正的同时，也可能产生数字鸿沟，诉权保障面临新问题。裁判必须建立在信息透明和可检验的基础上，但由于算法的专业性、技术性、不透明性，仲裁公开同样面临新问题，对于该问题应当如何予以应对？在人工智能下，当事人面对的是一套软件，智能裁判可能更像流水线的工序，形成裁判的基础是算法，而不是裁判者的睿智和公正的程序，裁判场域呈现直观化和扁平化，裁判管理多中心化，甚至无中心，仲裁权威和公信力应如何重新树立？此外，人工智能自动生成裁决以及大数据对裁判的矫正等做法势必形成裁决主体的多元化，裁决不再由仲裁员单独作出，而是由程序员、软件工程师、数据处理商、信息技术公司等与法官共同作出，裁判主体和决定者难以特定化，不仅可能出现裁决受外力的干预和控制的局面，数据服务商总是倾向更有利于自己的算法，传统依法行使司法职权受到挑战，而且司法或仲裁问责制难以真正落实，容易流于形式。人工智能难保裁决百分之百正确，一旦发生冤假错案，如何追责是一个新的问题。

7. 劳动人事争议智能仲裁建设的基本设想和方案

目前，智能仲裁建设的基本框架已经搭建，并在实践中取得了一定的成效，但在设置标准、人员素质、软硬件设施、信息互联互通、智能化程度等方面仍然存在较大问题，需要加强顶层设计，统一全国标准，加大投入，不断完善软硬件设施。智能仲裁建设是一个系统，是一个较为长期的建设过程，不仅是将仲裁从线下搬到线上，而且涉及思维方式、办案流程、办案模式、软硬件配置、基础设施、安全保障等方面的全面革新。在理论研究的基础上，应对智能仲裁建设的基本设想和方案进行设计和论证。

8. 劳动人事争议智能仲裁院以及数字仲裁庭建设

开展智慧仲裁院和数字仲裁庭建设是一项重要的基础性工作，智能仲裁建设最终要通过智能仲裁院和数字仲裁庭来实现其功能。由于各地建设标准不一，智能仲裁院和数字法庭的各个系统不兼容，影响智能仲裁功能的发挥。因此，应当设置统一的建设标准，具体包括智能仲裁院及数字仲裁庭的条件、标准、流程、具体的考核要求，并提出全面推进智能仲裁建设的可行性方案。

（二）研究的主要思路和方法

本书遵循“问题分析→原因解析→理论分析→对策思考”的路径，实行宏观、中观和微观相结合的方式，立足于当代中国的实际，坚持理论和实践相结合，思辨和实证相结合，规范分析和价值分析相结合，历史和逻辑相一致，古今参照，中外比较。

首先对智能仲裁和智慧法院进行比较分析，并运用历史分析方法剖析裁判从“神判”到“人判”再到“智判”的演进历程，运用思辨的方法对智能仲裁进行界定，分析智能仲裁建设的必要性和可行性，然后结合劳动人事争议案件的特点和处理要求，运用实证分析法分析人工智能在仲裁中的功能创新、面临的技术障碍和难点，并对智能仲裁建设可能出现的问题和仲裁大数据建设进行系统分析，在此基础上提出智能仲裁建设的基本方案，以及智能仲裁院和数字法庭建设的标准、条件、考核要求。

（三）主要观点

1. 建设智能仲裁，应符合裁判规律，以公正、公开、公平、高效、便捷为原则，实现仲裁高度智能化的运行与管理，重塑仲裁的权威性和公信力，而不仅仅为了解决“案多人少”，以提高仲裁效率为目标，也不应以管理为本位，而应当以服务当事人参与仲裁，服务仲裁员办案，服务仲裁管理和劳动关系精准治理为导向，以保障劳动者合法权益，构建和谐劳动关系为依归。

2. 智能仲裁的本质是仲裁体系和裁判能力的现代化,其核心是人的智能现代化。人工智能应为服务于人的智能,为仲裁员办案提供更多的智力资源支持,将仲裁员从简单的重复性劳动中解放出来,而非取代人的智能;裁决不是形式化的技术问题,而是一种价值判断,蕴含人类的经验,闪耀着人类智慧的光芒;裁决不是"自动售货机",不是简单地用理性逻辑推演出来的冷冰冰的一纸裁决,而是具有温度的情、理、法的有机交融。任何以技术思维替代裁决者的观点都是有害的。

3. 网络技术是智能仲裁建设的支撑,智能化是核心,大数据是基础。人工智能深度学习要以海量且可靠真实的数据为基础。因此,智能仲裁全部生命力在于数据的客观化,必须保障数据收集的完整性、精准性、一致性和及时性;必须破除部门利益、地方利益,实现数据的分享和共享,并根据网络的特点,从仲裁员个体到仲裁庭、仲裁院,从调解、仲裁到诉讼,从地方到中央,进行多层次、多结构组合,克服仲裁数据分而治之的状态。

4. 智能仲裁建设应符合劳动人事争议仲裁的本质特征和社会公平限度,要体现仲裁便捷、高效、低廉的优势,关注当事人对人工智能等新兴技术的接受程度,根据劳动者的文化水平、法律素养,网络普及度等主客观条件,线上线下同步进行,逐步推进。

5. 目前应对智能仲裁的范围有所限制,将证据的认定、裁判等核心环节把控在仲裁员的手中,而不是简单地交给人工智能处理。劳动争议处理不是简单地作出一个"一刀两断""黑白分明"的裁决,而是需要仲裁员根据经济社会发展,平衡劳资利益,作出妥当的裁决。要保障仲裁员在裁决过程中的主观能动性,在仲裁实践中彰显人文关怀,实现科技和人文的完美统一。

(四)创新之处

1. 本书研究在问题选择、学术观点方面尝试的突破、创新

(1)问题选择和研究视角尝试的创新

我国司法人工智能建设已经先行一步,智能仲裁才刚刚起步。本书

以劳动人事争议智能仲裁作为选题具有前沿性，对构建和谐劳动关系，推进社会治理创新具有重要意义和价值。同时，劳动人事争议仲裁形态无论怎样发展变化都要服从和服务于其本质特征，体现仲裁的简便、快捷、灵活的优势，而不能仅从技术层面来进行，应坚持研究视角的创新。

(2)研究内容和观点尝试的创新

本书尝试提出一系列新观点，比如，需要对智能仲裁设定界限；智能仲裁的重要基础是大数据，不仅要保障数据客观化，更要避免数据信息的孤岛化和割据化，否则智能仲裁建设发挥的作用有限；智能仲裁不是取代仲裁员裁判，而是更好地辅助仲裁员办案，通过利用科技信息解放仲裁的生产力，使仲裁公正性、效率性、便利性得到明显的提升，等等。

2. 本书研究在研究方法、话语体系等方面尝试的突破、创新

(1)在研究方法方面尝试的突破、创新

本书运用思辨的方法对智能裁判理论进行探索，以提升研究的理论品质，并通过对裁判历史的考察，以及和智慧法院的类比分析，归纳出智能仲裁的本质属性和具体内涵。同时，从我国的实际出发，坚持问题导向和需求导向，提出智能仲裁建设的可操作性方案和推进的具体时间表，增强了研究成果的针对性和可操作性。

(2)在话语体系和标准建设方面尝试的突破、创新

各国人工智能竞争非常激烈，都在建立自己的话语体系和标准体系，以获取竞争的制高点。本书对智能仲裁理论进行了初步探索，对仲裁公正、仲裁公开、裁判责任、裁判者的能动性发挥等传统理论的内涵和实现途径作出了初步回答，对智能仲裁建设中的算法公正、算法黑箱、算法歧视、数字鸿沟等新问题作出回应，并尝试建立智能仲裁院的考核标准体系，适应人工智能的发展要求。

第一章　人工智能及智能裁判的历史发展

审判是正义得以实现的程序，从“神判”走向“人判”，并逐步发展成一套完整的规则体系沿用至今。随着互联网、大数据、云计算等技术的发展，传统的审判方式再一次迎来变革，出现了以人工智能为重要司法辅助工具的“智判”模式，这种模式更具备形式上的理性，同时也存在隐忧。司法审判方式有一个嬗变的过程，应当从历史的视角探寻其中的规律，为发展智能裁判提供依据。

一、人工智能概述

（一）人工智能的界定

人工智能（Aritificial IntelligenceI，AI），是研究、开发用于模拟、延伸和扩展人的智能的理论、方法、技术及应用系统的一门新的技术科学。人工智能是计算机学科的一个分支，它企图了解智能的实质，并生产出一种新的能以人类智能相似的方式作出反应的智能机器，该领域的研究包括机器人、语言识别、图像识别、自然语言处理和专家系统等。人工智能自诞生以来，理论和技术日益成熟，应用领域也不断扩大。可以设想，未来人工智能带来的科技产品，将会是人类智慧的“容器”。人工智能可以对人的意识、思维的信息过程进行模拟。人工智能虽然不是人的智能，但能像人那样思考，甚至也可能超过人的智能。

人工智能是计算机学科的一个分支，20 世纪 70 年代以来被称为世界三大尖端技术（空间技术、能源技术、人工智能）之一，也被认为是 21 世纪三大尖端技术（基因工程、纳米科学、人工智能）之一。这是因为近 30 年来它获得了迅速的发展，在很多学科领域都获得了广泛应用，并取得了丰硕的成果，人工智能已逐步成为一个独立的分支，在理论和实践上都已自成一格系统。

人工智能是研究使用计算机来模拟人的某些思维过程和智能行为（如学习、推理、思考、规划等）的学科，主要包括计算机实现智能的原理、制造类似人脑智能的计算机，使计算机能实现更高层次的应用。人工智能将涉及计算机科学、心理学、哲学和语言学等学科。可以说几乎涵盖自然科学和社会科学的所有学科，其范围已远远超出了计算机科学的范畴。因此，人工智能是一门融合多学科的前沿性、综合性学科。它的目标是希望计算机拥有像人一样的智力和能力，可以替代人类实现识别、认知、分类和决策等多种功能，人工智能的具体界定见图 1－1。

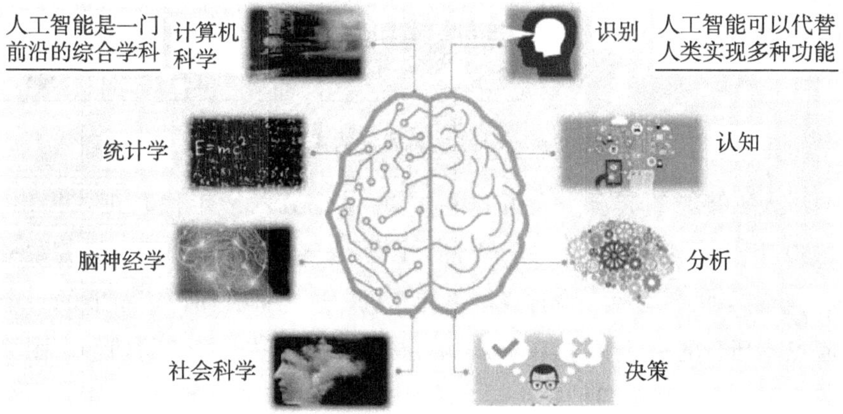

图 1－1　人工智能的界定

人工智能是利用智能学习算法,将大量数据中的经验用来改善系统自身的性能,从而实现人类智慧所能做的事情。可以这么说,人工智能离不开数据分析和机器学习,研究智能数据分析的理论和方法已经成为人工智能的必要基础之一。自2000年至今是人工智能的"数据挖掘时代"。随着各种机器学习算法的提出和应用,特别是深度学习技术的发展,人们希望机器能够通过大量数据分析,从而自动学习知识并实现智能化水平。这一时期,随着计算机硬件水平的提升,大数据分析技术的发展,机器采集、存储、处理数据的水平有了大幅提高。特别是深度学习技术对知识的理解比之前浅层学习有了很大的进步,AlphaGo和中韩围棋高手过招大幅领先就是目前人工智能的高水平代表之一。

(二)人工智能主要发展阶段(见图1-2)

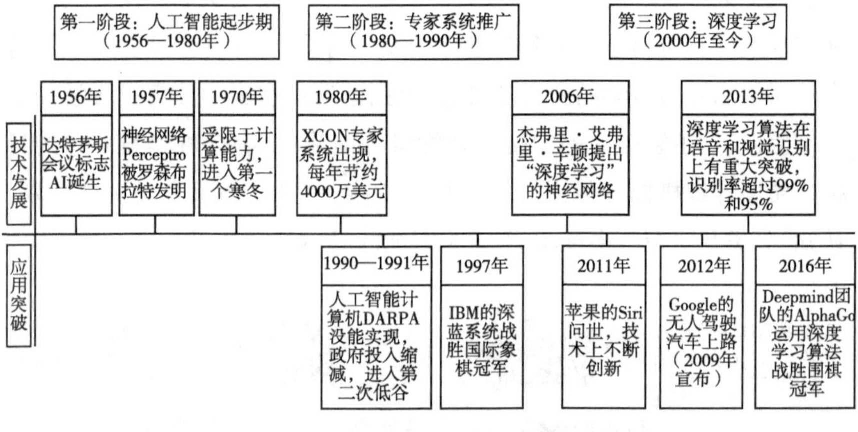

图1-2 人工智能发展的主要阶段

人工智能的起源。人工智能在20世纪五六十年代时正式提出,1950年,一位名叫马文·明斯基的大四学生与他的同学邓恩·埃德蒙一起,建造了世界上第一台神经网络计算机。这也被看作人工智能的一个起点。巧合的是,同样是在1950年,被称为"计算机之父"的阿兰·图灵提出了一个举世瞩目的想法——图灵测试。按照图灵的设想:如果一台机器能够与人类开展对话而不能被辨别出机器身份,那么这台机器就具有智能。而就在这一年,图灵还大胆预言了真正具备智能机器的可行性。1956 年,在由达特茅斯学院举办的一次会议上,计算机专家约翰·麦卡锡提出了“人工智能”一词。后来,这被人们看作人工智能正式诞生的标志。就在这次会议后不久,约翰·麦卡锡从达特茅斯学院搬到了麻省理工学院。同年,马文·明斯基也搬到了这里,之后两人共同创建了世界上第一座人工智能实验室——MIT AI LAB 实验室。值得记忆的是,达特茅斯会议正式确立了 AI 这一术语,并且开始从学术角度对 AI 展开了严肃而精专的研究。在那之后不久,最早的一批人工智能学者和技术开始涌现。因此,达特茅斯会议被广泛认为是人工智能诞生的标志,从此人工智能走上了快速发展的道路。

人工智能的第一次高峰:在 1956 年达特茅斯会议之后,人工智能迎来了属于它的第一段“Happy Time”。在这段长达十余年的时间里,计算机被广泛应用于数学和自然语言领域,用来解决代数、几何和英语问题。这让很多研究学者看到了机器向人工智能发展的信心。在当时,甚至有很多学者认为,20 年内,机器将能完成人能做到的一切。

人工智能的第一次低谷:20 世纪 70 年代,人工智能进入了一段痛苦而艰难的岁月。由于科研人员在人工智能的研究中对项目难度预估不足,不仅导致与美国国防高级研究计划署的合作计划失败,还给人工智能的前景蒙上了一层阴影。与此同时,社会舆论的压力也开始使得科研慢慢偏离人工智能,导致很多研究经费被转移到了其他项目上。在当时,人工智能面临的技术“瓶颈”主要包括三个方面:第一,计算机性能不足,早期很多程序无法在人工智能领域得到应用;第二,问题的复杂性,早期人工智能程序主要是解决特定的问题,因为特定的问题对象少,复杂性低,可一旦问题上升维度,程序立马就不堪重负了;第三,数据量严重缺失,在当时不可能找到足够大的数据库来支撑程序进行深度学习,这很容易导致机器无法读取足够量的数据进行智能化。因此,人工智能项目停滞不前。1973 年,Lighthill 针对英国 AI 研究状况的报告,批评了 AI 在实现“宏伟目标”上的失败。由此,人工智能遭遇了长达 6 年的科研深渊。神经网络之父杰弗里·埃弗里斯特·辛顿教授总结说:“回顾过去,失败只是源于缺少数据和计算能力。”[1]

人工智能的崛起:1980年,卡内基梅隆大学为数字设备公司设计了一套名为XCON的“专家系统”。这是一种采用人工智能程序的系统,可以简单地理解为“知识库+推理机”的组合,XCON是一套具有完整专业知识和经验的计算机智能系统。这套系统在1986年之前每年能为公司节省下来超过4000美元的经费。有了这种商业模式后,衍生出了像Symbolics、Lisp Machines等和IntelliCorp、Aion等这样的硬件、软件公司。在这个时期,仅专家系统产业的价值就高达5亿美元。

人工智能的第二次低谷:可怜的是,命运的车轮再一次碾过人工智能,让其回到原点。仅仅在维持了7年之后,这个曾经轰动一时的人工智能系统就宣告结束历史进程。到1987年,苹果和IBM公司生产的台式机性能都超过了Symbolics等厂商生产的通用计算机。从此,专家系统风光不再。

人工智能再次崛起:20世纪90年代中期开始,随着人工智能技术尤其是神经网络技术的逐步发展,以及人们对人工智能开始抱有客观理性的认知,人工智能技术开始进入平稳发展时期。1997年5月11日,IBM的计算机系统“深蓝”战胜了国际象棋世界冠军卡斯帕罗夫,又一次在公众领域引发了现象级的人工智能话题讨论。这是人工智能发展的一个重要里程。2006年,杰弗里·埃弗里斯特·辛顿在神经网络的深度学习领域取得突破,人类又一次看到机器赶超人类的希望,这也是标志性的技术进步,从而开启了人工智能新一轮的繁荣。基于大数据的深度学习模型和算法得到大规模应用,在人脸识别、语音识别、机器翻译、智能问答等领域取得巨大成功,加上大规模投入对人工智能应用起到了催化和促进作用,2010年人工智能在语音、自然语言处理等方面取得突破,2011

[1] 参见李彦宏等:《智能革命:迎接人工智能时代的社会、经济与文化变革》,中信出版集团股份有限公司2017年版,第17页。

年深度学习在图像识别领域取得重大进展,其准确率甚至超过了人类。这类算法在各个领域里大放异彩。人工智能最终重塑整个世界,人工智能的新世界即将到来,人类将会进入"人机共生"的社会。

2010 以后,人工智能正在由弱人工智能向强人工智能发展,欧美等国纷纷出台人工智能发展规划,力图抢占人工智能的制高点。2016 年 12 月 20 日,美国白宫发布了《人工智能、自动化与经济报告》,该报告由总统行政办公室的团队编写,团队成员来自经济顾问委员会(CEA)、国内政策委员会(DPC)、国家经济委员会(NEC)、行政管理与预算办公室(OMB)和科学与技术政策办公室(OSTP)。此报告是继同年 10 月美国国家技术与科学委员会(NSTC)下属的机器学习和人工智能小组两份人工智能报告,即《美国国家人工智能研发战略计划》和《为人工智能的未来做好准备》之后的第三份国家战略层面的报告。这份报告深入考察了人工智能驱动的自动化将会给经济带来的影响并提出了国家的三大应对策略。

谷歌、微软、百度等互联网巨头,还有众多的初创科技公司,纷纷加入人工智能产品的战场,掀起又一轮的智能化狂潮,而且随着技术的日趋成熟和大众的广泛接受,这一次狂潮也许会架起一座现代文明与未来文明的桥梁。人工智能对人类的社会、经济、国家安全等产生了深远的影响,在智能水平上,感知智能日益成熟,认知智能持续突破;在技术路线上,数据智能成为主流,类脑智能蓄势待发,量子智能加快孕育;在智能形态上,人机融合成为重要方向;人工智能应用驱动加速推进,经济社会巨大潜力逐步显现;人工智能的社会属性日益凸显,面临安全风险与社会治理新挑战。[1]

2017 年 7 月,国务院印发了《新一代人工智能规划》,进一步明晰我国人工智能发展道路,将人工智慧发展提升到新的高度。规划还进一步

---

〔1〕 参见高文:《世界人工智能发展历程和趋势》,载《青岛日报》2019 年 4 月 19 日第 3 版。

提出人工智能发展在理论、技术与应用等方面的发展要求，明确提出到2030年，中国人工智能核心产业规模将超过1万亿元，并带动相关产业规模超过10万亿元；到2030年，中国人工智能理论、技术与应用总体达到世界领先水平，成为世界主要人工智能创新中心。为了实现这一目标，国内多个地区相继出台了人工智能发展相关规划，切实推动人工智能产业的发展，促进中国人工智能发展潮流的兴起。

人工智能的高速发展不是偶然的，得益于三个要素：计算能力更强大、算法更复杂、互联网的快速发展，这使得大数据的可获得性更高。因此，应在这三个方面采取行动，国家的公共政策应该旨在建立人与机器的共生关系，并鼓励人工智能的发展。人工智能应该是对人类的补充，而不是替代，其发展应该让人们感受到赋能而不是威胁。

(三)人工智能应用领域、场景、未来发展

人工智能的研究领域主要有五层，最底层是基础设施建设，包括数据和计算能力两部分，数据越大，人工智能的能力越强，往上一层是算法，如机器学习、深度学习等算法，再往上一层是主要的技术方向，如计算机视觉、语音工程、NLP等。之后是各个技术方向中的技术，最上层为人工智能的应用领域。

由图1-3可知，应用场景有以下几个方面：(1)计算机视觉。包括车牌识别、人脸识别、无人驾驶等。(2)语音工程。2010年后，深度学习的广泛应用使语音识别的准确率大幅提升，如Siri、Voice Search和Echo等，可以实现不同语言间的交流，用语音说一段话，可随之将其翻译为另一种文字。(3)自然语言处理。包括问答系统、机器翻译、对话系统等。(4)决策系统。决策系统随着棋类问题的解决而不断提升，从20世纪80年代西洋跳棋开始，到20世纪90年代的国际象棋对弈，再到AlphaGo，机器的胜利标志了科技的进步。决策系统可以在自动化、量化投资等系统上广泛应用。(5)大数据应用。其分析客户的喜好进行个性推荐，精准营销；分析各个股票的行情，进行量化交易。

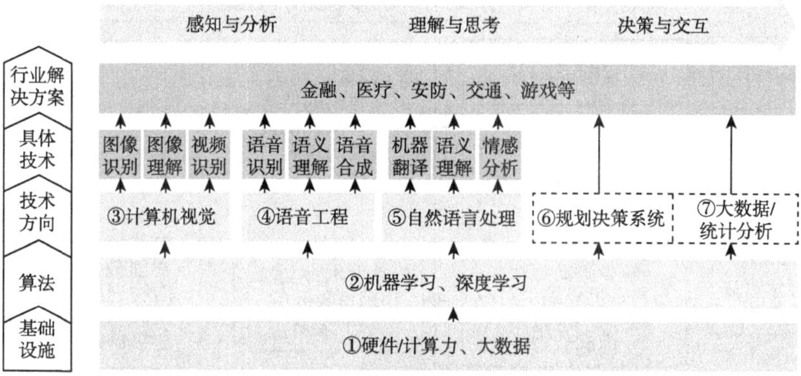

图1－3　人工智能应用场景

人工智能在当代的发展也面临严峻的挑战，其发展取决于以下技术的突破（见图1－4）：(1)计算机视觉。未来的人工智能应该更加注重效果的优化，加强计算机视觉在不同场景、问题上的应用。(2)语音工程。当前的语音工程在安静环境下，已经能够取得和人类相似的水平。但在噪声情景下仍有挑战，如远场识别，口语、方言等长尾识别。(3)自然语言处理。机器欠缺语义理解能力，包括对口语不规范的用语识别和认知等。(4)决策系统。目前存在的两个问题，第一是不通用，即学习知识的不可迁移性，如用一个方法学习下象棋，不能直接将其迁移到下围棋上；第二是依赖大量模拟数据。

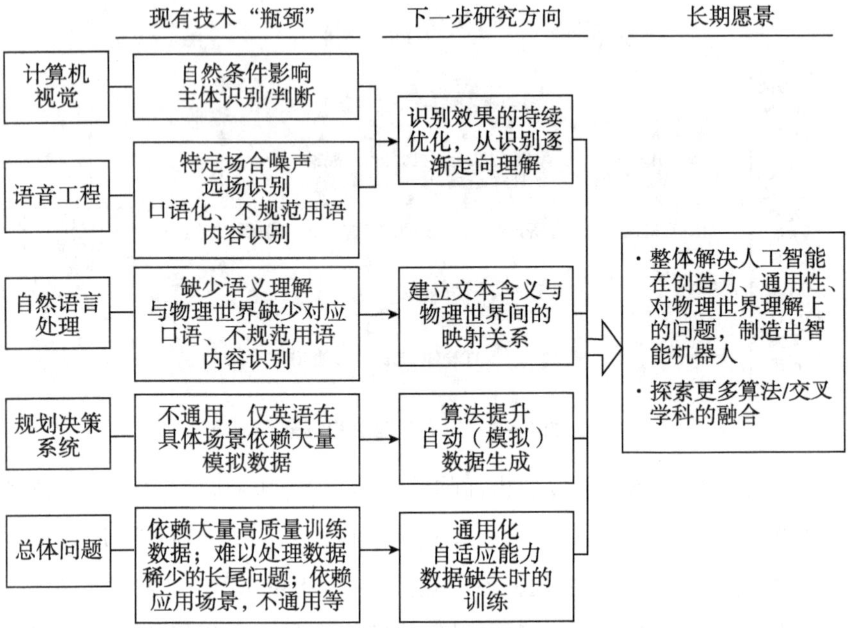

图1-4　人工智能应用现有技术挑战及其发展趋势

一般而言，人工智能可分为三个阶段和三个层次：第一阶段和层次是弱人工智能，目前正处于这个阶段，该阶段就是通常所说的弱人工智能的阶段，即专用人工智能的阶段。人工智能擅长于处理某一单个方面的人工智能，比如 AlphaGo 只能下象棋，苹果 Siri 目前只能作为语音助手。此阶段的人工智能在某个方面的能力可能远超过人类，但其不具备综合处理事务的能力，无法做到融会贯通和举一反三，无法将一个领域的知识和技能应用到另一个领域，比如会下象棋的不能将这些技能运用到下围棋。第二个阶段是强人工智能（AGI），即人类级别的人工智能。强人工智能是指在各个方面都能和人类比肩的人工智能，人类能干的脑力活它都能干。创造强人工智能比创造弱人工智能要难得多，目前还做不到。Linda Gottfredson 教授把智能定义为“一种宽泛的心理能力，能够进行思考、计划、解决问题、抽象思维、理解复杂理念、快速学习和从经验中学习等操作”。强人工智能在进行这些操作时应该和人类一样得心应手。第三个阶段即超人工智能（ASI），也就是所谓“奇点”[1]的来临。牛津哲学家、知名人工智能思想家 Nick Bostrom 把超级智能定义为“在几乎所有领域都比最聪明的人类大脑聪明很多，包括科学创新、通识和社交技能”。美国的未来学家库兹韦尔认为：“2045 年，奇点来临，人工智能完全超越人类智能，人类历史将彻底改变。”

目前，人工智能的发展毫无疑问处于弱人工智能发展阶段，“从总体而言，人工智能仍然处于初级阶段，它没有情感和情商，还无法成为人脑那样的具备举一反三和融会贯通的通用智能系统”。[2] 在这个阶段，人工智能的发展也要被划分为三个阶段：技术驱动阶段、数据驱动阶段和场景驱动阶段。我们现在处于弱人工智能的早期阶段——技术驱动阶段，也就是目前还处于人工智能初级阶段的“初级阶段”，但人工智能已经到来，我们应该在各个方面做好充分准备迎接它的到来。

二、智能裁判的历史演进

新中国成立以来，我国法治建设在曲折中成长，在砥砺中前行。短短数十年，便形成了波澜壮阔、蔚为大观的图景，其中最引人注目的便是司法审判方式的变迁。裁判作为实现法治价值的手段，是衡量一个国家法治水平的重要标准。千年以来，裁判方式几经演变，经历了从“神明审判”到“法官审判”即所谓“神判”到“人判”的流转并逐渐定型，成为近现代主要的审判方式。但是，由于新一轮的科技革命兴起，以及信息化、网络化、智能化进程的不断加快，裁判同样迎来了新的变革。党的十九大报告提出，“推动互联网、大数据、人工智能和实体经济深度融合”。首席大法官周强指出，“将积极推动人工智能在司法领域的应用”。人工智能的深度应用既是司法审判现代化的本质特征，也是司法审判现代化得以

---

〔1〕 最先将“奇点”引入人工智能领域的是美国的未来学家 雷·库兹韦尔。在他的《奇点临近》《人工智能的未来》两本书中，将二者结合，他将“奇点”作为隐喻，描述的是，当人工智能的能力超越人类的某个时空阶段。

〔2〕 参见刘进长、雷谨亮：《人工智能改变世界：走向社会的机器人》，中国水利水电出版社 2017 年版，第 29 页。

实现的必然选择。[1] 而这些镶嵌在算法、云计算、大数据背后的司法审判模式,笔者概括称为"智判"。那么司法审判方式何以从"神判"到"智判",而"智判"又何以可能?对这些问题的厘清与合理解读必然将会有效地促进我国司法审判的发展。基于此,笔者以时间发展为主线,以历史为脉络,通过纵向比较的方式,分析我国裁判方式的嬗变。

(一)初民的审判:神判

1. 何为神判?

《墨子·明鬼下》中记载"昔者齐庄君之臣有所谓王里国、中里徼者,此二子者讼三年而狱不断。齐君由谦杀之,恐不辜;犹谦释之,恐失有罪。乃使之人共一羊,盟齐之神社,二子许诺。于是拙恤捻羊而淮其血,读王里国之辞既已终矣,读中里檄之辞未半也,羊起而触之,折其脚,桃神之而巢之,殪之盟所。当是时,齐人从者莫不见,远者莫不闻"。[2] 这是出现在我国并有明确文字记载的"神判"事件之一,即"神羊决狱"事件。通过这个判决,我们可以直观地感受到"神判"的表现形式。那么,何为审判?在理解"神判"一词之前,首先需要辨明审判的含义。根据《说文解字》记载,审是,悉也。知宷蒂也。判是,分也。从它的释义中我们可以初步解读出,审判在古人眼中便是知悉详情,区分真伪的一种司法活动。那么何为"法"呢?《说文解字》中对法的释义为"刑也,平之如水,从水;廌所以触不直者去之,从去"。[3] 而"廌"便是古代初民所认为的法之神明的象征。在理解了审判和法之后,再通过上述案例,便可较好地理解"神判"之含义,即依靠神灵来获知真相,判断是非的一种审判方式。在具体展开论述之前,我们仍然需要明确区分一个概念,就是本文所论述的"神判"和宗教审判的区别。本文的"神判"是原始状态下的

〔1〕 参见邓恒:《人工智能技术运用与司法创新》,载中国法院网 2017 年 12 月 24 日, http://baijiahao.baidu.com/s?id=1586721158156592862&wfr=spider&for=pc 。

〔2〕 李瑾:《"神判"与"法"字结体之关系论略——"神羊决狱"本事索隐》,载《重庆师院学报(哲学社会科学版)》1984 年第 2 期。

〔3〕 参见李任:《从"灋"到"法"——战国至西汉中期"法"字的形体演变及其原因》,载《河北法学》2010 年第 10 期。

民众,因为社会生产力的缺乏导致对世界的认知停留在初级阶段,面对复杂的纠纷,难以辨别出真相,从而借助无形的神或者自然界的力量来进行甄别,作出判断的一种司法审判方式,其目的是解决纠纷,维护社会稳定。而宗教审判是在宗教规则内对突破宗教教义的异教徒进行审查和惩戒,以防止异教学说蔓延危害到宗教权威。此外,在目的上、构成上具有明显的差异,但是却因操作上具有相似之处,容易使人混同,故略作说明。在明晰基本的区分后,再来看看学术界是如何定义"神判"的。

不同的学者对"神判"的定义均有所不同,有学者认为"神判"是一种条顿语。《简明牛津字典》为这个字列出了以下义项:"古条顿族通过使被怀疑者经受一种肉体的考验而决定他有罪或无罪的方式,例如,令其将手浸入沸水中,若不受伤,即认为这是神的开始。"[1] 又有学者认为,"神判,称神灵裁判,是指通过神灵的意志来决定嫌疑人有罪或无罪,当事人的权利主张是否成立的一种司法程序"。[2] 无论是第一种阐释还是第二种学说,对于"神判"的定义都是不准确和不完整的。笔者综合学者的意见,给"神判"作出以下定义:神判是指在遇到难以通过正常途径发现真相、解决纠纷时,通过一系列仪式,借助自然界和神灵的力量来勘别真伪,作出裁决,从而消解矛盾,维护社会稳定和统治权威的一种司法审判方式。

2. 为何神判?

"神判"的出现,是人类文明发展的一种必然。在初民社会,人类缺乏对自然界和世界的认识,"先民对于外界超自然力的恐惧无法摆脱,对日月星辰和社会变化的疑问无法理解,于是就产生了自然崇拜、图腾崇拜、鬼神崇拜等"[3]。而这些崇拜的产生,使得它们天然具有一种无上

---

〔1〕 参见龚晓康:《神判之"理"——以清水江流域为中心的考察》,载《贵州民族研究》2018年第10期。

〔2〕 参见王思杰:《初民社会的神判与诉讼的起源》,载《齐齐哈尔大学学报(哲学社会科学版)》2015年第9期。

〔3〕 覃主元:《广西壮族习惯法探究》,载《桂海论丛》2004年第6期。

权威和洞察万事的能力，当原始社会的民众遇到无法判断的纠纷时，他们不得不借助那些信仰的神灵或者图腾来进行判断，从而作出裁决。因为对神灵或图腾的信仰和畏惧，使得借助它们名义作出的判决具有很强的说服力和执行力，这也使得初民对“神判”产生了广泛的信任和遵从。

同时，在初民社会中，首领和巫师是处于权力顶端的人群。他们具有对“神判”启动的权力和与神灵沟通的“能力”，换言之，是他们垄断了“神判”的整个进程，拥有最终结果的解释权，在拥有绝对的权力下，他们为了维护自身的统治利益和地位，往往会以神的代言人为身份，在社会矛盾处理中，通过“神判”的方式来弱化民众思想，掩盖统治中的问题，缓和社会矛盾，树立绝对权威。在先秦时期，中国最为典型的就是“天授神权”“君权神授”思想，统治者一般都是以上天之子、神灵化身显现。而在印度，最为典型的就是它的种姓制度，印度通过姓氏将人分为四等，分别是婆罗门、刹帝利、吠舍和首陀罗。其中，第一等级婆罗门，其主要是僧侣贵族，拥有解释宗教经典和祭神的特权以及享受奉献的权利。而在埃及，法老是沟通阴阳的统治者，是能够与神灵进行对话的使者。以上种种，均可以看出，“神判”产生的背后，是统治者为了保障自身权利，缓和社会矛盾，稳定政权统治的需要，其具有很强的政治性。

综合而言，为什么需要“神判”，并不是一个很难回答的问题。它实际上可以归结为以下三点原因：其一，知识的匮乏。正是由于对事物认识不足，导致难以形成正确的判断，在整个社会都缺乏科学合理的解决手段的情况下，只能借助神秘而无所不能的神灵来进行判断和裁决。其二，对神灵的畏惧。“神判”得以实施的原因在于，它确实能够产生一定的实际效果，而效果的产生就是基于初民对自然界的恐惧和对神灵的敬畏，他们害怕受到风雨雷电等超认知的惩罚，因此在一定程度上会恪守良知，遵从裁判结果。这使得“神判”产生了相应的约束力和执行力。其三，统治者的需要。一项制度的存在或者消亡都离不开统治者的需求，“神判”得以存在的一个重要理由就是当权者的支持，他们为了统治的需要，通过“神判”来扩大政治影响力，稳定政权，控制民众。基于以上三点，“神判”得以可能。

3. 如何“神判”？

“神判”的运行是其产生司法审判效力的关键，那么“神判”如何运行？笔者查阅了中西方古代史，通过横向比较，发现中西方“神判”都存在相似的操作流程，运用着较为一致的规则，具体如下。

首先，进行“神判”的地域，应当具备共同认可或者信仰的某一神灵（此处神灵是“神”“鬼”、巫等超自然能力者的代称）。“神灵是参加神判者的精神支柱，是人们崇拜和信仰的某种超自然力量，具有主持公道、分辨是非、惩恶扬善的能力。于是，不同民族出现了许许多多、各式各样的裁判之神。”[1]这个神灵可以是部落中的图腾，可以是自然界中的风、雨、雷、电，其形象不固定，但是必须具有权威，能够让所在地域的群众产生敬畏之感，如我国的“雨伯”“风师”“雷公”。

其次，“神判”的执行必须具备仪式。在进行“神判”的时候，往往会通过一系列庄严、神秘的活动来得到真伪和结果。“神判”结果的产生，是通过严格的程序，那么它的证明力和认可度将会大大提高，正如商周时期的“占卜”以及解卦，都是通过固定化的流程和仪式，来得出最终的判断结果。尚且不论结果正确与否，单是它所具备的仪式，往往也会给民众心理上增添敬畏之感，使得最后裁判结果的可接受性更高。“神判”这些仪式看似朴素，但会对人们的观念带来一定的影响，人们朴素的正义观在不知不觉中融入了这种神圣庄重的仪式中，而最早的正义观念，可能就是在这神圣的仪式中得以体现、提升的。[2]

最后，“神判”执行者必须具有威信力，具有能够让民众认可的沟通神灵的“能力”。而这个作为“神判”的媒介和实际操纵者一般都是巫师、祭师、先知等掌握某些特殊语言和技术的人。他们能够上达下听，并

---

〔1〕 张冠梓：《初民的审判——神判》，载《东南文化》2003 年第 9 期。

〔2〕 参见李红丽：《论古老社会的司法智慧——神明裁判》，载《湖北经济学院学报（人文社会科学版）》2010 年第 7 期。

且处于中立的地位,只是“神的意志”的代言人和传播者,不会妄改结果。这其实包含着的是初民对公平正义的渴望,希望“神”能够不偏不倚,居中裁量。

“神判”是初民在探索世界、改造世界中,所发明并创造的一种古老而又充满智慧的司法审判模式,它是我们先辈对正义、公平等朴素价值追求的最早体现,是在认知和技术无法克服复杂矛盾纠纷时的一种相对合理的方案。随着时间的流转,生产力的提高,认知水平的进步,原本的复杂纠纷慢慢变得简单,证据的获取、真相的鉴定不再成为无法解决的难题。这时,人们对于“神判”的质疑逐渐出现,并演变成一条洪流,推动着司法审判方式的变革,此刻,以人为中心的审判方式悄悄兴起,并快速发展成主流,而“神判”慢慢退居幕后,成为新时代的见证者。

(二)“神判”的流转:人判

1. 从“神判”到“人判”的原因

探寻司法审判方式的变革成因,首先,要考虑的便是生产力的发展,正如马克思所言,经济基础决定上层建筑。司法审判作为政治手段之一,受制于经济发展水平,而经济的发展是由生产力所决定的,因此人类社会从“神判”到“人判”的转变,归根到底,就是物质基础带来的意识形态的改变。例如,从刀耕火种的原始文明发展到运用耒耜的时代,人类对自然界和社会的认识更加准确,从原本认为风雨雷电充满神秘感,慢慢可以进行推衍,掌握规律。于是,出现了以天文技术为代表的农历历法服务于农业发展。这使得民众对于传统自然现象的畏惧削弱,反之开始质疑曾经“神判”的真实性和准确性。前文中已经论述,“神判”犹如投掷硬币,真假的概率无限接近于二分之一,加之心理上的干预,使得“神判”的精准性大大提高,从而无形之中又加深了初民的认同。但是随着物质基础的发展,科学技术带来的思想观念的改变,原本对未知力量的恐惧淡化,理性思考逐渐走上台前,这个时候,人们开始在司法审判中考虑“人”这个核心要素,并慢慢总结审判经验,提高审判知识和技术。例如春秋战国时期,李悝编撰《法经》等书。由此可见,人主导的司法权力慢慢替代"神权",以人为中心的司法审判方式正式来临,而"神判"逐渐式微。

其次,政府政治权利开始从"神权"中脱离,王权不再全部依托于"神"的存在而存在。在先民时代,王权和"神权"互为表里,统治者借助"神"的外衣来提高统治权威,形成对民众的威慑力,如夏商时期,统治者皆是通过"天命""天罚"的思想来进行决断,认为自己的统治权是上天赋予的权力,但是在夏桀和商纣王统治时期,当权者昏庸无道、残暴高压,使得政权很快被推翻而取代,这个时候,取代者周王朝已经开始注意到"神权"的不可靠性,于是提出了"以德配天"的政治主张,将统治者的道德性视为政权稳定的第一要义。此后,周公制礼,从而正式将"礼"这一具有法律属性的规则运用到统治的日常活动中,代替了商王朝"凡事必卜"的传统,人的地位慢慢在司法权威中得以显现。

最后,随着中央集权的加强,国家武力的进一步发展,原来在审判中依靠"神"的威慑力来确保复杂纠纷得以执行,现在已经不再需要,而是可以通过政府的暴力机关,如军队、监狱等机构场所来保证判决的执行力,这使得"神判"强制性功能丧失。国家暴力机关的发展,为司法审判带来了强有力的支撑。在这样的条件下,"人判"慢慢取代了"神判"的地位,从幕后走向前台,并真正成为司法审判的中心。这样的中心地位,也以一种成熟的姿态发展了千年。

2. "人判"的特征

首先,人判是以"人"为中心的审判方式,即运用人的智慧来解决复杂的矛盾纠纷。"人判"相较于"神判"最大的不同之处便是,人在面对社会纠纷时,会以理性的思考和证据的验证为前提进行判断,而不是通过某一种"神秘力量"来辨别真伪,如著名的"神羊决狱"事件。

人判的时候,参与审判的仅仅是当事人和司法工作者,并且围绕着法官的智慧和判断展开,而"神判"的参与者是巫师等所谓沟通神灵的人员,并且以"神"为审判的中心。

其次,人判是通过固定的司法程序在固定地点进行。无论是中方还是西方,人判并非随意、随时、随地都可以进行的,而是有明确的规定和制度设计。例如,我国古代会按照纠纷的复杂程度,对纠纷分级管理。审判者有固定的场所进行审判,如中国古代的衙门,西方古代的法庭等。同时,审判需要有严格的流程,如需要起诉状、庭审、辩论、判决。通过这些程序,能够有效地避免出现冤假错案,提高审判的司法权威性。同时,人判需要引用成文的法典或生效的判例,有具体的理论依据或事例作为判罚的标准,而不是"神判"中,一切以所谓沟通神灵的媒介者的解读为指导。

最后,人判会综合衡平法、理、情三者之间的关系,体现出司法中人性的一面。这也是人在追求公平、正义的道路上,全面认识自身,提高人主体地位的重要体现。在过去,"神判"之下,往往会忍受肉体的巨大痛苦,如"捞油汤""滚钉山"等"神判"方式的运用,实际上"神判"就是通过极端的肉刑来辨别真伪,这不仅给无辜者带来巨大的身体痛苦,也使得其精神饱受摧残。随着人判取得主体地位,法官在判断事情真伪时,开始加入人性的关怀,逐渐废除刑讯逼供的方法手段,在判决过程中结合相应的社会背景和风俗习惯作出判决。

从"神判"流转到"人判",是人类司法审判方式的最巨大的变革。如今,人判模式已经延续千年,从原来的稚嫩变为成熟,并形成了一套完整的司法程序和制度。在这已经固化的司法审判方式之下,是否会激起另一番惊涛骇浪的变革,值得进一步探究。21 世纪,随着互联网、云计算、大数据的发展,人类开始创造出人工智能,并将该技术运用到司法审判之中,虽然当前该技术仍处于辅助阶段,但是人类的审判方式已经开始从"人判"向"智判"嬗变。因此,何为"智判"、如何"智判"、"智判"何以可能已经成为司法领域不得不正视的话题。

(三)从"人判"到"智判"的嬗变

1. 何为"智判"

在理解"智判"之前,首先需要理解"人工智能"的概念,早在 20 世纪初便已经有国外学者提出"人工智能"的概念,但是其慢慢被大众知晓是在 AlphaGo 战胜围棋棋手李世石之后。我国学术界对于"人工智能"的概念并未形成一致的具有普适性的结论。例如,早在 2001 年,张保生教授在《人工智能法律系统的法理学思考》一文中就对人工智能作出如下定义,"人工智能法律系统进入了以知识工程为主要技术手段的开发时期。知识工程是指以知识为处理对象,以能在计算机上表达和运用知识的技术为主要手段,研究知识型系统的设计、构造和维护的一门更加高级的人工智能技术"[1]。受制于当时的科技水平,该定义对人工智能的解读仅仅停留在表层之上,并没有较为精准地概括出它的内涵和外延。而刘宪权教授在《人工智能时代机器人行为道德伦理与刑法规制》一文中,将人工智能定义成具备独立思考能力,具有创造性和道德性的独立法律人格。[2] 该定义具有很强的前瞻性,但是同时也超越了当前研究的范畴,不具备普适性的特征。马长山教授在《人工智能的社会风险及其法律规制》一文中,对人工智能作出了二级分类,区别了 IA 和 AI。但是对人工智能的进一步解析稍微欠缺,使得概念不具备完整的周延性,概念的不明确势必会导致研究路径出现偏差。笔者综合各学者和专家的论述,将人工智能的概念界定为由人所制造,依托于大数据和网络,具有高度学习能力,能够能动地运用自身智慧的产物。按照其功能的大小,将人工智能划分为三个等级,分别为弱人工智能、强人工智能、超人工智能。而"智判"就是将人工智能运用到司法审判中的一种新的方式,其突出的特点就是用先进的人工智能技术,辨别证据的真伪,判断证据链的逻辑,形成初步的判决结果,或者自动生成程序性的文件。根据人工智能能力的大小以及在司法审判中的作用,可以将其归为"司法辅助"下的"智判"和"智能法官能动性"下的"智判"。目前,前者已经被广泛地运用到司法实践,后者由于理论及技术的欠缺,尚且在实验阶段。

---

〔1〕 张保生:《人工智能法律系统的法理学思考》,载《法学评论》2001 年第 5 期。

〔2〕 参见刘宪权:《人工智能时代机器人行为道德伦理与刑法规制》,载《比较法研究》2018 年第 4 期。

2. 为何“智判”

“智判”的产生同样是社会生产力发展后的结果。在经历工业革命之后,人类跨入机器生产的阶段,机器的广泛运用为人类打开了新的大门。随着第三次科技革命的开展,信息技术产生并获得飞跃式发展,互联网、大数据、云计算以一种前所未有的爆发式状态前进。这时候,人类将机器和信息技术结合,让机器具备了学习能力和判断能力,最终创造了“人工智能”。“人工智能”开始被广泛地运用到社会的方方面面,作为调整社会关系的司法系统,不可避免地成为实验的对象。

加之,随着社会法治思维的进步和法律信仰的初步建立,大量的纠纷由原来的私力解决转变为通过司法系统进行解决。在这样的情况下,“案多人少”的情况进一步放大,国家统计网的数据显示,2018 年,我国法官每人一年处理的案件数量达到 300 多件,这是一个非常恐怖的数据,法官在这样的高压面前,往往会不可避免地出现疲倦和失误,从而影响判决的结果。这时候“人工智能”的出现,能够极大地缓解法官压力,将他们从原本的程序性事务处理中解放出来。

而且,“智判”是建立在“人工智能”的算法、逻辑、自我学习能力之上,它能够摒弃主观因素的影响,从而作出较为可观的判断。相较于“人判”,“智判”更具备形式上的理性。正如马克斯·韦伯所阐述的形式理性法,“法最本质的特性在于对一个严密的规则体系进行符合逻辑的含义分析。这种法律类型是一个由普遍规则引导的规则体系,具有可计算性并以形式裁判为取向,而且形式理性法在有意识地创造过程中不考虑伦理道德等实质性的因素”,而这完全符合“智判”的路径和逻辑,从这个角度来看,“智判”才是践行“法”的最佳审判方式。

3. “智判”的隐忧

目前,关于“智判”的实验还处于初级阶段,它是否能够真正如“人判”取代“神判”,尚且不可知。但是,在现阶段的运用中,“智判”不可避免地出现了或多或少的问题,其中最为突出的是以下几点:其一,算法黑箱和算法独裁。因为“智判”是由人工智能对案件进行评判,案件判断的逻辑虽然是事前设定,但是由于受自我学习能力的影响,最后裁判结果的生成路径我们是不可知的,在这样的情况下,对于审判结果人类无法回溯。因此会出现“黑箱”问题,而一旦人类无法预知裁判结果的产生,却又对人工智能报以最大的信任的话,那么便会产生另一个极端的问题,那就是算法独裁。其二,“智判”缺乏人性。司法活动实际上同样是人的活动,正如马克思所说,“法律不仅是现实主义的工具,它还是以人为中心旨归的——是人的生活的终极目的和意义的一部分,是人性的基本诉求”。法律是基于人的需要而产生的,法律的核心要义永远脱离不了“人”这个字,而“智判”是绝对理性的象征,丧失了“情”,在这样的审判方式之下,那些传颂千百年,极为经典的审判案例将不会出现。任何审判方式都是利弊共生,如何对“智判”进行解读,它是否会成为未来裁判的方式之一,让我们拭目以待(具体阐述见下文)。

第二章　劳动人事争议智能仲裁的界定、应用范围

近年来,党中央、国务院高度重视信息化建设,国务院先后印发了《关于积极推进“互联网+”行动的指导意见》《促进大数据发展行动纲要》和《国家信息化发展战略纲要》等一系列文件,将“互联网+”“大数据”和“人工智能”上升为国家战略,纳入国家“十三五”的总体布局。党的十九大报告进一步指出要“推动互联网、大数据、人工智能和实体经济深度融合”“提高社会治理社会化、法治化、智能化、专业化水平”。人民法院积极运用大数据对海量司法信息进行深入研究、联通、共享和应用,以智能化办案、智能化管理、智能化服务为特征的人民法院信息化3.0版已经建成。最高人民检察院提出:“要着力推动实现检察信息化由数字化向智能化跨越。”智慧司法建设正在开启崭新篇章。为贯彻中共中央、国务院要求,结合落实全国“互联网+人社”推进座谈会部署和“十三五”时期调解仲裁工作总体思路,人力资源和社会保障部调解仲裁管理司以“三系统一平台”为基础,构建“互联网+调解仲裁”工作体系。

其中,开展智能仲裁院和数字仲裁庭建设是一项重要的基础性工作,有助于进一步提高劳动人事争议仲裁效能和服务社会能力。笔者将人工智能在司法领域和仲裁领域中的应用称为智能裁判,仲裁和司法都属于裁判领域,两者有很多的共性,应当将两者统一起来进行研究,寻求它们共同的规律。智能裁判对传统司法和仲裁将会产生深远的影响,司法行业在“接下来的20年里将经历巨大的变化”,而且“这种巨变将超越过去整个两个世纪的变化程度”。[1] 我们必须对智能裁判进行研究,以便从容应对。

一、劳动人事争议智能仲裁的界定

要界定智能仲裁首先要了解信息化和智能仲裁的关系。信息技术经历了五次革命:第一次是语言的产生和使用,第二次是文字的创造,第三次是造纸术和印刷术的发明,第四次是电信技术的普及,第五次是电子计算机的应用及其同现代通信技术的结合。这五次信息技术革命,每一次都对人类社会的发展产生了巨大的推动力,带来了人类社会的飞跃式进步。现代意义上的信息技术,是在电信技术之后产生和发展起来的。现代信息技术是由计算机技术、通信技术、信息处理技术和控制技术等构成的一门综合性高新技术。在信息化的基础上,新一代人工智能相关学科正在引发新的革命,将社会经济的数字化、网络化向智能化全面提升,人类社会历经农业社会、工业社会、信息社会,正大步迈进智能社会。人工智能对人类社会可能会产生颠覆性影响,彻底改变人类的生产方式、生活方式、思维方式。2016年10月,著名物理学家霍金在剑桥大学Leverhumle未来智能中心的开幕式上发表演讲,不无担心地指出:“强大人工智能的崛起可能是人类遇到的最好的事情,也可能是最坏的事情,未来智能中心的一个简单的使命就是弄清楚人工智能未来是不是

---

〔1〕 参见[英]理查德·萨斯坎德、[英]丹尼尔·萨斯坎德:《人工智能会抢哪些工作》,李莉译,浙江大学出版社2018年版,第73页。

会毁灭人类。"[1]可见,这次革命不同于前几次革命,其意义更大,影响更为深远,甚至关系到人类的前途和命运。有学者称,"法庭本身也受到质疑,法院所提供的到底是一种服务还是一个场所;产生纠纷的人和机构是否真的需要集结到一个实体法庭上来解决他们的纷争。一个替代性的选项就是虚拟法庭"。[2] 可见,未来对法院和仲裁都要进行重新认定,传统司法和仲裁要应对未来科技发展所带来的挑战,需要对自身进行界定和认定。

(一)劳动人事争议智能仲裁的定义

智能,是智力和能力的总称,中国古代思想家一般把"智"与"能"看作两个相对独立的概念。《荀子·正名篇》:"所以知之在人者谓之知,知有所合谓之智。所以能之在人者谓之能,能有所合谓之能。"其中,"智"指进行认识活动的某些心理特点,"能"则指进行实际活动的某些心理特点。也有不少思想家把二者结合起来作为一个整体看待。《吕氏春秋·审分》:"不知乘物而自怙恃,夺其智能,多其教诏,而好自以,……此亡国之风也。"东汉王充更是提出了"智能之士"的概念,其在《论衡·实知篇》中提出:"故智能之士,不学不成,不问不知","人才有高下,知物由学,学之乃知,不问不识。"他把"人才"和"智能之士"相提并论,认为人才就是具有一定智能水平的人,其实质就在于把智与能结合起来作为考察人的标志。[3]

狭义的智慧是指生物所具有的基于神经器官(物质基础)的一种高级综合能力,包含感知、知识、记忆、理解、联想、情感、逻辑、辨别、计算、分析、判断、文化、中庸、包容、决定等多种能力。智慧让人可以深刻地理解人、事、物、社会、宇宙、现状、过去、将来,拥有思考、分析、探求真理的

---

[1] 参见佚名:《霍金剑桥演讲:人工智能可能"毁灭人类"》,载 https://m.huanqiu.com/r/MV8wXzk1ODI2MzNfMTU1NF8xNDc3MDE3NjYw,最后访问日期:2018 年 12 月 30 日。

[2] 参见[英]理查德·萨斯坎德、[英]丹尼尔·萨斯坎德:《人工智能会抢哪些工作》,李莉译,浙江大学出版社 2018 年版,第 76 页。

[3] 参见林崇德、杨治良、黄希庭主编:《心理学大辞典》,上海教育出版社 2003 年版,第 1704 页。

能力。与智力不同,智慧表示智力器官的终极功能,与“形而上者谓之道”有异曲同工之处,智力是“形而下者谓之器”。智慧使我们作出成功的决策,有智慧的人被称为智者。

智慧是由智力系统、知识系统、方法与技能系统、非智力系统、观念与思想系统、审美与评价系统等多个子系统构成的复杂体系孕育出的能力。包括遗传智慧与获得智慧、生理机能与心理机能、直观与思维、意向与认识、情感与理性、道德与美感、智力与非智力、显意识与潜意识、已具有的智慧与智慧潜能等众多要素。智慧是生命所具有的基于生理和心理器官的一种高级创造思维能力,包含对自然与人文的感知、记忆、理解、分析、判断、升华等所有能力。智慧与智力不同,智慧表达智力器官的综合终极功能,与“形而上者谓之道”有异曲同工之处;智力则为“形而下者谓之器”,是生命的一部分技能。从感觉到记忆再到思维这一过程称为“智慧”,智慧产生了行为和语言,将行为和语言的表达过程称为“能力”,两者合称“智能”。

智能一般具有这样一些特点:一是具有感知能力,即具有能够感知外部世界、获取外部信息的能力,这是产生智能活动的前提条件和必要条件;二是具有记忆和思维能力,即能够存储感知到的外部信息及由思维产生的知识,同时能够利用已有的知识对信息进行分析、计算、比较、判断、联想、决策;三是具有学习能力和自适应能力,即通过与环境的相互作用,不断学习积累知识,使自己能够适应环境变化;四是具有行为决策能力,即对外界的刺激作出反应,形成决策并传达相应的信息。具有上述特点的系统则为智能系统或智能化系统。可见,智能和智慧两个词在词义上没有本质区别,强调的是人类的思维活动,因此智能仲裁和智慧仲裁本质上是一个意思。

习近平总书记提出的加快建设创新型国家,建设科技强国、数字中国、智慧社会、网络强国为仲裁机关推进信息化指明了方向。据笔者考察,智能仲裁这个概念是人力资源和社会保障部副部长邱小平同志在全国劳动人事争议调解仲裁工作座谈会上的讲话中提出的,在讲话中,他指出要加强调解仲裁工作信息化,并明确提出,建立仲裁办案信息系统,推进省、市、县三级全覆盖,推动普遍建立"智能仲裁院""数字仲裁庭"。借用智能审判和智慧司法的概念,据此智能仲裁和智慧仲裁应该是一个概念,智能仲裁可以界定如下:智能仲裁指的是以确保仲裁公正高效、提升仲裁公信力为目标,充分运用互联网、云计算、大数据、人工智能等信息技术推进仲裁运行和管理体系的信息化、智能化,实现仲裁体系与仲裁能力的现代化。

(二)劳动人事争议智能仲裁内涵的解析

1.智能仲裁的理念

智能仲裁的核心理念是,以仲裁需求为导向,对内服务于仲裁员办案,对外服务于社会公众参与社会治理。智能仲裁不仅要推行智能化服务,为人民群众提供更加便捷的仲裁服务,还要辅助仲裁裁决,鼓励人工智能和人类智能的叠拼,让人工智能在减轻裁判者的工作负担等方面发挥积极的作用。同时,智能仲裁要服务于仲裁管理,实现管理的科学化,推进劳动人事争议仲裁的标准化、规范化、专业化、信息化建设;服务于党和国家决策,尤其要通过对仲裁案件的大数据分析,对劳动关系进行预警,为劳动人事关系的治理提供精准的依据,从而发挥其在构建和谐劳动关系中的积极作用。

2.智能仲裁的价值取向

公正、高效、便捷是智能仲裁的灵魂和价值内涵。智能仲裁建设的目的是满足新时代人民群众的多样化的需求。总体而言,我国劳动人事争议仲裁过于正式、烦琐,强调对抗性,影响其优势和作用的发挥,改革的方向应是恢复非正式性、协调性,以及其作为非诉讼纠纷解决程序应有的特点,既要体现其简便、快捷、低廉、灵活的特征,也要体现合作、共赢的理念,以实现劳动关系的和谐和稳定。人工智能不仅应有助于推进仲裁的规范化、标准化、专业化、信息化水平,而且要更好地发挥仲裁制度的优势,实现仲裁公正、高效、便捷的价值取向,实现公正和效率的统一。

“司法公正是维护社会正义的最后一道屏障，是体现社会正义的窗口，是司法机关的灵魂和生命线。”[1]公正也是仲裁的灵魂和生命线，离开了公正，智能仲裁便仅剩一个没有灵魂的外壳。除公正以外，效率也是智能仲裁的价值目标之一，劳动争议处理不仅对公正具有很高的要求，而且对高效具有特殊的要求，处理不及时不仅影响劳动者的生活，影响用人单位的生产经营，还可能影响社会的和谐和稳定。再有，便捷也应当是智能仲裁追求的目标之一，很多的劳动者文化水平和法律素养不高，且劳动人事争议仲裁案件的标的额一般也不高，如果智能仲裁过于专业化、技术化，导致劳动者无法参与，需要借助代理人参加仲裁，则将会导致维权成本高昂，势必影响仲裁作用的发挥。因此，公正、高效、便捷应成为仲裁的优势和主要特征。智能仲裁建设的重要内容就是要确保案件流程管理系统的仲裁院全覆盖、仲裁员全覆盖、案件全覆盖和流程节点全覆盖，以实现类案同判，对仲裁全过程进行可视化监管，以保障仲裁的公正性和权威性，同时从根本上解决仲裁“案多人少”的矛盾，提高仲裁的效率，便利当事人参与仲裁。如果智能仲裁不利于仲裁实现高效、便捷的目标，那就和仲裁的本质特征相悖。不仅如此，智能仲裁还要比智慧法院更有效率、更便捷。劳动人事争议仲裁的产生本身就是为了替代司法的，如果智能仲裁不能获得与智慧司法相比的优势，那智能仲裁建设的意义和价值就大打折扣，甚至丧失了建设的合法性。因此，智能仲裁只有产生便民、公正和效率等功效，仲裁的公信力才能得以整体提升，才具有建设的价值和意义。

3. 智能仲裁的基石

大数据是智能仲裁的基础，智能化是智能仲裁的核心。智能仲裁发展的基石是算法和数据。算法是智能仲裁的“引擎”，日益成为智能社会人们认知和行动的基本根据，不仅要将仲裁工作人员的经验、裁判智慧嵌入其中，还必须对其技术上的不确定性加以管理，并校勘其价值取向、

---

[1] 参见陈光中主编：《刑事诉讼法》，北京大学出版社2016年版，第12页。

审度其伦理影响。与此一致,人工智能的发展将导致一种新的权力——算法权力的产生,它由信息权力、数据权力发展而来,对人的身份、认知、行为、倾向等具有精准认知和操控力。大数据是智能仲裁的“燃料”,人工智能深度学习(算法)要以海量且可靠真实的数据为基础,智能仲裁是仲裁进入大数据时代的产物,是仲裁适应新时代的产物和要求。大数据是基础,智能仲裁是大数据作用于仲裁的产物,智能化是大数据的深度挖掘和应有之义,没有大数据,智能化就成为无源之水,无本之木。智能化是核心,是仲裁院建设的努力方向,是智能仲裁由里到外的表达形态,贯穿智能仲裁的全过程,意味着在整个仲裁流程中,申请仲裁、受理、举证、送达庭审、送达、裁决等全流程网络化,做到全程公开、全程留痕、全程可视、全程监督。大数据分析、智能辅助、语音识别、图像识别等先进技术已经在很多法院办案和诉讼服务系统得到初步应用并展现了喜人的发展前景,也为智能仲裁建设指明了前进的方向。

4. 现代科技是智能仲裁的技术支撑

智能仲裁以现代科技的深度应用为依托,以互联网平台和现代传输设备为载体,利用云计算、大数据、人工智能辅助仲裁裁决,运用现代技术改造和强化智能裁决的方式和手段,以实现仲裁体系和仲裁能力的现代化。其实质就是,充分运用互联网技术、大数据、云计算、人工智能等先进的信息技术,支持仲裁全业务网上办理、全流程依法公开、全方位智能服务。因此,人工智能技术深度应用下的智能仲裁建设,是人工智能系统的创新与构建,是人工智能时代下智能仲裁的技术内涵和本质特征。换言之,智能仲裁是技术发展的必然产物,契合现代技术内在的发展逻辑,是尊重裁决规律和尊重客观的技术发展规律的必然结果。只有遵循司法规律,才能改造和优化智慧法院的技术要素,才能增强现有仲裁机构的裁决能力,才能有效应对人工智能时代的司法需求。智能仲裁建设离不开现代科学技术,智能化的裁决需要人工智能的深度应用。人工智能是武装和提升智能仲裁功能的重要抓手,智能仲裁又是人工智能法治化的重要保障。

5. 智慧法院为智能仲裁建设提供参照

大数据、互联网、人工智能的发展为裁判发展提供新的机遇，既可以为民众提供便捷的司法或仲裁服务，让“最多跑一次”变成“一次都不用跑”，让“信息多跑路，人民群众少跑路，甚至不跑路”，还可以极大地提高裁判效率和仲裁效率，极大地缓解“案多人少”的矛盾，同时还可以实现类案同判的公正的价值目标。总之，其可以使裁决或判决更加透明、更加公正，阳光司法或阳光仲裁在新技术的发展下成为可能。在此状况下，正义不仅能实现，而且以一种“看得见”的形式得以实现。

同时，智能裁判对仲裁和诉讼提出了挑战，对其中的很多规则将构成颠覆性影响。在此背景下，智慧法院应运而生，最高人民法院将信息化和司法改革视为法院工作的“两翼”，并且，智慧法院成为国家发展战略。2016 年 1 月 29 日，在最高人民法院信息化建设工作领导小组第一次全体会议上，周强院长首次提出智慧法院概念，而后，《国家信息化发展战略纲要》《“十三五”国家信息化规划》等纲领性文件将智慧法院列为重要建设事项之一。《新一代人工智能发展规划》提出要建设集审判、人员、数据应用、司法公开和动态监控于一体的智慧法庭数据平台，促进人工智能在证据收集、案例分析、法律文件阅读与分析中的应用，实现法院审判体系和审判能力智能化。可见，智慧法院是人类进入信息化、智能化时代，在一系列先进的信息系统支持下的法院的新型组织、建设和运行形态，是国家信息化发展战略的重要内容，是人民法院适应信息化时代新趋势、满足人民群众新期待的重要举措。人工智能的发展实现了马克斯·韦伯当年提到的犹如自动售货机一般的理想的司法模式：一端输入案件事实，另一端吐出司法裁判，这也类似孟德斯鸠所描述的法律的“传声筒”。

最高人民法院印发的《关于加快建设智慧法院的意见》（法发〔2017〕12 号）对智慧法院的界定如下：“智慧法院是人民法院充分利用先进信息化系统，支持全业务网上办理、全流程依法公开、全方位智能服务，实现公正司法、司法为民的组织、建设和运行形态。”智慧法院是依托现代人工智能，围绕司法为民、公正司法，坚持司法规律、体制改革与技术变革相融合，以高度信息化方式支持司法审判、诉讼服务和司法管理，实现全业务网上办理、全流程依法公开、全方位智能服务的人民法院组织、建设、运行和管理形态。最高人民法院印发的《关于加快建设智慧法院的意见》提出要更加注重运用现代科技思维和手段分析问题、解决问题，切实发挥先进科学技术对人民法院工作的重要推动和保障作用，把法院工作提升到新的层次和水平。着力实现智慧法院“三全三化”目标，即实现“全业务网上办理”，构建“网络化”法院；做到“全流程依法公开”，构建“阳光化”法院；提供“全方位智能服务”，构建“智能化”法院。是否达到“全业务、全流程、全方位”是评价智慧法院的基本标准和主要依据。智慧法院的主要特征是网络化、阳光化、智能化。具体而言，智慧法院的网络化就是要求从审判执行、审判管理、司法政务、纪检监察，到司法公开、诉讼服务、法治宣传等各个业务领域，都能提供网上办理方式。智慧法院的阳光化就是要求法院的立案、庭审、执行、听证、送达文书等审判执行各个流程都要整体化、多样化向社会公开。智慧法院的智能化就是面向法官、诉讼参与人、社会公众和政务部门，努力运用先进的大数据和人工智能技术提供智能化服务。

司法和仲裁同属裁判，具有共同的本质特征，智慧法院建设当然成为智能仲裁建设的参照。审判和仲裁具有很多相似性：处理争议的主体都是按照国家法律规定设立的专门机构，即人民法院或仲裁机构；仲裁和诉讼都必须遵循一定的程序进行；仲裁和诉讼中的某些规则和制度是一致的。例如，两者都包含保全措施、调解、回避和时效等制度；仲裁裁决与诉讼判决具有相同的法律效力，双方当事人必须全面履行，任何一方不履行，另一方可以申请强制执行；作为裁决机构，两者都应当符合裁决的规律，裁决者处于中立地位，要充分听取双方当事人的意见，裁判者不能和当事人有利害关系，等等。因此，由于审判和仲裁都要遵循相同的规律，智慧法院便成为智能仲裁的参照，这不仅必要，而且可能。

（三）劳动人事争议智能仲裁界定中的几对关系

1. 信息化和智能仲裁

信息化是仲裁组织、管理和建设的运行载体，智能化是信息化运行的高级形态。在仲裁信息化、网络化的基础上应进一步推进智能化，并向纵深迈进。智能仲裁是建立在信息化基础上的仲裁工作的一种新形态，是人工智能在劳动人事争议仲裁体系内的智能运行，既是仲裁现代化的实现形式，也是仲裁现代化的表现形式。因此，智能仲裁不仅是仲裁办案的信息化或网络化，更是仲裁理念、组织形式、形态的全面革新，其目的是推进仲裁运行和管理体系的信息化、智能化，包括仲裁员办案的智能化、仲裁服务的智能化和仲裁管理的智能化，实现仲裁体系与仲裁能力现代化。智能仲裁的物质基础是先进的信息化、智能化系统，但不限于建设网络设施、应用业务系统、提供智能服务，更在于利用先进的网络信息技术推动整个仲裁制度的全局性变革，这必然涉及理念、组织机构、人员素质、工作流程和管理模式等各个方面，将会引起仲裁工作的全面变革。

2. 网络仲裁和智能仲裁

网络仲裁即利用互联网、互联网技术或电子通信以及其他计算机通信技术进行的仲裁活动，实现了在线申请、在线提交资料、在线开庭、在线裁决等操作，免去了异地奔波之苦，降低了维权和办案成本，相较于传统仲裁，网络仲裁效率更高、更便捷。智能仲裁既是网络仲裁的一种，也是网络仲裁的升级版。相较于网络仲裁，其仲裁申请、文件送达、举证质证等环节借助智能系统自动完成，可以批量处理相似的案件，智能仲裁可以主动采集包括双方当事人信息、案件信息在内的各种信息，智能生成仲裁申请书、证据材料清单等文件，协助当事人进行仲裁活动，减少需要人工参与的环节，提升效率。更重要的是，智能仲裁不是简单地将线下仲裁搬到网络上，而是基于互联网和大数据思维，连接、开放、互动等核心要义，重塑组织结构，再造服务、办案、管理流程，构建裁判新技术。

3. 智能仲裁和传统仲裁

我国传统仲裁可以分为民商事仲裁、劳动人事争议仲裁、农村土地承包经营纠纷仲裁等。其中,民商事仲裁有一裁终局、保密、专业、无地域限制等特点和优点,经常用于高效快速解决经济纠纷。随着互联网的发展,很多案件更趋向于网络化,传统的司法解决方式存在成本高、审判周期长、处理数量有限等缺点,这必然会催生出更高效的处置方式,互联网仲裁应运而生,将智能化、信息化、大数据运用到传统仲裁中。在网络仲裁中,仲裁案件通过综合信息平台办理,仲裁员可通过该平台了解案件信息,上传下载仲裁文书资料,当事人可以网上预约立案,扫码查询案件办理动态。很多地方的民商事仲裁委员会也积极探索智能化仲裁,完善办案办公系统,逐步实施远程视频庭审和微信办案,制定网络仲裁规则,探索试点网络仲裁。基于劳动人事争议仲裁委员会存在"案多人少"等突出矛盾,人力资源和社会保障部积极推进智能仲裁建设,在其《关于进一步加强劳动人事争议调解仲裁完善多元处理机制的意见》(人社部发〔2017〕26 号)提出要加快推进调解仲裁工作信息化建设。树立"互联网+"理念,利用现代化信息技术手段提高劳动人事争议处理效能。可依托金保二期工程,建立调解仲裁办案信息系统、人员信息系统、监测管理信息系统,在实现人力资源和社会保障系统内部信息互联互通的基础上,逐步实现调解仲裁信息与综治、人民法院等信息系统的互联互通。建立在线服务平台,整合调解、仲裁和诉讼资源,逐步开展在线调解、在线仲裁、电子送达等,实现线上、线下服务对接,提供"一站式"争议处理服务。

智能仲裁对传统仲裁的创新主要包括以下几个方面:其一,仲裁流程全程在线。包括立案、证据提交、保全申请、开庭审理、电子签名、电子送达等在内的网上一体化运行机制。其二,实现多平台信息共享与对接。社会保险、工伤认定、劳动监察等人力资源和社会保障系统内部信息共享与对接,并与市场监督、法院等系统外的部门系统进行对接。其三,智能化应用。充分利用算法以及仲裁和司法大数据的优势,实现仲裁结果预判、类案推送、分析胜诉率，构建仲裁智能系统或者平台，引导当事人正确评估案件走向，体现专业化和智能化的裁判体系。其四，仲裁诸要素模块化指引。复杂问题简单化、专业问题通俗化。即采用大数据和仲裁建模将管辖仲裁机关、仲裁请求、工资或工伤赔偿数额的计算、法律依据的引用等仲裁事项进行全面模块化，当事人通过选项即可完成申请、应诉等过程。

二、发展劳动人事争议智能仲裁的意义

人工智能技术具有日新月异、便捷开放、多元共享的特点，必然影响裁决权的实现方式和裁决活动的运行。根据全国“互联网＋人社”推进座谈会部署和“十三五”时期调解仲裁工作总体思路，人力资源和社会保障部调解仲裁管理司以“三系统一平台”为基础，构建“互联网＋调解仲裁”工作体系。劳动人事争议仲裁作为解决劳动人事争议的主渠道，其改革和建设意义重大。智慧司法让司法工作插上了信息化的翅膀，它使司法办案更加“精细化”，司法管理更加“科学化”，司法服务更加“人性化”，司法程序更加“透明化”，司法过程更加“高效化”，使司法体系和司法能力现代化的建设迈出了更加坚实的步伐。[1] 人工智能对仲裁而言同样具有重大意义，有助于构建人力与科技深度融合的仲裁运行新模式，既是提升仲裁质量效率和仲裁公信力的重大举措，也是推进仲裁公开、创新便民利民举措、提升人民群众获得感的有效手段，是劳动人事争议仲裁建设的重要支撑之一。智能仲裁建设，将有助于更好地发挥仲裁在劳动人事争议解决中的作用，构建和谐劳动关系，维护社会的和谐和稳定。同时，开展智慧仲裁院和数字仲裁庭建设是一项重要的基础性工作，有助于进一步提高劳动人事争议仲裁效能和服务社会能力，有助于推进劳动人事争议仲裁的规范化、专业化建设。

（一）建设智能仲裁是贯彻国家人工智能战略的一项重要举措

众所周知，人工智能已经上升为我国的国家战略，劳动人事争议仲

〔1〕 参见汤维建：《智慧司法建设开启崭新篇章》，载《北京观察》2017年第3期。

裁大数据是国家大数据的重要组成部分,同时在劳动人事争议仲裁领域里引入人工智能,并将现有的数字化仲裁庭设施与人工智能进行有机融合,适应了以大数据和人工智能推动经济社会发展、完善社会治理的大趋势,有助于提高仲裁服务水平,提升仲裁公信力。智能仲裁的推进有助于推进国家人工智能战略的全面实施,也是贯彻国家人工智能战略的一项重要举措。

(二)人工智能是解决劳动人事争议仲裁面临问题的突破口

人工智能技术与仲裁制度的深度结合,是解决当前仲裁实践所面临的诸多问题的主要途径,也为仲裁的发展提供了新的契机。劳动人事争议仲裁面临"案多人少"、裁判标准不统一、裁审衔接不畅等诸多问题,理论界和实务界都在进行探索,但基于各方面的原因,进展不大,而人工智能的引入为这些问题的解决提供了新的思路、新的契机和新的突破口。

《国家信息化发展战略纲要》提出,"以信息化驱动现代化为主线,……推进国家治理体系和治理能力现代化"。仲裁作为劳动关系治理的重要一环,仲裁的信息化建设有助于推进劳动争议治理的精准化,助推国家治理体系和治理能力现代化。通过强化科技应用意识,积极运用大数据、人工智能等现代科技手段,有助于妥善应对智能仲裁建设中出现的新情况、新问题。智能仲裁将为仲裁员提供裁判经验积累分享、仲裁资源智能推送等智能化办案手段,为仲裁管理者提供把握仲裁工作特点和规律的手段,为仲裁参与人提供仲裁结果预判、仲裁无忧服务和知情权益保障,为社会公众提供仲裁公开、仲裁监督的便利通道,为政务管理者提供劳动关系社会治理和经济社会发展的决策参考。

1. 助推劳动人事争议仲裁裁决能力现代化,实现仲裁公正和效率的统一

《关于进一步加强劳动人事争议调解仲裁完善多元处理机制的意见》(人社部发〔2017〕26 号)提出要建立仲裁办案指导制度,统一仲裁办案适用标准。加强案例指导,综合运用案例汇编、案例研讨会、庭审观摩

等方式,发挥典型案例在统一处理标准、规范自由裁量权等方面的作用。其目的就是要促进法律适用的统一,保障裁判标准的统一,促进仲裁公正,树立仲裁的公信力。

信息技术和司法改革被称为中国法院现代化的“车之两轮,鸟之两翼”。没有信息化就不可能实现中国法院审判体系和审判能力现代化,也就是不可能实现中国法院的现代化。对仲裁而言也是如此,裁决能力的现代化即人的智能现代化,通过信息技术手段的运用,一方面,可以提高仲裁效率,缓解“案多人少”的矛盾,案件信息的共享互通和智能处理,可为仲裁员办案提供智能化服务,使其从繁重琐碎的事务性工作中解脱出来,减少重复劳动,提升仲裁的工作效率。另一方面,可以推动仲裁公正,有助于实现仲裁适用法律的统一。通过大数据技术运用,建立精准的仲裁知识库,为类案同判与裁判规范化提供参考标本,让人民群众在每一起案件中都能感到公平正义,最大限度提升仲裁的公信力;仲裁员经验共享,仲裁资源推送、仲裁结果预测等智能化辅助办案平台,可以对裁判偏离度分析预警,保障裁判标准的统一。同时,人工智能最大的优势和特性在于避免办案人员的随意性、主观性、局限性,最大限度减少人为误差和人情关系干扰,这些都有利于促进仲裁公正。

2. 助推劳动人事争议仲裁服务便捷化

通过网络技术,建立多渠道、多元化的仲裁服务平台,为群众提供更便捷、高效的仲裁服务,实现“信息多跑路、群众少跑腿”的便民效果,减少群众讼累。近年来,效能建设一直是劳动人事争议仲裁建设的主线。

信息化的引入助推仲裁公开,阳光仲裁的广度、深度、力度,不可同日而语。网络化和公开化是智能仲裁的一体两面,网络化就意味着公开化,或者说,网络化是公开化的最好形式,是实现阳光仲裁的最好途径,公开化则是网络化的必然要求。通过智能仲裁建设,不仅可以实现案件信息公开,裁判结果(裁判文书)公开,更可以实现裁判过程公开。当事人通过移动终端,可以轻松打开电脑、利用手机 App,就能随时随地观看庭审直播，直观感受仲裁。法院利用信息化，构建审判流程、庭审活动、裁判文书、执行信息四大公开平台，阳光司法得以深度推进，仲裁也可以借鉴法院四大平台，通过智能平台，推进仲裁流程公开、仲裁结果公开、庭审活动公开，可增加仲裁工作透明度，保障社会公众的知情权，倒逼仲裁员提升办案能力。透过互联网让正义看得见，不断提高仲裁的透明度，让仲裁在阳光下运行。

对当事人而言，通过通信服务系统，以短信、微信、微博、二维码、App等形式将系统搬到电脑和手机上，诉讼服务从信息提供向业务参与转变、从个别流程参与到全流程参与转变，从线下服务向线上线下融合服务转变，从工作时间服务向全天候服务转变，从固定场所服务向"指尖"服务转变。[1]

对仲裁员而言，智能仲裁办案系统可称为"好帮手"，不仅具有案件查询、审限提醒、开庭计划、数据统计等功能，而且具有法律法规检索、案例智能查询、裁判文书自动生成、裁判文书纠错、电子送达等功能，尤其是电子签章、远程庭审，可极大地方便仲裁员，将其从事务性工作中解放出来，降低办案成本，提高办案效率。借助移动终端的应用，仲裁员还可以实现掌上办案、移动办案。

3. 助推劳动人事争议仲裁管理智能化

《关于进一步加强劳动人事争议调解仲裁完善多元处理机制的意见》（人社部发〔2017〕26号）提出要建立仲裁案件管理标准体系，制定办案程序公正评价标准、办案质量效率评价标准和办案人员工作绩效考核标准。建立仲裁委员会仲裁办案监督制度，提高仲裁办案纠错能力。智能仲裁建设有助于创新仲裁管理，实现对仲裁工作全程监督、全程留痕，促进仲裁公正，保障工作的廉洁；利用大数据、人工智能等技术处理和分析各项数据后，劳动人事争议仲裁机构可以凝练裁决的经验，进而把握

〔1〕 参见中国社会科学院国家法治指数研究中心、法学研究所、法治指数创新工程项目组：《人民法院信息化3.0版建设应用评估报告——以山东法院为视角》，中国社会科学出版社2017年版，第117页。

劳动人事争议仲裁规律,提供科学的劳动人事争议仲裁管理方法,形成完整有效的劳动人事争议仲裁质量保证体系,推进仲裁的标准化建设。智能仲裁建设将会极大地推进仲裁的规范化、标准化、信息化建设,通过优化流程管理、细化节点管理,保证对立案、庭审、裁判、信访等各个环节的有效监控,形成案件网上流转、网上审批、全程同步监管、全程留痕的新的工作机制,实现仲裁监督的实时化、科学化。

4. 助推劳动关系治理智能化

大数据不仅是一项新兴技术,更是一种思维方式,过去我们很多决策是靠经验、靠"拍脑袋"来完成的,未来我们做决策需要更多地引用数据,用数据说话才算是迈出了科学决策的第一步。[1] 仲裁大数据平台建设不仅可以更好地服务当事人、服务仲裁员办案、服务仲裁管理,还能够服务劳动人事关系的治理,为党和政府决策提供依据。利用大数据等技术分析各项仲裁数据后,定期开展专题分析,成为仲裁大数据服务国家治理、服务经济社会发展的新探索。仲裁直面劳动人事争议,是劳动人事关系运行状况的反映,在某种意义上是劳动人事关系甚至经济运行的"晴雨表"。及时分析劳动人事争议,劳动人事争议仲裁机构可以更好地掌控劳动关系的发展态势,从而为劳动关系治理提供精准的依据,实现劳动关系调整的法治化、科学化、社会化、智能化。

5. 助推劳动人事争议仲裁和诉讼的有机衔接

《关于进一步加强劳动人事争议调解仲裁完善多元处理机制的意见》提出要加强调解与仲裁的衔接。调解组织对调解不成的争议案件,要及时引导当事人进入仲裁程序;定期向仲裁机构通报工作情况,共同研究有关问题;邀请仲裁机构参与调处重大疑难争议案件。仲裁机构要加强对辖区内调解组织的业务指导,建立仲裁员定点联系调解组织制度,落实调解建议书、委托调解、调解协议仲裁审查确认等制度,开展调

---

〔1〕 参见张江健:《智能化浪潮:正在爆发的第四次工业革命》,化学工业出版社 2017 年版,第 102 页。

解员业务培训。要建立仲裁与诉讼有效衔接的新规则、新制度,实现裁审衔接机制长效化、受理范围一致化、审理标准统一化。在争议案件多发、高发地区,仲裁机构可在调解组织设立派驻仲裁庭。各级仲裁机构和同级人民法院要加强沟通联系,建立定期联席会议、案件信息交流、联合业务培训等制度。裁审衔接问题一直困扰着理论界和实务界,法院系统与人力资源和社会保障系统进行诸多的努力,在2017年取得了突破,并制订了裁审衔接的具体实施方案和路线。人工智能在诉讼和仲裁中的应用为两者的衔接提供了新的技术手段和思路。随着劳动人事争议案件大数据的构建,通过人工智能的深度学习,对浩如烟海的劳动法律法规的检索及类案推送,裁审衔接问题将会逐步得到统一。如果仲裁不紧跟智慧法院的建设,裁审衔接将会因为智慧法院的建设更难以统一,也可能被法院裁判标准所覆盖,仲裁的优势可能会被其所掩盖。

6. 助力劳动人事争议仲裁工作标准化、规范化、专业化、信息化

劳动人事争议仲裁应以完善制度、创新机制、提升能力、夯实基础为重点,持续加强调解仲裁规范化、标准化、专业化和信息化建设,依法公正及时处理争议、化解风险,充分发挥调解基础性作用和仲裁准司法制度优势,切实维护劳动人事关系和谐与社会稳定。可见,规范化、标准化、专业化和信息化建设是劳动人事争议仲裁建设的抓手,智能仲裁建设则是推进规范化、标准化、专业化和信息化建设的主要抓手,虽然完善制度、创新机制、提升能力、夯实基础是建设的重点,但无论是制度、体制、能力提升,还是夯实基础都有赖于信息化建设和智能仲裁建设。智能仲裁无疑有助于优化仲裁办案流程,从立案、受理、调查取证、送达、调解、庭审、归档等各个环节予以全面梳理、规范,通过类案推送、相关法律法规的推送,有助于统一裁决标准和裁判尺度,实现类案同判。劳动人事争议仲裁是一项专业性很强的工作,在争议处理过程中,涉及大量法律法规的运用,这些法律法规颁布的部门多、层级差异大、时间跨度大,彼此还存在交叉,手工查阅适用法律法规,必然影响案件的最终裁决和

法律适用结果。[1] 而通过人工智能可以很轻松地解决这个问题,既解决专业性问题,又能解决法律适用统一问题。同时,智能仲裁还有助于加强实时监管,强化科学管理、精细管理。

(三)智能仲裁有助于推进人力资源和社会保障系统工作的智能化

党的十九大提出要实现社会治理的专业化、社会化、智能化,推进人力资源和社会保障系统的智能化将是人力资源和社会保障系统的发展方向,在推进金保工程建设的基础上,利用智能仲裁建设的契机,积极推进人力资源和社会保障系统的智能化建设。通过智能仲裁的实施,有助于推进社会保险、劳动监察、职业培训等工作的智能化;智能仲裁建设要求人力资源和社会保障系统打破壁垒,实现应用系统融合,以及案件信息自动关联,从而带动、促进人力资源和社会保障系统的智能化建设。

三、劳动人事争议智能仲裁的应用范围

2016 年 7 月,中共中央办公厅、国务院办公厅印发《国家信息化发展战略纲要》,将建设"智慧法院"列入国家信息化发展战略,明确提出:建设"智慧法院",提高案件受理、审判、执行、监督等各环节信息化水平,推动执法司法信息公开,促进司法公平正义。2017 年 4 月,最高人民法院发布的《关于加快建设智慧法院的意见》中提出:"支持办案人员最大限度减轻非审判性事务负担,充分运用外包服务方式,建立先进的电子卷宗随案同步生成技术保障和运行管理机制,为案件信息智能化应用提供必要前提;不断提高法律文书自动生成、智能纠错及法言法语智能推送能力,庭审语音同步转录、辅助信息智能生成及实时推送能力,基于电子卷宗的文字识别、语义分析和案情理解能力,为辅助法官办案、提高审判质效提供有力支持;深挖法律知识资源潜力,提高海量案件案情理解深度学习能力,基于案件事实、争议焦点、法律适用类脑智能推理,满足办

[1] 参见赵宇:《项目管理信息系统在劳动人事争议处理领域中的应用研究》,吉林大学 2016 年硕士论文,第 23 页。

案人员对法律、案例、专业知识的精准化需求，促进法官类案同判和量刑规范化。”在智慧法院建设过程中，各地法院都在结合本地的实际进行卓有成效的探索，贵阳政法大数据办案系统、上海刑事案件人工智能辅助办案系统、广州法院的智审辅助量刑裁决系统、海南法院的量刑规范化智能辅助系统、南京法院的同案不同判预警系统等纷纷登台亮相。从这些系统来看，其智能化主要体现在将图文识别、语音识别、自然语言理解、算法等技术融入系统中，使系统具有识别区分、审查判断、逻辑比对、矛盾排除、量刑参考、类案推送、文书自动生成等类似人的强大智能性。具体而言，人工智能在司法领域中的应用大体在以下几个方面：

第一，利用计算机视觉、图像和人脸识别技术，助力审判流程全程在线。人工智能技术的深度应用，辅助实现当事人主体身份验证，以及实现诉讼案件全流程网上办理，从立案、证据提交、保全申请，到开庭审理、电子签名、电子送达、执行申请实现在线化，构建网上一体化诉讼运行机制。基于电子卷宗，网上办案不断规范和创新审判工作模式。自 2016 年 8 月起，最高人民法院推动全国法院应用案件卷宗随案电子化并上传办案系统，为法官网上办案实质化、审判辅助智能化创造条件。

第二，通过机器学习，深度应用云计算和大数据，构建诉讼服务系统。根据最高人民法院《关于全面推进人民法院诉讼服务中心建设的指导意见》(法发〔2014〕23 号)的要求，网上诉讼服务平台建设是人民法院诉讼服务中心建设的重要组成部分，它和诉讼服务大厅、12368 诉讼服务热线，以及移动通信平台共同组成了面向社会的多渠道、一站式、综合性“诉讼服务中心”，拓展了法院诉讼服务覆盖范围，并与人民法院裁判文书、执行信息、审判流程、庭审四大公开平台互联互通，将法院所有对外的服务集中在一起，为当事人提供起诉立案、诉前调解、案件查询、司法救助以及判后答疑、信访接待等方面的全方位、多层次服务。安徽、江苏、广东等地法院使用新一代智能导诉机器人，福建法院自主开发 ITC 诉讼服务自助终端等，切实做到了“让数据多跑路、让群众少跑腿”。

第三，司法智能化应用，充分利用算法以及司法大数据的优势，实现诉讼结果预判、类案推送、分析胜诉率，构建诉讼智能系统或者平台，引导当事人正确评估案件走向，体现专业化和智能化的审判体系，助推多元化纠纷解决机制的构建和完善。以“法信——中国法律应用数字网络服务平台”为代表的一批智能辅助办案系统成功上线并推广应用，为法官提供类案推送、文书纠错、数据分析等智能服务，帮助法官提升业务能力。江苏省苏州市中级人民法院等法院深度应用语音识别技术，庭审笔录的完整度接近100%，庭审时间平均缩短20%～30%。“法信——中国法律应用数字网络服务平台”，号称国内领先、世界一流的东方法律信息服务品牌，其是中国首家法律知识和案例大数据融合服务平台，由最高人民法院于2012年立项开发，由人民法院出版社承建，列入国家新闻出版改革发展项目。该平台通过法律知识分类导航和司法裁判大数据剖析引擎，对海量法律条文、案例要旨、法律观点、裁判文书进行深度加工聚合，进行裁判剖析和同案智能推送，为法律工作者和社会公众提供了“一站式”专业知识解决方案。[1] 同时，也可以实现司法的精准管理，不仅实现对法官业绩考核的精准化，而且可以对司法资源配置实现精准化。上海市司法资源优化配置系统，建立了全市法院人案动态配比模型、法官年均最大办案模型、案件权重系统以及法官绩效考核系统，对司法人员分类管理起到了关键作用。上海市在司法改革过程中提出法官入额数33%，这也是运用大数据系统测算的结果。上海法院首创案件权重系统，改变了以往简单以案件数量考核的方式。通过对近几年已结案件的大数据分析，根据不同类型案件的审理天数、笔录页数、庭审时间、文书字数等关键指标数据，测算出了相应权重。目前，系统已开发了1023种案件类型的案件权重指数，为法官入额遴选、评先评优、晋职晋级等提供了科学的决策支撑。[2] 司法人工智能通过大数据分析还可以为

---

〔1〕 参见宁杰：《加强法律数据智能化开发应用，建设智慧法院促进法治建设》，载《人民法院报》2016年3月3日第1版。

〔2〕 参见辛红：《司法融合大数据有哪些“燃爆”体验，助力改革两大成效》，http://www.chinanews.com.cn/cj/2017/09-23/8338265.shtml，最后访问时间：2022年7月24日。

经济社会发展提供更有针对性和时效性的决策参考。

第四，利用机器人技术和语音识别技术，建立数字法庭系统。把人类的语言转化成文本则是人工智能的一个跨越，而把庭审的语言直接转化成文本应当是审判智能化的一项重要突破。智能系统已经在浙江、安徽、北京等地法院广泛应用，最高人民法院委托河北高级人民法院研发的智审系统，可以辅助法官一键生成各类通知书、传票、公告、送达回证等制式文书，充分减轻了法官的事务性工作负担。苏州中级人民法院已经使用该系统支持开庭，就智能语音识别系统而言，庭审笔录的完整度达到 100%，庭审时间平均缩短 20%～30%，复杂案件的庭审时间缩短超过 50%。[1] 针对影响司法公信力的瑕疵裁判文书，上海法院研发裁判文书大数据智能分析系统，实现对裁判文书中 61 项要素的智能分析，推进文书智能化纠错，提升司法公信力。2017 年，上海法院分析裁判文书 10 万余篇，瑕疵占比 22.07%，同比降低 12%。

表 2－1　中国法院人工智能应用基本面貌[2]

应用层面		实现功能	主要实例
审判	庭审	①庭审语音同步采集、实时识别转录笔录修改编辑等；②辅助判断证据的可采纳程度	江苏法院的庭审智能语音系统、上海市第一中院的“庭审语音智能转写系统”裁判
	裁判	①卷宗、关联案件、参考案例、相似案件、类似裁判文书、法律法规、专业知识、实用计算工具、涉案舆情等高效精准推送；②审判偏离风险预警（刑案量刑辅助分析）；③裁判文书辅助生成，校对文书逻辑错误、诉讼请求遗漏、法律引用错误瑕疵	北京法院的大数据研究平台、河北法院的“智审”系统、天津市第一中级人民法院的新一代法院工作平台、上海法院的 C2J 法官办案智能辅助系统、上海等部分地区法院的裁判文书大数据智能分析系统

[1] 参见张帅、周斌：《智慧审判的苏州模式》，载《浙江人大》2017 年第 7 期。

[2] 参见傅文华：《以智为鹰：人工智能法院应用准入“VFE”法——基于法院场域角色的精准建构》，载谢进杰主编：《中山大学法律评论》第 16 卷第 2 辑，中国民主法制出版社 2018 年版。

续表

应用层面	实现功能	主要实例
执行	①执行节点由领导督办变为系统跟踪；②查控软件无须人工全天候全覆盖查询	全国法院执行案件流程节点管理系统、福建法院的司法查控自动系统
诉讼服务	①律师庭审排期自动避让、关联案件自动推送；②诉讼服务语音智能识别和交互	上海的律师服务平台、江苏法院的 12368 智能语音导航系统
司法公开	①裁判文书的自动隐名处理、全网智能检索；②多维度、全方位展现当事人信息要素	中国裁判文书网的快速检索联想和分裂引导树功能、浙江法院的当事人信用画像
行政管理	①以音频、视频识别技术对网上直播的庭审实况或对庭审录像进行自动检查监督；②实现办案、办公信息和应用融合支持；③人事信息实时更新、工作绩效智能评估	河北等部分地区法院的庭审自动巡检系统、辽宁法院的司法辅助系统、新版地方法院人事信息管理系统、四川法院的审判质效评估系统
决策服务	①贯穿立案、庭审、合议、裁判、执行、诉讼服务等各环节；②数据实时汇聚、一数一案、协同共享、动态交换、无缝交联；③海量数据分析建模，探寻特点规律，司法预判和应急响应	最高人民法院的“法信——中国法律应用数字网络服务平台（法信）”、数据集中管理平台、天平司法大数据有限公司、司法案例研究院、国家司法大数据研究院（筹备中）

邱小平同志在全国劳动人事争议调解仲裁工作座谈会上的讲话中提出要加强调解仲裁工作信息化建设，要树立“互联网 + 调解仲裁”思维，确立合作、互通、共享理念，积极利用现代化信息技术手段，促进调解仲裁制度完善，创新调解仲裁服务方式，提高调解仲裁工作水平。要重点建立“三个系统一个平台”：建立仲裁办案信息系统，推进省、市、县三级全覆盖，推动普遍建立“智能仲裁院”“数字仲裁庭”，实现案件办理过程和结果的信息共享、咨询交流、流程管理和查询、办案监督；建立人员信息系统，对调解员、仲裁员进行实时动态管理，实现仲裁员名册网上查

询;建立管理信息系统,实现部门内外信息的互联、互通、互享;建立在线服务平台,开展在线调解、在线仲裁,实现仲裁裁决书网上公开查询。要统一调解仲裁文书,为广大劳动者和用人单位提供优质高效便捷的服务,并提出要加强劳动人事争议调解仲裁的规范化、专业化和标准化建设。人力资源和社会保障部、最高人民法院、司法部等《关于进一步加强劳动人事争议调解仲裁完善多元处理机制的意见》(人社部发〔2017〕26号)提出要加快推进调解仲裁工作信息化建设。树立"互联网+"理念,利用现代化信息技术手段提高劳动人事争议处理效能。依托金保二期工程,建立调解仲裁办案信息系统、人员信息系统、监测管理信息系统,在实现人力资源和社会保障系统内部信息互联互通的基础上,逐步实现调解仲裁信息与综治、人民法院等信息系统的互联互通。建立在线服务平台,整合调解、仲裁和诉讼资源,逐步开展在线调解、在线仲裁、电子送达等,实现线上、线下服务对接,提供"一站式"争议处理服务。司法裁判和仲裁虽然各有其特殊性,但两者本质上是相同的,行使的都是判断权。因此,人工智能在仲裁领域中的应用范围大体上和司法裁判是一致的,根据目前司法人工智能的实践、技术成熟程度以及人力资源和社会保障部的要求,人工智能在仲裁领域中的应用如下:

第一,庭审语音识别系统,可以自动区分庭审发言对象及发言内容,将语音自动转化为文字,提高庭审效率。

第二,利用图像识别、多证据关联对比辅助证据分类检索,实现证据标准统一。

第三,智能化仲裁服务系统建设,要建立类似法院的仲裁服务系统,尤其是App开发、短信、微信的应用等实现移动办案、线上办案,让仲裁变得更为便捷。

第四,仲裁流程的再造,实现仲裁申请、案件受理、案件移送、调查取证、庭审记录、裁决等整个劳动人事争议仲裁整体业务的智能化。利用OCR、云柜技术实现电子卷宗随案生成,利用3D打印技术实现实物档案数字化,助推劳动人事争议仲裁办案程序规范化、标准化。

第五，通过语义识别、大数据分析以及仲裁大数据库的建设可以实现法律法规推送、类案推送、关联案件推送，助力裁判标准统一，实现仲裁公正；同时利用人工智能提供仲裁风险分析、仲裁结果预测预判，为当事人理性选择纠纷解决机制，有效促进多元化解劳动人事争议。

第六，劳动人事争议处理机制的有机衔接和统一：修好、打通纠纷解决的多元之路，通过劳动实体法的检索、类案推送等智能化设计，实现劳动人事争议案件调解、仲裁、诉讼处理过程中交互信息的实体化，使调解、仲裁、诉讼受案范围、认定事实、适用法律、裁判标准等相统一。程序的无缝对接，包括仲裁程序和社会化调解的无缝对接，如对调解协议的仲裁确认，以提升社会化调解的权威；也包括诉讼和仲裁的对接，即仲裁的先予执行、财产保全、强制执行可以嵌入法院相应部门。

第七，调解过程的智能化支撑，支持调解现场、调解过程信息采集，用信息化保障调解的规范化。

第八，包括劳动关系预警系统在内的劳动人事争议仲裁指挥和管理系统的智能化。通过仲裁大数据库建设，以及案件的深度挖掘，建立劳动关系预警系统，为研判劳动关系和有效化解劳动人事争议提供依据。在此基础上，通过基础信息库建设，实现基础信息资源的有效维护和应用，推进人员、单位信息在人力资源和社会保障各业务领域的融合共享，实现"一数一源"。按照大集中、一体化的要求，积极推进各业务领域信息系统建设，建成集社会保险、劳动就业、人才人事、劳动关系为一体的人力资源和社会保障业务综合信息系统，实现金保工程与仲裁系统的深度融合。

从以上内容可以看出，人工智能目前在裁判领域的应用主要是一些裁判辅助工作，如通过电子卷宗代替传统卷宗归档、格式法律文书的自动生成等可标准化的工作，还有数字法庭替代庭审记录、法律纠错、身份识别等一定智能性的工作，但这种智能化是有限智能，和人类智能还无法比拟。当前的法律人工智能其实是指借助计算机技术，以大数据为基础，以深度学习为特征，通过自然语言处理、生物特征识别等人工智能方法实现智能辅助裁判的类人智能,目前还没有将其作为替代裁判的技术。智慧法院的建设主要还是基于弱人工智能,虽有通用人工智能的因素,如“基于案件事实、争议焦点、法律适用类脑智能推理”,但其定位还是办案辅助功能,即“满足办案人员对法律、案例、专业知识的精准化需求,促进法官类案同判和量刑规范化”。

第三章　劳动人事争议智能仲裁功能创新、应用限度

正如蒸汽机和电一样，人工智能日益成为深刻改变人类生产和生活各个方面的通用技术，在生产和日常生活中扮演越来越重要的角色。人工智能的应用场景非常广泛，具体的应用领域包括机器人、语言识别、图像识别、自然语言处理和专家系统等。在司法领域中，在司法大数据的助推下，全国智慧法院的建设成果显著。最高人民法院《关于加快建设智慧法院的意见》提出“2017 年年底总体建成、2020 年深化完善人民法院信息化 3.0 版”的智慧法院总体目标。2018 年，中国社会科学院的评估结论是，中国智慧法院建设的基本格局业已形成。人工智能介入司法领域是时代的必然选择。因此，当前不是人工智能要不要介入司法领域的问题，如何介入以及介入的程度或者是如何与司法工作深度融合才是当下亟须论证的主题，这直接关系着人工智能在司法领域未来发

展的定位和方向。[1] 人工智能的深度应用既是司法审判现代化的本质特征,也是司法审判现代化得以实现的必然选择。但是,人工智能在司法领域的应用还面临很多挑战,既包括技术上,也包括法律上和伦理上。对于智能仲裁而言也是如此,同时裁判领域的仲裁和司法具有相通性。当前,人力资源和社会保障部正在推进智能仲裁建设,应根据人工智能在司法中的应用成熟程度对智能仲裁的应用范围、功能和限度进行界定,以便更好地推进智能仲裁建设。

一、劳动人事争议智能仲裁的功能创新

面对大数据、人工智能的新时代,智能仲裁院建设已不再局限于构建信息化业务流程体系,实现仲裁业务、仲裁管理网上办理,而应抓住大数据、人工智能、互联网这三个新一轮信息化的标志与核心技术,实现与仲裁运行机制的深度融合。"虚拟法院"或"虚拟仲裁院"越来越成为一个未来法院或仲裁院可能的发展方向,它是网络化、智能化法院,因而也是一个无纸化、数字化的法院,其运用信息技术搭建了一个没有实际载体的线上纠纷解决机构,立案、送达、庭审等司法或仲裁行为都能在线上进行,甚至在事实的证明和证据的采信上,也可以运用人工智能,通过计算机程序进行证明。虽然这种法院或仲裁院具有虚拟性,但其具有实际裁判功能,已经突破了时空的界限,对于法官或裁判者而言,完全可以实现在家办案;对于当事人而言,可以足不出户,免去了起诉、应诉、出庭等奔波之苦。"提供个性化、差异化、智能化的司法服务是人工智能的技术优势",[2] 以网络化、阳光化、智能化为标志的智慧法院基本格局已经形成,促进了人民法院工作向服务便捷化、审判智能化、执行高效化、管理科学化、公开常态化、决策精准化发展。智能仲裁建设也应当以仲裁业务为中心,突出仲裁服务的便捷化、业务判断的智能化、数据流转的自动化、数据业务的融合化

---

[1] 参见潘庸鲁:《人工智能介入司法领域路径分析》,载《东方法学》2018 年第 3 期。

[2] 参见徐骏:《智慧法院的法理审思》,载《法学》2017 年第 3 期。

和仲裁管理的科学化，其功能创新体现在以下几个方面。

（一）实现诉讼或仲裁流程再造，为当事人提供优质的服务

利用人工智能技术开展诉讼或仲裁相关便民服务。重塑仲裁流程，全程在线可为当事人提供最为便捷的仲裁或诉讼服务。建立和完善立案、证据提交、保全申请、开庭审理、电子签名、电子送达、执行申请等在内的网上一体化运行机制，将在线咨询、法律援助、在线立案、在线庭审、在线信访、电子送达、在线保全、在线申请鉴定、仲裁公开等纠纷解决和仲裁服务等功能全面融入仲裁系统，为劳动人事争议解决提供一体化平台。智能仲裁实现诸要素模块化指引，使复杂问题简单化、专业问题通俗化，即采用大数据和诉讼建模将管辖法院或仲裁院、诉讼或仲裁请求、赔偿数额的计算、法律依据的引用等事项进行全面模块化，当事人选项即可完成起诉（申请仲裁）、应诉等过程，真正实现“一次也不要跑”的目标。

1. 法律咨询

党的十九大作出完善公共服务体系、加快推进基本公共服务均等化的决策部署。党的十九届三中全会提出要加强和优化政府法律服务职能，推进公共法律服务主体多元化、提供方式多样化。国务院发布的《“十三五”推进基本公共服务均等化规划》也对公共法律服务体系建设提出了具体要求。2019 年 3 月 19 日，习近平总书记主持召开中央全面深化改革委员会第七次会议，审议通过了《关于加快推进公共法律服务体系建设的意见》，提出要加快建设覆盖全业务、全时空的法律服务网络，司法部提出要以“一体化、智能化”为目标，在更高水平上加快整合法律服务资源，尽快建成覆盖全业务、全时空的法律服务网络。法律咨询是公共法律服务的一项重要内容，全业务、全时空的法律服务网络为法律咨询提供了新的途径。

在劳动争议案件中，当事人尤其是劳动者一方，其文化水平、法律意识和法律知识普遍不高，尤其需要提供免费或低廉的法律咨询，由此既可以维护劳动者的合法权益，也有助于仲裁机关和法院快捷、公正审理案件。目前，法律援助主要通过司法行政部门和地方总工会设置的法律

援助机构或职工服务机构来提供。受制于经费,目前大多数地方还无法做到应援尽援,因而对法律援助设置门槛,一般限于经济困难的职工,且需要提供当地乡镇或街道的证明,手续烦琐,费时费力。而人工智能为解决该问题提供了便捷的途径,不仅可以扩大法律援助的覆盖面,甚至可以实现法律咨询免费的全覆盖、全时空。人工智能将当事人可能需要的法律服务信息通过智能手机端软件或电脑端软件提供给所有当事人,借由互联网信息传播的廉价性与当下中国智能手机的高普及率实现法律援助的低廉性,提高法律援助服务的可获得性,扩大法律援助的适用范围。

2. 立案

当事人在申请立案时,将有关信息填入智能仲裁系统或者已经在调解组织申请过调解的,有关信息自动回填到仲裁申请中,之后系统对仲裁结果进行预测,或者应当事人的请求,提供法律咨询。如果符合法律援助条件的,法律援助组织可以提供法律援助。

同时,这阶段系统生成"案件画像",结合收案来源、案由、案件管辖、重大敏感信息、是否重复立案、当事人关联案件等方面制作"案件画像",并将分析结果主动推送给仲裁员。

此外,智能仲裁系统也可以为当事人提供仲裁结果预测服务,通过查询类似案件等方式,在风险、时间、经济、工作机会等方面进行评估,告知当事人可能的仲裁结果,引导当事人形成合理的预期,为当事人选择纠纷解决方式提供借鉴和参考。

3. 庭前程序

立案后,系统对案件进行繁简分流,系统会提示当事人选择调解方式,当事人可以选择民间调解(包括人民调解、工会调解等),也可以选择仲裁调解。选择民间调解的,当事人按照链接进行选择确认,系统向该调解组织发送委托调解函,调解成功的,当事人可以申请仲裁确认,出具仲裁调解书;调解不成或当事人不愿意调解的,案件自动进入仲裁程序,当事人可以选择网上庭审,以及电子送达。符合督促程序条件的,案件当事人可以申请进入督促程序,系统自动生成支付令,并向当事人发送。在仲裁过程中,需要保全的,可以申请保全,案件进入保全程序;需要鉴定的,自动转入鉴定环节。

立案后,申请人和被申请人可以看到自动生成的受理(应诉)通知书、举证通知书、仲裁和诉讼风险告知书、权利和义务告知书等仲裁文书。被申请人还可以看到申请人的申请书、证据等材料。进入“送达确认”操作后,案件进入分案状态,分案后自动进入举证阶段。在举证阶段,申请人和被申请人可以在举证期限内上传证据,被申请人可以提交答辩书和管辖权异议申请,10 天的答辩期过后,案件自动进入质证阶段,双方可以针对对方的证据进行质证。系统对质证设置了结构化的选项,即就真实性、合法性、关联性进行勾选或不认可,并可以就证据证明力有无及其大小进行说明。之后,系统自动对双方争议焦点进行归纳总结,并形成庭审提纲。质证完成后,案件进入庭审环节,仲裁员可以短信、邮箱等方式向申请人和被申请人告知当事人开庭时间。双方当事人的代理人可以通过系统提交代理手续。

4. 庭审

庭审相对简化,仲裁员可以使用“推送开庭提纲”功能,系统会根据举证、质证情况,确认当事人争议的焦点。书记员可以使用“生成开庭笔录”功能,系统会自动生成开庭笔录等主体内容,书记员仅需要补充其他内容。当事人通过自己的电脑即可登录网上法庭,进入庭审界面,由此可以通过在线视频的方式进行开庭,由于举证、质证环节已经完成,庭审只需要通过摄像头展示证据原件或对实物证据进行核对,可以发表自己的辩论意见,也可以通过系统提交自己的法律意见。庭审结束后,书记员将笔录上传,当事人进行点击确认。

5. 评议、裁决

合议审理的,仲裁员可以在系统提出自己的意见。在此过程中,系统自动推送案情分析、法律条款、类似案例、裁决参考等。结合案件信息及其前置文书信息,系统自动生成裁判文书初稿,初稿包括文书首部、当事人信息部分、案件由来、仲裁请求及其事实与理由、审理查明、本院认为(包括裁判说理、裁判依据、裁判主文)、落款等大部分内容。系统根据申请人的说理情况,按照裁判文书说理要求智能生成裁判文书的说理部分;系统根据仲裁员对仲裁请求的处理,结合劳动人事争议法律知识图谱,按照裁判文书的要求对法律依据的要求智能生成法条依据部分;系统根据申请人仲裁请求以及仲裁员对诉请的确认,结合劳动人事争议案件法律知识图谱,智能生成裁判文书主体部分。仲裁员可以对有关部分进行修改,如果没有在类案的基础上作出裁判,仲裁员应当对此作出说明。

6. 归档

归档系统和电子档案系统深度融合,在裁决书作出后直接进入电子档案系统,进行电子归档。

7. 诉讼、执行环节

裁决后,不服仲裁裁决的,当事人可以申请法院立案,材料自动转入诉讼程序;双方当事人不起诉的,案件生效的,当事人一方可以申请强制执行,案件自动转入执行环节。

具体智能仲裁再造流程见图 3-1。

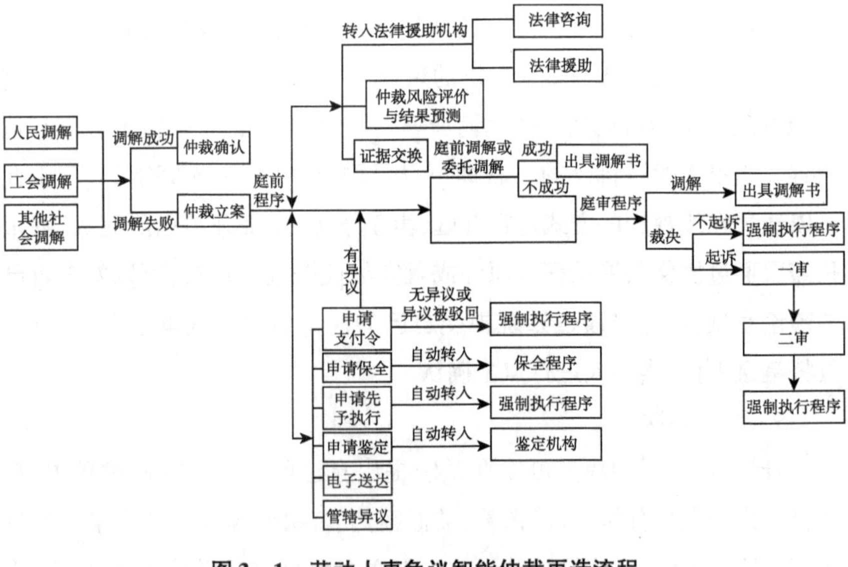

图 3-1 劳动人事争议智能仲裁再造流程

(二)智能化应用服务仲裁员办案,服务有关部门精准决策

利用人工智能技术辅助处理一些简单、机械和重复性的工作。例如,凭借语音识别技术将庭审语音自动转换成文字,辅助生成庭审笔录;庭审时根据语音指令自动检索和在屏幕上显示希望展示的证据的数字化照片;利用文字识别等技术,将当事人提交的诉讼证据材料转变为可复制、可检索的电子数据,实现立案、结案信息自动回填,撰写法律文书对证据材料的直接引用,以及对文书引用证据的自动追溯和自动统计等。同时,充分利用算法及仲裁大数据的优势,实现仲裁结果预判、类案推送、分析胜诉率,构建仲裁智能系统或者平台,引导当事人正确评估案件走向,体现专业化和智能化的裁判体系。

借助大数据和人工智能,系统可以提供案件基本情况分析、当事人特征分析、当事人诉求分析、判决结果统计分析等,这不仅能让办案人员了解该案,继而提出有针对性的调判策略,而且可以分析劳动人事争议的发展态势,从而为劳动关系的治理提供较为精准的依据。

(三)推进以劳动人事争议仲裁为核心的多元化纠纷解决机制的构建

目前,虽然劳动人事争议多元化解机制倡导多年,但效果仍然有限。劳动人事争议应当建立以和解和调解为第一道防线、仲裁为主导、诉讼为后盾的多元化解决机制,但实际运行的状况是,调解或和解作用有限,仲裁虚化,诉讼成为解决劳动人事争议的主渠道,劳动人事争议处理不断后移。调解、和解为何没有起到其应有的作用?原因是多方面的,其中和当事人对仲裁或诉讼结果预判不准有关,有的人存在侥幸心理,有的对结果作出过高期望,加上调解或和解有关组织不健全,效力不强,很多人不愿意选择调解或和解,而将希望寄托在仲裁或诉讼程序上,调解或和解虚化在所难免。即使进入仲裁阶段,如果仲裁结果没有达到预期的结果,当事人仍然寄希望于法院,试图利用当前法院和仲裁系统裁决标准的差异,通过法院裁决来挽回仲裁的不利局面,如此导致劳动争议处理程序不断后移,劳动争议处理诉讼化的结果在所难免。本来应当成为劳动人事争议处理主渠道的仲裁的虚化,不仅影响仲裁的权威,而且

浪费宝贵的公共资源。如果在仲裁立案或立案前,能够对案件结果有一个大体预测,那么当事人对纠纷解决方式的选择将会更理性些。同时,目前和解和仲裁、调解和仲裁、仲裁和诉讼等劳动人事争议解决机制之间不能很好地衔接,尤其裁审衔接是当前的一个突出问题,虽然最高人民法院与人力资源和社会保障部等有关部门试图通过各种方式解决该问题,2017 年还为此发布专门的文件。[1] 但基于各种原因,衔接的效果虽然有了很大进步,但离民众的要求以及纠纷解决的要求还存在不小的差距。所以,虽然劳动人事争议的多元化解机制提出早,但效果仍然不理想。

调解是劳动仲裁追求快速结案的重要方式,在实践中各级劳动仲裁机构也将调解结案率作为评价仲裁工作绩效的重要标准之一。当前劳动争议调解的主要困难在于劳动者与用人单位之间的信息不对称:劳动者一方的诉求往往“多多益善”而少有考虑法律依据;用人单位一方由于其承担仲裁或诉讼成本的能力较强,因而其调解底线当然越少越好。这均是由双方劳动法律信息获取的不充分、不准确所致。在人工智能背景下,应当利用新技术,整合各种力量参与劳动人事争议解决,特别是实现调裁审的无缝衔接,构建和完善多元化的纠纷解决机制。应当运用仲裁和司法大数据,让当事人对案件进行预测预判,从而引导当事人合理选择纠纷解决方式。在大数据时代,预判变得科学而清晰,“基于人工智能和大数据的案件预测将深刻影响当事人的诉讼行为和法律纠纷的解决”[2]。同时,“一张网”将所有劳动人事争议解决主体全覆盖,实现所有解决劳动人事争议力量的全面整合,全面整合人民调解、工会调解、仲裁调解等调解机制,实现所有劳动人事争议解决力量信息共享、相互支

[1] 2017 年 11 月,人力资源和社会保障部、最高人民法院共同出台了《关于加强劳动人事争议仲裁与诉讼衔接机制建设的意见》,积极探究和把握裁审衔接工作规律,逐步建立健全裁审受理范围一致、裁审标准统一、裁审程序有效衔接的新规则、新制度,实现裁审衔接工作机制完善、运转顺畅,充分发挥劳动人事争议处理中仲裁的独特优势和司法的引领、推动、保障作用,合力化解矛盾纠纷,切实维护当事人合法权益,促进劳动人事关系和谐与社会稳定。

[2] 李晟:《略论人工智能语境下的法律转型》,载《法学评论》2018 年第 1 期。

持、成果共用。此外,还可以利用技术的便利,实现机制之间的无缝对接。引导社会力量积极参与劳动人事争议解决,完善制度,搭建平台,支持非诉讼或仲裁机制参与劳动人事争议解决,比如对调解或和解协议,当事人可以在网上进行仲裁确认或司法确认,在网上申请保全或强制执行,操作极为便利。因此,可以利用智能仲裁建设的契机,实现劳动人事争议解决机制之间的无缝对接,构建上端预防纠纷、节源分流,中端分层过滤,底端精准裁判的多元化纠纷解决"漏斗式"模式,实现劳动人事争议多元化解目标,最大限度减轻仲裁或诉讼的压力。另外,智能仲裁系统可以实现多平台信息共享与对接,实现与劳动能力鉴定、社保、工伤认定、劳动监察等信息的共享与对接,以及实现与市场监督管理、法院等部门的系统进行对接,实现在线"一键"启动开庭和裁判的执行,推行法律援助、调解、仲裁、诉讼、执行"一站式"服务。

(四)仲裁和诉讼规则的创新

要实现功能创新,还要对具体规则进行创新与优化,才能与之相适应。人工智能有其技术性和规律性,需要创新一些与其相匹配的具体规则体系,这涉及立法层面,需要通过修改仲裁或诉讼规则来实现。对具体规则的创新主要侧重以下方面:首先,由传统的专人送达、邮寄送达当事人可通过智能平台的相应页面进行电子送达地址的确认,通过绑定的手机号、电子邮箱,甚至是微信完成电子送达。其次,智能仲裁系统与第三方机构或者平台的数据共享,可以完成被告主体身份信息和特定证据的自动调取或者确认。再次,证据的电子化,即为配合仲裁流程全程线上运行,需要出示的非电子化的证据通过拍照、录像、制作副本或者复制品且进行公证,再将公证书上传至智能诉讼平台供当事人质证和仲裁机构认定。最后,由于人工智能技术的应用成为人类行为方式的主要内容,行为方式或者意思表示的电子化、数据化,除扩展了证据类型和内容外,也引发了电子数据证据的认定规则和制度的变革,传统证据规则需要进行相应的变革。

二、人工智能在劳动争议仲裁领域应用的可行性分析

人工智能在劳动争议仲裁领域中的应用不仅具有必要性，而且具有可行性，甚至可以作为智能裁判系统构建的先行者，为其他案件裁判智能化的实现提供样板和参考。

（一）劳动争议案件的特点便于实现知识图谱的构建

由于目前人工智能技术方面的原因，人工智能在司法领域中的应用更多还是依赖于人工，人工智能的深度学习依赖于人工的“喂养”，人工智能的学习有一个过程，前期进行人工标注，为机器学习提供样例，只有当样例积累到一定程度，机器才可以进行自动识别，进而才能减轻办案人员的工作量，所以，就会产生“有多少人工，就有多少智能”的说法。从目前智慧法院的建设来看，司法知识图谱构建中遇到的最大难题之一即由于民事案件、刑事案件案由太多所导致的“法律知识图谱构建过程对人工的过度依赖”，[1]目前各地法院推出的智能辅助办案系统仅能覆盖几个或十几个案由，在成百上千、纷繁复杂的所有争议类型中，人工智能的应用比例其实是比较低的。劳动争议相对于行政、刑事及其他民事案件，案件类型单一、案由也相对简单，根据《劳动争议调解仲裁法》的有关规定，劳动争议的案由主要涉及确认劳动关系、劳动报酬、解除和终止劳动合同、社会保险等内容，而且，这些内容的事实认定和法律适用相对简单，便于构建知识图谱，尤其是涉及社会保险、经济补偿、劳动报酬等内容的案件，计算标准易于统一。因此，很多省份智能裁判系统的构建就是从金融纠纷、交通事故、劳动争议等易于标准化的案件开始推行的。可见，劳动争议案件类型单一的特点为人工智能的应用提供了广阔的前景，因为案件的高度类似性容易突破当下弱人工智能的技术“瓶颈”。

近年来，广东省、浙江省等地区的仲裁系统正在推进要素式改革，仲

---

〔1〕 参见王禄生：《司法大数据与人工智能开发的技术障碍》，载《中国法律评论》2018 年第 2 期。

裁机构在处理劳动人事争议案件时,根据案件类型和特点,归纳出案件主要事实涉及的基本要点,并围绕案件争议要点进行庭前指导、审理和制作裁决书或调解书。由当事人在庭前填写《案件要素表》,仲裁员根据当事人填写的要素表总结归纳出争议要素并围绕争议要素进行审理,在撰写裁决书时可选择相关要素进行撰写,对无争议要素可逐项简要概括,对有争议要素逐项集中陈述双方诉辩意见、证据认定和仲裁委员会认定的理由及依据。其实,法院在劳动争议中推行要素式审判改革更早。2013 年,广东省高级人民法院制定《关于推行民事裁判文书改革促进办案标准化和庭审规范化的实施意见》,在全国率先探索要素式裁判。基于"案多人少"的压力,浙江省也于 2014 年制定《关于民商事案件简式裁判文书制作指引》,全面推行要素式裁判文书改革。山东省高级人民法院于 2019 年 9 月通过了《山东省高级人民法院要素式审判方式指引(试行)》,对民间借贷纠纷、离婚纠纷等九类一审普通民商事案件适用要素式审判方式审理,简化办案程序,实现简案快审、类案专审。在要素式改革实践中,通过归纳和提炼案件涉及的基本要素,围绕争议要素开展案件处理工作,对平日各类案件处理中涉及的基本要素进行归纳,制定《案件要素表》,其实就是知识图谱的构建过程,为智能仲裁建设奠定了基础。

(二)智能裁判契合劳动争议仲裁的本质特征

劳动争议仲裁就是基于劳动争议案件的特殊性而产生的,劳动争议的解决关系到劳动者的生存利益、用人单位生产经营活动的顺利开展以及社会的和谐稳定,其解决不仅需要公正,而且需要效率,即劳动争议处理制度对公正和效率的要求是同等重要的。传统诉讼虽然公正但效率不高且程序烦琐不适宜劳动争议的解决,正是在这种背景下,劳动争议仲裁作为传统诉讼的替代者应运而生。因此,劳动人事争议仲裁本身应当具有简便、快捷、灵活的特点,智能仲裁建设契合劳动仲裁的本质特征,将人工智能引入劳动争议仲裁可以极大地提升劳动争议案件的裁判效率,事务性工作基本可以为人工智能所替代,仲裁员可以从容地从事证据认定、法律适用、裁判的作出等核心工作,既能提高仲裁的效率,又能确保案件裁判的质量。通过智能裁判系统,所有的案件要素实现自动抓取、自动计算、自动分析,仲裁员只需要选择、核实、判断,撰写每份裁决书从 2～4 小时缩减到 10 分钟,大大节约了办案时间、精力,提高了办案的效率。同时,也能够统一裁判规则,真正做到"同案同判"。此外,智能裁判还能实现法律援助的廉价性,提高法律援助服务的可获得性,使劳动者能够接近正义,维护其合法权益。

调解既能快速解决劳动争议,实现"案结事了",又有助于实现劳资和谐,维护劳动关系的稳定,不至于因为纠纷的发生导致劳资关系的破裂。因此,《劳动争议调解仲裁法》第 42 条第 1 款规定,仲裁庭在作出裁决前,应当先行调解。在实践中各级劳动仲裁机构也将调解结案率作为评价仲裁工作绩效的重要标准之一。当前劳动争议调解的主要困难在于劳动者与用人单位之间的信息不对称:劳动者一方的诉求往往"多多益善"而少有考虑法律依据;用人单位一方由于其承担仲裁或诉讼成本的能力较强,因而其调解底线当然越少越好。这均是由双方劳动法律信息获取的不充分、不准确所致。智能仲裁不仅能够实现类案推送和法律法规指引,而且可以为当事人提供案件裁判结果的预测和预判,使当事人对案件有一个客观、理性的判断。同时,智能仲裁可以进行纠纷解决成本预测,很多当事人在申请仲裁时往往只注意到公正的一面,而没有注意到或忽视了时间成本和经济成本。智能仲裁在立案时可以对时间成本和经济成本予以分析,为当事人选择调解或者其他纠纷解决机制提供参考。

三、人工智能在劳动争议仲裁领域的技术障碍及其难点分析

总体而言,目前在司法系统领域应用的人工智能产品是封闭型的"专家系统",还没有变为自主决策系统。"目前的法律人工智能仍然处于解决基础性、程序性工作的阶段,集中于搭好基础设施,让散见于法、检、律之间的数据联动、流通,用机器取代大量重复性、低附加值的工

作,即解放整个法律行业的生产力。"[1]在问题求解、(不确定)知识推理与规划、机器学习、机器人等方面,人工智能在法院应用仍有明显短板。[2]

即使应用比较好的人工智能技术,但如自然语言处理、语音识别、图像识别等在裁判领域的应用还不是很顺畅,还存在很多技术问题和技术障碍,比如存在图谱构建的技术障碍、情节提取的技术障碍、类案识别的技术障碍、模型训练的技术障碍、量刑预测的技术障碍、偏离度测算的技术障碍,[3]如何让机器利用自然语言处理能力去理解案件文本,并评估案件中所有可能的含义,是实现司法裁判人工智能化的关键,也是连接现实应用与计算机科学技术的核心所在。[4] 目前,自然语言识别技术在裁判领域的应用也缺乏精准性,一般的分词方法和词联想等无法适应裁判领域的专业需求,如果计算机能够读懂"法律文书",理解法律语义,从中准确提取有关情节,则能实现案件的自动回填,将办案人员从事务性劳动中解放出来。法律知识图谱的构建是弱人工智能下应用的关键环节,只有通过法律知识图谱的构建,人工智能才能"读懂"法律。人工智能目前还无法自主完成法律知识图谱中的实体抽取、关系抽取与属性抽取等工作,过于依赖人工,所以才会有"有多少人工,就有多少智能"的说法,通用的知识图谱构建技术还无法满足裁判对其专业性和精准性的需求。类案识别准确率有待提升,模型训练存在技术"瓶颈"。[5] 智能语音识别技术虽然可以现场将语音转化为文字,应用于庭审记录、合议庭

---

〔1〕 王峰:《数据标签实现同案类推,人工智能如何辅助办案?》,载《21 世纪经济报道》2018 年 1 月 8 日第 5 版。

〔2〕 参见傅文华:《以智为鳫:人工智能法院应用准入"VFE"法——基于法院场域角色的精准建构》,载谢进杰主编:《中山大学法律评论》,中国民主法制出版社 2018 年版,第 21 页。

〔3〕 参见王禄生:《司法大数据与人工智能开发的技术障碍》,载《中国法律评论》2018 年第 2 期。

〔4〕 参见吴习彧:《司法裁判人工智能化的可能性及问题》,载《浙江社会科学》2017 年第 4 期。

〔5〕 参见王禄生《司法大数据与人工智能开发须反思片面技术理性思潮》,载《民事与法制时报》2018 年 6 月 3 日第 6 版。

评议等领域,能够大幅缩短庭审时间,但目前仍然存在很多问题,如何对多人交互发言进行分音记录存在技术难题。同时,语音识别主要适用于普通话或极少数的几种比较通行的方言,对大多数的方言或带有方言的普通话,其准确率较低,需要耗费人工进行校正。此外,对于法官而言,没有经过书记员提炼的庭审笔录难免充斥口头语、口误、重复、矛盾等问题,阅读起来费时费力,对于二审法官更是如此,甚至需要重听庭审录音,作为审判工作核心的法官其工作效率反而被拉低了。[1] 已经开发的部分审判和执行支持系统所提供的智能化程度有限,还无法真正减轻办案人员的负担,有的甚至在一定程度上加重了办案人员的负担。审判过程中的证据检验、类案推送、量刑规范、诉讼风险预测、辅助司法决策等环节都需要更加自动、更加精准、更加适配的信息支持。[2]

上述技术障碍存在的原因是多方面的,除人工智能本身发展阶段还处于弱人工智能阶段以外,还和当前技术与专业严重脱节有关,两者目前处于隔离的状态,技术人员只是将人工智能技术简单地平移到司法领域,没有进行深度的融合。一方面,技术人员不懂裁判人员的需求;另一方面,由于裁判人员也不懂技术,无法将裁判需求用技术语言予以准确表达。计算机领域尽管有对司法大数据和人工智能技术的关注,但整体而言,主要是通用技术的平移应用,缺乏深度思考司法特性对大数据技术可能形成的独特需求。实务界强调要拥抱新技术,但实际上,司法改革和人工智能技术深度融合,大数据和人工智能在司法领域应用主要停留在表面的宏观叙述,整体而言,抽象有余,具象不足。司法大数据与人工智能技术在司法领域的研究还处于起步阶段,精深细致的研究之路还

---

〔1〕 参见李林、田禾主编:《中国法院信息化发展报告 No.2(2018)》,社会科学文献出版社 2018 年版,第 21 页。

〔2〕 参见佚名:《学习贯彻十九大精神,推进智慧法院建设——最高人民法院信息中心主任许建峰接受中国法院网访谈》,载中国法院网,https://www.chinacourt.org/article/detail/2017/11/id/3078796.shtml。

很漫长，需要法学与计算机交叉科学投入更多的精力。[1] 建构并提升司法公正下的人机信任、人机协同和人机学习，还需要将特定技术规范规定为新的解释规范，内化为人工智能司法的信条，并最终推进诠释点的精准化、结构化和法治化。[2] 人工智能与法律结合的难点还在于：第一，自然语言的句式和语义复杂多变，这种多样性使得自动分析极为困难。人工智能进行判断、预测和推理的前提是须将法律规定、案例事实由自然语言翻译成机器语言，实现这种转换依赖于确定的法律概念、明晰的推理规则，这需要法律逻辑、法理学、认知学等相关理论的支撑。第二，本体检索系统建构需要深入认识法律概念和概念之间的复杂关系，并建立法律语料库，而此过程本身就具有较大的难度。第三，专家系统模型的建立是对法官裁量过程的模拟，需要明确法官裁量因素，而法官的裁判结果受到各种外在价值观和内在价值观的影响，难以用具体语言进行描述，更难以转化为机器语言。第四，人工智能裁量和检索系统的建立既是完善理论的过程，也是工程实现的过程，无论是专家系统的建立还是本体检索系统的建立，都需要对规则和案例进行大规模的统计和分析，且需要各学科人员的配合，其本身也是一个费时费力的过程。[3]

同时，在劳动人事争议仲裁领域，人工智能的应用还存在以下障碍：

第一，仲裁参与人素质参次不齐。在智能裁判系统中，自然语言技术承担了人机交互的重要角色，保证了各参与人表达的语义都能为系统所获知。然而，由于语料库的限制以及语言本身的多义性，低水平仲裁参与人的存在，将给智能裁判带来更多的挑战。

在实践中，由于仲裁参与人的文化水平、对法律的认识水平有限，其用语与其所希望表达的法律含义之间可能存在诸多差异、模糊。例如：

---

〔1〕 参见钱大军：《司法人工智能的中国进程：功能替代与结构强化》，载《法学评论》2018年第5期。

〔2〕 参见李飞：《人工智能与司法的裁判及解释》，载《法律科学（西北政法大学学报）》2018年第5期。

〔3〕 参见张妮、杨遂全、蒲亦非：《国外人工智能与法律研究进展述评》，载陈金钊、谢晖主编：《法律方法》第16卷，山东人民出版社2016年版，第462～463页。

劳动者往往将“工资”简单理解为“到手的钱”，而忽略了基本工资、加班工资、计件工资、奖金、津贴等各类劳动报酬组成部分的区别和差异。对于裁判者而言，由于其对相关概念有较为深入的理解，其仅需对双方开展盘问，让各方对所要表达的语义进行详细的二次表述，便足以解决这一问题。但对于智能裁判系统而言，无论是深入理解还是开展盘问，都需要更多的技术积累。

虽然法律援助的普及、法制宣传的深入等，能够提高各方参与人表达的准确性，在一定程度上弥补这一缺憾，降低智能裁判系统的运行门槛，但可以预见的是，在我国人口文化水平尤其是法律素质普遍不高的国情下，[1]该现象将长期存在于裁判活动中，并很有可能直接影响到未来智能审判系统的运行效果。

第二，高度非结构化证据材料。就人工智能技术而言，所输入的信息规律越明显、结构越严整，其在处理信息时所产生的理解越接近人类的期待，所生成的结果也就越有价值。

而在劳动争议仲裁案件中，尽管按照法律规定，劳动关系存续期间应当生成诸多结构化数据，包括书面劳动合同、工资条、劳动报酬发放记录、离职证明等，但在法律实践当中，尤其在涉及劳动密集型产业的案件中，由于企业运营不规范、劳动者维权意识欠缺等因素，上述材料的部分甚至完全缺失，成为一种“新常态”。例如：劳动者无法提供劳动合同或离职证明，但能够提供据称是“与老板或经理间的”微信聊天记录，以证明劳动或离职事实；劳动者无法提供内容清晰的工资表、工资条，但能够提供据称为“老板的个人账户”向其定期不定额的银行转账记录，以证明其工资水平。

---

〔1〕 第七次全国人口显示，与2010年第六次全国人口普查相比，每10万人中拥有大学文化程度的由8930人上升为15,467人；拥有高中文化程度的由14,032人上升为15,088人；拥有初中文化程度的由38,788人下降为34,507人；拥有小学文化程度的由26,779人下降为24,767人。参见国家统计局、国务院第七次全国人口普查领导小组办公室：《第七次全国人口普查公报[1]（第六号）——人口受教育情况》，载http://www.stats.gov.cn/xxgk/sjfb/zxfb2020/202105/t20210511_1817201.html，最后访问日期：2022年7月24日。

由于证据材料的高度非结构化，对前述材料的处理，显然不能依赖于简单的文字识别或信息提取，而是需要包括文字、图像、音频、视频等各种文件处理技术的协同运用，并对不同来源文件中相关联的信息进行综合分析，以达到全面认定案件事实、最大可能还原客观真实情形的目的。而这就对信息处理技术提出了更高层次的要求。

第三，各地仲裁标准不统一。裁判规范的不统一是我国当前劳动争议仲裁制度的明显特征。目前，劳动争议仲裁裁判标准有两套：一是法院的裁判标准；二是劳动争议仲裁的裁判标准。虽然最高人民法院与人力资源和社会保障部在极力推进裁审衔接，并提出要逐步实现实体裁判标准的统一，以及裁审程序衔接和协调，并在实践中探索实现统一的具体做法，但在裁审体制没有改变的前提下，两套裁判标准的长期存在是难以避免的。同时，即使是仲裁系统或法院系统，各地的裁判标准也存在较大差异，各地根据自身的情况，制定劳动争议案件适用法律的会议纪要或法律适用文件。这些纪要和法律适用文件事实上充当了适用法律的依据，因此，即使是仲裁系统内部，也存在各省市甚至各县区裁判标准的不统一。“同案不同判”问题在劳动争议仲裁领域一直以来是一个突出问题，由此势必影响智能仲裁建设的推进。“同案不同判”为人工智能学习增加了难度，同一行为模式的多种法律后果导致人工智能知识图谱构建的矛盾或混乱，也会导致计算结果的笼统、宽泛与不精确。虽然已有可行性建议认为应当根据经济发展程度的不同设定若干不同等级的参数，但即使经济发展程度相当的不同地区之间依然存在裁判依据不统一的现象，学习材料的无序性对于劳动争议仲裁中人工智能技术的挑战依然难以克服。

第四，仲裁员专业化水平参差不齐。劳动仲裁中人工智能的学习难度还可归咎于仲裁员专业化水平的参差不齐。由于各地区劳动仲裁员的准入门槛较低，兼职仲裁员比例较大，且无仲裁员责任制的制度约束，因此劳动仲裁员的专业化水平与法官相比普遍较低。虽然有些地区的劳动仲裁员专业素质较高，但就全国范围内而言，仲裁员的专业化水平是参差不齐的，由此影响裁判文书质量，难以为智能仲裁建设提供足够优良的案件文书数据供人工智能学习和模仿。

综上所述，虽然裁判人工智能大有前途，但基于技术等原因，即使是弱人工智能下的应用也需要一个过程，其功能的发挥还需要实务界和理论界磨合，协力解决面临的种种问题。总而言之，当代人工智能技术是基于以行为主义的早期人工神经网络技术开发的，虽然在局部功能、机器信息加工处理能力上超越人类部分认知信息加工能力，但距离具备自我概念、自我表征、创造符号、自主选择的人类智能的内核，还有很长的发展路程。[1] 强人工智能在裁判领域中的应用更需要一个漫长的过程，"奇点"的到来需要各个方面的积累，包括算法、算力、大数据等都要相应地跟进，这样才有可能真正出现"阿尔法式"法官，这在技术上虽然是无限可能的，但对人类而言是"生死考验"，在其到来之前，人类应有一个充分的准备，未雨绸缪，不至于在其真正到来时"方寸大乱"，那样的话，裁判人工智能就有可能是全人类的灾难。

四、智能裁判的限度

（一）智能裁判的限度争论及其评析

人工智能在裁判领域是否有一定的限度？一般而言，人工智能可分为弱人工智能和强人工智能，对于前者，人工智能总体在人类的控制之下，目前应用在裁判领域中的人工智能主要限于弱人工智能。对于人工智能介入裁判的领域、限度以及对于强人工智能下司法（裁判）人工智能是否具有和人类一样的能力，是否允许人工智能介入以及介入的深度和广度如何，学术界和实务界均存在较大的争议。

对于裁决领域人工智能的介入限度主要有以下几种观点：

一是决定论，认为人工智能可以取代裁判者，作出裁决，甚至会出现

[1] 参见马皑、宋业臻：《人工智能"法官"的一种实现路径及其理论思考》，载《江苏行政学院学报》2019年第2期。

"阿尔法式"法官,将来端坐在法院的不只是人类,还包括机器人法官。他们可能单独对案件作出裁决,也可能和人类法官一起,共同作出裁决。尤其是技术专家认为,法律行业是被人工智能所取代的重点领域之一。法律条文讲求逻辑的严谨性和规制的清晰性,几乎所有案件的信息都是透明的,法律行业的从业者能够在清晰的规则下作出准确的判断,而这些特征正好符合人工智能的逻辑运算特点。除此之外,庞大的、可供随时搜索运用的法律数据库,更使人工智能成为无人可比的"法律专家。"[1]但也有学者对此表示怀疑,人工智能最高的层次是实现机器自主意识的出现,这将远超机器自主的判断与决策能力,人能否设计或机器能否自我演化形成具有类似人的自我意识乃至情绪、情感、好恶,将依然是一个极为难以判断的问题。[2] 机器人裁判者的出现在技术上存在很大的不确定性。

二是人工智能辅助论,该观点认为,"智慧审判"的未来,事务性工作归人工智能,事关经验和良知运用的实体裁判归裁判人员。[3] 其中又可以分为两种观点:第一种观点认为,人工智能无法取代人类进行裁判,只能从事辅助性工作。人工智能只能是辅助法官、检察官、侦查人员办案,绝不能理解为机器办案。案件事实的查明和认定,以及如何定罪量刑等必须通过庭审来完成,案件最终的裁判决定权归法官。[4] 第二种观点认为,人工智能即使可以取代人类智能,但也不能取代人类作出裁判,只能从事辅助性工作,裁判者不仅要理解法律、解读法律,还要运用法律,创制法律。此定位决定了智能仲裁不是要取代线下的裁判活动,也不是要取代裁决者对事实的判断和法律的选择。这两者论证的路径是不同的,

---

〔1〕 参见刘进长、雷瑾亮:《人工智能改变世界:走向社会的机器人》,中国水利水电出版社2017年版,第114页。

〔2〕 参见何哲:《人工智能时代的政府适应与转型》,载《行政管理改革》2016年第8期。

〔3〕 高学强:《人工智能时代的算法裁判及其规制》,载《陕西师范大学学报(哲学社会科学版)》2019第3期。

〔4〕 参见崔亚东:《司法科技梦:上海刑事案件智能辅助办案系统的实践与思考》,载《人民法治》2018年第18期。

但结论是相同的,即人工智能只能从事辅助性工作,而不能从事裁判领域的核心工作,更不能取代人类裁判者。就第一种观点的理由介绍如下:

第一,人的秉性包括智性、心性和灵性,虽然有经验的人做决定依赖智性,但心性和灵性的影响不可缺少,有时甚至比智性更重要。机器人是否具有心性和灵性仍然是一个可想但不可及的问题。[1] 第二,从人的社会性角度来进行论证,人类智慧是通过生物技能与社会性衍生出来的,而机器智能通过算法和数据处理来模仿人。它们可能在某些方面超越人,但完全替代人恐怕很难实现,法律从业者的工作重在处理复杂社会关系中的人和人的关系,需要人通过具体语境作出判断,这些很难被算法掌握。[2] 第三,从人对案件的识别、裁决能力等认知的角度进行论证,认为不存在创造具备人类认知的人工裁判机器的可能性,法官的思考过程无法用代数算法来表示。[3] 如果人工智能能仿照人类经验根据隐性经验进行模式识别,这或多或少将使上述法外的理由变成具有内部关联性的数据,使其客观化、规则化。但这也只能在具体评价的层面进行思考和决策,却无法胜任总体性的法律政策考量这一人类独有的能力。可以说,人工智能发展到这个层面上进行思考和决策之日,就标志着人类作为特殊的生物族群将从地球上逐渐消失的开始。[4]

三是控制论,该观点强调人机融合、人机互补,认为即使在技术上能够实现智能裁判,但也不能将裁判主权让渡给人工智能,而应当将裁判主权牢牢控制在人类手中。司法是社会正义的最后一道防线,司法裁决

---

〔1〕 参见於兴中:《算法社会与人的秉性》,载《中国法律评论》2018 年第 2 期。

〔2〕 参见靳丽君:《法律与科技:朋友还是敌人》,载《检察日报》2017 年 11 月 3 日第 5 版。

〔3〕 具有良好的认知状态需要满足前见、直觉、移情、联想、天赋、道德准则与创造力等情景条件,而这些有关人类特性的条件对于案件评判、案情分析来说至关重要,而计算机只能按部就班地依照法官编程或指令完成一系列任务,无法将程序中操纵的形式符号赋予法律意义,故此远远无法与司法作业者抗衡。参见韩振文:《司法裁判的人工智能化反思》,载 http://www.cssn.cn/zx/201711/t20171107_3735197_1.shtml,最后访问日期:2022 年 7 月 24 日。

〔4〕 参见冯洁:《人工智能对司法裁判理论的挑战:回应及其限度》,载《华东政法大学学报》2018 年第 2 期。

涉及人的生命、自由、财产和人格等权利，关乎人类命运，这最后一道防线还是由人类法官来把守为好。[1] 这种观点和“人工智能辅助论”存在相似性，都强调对人工智能在裁判领域的限制，但两者在评价人工智能能否从事裁判以及从事的限度方面存在区别。“控制论”的前提是承认裁判人工智能在技术上能够实现，而“人工智能辅助论”对此持存疑态度；同时两者对裁判的限度存在不同看法，“人工智能辅助论”认为人工智能只能从事辅助工作，核心工作则由人类法官作出，但“控制论”不见得如此，其认为即使人工智能从事裁判的核心领域，最终控制权也应该掌握在人类的手中。因此，“控制论”认为，应当对人工智能进行“提线木偶式”定位。其认为，司法领域的人工智能绝不会取代法官办案，而是在法官办案过程中提供实质性帮助，既不允许人工智能的发展让法官被动让出审判领域，也不允许法官对人工智能形成心理依赖主动放弃审判领域，法官在审判领域的主导地位以及判断权和裁量权始终归属于法官本人。[2] 有的学者甚至提出要限制人工智能在司法领域中的应用，正如对克隆人技术的限制一样，基于裁判对人类的意义和人工智能风险的不可控性，可以考虑禁止人工智能在裁判领域的应用。有的学者提出了“刑事司法人工智能的负面清单”，主张“人工智能在刑事司法领域的应用，必须有明确的禁区，比如案例规则及其调整、非正式制度（包括刑事政策、改革试验、地方规范），涉及刑事实体法的适用，智能辅助办案系统须满足相对性、可靠性、适度性、独立性和可控性的要求”[3]。有的学者则主张，可以明确划定界限，比如承载着国家安全、人的生命和自由的审判活动，不能由人工智能审判。[4] 这意味着其他领域可以向人工智能开放。可见，“控制论”规定了消极范围，而不是像“人工智能辅助论”明确

〔1〕 参见张保生：《人工智能法律系统：两个难题和一个悖论》，载《上海师范大学学报（哲学社会科学版）》2018 年第 6 期。

〔2〕 参见潘庸鲁：《人工智能介入司法领域路径分析》，载《东方法学》2018 年第 3 期。

〔3〕 黄京平：《刑事司法人工智能的负面清单》，载《探索与争鸣》2017 年第 10 期。

〔4〕 参见李璐：《人工智能与司法事务的碰撞及其刑事风险与刑法规制》，载《九江学院学报（社会科学版）》2018 年第 2 期。

划分了核心领域和非核心领域。

人工智能就其发展阶段而言,可以分为三个阶段。第一阶段是机械自动化阶段,这是人工智能发展的初级阶段,此阶段人工智能主要从事信息收集辅助、智能筛选等工作。第二阶段是决策辅助阶段,在信息收集、筛选的基础上,可以识别应答,接受并完成模糊任务。第三阶段是决策替代阶段,人工智能可以自主决策,并可予以执行。就目前技术而言,人工智能还不能实现自主决策即行使裁判权,上述很多观点基本上是基于这个阶段的人工智能的局限性提出来的。虽然人工智能在很多方面具有比人更强的能力,尤其是在程序领域,其和程序具有高度的契合性,且程序可标准化和代码化,但在当前弱人工智能下,其在裁判领域的适用应该有所限定。无论是基于仲裁大数据的质和量,还是从人工智能技术本身考虑,让人工智能从事法律的解释、证据的综合认定、裁判的作出等核心领域的工作,还存在很大的局限性,具有较大的风险。标准化的软件程序可能适用于司法程序,但它只能覆盖一些狭小的司法领域,大致来说,这主要是一些类似官僚层级化中使用的程序,但对于绝大多数民事案件或刑事案件,尤其是其裁判过程,不能通过简单和标准化的计算机程序来处理,这也是目前人工智能技术还不能企及的高度。[1] 目前裁判人工智能技术还不够成熟,还存在很多的不确定性,全面应用可能会产生很多无法预料的风险,但从长远发展来看,随着人工智能技术的不断成熟,尤其是所谓"奇点",即通用人工智能时代的到来,让人工智能参与到裁判的核心领域,甚至和人类一同构建审判的主体则可能是社会发展的必然趋势。高级人工智能是指在自然语言理解和常识推论之上,通过证据认定案件事实,并最终作出裁判的全新审判模式。[2] 这需要一个较长的历史过程。

---

〔1〕 吴习彧:《裁判人工智能化的实践需求及其中国式任务》,载《东方法学》2018 年第 2 期。

〔2〕 罗维鹏:《人工智能裁判的问题归纳与前瞻》,载《国家检察官学院学报》2018 年第 5 期。

(二)弱人工智能下裁判的限度

裁判是将一般性法律规范适用于个案以求得解决的过程或行为。一般而言,一个裁判的作出需要做好以下几项工作:一是需要查清事实,对证据进行认定;二是解释法律,正确适用法律;三是正确适用法律程序;四是在以上内容基础上作出裁判。人工智能在裁判领域中应用,主要也是解决这四个问题,也就是将这四个要件予以程序化、标准化、模型化,转为代码并得出裁判结论。大陆法系裁判是比较典型的三段论,要推导出具有正当性的裁判结论,需要法官恰当地构建司法三段论的大小前提。法律规则是推导的前置依据,其普遍适用性决定了其抽象性,不能直接将其适用个案当中;而案件事实来源于实际生活,复杂性、具体性是其内在特征,也不能径直将其进行司法归类。因此,要将抽象性的法律规则向事实贴近,从而构建出能恰当适用于个案的大前提;或者使生活事实法律化,将案件事实向规则提升,使案件事实能被恰当地进行司法归类。而这些都必须依赖于法官的价值判断。[1] 无论是法律适用还是事实认定,不仅需要对法律进行准确把握和解读,而且需要审判经验积累和丰富的人生阅历,司法不是机械地法律要件适配,三段论判断,它需要基于对现实生活的深刻洞察和人性的深度理解,才能作出符合法律精神的判断。[2] 这恰恰是人工智能所不具备或不擅长的,起码是弱人工智能阶段所不具备的。人工智能应用司法裁判的前提是将裁判过程标准化和模型化,但在实践中,裁判的过程无法完全标准化,评价事实、解释条文、类比推理以及最终裁判过程中的利益和价值权衡都是计算机的短板,需要依赖人对法律人情的细致感受与妥帖处理。[3] 裁判的作出,不仅要考虑案件的事实和法律因素,也要考虑先例作出时的社会因素和法理因素,妥善分析先例所处的价值观和政策、案例出现的先后和法律

---

〔1〕 参见韩登池:《司法三段论——形式理性与价值理性的统一》,载《法学评论》2010 年第 3 期。

〔2〕 参见刘哲:《未来之法　算法说了算?》,载《检察风云》2017 年第 7 期。

〔3〕 王婧:《反思人工智能的司法应用》,载 http://sscp.cssn.cn/xkpd/kxyrw/201809/t20180918_4562079.html,最后访问时间:2022 年 7 月 24 日。

程序三方面的法律背景。[1] 司法裁判并非单向度的推理，它在本质上是一种向着普遍实践论证开放的复杂活动，即向着道德、伦理和实践性理由开放。[2] 张保生教授指出，人工智能法律系统研究的核心内容是法律推理模拟，这面临两个现实的难题：一是证据推理模拟在证据分析、社会知识库建构与概括选择等方面遇到困难；二是法律解释模拟面临着解释的能动性与价值选择的困难。[3]

从发展阶段来看，目前的智能办案系统尚处于人工智能运用的初级阶段，法律人工智能仍然属于一种统计型、经验型、材料准备型、文字板块型的弱人工智能，低效且使用范围窄，[4]主要用于法律检索、法律文书自动生成等可重复性、可标准化工作，这些工作主要为辅助性工作。虽可形成结论判断、基础文书生成、流程推送等逻辑推导，具有一定的决策能力，但对没有先例及特殊环境的案件，没办法突破法律适用规则。弱人工智能将知识与数据融合、逻辑与统计结合的能力较弱，缺乏不确定性处理能力，距离真正拥有认知和决策能力的智能技术还有差距。换言之，目前智能办案系统在证据把握、事实认定方面以及裁判的作出等方面还存在局限性，还很难将事实认定、法律条款的解释以及裁判利益衡量和价值选择予以标准化、模型化。司法裁判往往需要判断证据的可采性、评价证据的证明力度、解读法律条文及其他规范性文件的含义和目的，尤其是在刑事案件中，要在惩罚和怜悯之间权衡。如此知识覆盖面大、技术含量高的工作，人工智能难以胜任。[5] 因此，对办案人员而言，

---

〔1〕 参见张妮、杨遂全、蒲亦非：《国外人工智能与法律研究进展述评》，载陈金钊、谢晖主编：《法律方法》第16卷，山东人民出版社2016年版，第462～463页。

〔2〕 参见[德]罗伯特·阿列克西：《哈贝马斯的法律商谈理论》，雷磊译，载徐昕、张艳丽主编：《北理法学》（第3辑），法律出版社2013年版，第73页、第74页。

〔3〕 参见张保生：《人工智能法律系统：两个难题和一个悖论》，载《上海师范大学学报（哲学社会科学版）》2018年第6期。

〔4〕 参见左卫民：《关于法律人工智能在中国运用前景的若干思考》，载《清华法学》2018年第2期。

〔5〕 参见吴习彧：《司法裁判人工智能化的可能性及问题》，载《浙江社会科学》2017年第4期。

人工智能的分析和推导结论，更多的是具有指方向、提建议和“仅供参考”的作用，无法替代办案人员的实质性审查作用。所以，上海法院“206”系统的定位主要是辅助办案，在证据审查上起到把关作用，让它来识别繁杂的卷宗，防止人工智能遗漏，提取有用的信息，然后由法官来判断。[1] 司法或仲裁工作严格的程序性要求，决定了信息技术可以广泛而深度运用其中，因此在程序领域，人工智能有广泛适用的空间，程序的严谨性和刚性也恰好契合人工智能的特征，但在法律适用、证据判断等领域，人工智能具有很大的局限性。美国学者布莱克指出：“为了保证案件的公正审理，建议通过电子司法以实现法律的非社会化特征和标准化，而计算机由于只考虑案件的技术特征，而不考虑其他因素，在此过程中将发挥重要作用。”[2]

1. 证据的认定

证据是诉讼的灵魂，是案件审理与裁判的核心和基础，证据的审核认定是裁判作出的关键环节之一，通过人工智能对证据标准的设定以及证据指引，有助于全面收集、调查证据，在形式和证据的具体要求上实现统一，保障每一个案件都有相应的证据要求，最大限度克服证据收集上的主观性和片面性。上海市高级人民法院“206”项目就对此进行了相应的探索。但是对于证据的综合认定需要法官来进行，人工智能无法实现对证据的取舍和证明力大小的判断，涉及的证据规格、证据标准指引都是为了给机器人提供数据，根据数据，机器人进行录入证据，输出文书，对证据进行归纳、梳理、归类，自动检索关联案例等，具体的结论判断还需要依赖办案人员的自由心证。最高人民法院《关于适用〈中华人民共和国民事诉讼法〉的解释》第105条规定：“人民法院应当按照法定程序，全面、客观地审核证据，依照法律规定，运用逻辑推理和日常生活经验法

---

〔1〕 参见陈琼珂：《智能206，能有效防范冤假错案吗?》，载《解放日报》2017年7月10日第5版。

〔2〕 [美]唐·布莱克：《社会学视野中的司法》，郭星华译，法律出版社2001年版，第75～77页。

则，对证据有无证明力和证明力大小进行判断，并公开判断的理由和结果。”可见，在证据认定上，人工智能可定位为辅助办案，但其综合判断还是需要裁判人员自由心证，根据法律的规定，裁判人员运用其裁判经验，并根据理性、常识、逻辑规则等进行综合考虑，形成内心确信，排除合理怀疑，或者是根据双方提供的证据所得出的可能性的大小进行评定，从而认定事实。人的智性或理性表现为合理性、可计算性、功利性、规则性、经验性等，可以标准化，转化为代码，但人的非理性，灵感、顿悟、情感等难以标准化，代码化，而这些在事实认定中往往很重要。自由心证就是裁判人员根据自己的理性、良心、常识、经验等，综合予以判定，尤其是在没有证据，或者适用优势证据标准时，自由心证就显得格外重要，而这些，就目前而言，是人工智能所无法取代的。

2. 法律适用

就法律适用而言，通过智能检索，人工智能可以将类案、关联案件、相关法律法规推送到裁判者面前，帮助裁判者较为准确地全面收集相关规定和案例，弥补人类知识和信息的不足，有助于裁判者全面了解立法和有关政策，为正确适用法律提供了前提。同时，智能检索和人工智能的推送功能虽然有助于保障裁判的一致性，确保类案同判，但在法律适用上，人工智能还存在很大的局限性。

首先，在对法律的解释上，人工智能存在很大的局限性。人工智能即使能够包含所有的法律知识和逻辑规则，也无法实现对案件的真正公正审判，因为任何一个案件都是独一无二的。为形成公正的裁判，在将法律规范适用个案事实时，法官必须对二者之间的契合性进行反复的比较和权衡；同时需要大量实践性和非专业性的知识谱系，法官结合法理、常识和情理对其进行有益的修正及必要的创新，显然若没有社会生活经验，很难期待法官作出明智而公正的裁判。[1]

---

[1] 参见潘庸鲁：《人工智能介入司法领域的价值与定位》，载《探索与争鸣》2017 年第 10 期。

同时,法律规定往往比较抽象,需要裁判者进行文义解释和逻辑解释,也许这两种解释是人工智能的优势,其可以根据语法规则对法律条文的含义进行分析,以说明其内容,并运用形式逻辑的方法分析法律规范的结构、内容、适用范围,以保持法律内部统一。但是,很多时候更需要采取以下解释方法,才能妥当地处理案件:运用目的解释,从立法目的出发对法律条文进行说明;运用历史解释,通过研究立法时的历史背景资料、立法机关审议情况、草案说明报告及档案资料,来说明当时立法者准备赋予法律的内容和含义;有时还需要进行整体解释,甚至扩充解释或者限制解释,以解决法律规定的滞后性、不周延性等问题。尤其是出现法律没有规定,或者适用具体的规定和立法目的相悖,甚至违背公序良俗等情形时需要裁判者利用裁判经验,运用法律的智慧解决此类问题,以弥补法律的遗漏或不足,适应时代的发展。

其实,每一个案件都有其特殊性,需要裁判者根据具体情况作出妥当的裁判,这样才最符合公正的原则。人工智能欠缺了法律职业活动必不可少的要素,即价值观、道德感、情感、审时度势的创造能力、联系实际的能力,[1]而这些,恰恰是人工智能的劣势,人工智能很难对法律作出既符合法律规定,又符合每一个案件特殊状况的解释。法律的意义从来不是完全取决于它的创制者,而是通过取决于法律文化背景的法律解释和司法过程不断得到提炼,有时完全改变原意。[2]

3. 程序领域的应用

其实,除事实问题和法律适用问题之外,一个裁判的作出还需一套公正的程序,即司法程序或仲裁程序,虽然公正的程序并不必然得出公正的结果,这种程序就是约翰·罗尔斯所说的"不完全的程序正义",但这并不说明程序正义不重要。程序正义不仅能最大限度保障实体公正,公正的程序比不公正的程序得出实体正义的概率肯定要大得多,更主要

---

〔1〕 参见吴月辉:《人工智能会取代人类吗?》,载《人民日报》2017 年 7 月 7 日第 20 版。

〔2〕 参见[比]马克·范·胡克:《法律的沟通之维》,孙国东译,法律出版社 2008 年版,第 272 页。

的是,程序公正是对公权力的有效制约,可以限制公权力的恣意,保障当事人在诉讼程序或仲裁程序中的平等地位,尊重其人格尊严,让当事人能够充分参与到程序中,将自己的意见予以充分表达,这不仅可以保障裁判的正当性,而且可以最大限度吸收当事人的不满。任何仲裁或诉讼都要建立一套公正的程序,以获得当事人的认同,最大限度保障裁判的权威性和公信力。因此,仲裁程序和诉讼程序的建构意义重大,司法实践中冤假错案大多是没有遵循程序公正所致。司法裁判缺乏权威和公信力的一个重要原因就在于没有适用公正的程序,当事人没有从程序中感受到平等、公正,因而从内心里难以接受裁决的结果;即使裁判结果是公正的,当事人仍然对裁判持怀疑的态度。虽然我们强调程序公正的重要性,但仍然没有强调程序的可接受性,其作用远远没有发挥出来,没有从真正意义上来设计程序,以保障它的公正性,保障其价值的实现。

程序公正具有确定性,可标准化,这来源于程序以及程序法本身所具有的不可逆性、自治性、形式性、刚性和安定性特征,而这些特征恰恰是人工智能的优点。因此,在仲裁程序或诉讼程序中应用人工智能不仅具有必要性,还具有可行性,由此可以推进仲裁或诉讼程序的规范化、标准化建设,加强程序的刚性和约束力,最大限度保障实体公正,真正符合程序正义的内涵,具有可接受性。同时,人工智能适合标准化、定型化的工作,立案、送达、庭审等程序易于实现标准化,案例推送、法规推送等也易于程序化,适合人工智能,可以最大限度将办案人员从这些重复性或事务性工作中解放出来,最大限度提高效率,同时类案推送等则可以保障类案同判,保障适用法律的统一。可见,就人工智能在裁判中适用的领域而言,人工智能在仲裁或诉讼程序中可以大展拳脚,有充分的用武之地,可具体应用于立案、证据交换、庭前会议、庭审过程、各类型案件的举证责任、送达、裁判公开(司法公开)、诉讼或仲裁服务等具体领域。整个诉讼或仲裁流程分解成多个具体的任务模块,分别制定各个任务模块带有具体操作方法的规范性标准,通过板块开发,最终形成专门应用系统。目前人工智能在司法领域应用比较好的就是以上几个领域。

4. 裁决的作出

裁判不是简单地适用法律，而是在对法律进行妥当解释、对证据进行综合认定的基础上对社会问题的判断，这种判断承载着人民对公正的希冀，对社会关系的修复，对弱者的保护，对人们行为的引导，不仅责任重大，意义重大，而且异常复杂。裁判的过程不仅是一个理性分析的过程，也是价值衡量的过程，所以，裁判要经受历史的检验，要实现社会效果和法律效果的统一；裁判不仅要解决纠纷，还要引导社会发展，引导人民向善尚美，鼓励诚信，要弥补法律的不足，通过裁判确认权利，克服法律的滞后性。梅因曾形象地指出，英国法是“在程序的缝隙中渗透出来的”。〔1〕 日本学者谷口安平提出，程序是实体之母，或程序法是实体法之母，〔2〕权利先于实体法，判决创制了权利，这说明裁判的意义和作用。因此，裁判不仅要做到个案的公正，体现案件处理的妥当性，而且还要形成公共政策，考虑社会经济文化发展状况；不仅要考虑适用法律，而且要考虑风俗习惯，考虑公序良俗，考虑情和理。法律不外乎人情，对于人工智能而言，真正困难的工作可能在于大量现实中的法律问题并不存在标准答案，对于法律问题的解答需要在利益、人情、机会等方面进行权衡。〔3〕 只有如此裁判才能获得人们的认可，才具有权威和公信力，否则即使案件在法律上没有问题，但也可能引起轩然大波。因此，有的学者认为，审判是一种艺术，有些事情机器干不了，〔4〕裁判者不仅要对法律具有精深的理解和研究，更要有丰富的人生阅历、丰富的审判经验，能够运行智慧去解决法律问题，这是一种职业境界，也是对审判（裁判）的要求。对这种应变、审判经验以及人生智慧的运用是无法转化为机器语言的，也就是无法通过编码植入人工智能之中，起码在目前人工智能发展阶段

〔1〕 参见［英］梅因（H. Maine）：《早期法律习惯》（*Early Law Custom*），1889 年版，第 339 页。

〔2〕 参见［日本］谷口安平：《程序的正义与诉讼》，王亚新、刘荣军译，中国政法大学出版社 2002 年版。

〔3〕 参见沈寅飞：《人工智能 + 法律 = ?》，载《检察日报》2017 年 7 月 26 日第 5 版。

〔4〕 参见蒲晓磊：《法律该赋予人工智能怎样的地位?》，载《中国人大》2018 年第 7 期。

是无法植入算法之中的。司法或仲裁工作所需的丰富经验、人性关怀是人工智能无法替代裁判者作出的。法官作为中立的裁判者,手握善良公正之术,是公平正义的符号代表,他运用技艺和智慧,通过依法裁判纠纷向社会传达司法公正和权威,修复被破坏的社会秩序,这是法官的职业特性。法官的活动场域是审判,它既是一种实践性的法庭技术操作活动过程,又是一次复杂的逻辑思维活动过程,对这种技艺的积习有赖于长年的法律浸淫和理性实践。[1] 季卫东教授指出,如果更进一步,让人工智能超出辅助性手段的范畴而全面应用于审判案件,甚至在很大限度上取代法官的判断,那就很有可能把司法权引入歧途。因为在案件事实曲折、人际关系复杂、掺杂人性和感情因素的场合,如何根据法理、常识以及极微的洞察作出判断并拿捏分寸进行妥善处理其实是一种微妙的艺术,不得不诉诸适格法官的自由心证和睿智。即使人工智能嵌入了概率程序、具有深度学习能力也很难作出公正合理、稳当熨帖、让人心悦诚服的个案判断。[2] 支振锋认为,就目前的发展情形看,人工智能还没有取代司法者的可能,尤其是将涉及情感与理性、规范与价值的法律诉讼交给人工智能,在法律和伦理上,都很难得到支持。应防范对人工智能形成的"路径依赖",人工智能越发达,越应强调司法者的职业伦理。特别是,越是有可资利用的大数据和人工智能,法官的敬业与职业伦理越应该得到强化。所以,人工智能还没有取代法官的可能,对于涉及情感与理性的法律诉讼,能否将其完全交给人工智能,依然存疑。[3] 也就是说,价值判断和利益衡量是人类裁判者的优势,就目前而言,机器人法官还无法做到。其实,无论是前面所述的自然语言处理,还是自由裁量权的行使,只是目前技术上的难题,也就是说,上述理由其实是针对当前弱人工智能而言的。

---

〔1〕 参见潘庸鲁:《人工智能介入司法领域的价值与定位》,载《探索与争鸣》2017年第10期。

〔2〕 参见季卫东:《人工智能时代的司法权之变》,载《东方法学》2018年第1期。

〔3〕 参见支振锋:《司法应鼓励人的智能与人工智能叠拼》,载中国法学网,http://www.iolaw.org.cn/showArticle.aspx?id=5059。

综上所述,裁判是集法律知识、经验法则、裁判技术于一体的判断过程,在自由心证、证明标准判断、法律适用解释、经验法则运用、价值判断、社会政策考量等方面,人工智能具有很大的局限性。有人提出,程序交给信息化,实体还是靠法官。也就是说,人工智能的限度是人工智能只能解决程序问题,人工智能的优势也在于其程序优势,对于实体问题的把握则不是人工智能所擅长的。因此,当前人工智能算法往往定位于辅助审判,而非替代法官审判。人工智能在仲裁领域的应用是方便仲裁员办案、服务裁决,非替代仲裁员行使裁决权。具体而言,可以借助《人工智能辅助诊断技术管理规范(2017 年版)》的做法,人工智能辅助诊断技术仅作为辅助诊断和临床决策支持系统,不能作为临床最终诊断,仅作为临床辅助诊断和参考,最终诊断必须由有资质的临床医师确定。

(三)强人工智能下裁判的限度

综合前面的分析,当前,即弱人工智能技术应用下的裁决现代化,就是互联网、云计算、大数据在仲裁裁决中的深度应用,推进数据共享,最终实现仲裁或诉讼人工智能系统的创新和构建。人工智能在仲裁或司法领域的应用可以为办案人员提供很好的服务,但人工智能不能替代裁判者的专业判断。因此,弱人工智能应定位为办案辅助。基于人工智能本身作用的有限性,法官审判工作的系统性、职业性和经验性等因素,人工智能在裁判领域的定位只能也必须是裁判者办案的辅助工具;人工智能只是辅助仲裁或司法活动的实践工具,不是要取代裁判者,而是辅助裁决者,成为裁判者的助手,这就是"有限智能论",这种观点是当前学界和实务界对人工智能在司法中应用的总体定位。

笔者认为,"有限智能论"的提出以及对司法(裁判)人工智能的认知和当前弱人工智能的发展阶段相适应,智能仲裁实质上是利用信息系统和智能化服务,实现网上立案、办案、执行和网上办公,实现数据的实时统计、实时更新和互联互通,推进电子卷宗、裁判材料等自动生成,研发庭审语音识别系统,发挥人工智能在采集、整理、分析和综合等方面的优势,克服裁判者在记忆、信息储存等方面的局限,促进裁判人员全面、客观、准确、理性地收集、审查证据,统一裁决尺度,保障裁判公正,提高裁判效率,缓解“案多人少”的矛盾。对于司法(裁判)人工智能的定位,应当根据人工智能的发展阶段和技术成熟程度确定,就当前而言,利用人工智能系统可获得审查过程和结论的指向性、参考性意见,人工智能在我国司法实践中还属于一种辅助性、参考性工具,只是为法官、检察官、仲裁员、律师等法律工作者提供行动参考,仍属于一种统计型、材料准备型、文字模板型的人工智能。智能办案系统应定位于辅助功能,不能取代线下审查,更无法替代办案人员的独立判断。“当前智能化办案辅助系统并非法官,也并非替代法官办案,而是为法官办案提供意见和参考,实质是通过要素分割的路径来解决人脑知识和记忆的有限性,通过人工智能技术解放法官(律师)的脑力劳动。”[1]智慧裁判的未来,就是将裁判者从欠缺技术含量、无须运用经验和良心的程序性工作中解放出来,让他们把更多精力用到案件实体裁决中去,满足当事人以及社会公众不断提高的裁判需求。

“有限智能论”虽然可以保障人工智能的辅助地位,使人工智能把控在人类可以控制的范围之内,但这种控制通过牺牲人工智能的判断、决策能力来保证人工智能的辅助定位以便全面参与各种司法或仲裁工作,这可能会影响我国司法(裁判)人工智能的发展,司法(裁判)人工智能建设更多可能停留在智能搜索、智能对比、智能识别等弱人工智能的状态和水平,无法成为对司法(裁判)工作进行综合性、整体性预判的“强人工智能”,会严重拖累司法机关人工智能赶超国外同行的步伐,无法实现达到世界领先水平的目标,[2]这不仅和司法或仲裁现代化的发展趋势不相吻合,也和我国对人工智能发展的战略目标不相吻合。人工技术应用下的司法审判现代化,就是互联网、云计算、大数据在司法审判中的深度

---

〔1〕 吴习彧:《司法裁判人工智能化的可能性及问题》,载《浙江社会科学》2017 年第 4 期。

〔2〕 参见潘庸鲁:《人工智能介入司法领域路径分析》,载《东方法学》2018 年第 3 期。

应用，就是推进数据共享，最终实现司法人工智能系统的创新和构建。[1]国务院印发的《新一代人工智能发展规划》提出，到 2030 年中国人工智能理论、技术与应用总体要达到世界领先水平，成为世界主要人工智能创新中心，智能经济、智能社会取得明显成效，为跻身创新型国家前列和经济强国奠定重要基础。

此外，“有限智能论”的提出和人类对人工智能的恐惧有关，尤其是有关人工智能的影片反映的人工智能对人类的反抗和斗争更是加深了这种恐惧。随着技术的发展，人工智能可能具有比人类更高的认知能力，在很多方面超过人类，因而人们害怕人工智能，甚至恐惧人将会变成人工智能的“玩物”。其实，人类应该走出这种狭隘的“人类中心主义”，不能再坚守“人是万物的尺度”这一自大的理念，而应该用一种更加开放的心态来接受人工智能。从发展观点来看，有限智能和智能社会的发展不相适应，人类历经农业社会、工业社会、信息社会，最终进入智能社会，人工智能的发展是科技和社会发展的必然趋势和结果，无论你是否喜欢，都不以人的意志为转移。《新一代人工智能发展规划》提出到 2030 年，智能社会将取得明显成效。在这种社会形态中，人工智能将是社会不可或缺的组成部分，人工智能渗透到社会生活的方方面面。人机互补、人机互动、人机协同、人机结合、人机一体化将会是智能社会的常态；人类也不是纯粹的人类，可能融合更多的人工智能，人工智能也会更像人，甚至和人类一样具有情感，人类和人工智能之间将难以区分，“你中有我，我中有你，你离不开我，我离不开你”将成为人类与人工智能之间真实的写照。人类和人工智能应和谐相处，而不是对抗斗争。造化所生的自然王国和人类建造的人类国度正在融为一体。机器正在生物化；而生物，正在工程化。人类的未来是技术性的，而技术所引导的未来，朝向

---

〔1〕 参见邓恒：《人工智能技术运用与司法创新》，载《人民法院报》2017 年 12 月 14 日第 2 版。

的正是一种新生物文明。[1] 人类需要借助人工智能延伸自己的能力，拓展自己的发展空间，正如飞机、宇宙飞船延展了人类的活动空间，这是腿的功能的延伸，显微镜、望远镜则是眼睛功能的延伸，使得人类对世界的认识更加细微，更加遥远。人类无须对人工智能持恐惧的态度，而应当积极拥抱。因此，司法（裁判）领域的有限智能化和智能社会发展及要求不相适应，对人类的发展是无益的。

就发展的观点而言，不能仅仅将人工智能定位于弱人工智能阶段。随着技术的发展，人工智能将会逐步过渡到强人工智能甚至超人工智能阶段，这时的人工智能不仅具有比人更高的智商，而且可能和人一样具有情感，具有价值判断能力，它们和人类一样，可以作出裁决。强人工智能意味着机器不仅善于推理和解决难题，而且也具备了相应的自我意识，即机器不再仅是一个"研究心灵的工具"，本身业已成为"一个心灵"[2]。强人工智能阶段，"人工智能不仅具有深度学习能力，而且将具有主动学习、创新能力，未来甚至可能拥有自主意识，自主进行升级、提升"[3]。对于智能自主机器人，欧盟议会法律事务委员会提出了其具有的四大特征：(1)通过传感器或与其环境进行交换数据（互联性）以及数据分析等方式获得自主性的能力；(2)从经历和交互中学习的能力；(3)具有机器人的物质支撑形式；(4)因其环境而调整其行为和行动的能力。可见，自主性（包括自主进行决策）和学习能力是智能自主机器人的核心特征，而且在某种意义上，已经没有很强的理由将其继续看作供人类驱使的被动工具了。这时，为确立人工智能裁判主体身份提供了可能性，即"阿尔法式"法官。但是，能否确立，是否需要确立则取决于各种因素的博弈，特别是人类的选择。智能机器人成为公民甚至是法官，将是科技革命给人的本质带来的严峻挑战，智能机器人进入人类职业生存

---

〔1〕 参见[美]凯文·凯利：《失控：全人类的最终命运和结局》，东西文库译，新星出版社2010年版，第3页。

〔2〕 廉师友编著：《人工智能技术导论》，西安电子科技大学出版社2000年版，第1页。

〔3〕 孙伟平：《关于人工智能的价值反思》，载《哲学研究》2017年第10期。

空间是一种挤占行为,还是一种将人类从烦琐事务中解放出来的替代行为,将取决于人类对生存意义的新探寻。[1]

强人工智能不但具有比人更高的智商,而且还可能具有情感,为了维护它们自身的利益,其必然对社会治理提出要求,和人类一样需要参与社会治理,包括参与裁判必然是它们的诉求,人类也无理由拒绝这种请求。这才是一种比较开明的态度。未来可能会形成生物智慧和机器智慧的共生形态,在一个更高层面,相互无缝连接的社会,智慧体最终以相互融合和平等分工的形态共生。在这个意义上,生物智慧与机器智慧具有同源性和高度的平等性。[2] 既然趋势不可逆转,基于人类文明的局限性和宇宙发展的新阶段出现的必然性,我们应以平静包容的心态迎接宇宙文明发展的新形态。[3] 随着数据分析技术的提升,各种准确的算法模型建立,算法裁判下的"阿尔法法官"必将应运而生。[4] 不主张某一领域下一者代替另一者,而是坚持人工智能和法官相互补充,在不同的案件中的主作用与辅作用相互置换,共同构成一种全新的司法审判模式。[5]

人工智能的发展和生物技术相结合,不断突破人类的极限,超越人类具有较高的概率,但其风险和不确定性难以预测。同时,有一条应当把握的底线,那就是人工智能的发展要符合人类的价值观,能够造福人类,而不是给人类带来灾难。智能系统的设计和运行必须符合人类的基本价值观,要具有基本的判断能力和行为控制力,确保人工智能服从和

---

〔1〕 参见周尚君、伍茜:《人工智能司法决策的可能与限度》,载《华东政法大学学报》2019年第1期。

〔2〕 参见何哲:《人工智能时代的社会转型与行政伦理:机器能否管理人?》,载《电子政务》2017年第11期。

〔3〕 参见李小艳:《习近平新时代的社会治理创新——智能化与共建共治共享》,载《系统科学学报》2019年第2期。

〔4〕 参见杨焘、杨君臣:《人工智能在司法领域运行的现状及完善对策研究——以成都法院为样本进行分析》,载《科技与法律》2018年第3期。

〔5〕 参见涂永前、于涵:《司法审判中人工智能的介入式演进》,载《西南政法大学学报》2018年第3期。

服务于人类和人机和谐共处的价值目标。[1] 裁判人工智能和其他人工智能相比,对道德和价值的要求更高,因为裁判承载人类对正义的追求。对于被赋予判断权的裁判者,不仅对其知识技能方面有极高的要求,而且对其道德也提出特别高的要求。因此,对于裁判人工智能应当按照裁判者的要求使其嵌入和其地位、作用相应的价值观和道德要求,以适应裁判的需要,并建立相应的司法(裁判)责任制。

对此,有的学者提出要对裁判人工智能进行限制,人类必须要掌握裁判主权,"无法"很可能不是技术上不可能,而是基于责任承担和判断权的归属等考量而不会把这种判断权交给人工智能系统。[2] 关键不在于技术问题如何解决,而在于人类对待人工智能裁判的态度如何,假设有一天实现了人工智能超过了人类,案件的决定权也应当在人(法官),人类在纠纷方面应当具有主权性。[3] 这种说法当然有一定的道理,问题在于,是否有必要控制,能否控制?"有限智能论",这种抽象思辨的结论,基本排斥了人工智能对司法活动可能形成的威胁,自然会降低对算法裁判风险的过度忧虑。但这种提振信心的方式过于浪漫,欠缺实效,不利于实施防范于未然的措施。[4] 笔者认为,其实没有必要进行控制,也控制不了。计算法律以及算法裁判,将成为法律的终极形态,法律将会转化为代码和计算逻辑来表达,算法裁判也可以替代法官直接作出裁判。在未来成熟的信息社会,更普遍的计算法律将会出现,届时系统将会自动执行法律,不需要律师,甚至也不需要法官,因为那时法律已经完全自动化。[5] 同时,人工智能参与裁判不见得是坏事,关键的问题是人工智能应更像人,而不是人更像人工智能,研究的重点是如何将人类的

---

〔1〕 参见金东寒:《秩序的重构——人工智能与人类社会》,上海大学出版社 2017 年版,第 73 页。

〔2〕 参见郑戈:《算法的法律与法律的算法》,载《中国法律评论》2018 年第 2 期。

〔3〕 参见罗维鹏:《人工智能裁判的问题归纳与前瞻》,载《国家检察官学院学报》2018 年第 5 期。

〔4〕 参见黄京平:《刑事司法人工智能的负面清单》,载《探索与争鸣》2017 年第 10 期。

〔5〕 参见腾讯研究院、中国信息通信研究院互联网法律研究中心、腾讯 AI Lab、腾讯开放平台:《人工智能:国家人工智能行动抓手》,中国人民大学出版社 2017 年版,第 282 页。

价值嵌入人工智能，让其具有人类普世的价值观，这可能才是最根本的，很多人担心人工智能导致人类文明的毁灭，其实也是因为这个问题，即人工智能没有按照人类的普世思维进行行动，甚至可能背离人类的价值观。因此，应当构建和技术匹配的技术伦理规范，以及相应的法律规范，为裁判人工智能提供法治保障，而不是简单地去限制其发展。

赋予人工智能以职业身份地位，尤其是赋予其承担人类正义的裁判者的身份，是未来争议的关键问题，这可能并不是机器人法官和人类法官之间的竞争，而是究竟由谁来设计和控制人工智能。[1] 人工智能系统的工作核心是将价值标准和伦理思考嵌套在智能系统设计之中。[2]《新一代人工智能发展规划的通知》提出要加强人工智能相关法律、伦理和社会问题研究，建立人工智能法律法规、伦理规范和政策体系。法治管理需要嵌入生产环节，比如对算法处理的数据或生产性资源进行管理，防止造成消极后果。[3] 美国电气和电子工程师协会发布的《合乎伦理的设计：将人类福祉与人工智能和自主系统优先考虑的愿景》报告共分为八个部分阐述了新的人工智能发展问题，在关于如何将人类规范和道德价值观嵌入人工智能系统中的问题上，报告表示由于人工智能系统在做决定、操纵其所处环境等方面越来越具有自主性，让其采纳、学习并遵守其所服务的社会和团体的规范和价值观是至关重要的。可以分三步来实现将价值观嵌入人工智能系统的目的：第一，识别特定社会或团体的规范和价值观；第二，将这些规范和价值观编写进人工智能系统；第三，评估被写进人工智能系统的规范和价值观的有效性，即其是否与现实的规范和价值观相一致、相兼容。以 2017 年 1 月初举行的“Beneficial AI”会议为基础确立了“阿西洛马人工智能原则”，专家已联合签署该原

〔1〕 参见金东寒：《秩序的重构——人工智能与人类社会》，上海大学出版社 2017 年版，第 91 页。

〔2〕 参见陈伟光：《关于人工智能治理问题的若干思考》，载《人民论坛 · 学术前沿》2017 年第 20 期。

〔3〕 参见李彦宏等：《智能革命：迎接人工智能时代的社会、经济与文化变革》，中信出版集团股份有限公司 2017 年版，第 312 页。

则,并呼吁全世界的人工智能领域在发展人工智能的同时严格遵守这些原则,共同保障人类未来的利益和安全。该原则提出,高级人工智能系统的设计者和建造者,是人工智能使用、误用和行为所产生的道德影响的参与者,有责任和机会去塑造那些道德影响;任何自动系统参与的司法判决都应提供令人满意的司法解释以被相关领域的专家接受;人工智能研究的目标,应该是创造有益于人类而不是不受人类控制的智能;人类应该来选择如何和决定是否让人工智能系统去完成人类选择的目标;高度自主的人工智能系统的设计,应该确保它们的目标和行为在整个运行中与人类的价值观相一致。人工智能具有比人更高的智商,如果其不具有人类的价值观,让人工智能进行裁判,则具有太多的不确定性,这才是最危险、最恐怖的地方,因为人类无法预测人工智能将如何裁判。同时,如果进入强人工智能阶段,人类也无法控制人工智能参与裁判,此时,人工智能和人其实难以区分。因此,强人工智能下裁判的限度其实是个伪命题,人类应当研究人工智能如何具有人类的价值观,而不是去限制它适用的领域。人工智能伦理的实现,是一项全方位的治理工程,需要人工智能研发人员、企业、政府、社会各界以及用户的共同参与,以确保人工智能系统以尊重、维持人类社会既有伦理、法律等规范和价值观的方式运作,在带来最大化利益和好处的同时,也能够维护整个社会以及每一个个体的自由和尊严。[1] 但要注意的是,人工智能递归的自我提升:被设计成可以迅速提升质量和数量的方式进行递归自我升级或自我复制人工智能系统,必须受制于严格的安全和控制标准,这也是"阿西洛马人工智能原则"内容之一。

综上所述,人工智能参与裁判是发展的必然趋势,但其参与裁判的深度和广度不是一蹴而就的,有一个逐步推进的过程,一方面是因为裁判人工智能本身有一个逐步发展和完善的过程,另一方面也因为人类对

---

〔1〕 参见腾讯研究院、中国信息通信研究院互联网法律研究中心、腾讯 AI Lab、腾讯开放平台:《人工智能:国家人工智能战略行动抓手》,中国人民大学出版社 2017 年版,第 297 页。

其认识和接受有一个过程。综合以上方面的因素，可以将人工智能在裁判中的应用分为以下几个阶段：

第一阶段是人工智能辅助人类裁决，即目前裁判人工智能所处的阶段，利用人工智能使当事人在智能终端完成指尖诉讼或仲裁，能够实现网上立案、审理、送达，当事人和裁判者能实现远程沟通。同时，裁判文书自动生成，电子卷宗随案生成，由此减少裁判者的事务性工作，提升裁判效率。

第二阶段为人机互补、融合阶段，也就是人工智能裁判者和人类裁判者共同裁决案件。在该阶段，智能裁判系统会自动甄别案件，自动处理文字素材，生成裁判文书，辅助法官提高案件审理、判决效率。同时又能为当事人提前作出风险评估，为更多人在开庭前预判裁判结果。裁判者借助人工智能无须翻阅各类法条便可快速、准确地锁定应适用的法律，提高裁判效率与准确率。

第三阶段会过渡到以人工智能裁判为主、人类裁判者为辅裁判案件。由智能裁判系统完成从前期收案到裁判的全过程，不再局限于法律适用或者量刑系统，而是致力于升级法律推理系统，包括事实认定和法律适用。这一阶段的人类裁判者针对个案的差异对裁判及说理进行修正与完善并辅助进行一些创造性语言运用工作。标准化智能裁判系统旨在让自然人法官工作逐步从庭前转到幕后，更多的是在后台实时研究新型疑难案件、塑造裁判标准、创造更高端算法等。

结　语

我国司法人工智能发展迅猛，积累诸多的经验教训，智能仲裁也正在积极推进。鉴于仲裁和司法同属裁判领域，具有类似性，在推进智能仲裁建设进行功能创新的同时，应借鉴智慧法院建设的经验教训，对其限度进行思考和总结，并根据人工智能的成熟程度予以推进。人工智能仲裁领域中的应用主要体现在将图文识别、语音识别、自然语言理解、算法等技术融入系统中，使系统具有识别区分、审查判断、逻辑比对、矛盾排除、量刑参考、类案推送、文书自动生成等类似人的强大智能性。人工智能必然会引起仲裁的功能创新，从创新的具体内容来看，主要体现在以下几个方面：其一，仲裁流程全在线。构建包括立案、证据提交、保全申请、开庭审理、电子签名、电子送达、执行申请等在内的网上一体化仲裁运行机制。其二，通过语义识别、大数据分析及仲裁大数据库的建设可以实现法律法规推送、类案推送、关联案件推送，助力裁判标准统一，实现仲裁公正，同时利用人工智能提供仲裁风险分析、仲裁结果预测预判，为当事人理性选择纠纷解决机制，有效促进多元化解劳动人事争议。其三，智能化应用，充分利用算法以及仲裁大数据的优势，实现仲裁结果预判、类案推送、分析胜诉率，构建仲裁智能系统或者平台，引导当事人正确评估案件走向，体现专业化和智能化的裁判体系。其四，调解过程的智能化支撑，支持调解现场、调解过程信息采集。其五，包括劳动关系预警系统在内的劳动人事争议仲裁指挥和管理系统的智能化。

在弱人工智能下，无论是基于技术的成熟程度，还是裁判的性质，应当对弱人工智能下裁判的领域进行限制，但在强人工智能下，裁判领域是无法限制且没有必要限制的，关键是如何将人类的普世价值观嵌入人工智能。

第四章　劳动人事争议仲裁大数据建设

2011年,麦肯锡全球研究院发布了《大数据:下一个创新、竞争和生产力的前沿》研究报告,首次提出了“大数据时代已经到来”的判断,正如斯蒂芬·贝克在《当我们变成一堆数字》中提出的:“一切皆可量化”,大数据和云计算将成为未来最重要的基础设施。《国民经济和社会发展第十三个五年规划纲要》(以下简称《“十三五”规划纲要》)将大数据作为国家“基础性战略资源”,并将大数据战略提升为国家战略,这些举措对于推动国家治理体系和治理能力现代化有着十分重要而且深远的意义。在劳动人事争议智能仲裁建设中,可以将大数据思维充分运用到仲裁工作的全过程中,借助互联网+、大数据、云计算、人工智能等现代科技技术对仲裁过程与结果实行统一管理、控制和运用,以提高仲裁效率,促进仲裁公正,树立仲裁权威,提升仲裁公信力。人工智能兴起的重要原因在于数据的爆炸式增长。有了优质的大数据,方有人工智能。大数据建设是智能仲裁的基础,大数据和仲裁统计分析的结合,无疑给仲裁工作带来了新的机遇和挑战。如何利用信息技术快速提取信息,从大数据平台中分离出隐含的、潜在的反映出仲裁工作特点和裁判规律的信息,为仲裁工作服务将成为一项重要任务。

一、劳动人事争议仲裁大数据建设的现状

目前我国政府数据实践方面主要存在以下几个方面的限制:"缺乏海量数据支撑的数据库,现有的数据深度挖掘的价值不高;开发的数据大部分都属于没有经过加工处理的静态数据;数据授权协议条款较为模糊;获取数据渠道过于单一;整体数据应用水平较低;缺乏及时、公开、有效的交流互动。"[1]作为政府数据重要组成部分的劳动人事争议仲裁大数据也是如此。相对于深度运用人工智能的技术要求,我国劳动人事争议仲裁实际上还处于数据比较匮乏的状态。同时,数据的质与量都还存在不足,严重影响智能仲裁的建设发展。仲裁大数据首先要解决质量和可用性问题,比如大数据存在数据的冗余、干扰和误差的负面影响,以及数据一致性、精确性和完整性等问题,输入"垃圾",输出的也将是"垃圾"。目前仲裁统计分析大都还停留在数量统计和描述性分析上,只是满足于报表和质效考核的需要,利用统计分析推进仲裁工作也只停留在数据高低、大小对比这样的描述性分析的层次上,运用大数据深挖信息、寻找规律及发展趋势的能力欠缺,以至于统计工作服务于仲裁员办案、服务民众办案、服务仲裁机构管理、服务党委和政府决策的作用和功能未能充分发挥出来,这是对仲裁大数据建设的总体判断,具体表现在以下几个方面:

第一,未全面树立大数据的观念。

大数据是近几年才提出来的新概念,很多人不知晓、不熟悉,大数据理念更是没有深入人心,因而人们不会重视大数据的重要价值,更不要说挖掘大数据、分析大数据、应用大数据进行仲裁机构的建设,应用于仲

[1] 李征坤:《互联网+政务服务》,中国铁道出版社2018年版,第49页。

裁办案和管理。绝大多数仲裁员以及工作人员尚未形成信息录入全面的习惯,造成后续统计不准确及查询工作量增加等问题。在仲裁系统里,普遍缺乏“数据意识”,管理者不习惯通过数据进行思考和决策,办案人员也不会运用大数据思维来办理案件。

第二,仲裁大数据建设刚起步,且发展不平衡。

近年来,基于仲裁“案多人少”的矛盾和问题在短期无法通过增加人手予以解决的现状,人力资源和社会保障部将效能建设作为仲裁工作的重点,并提出要加强仲裁的信息化建设,各地纷纷向信息化要效率。受制于经济社会发展不平衡、经费投入存在差异等因素,全国各地的信息化建设不平衡。沿海发达地区信息化建设起步较早,投入较大,尤其在近年劳动人事争议案件大幅增加,而人员编制难以大幅增加的情况下,多借助信息化缓解“案多人少”的矛盾,其信息化发展比较快。广大中西部地区的大多数仲裁机构,尤其是这些地区的县级仲裁机构信息化程度比较低,有的地方甚至连专门的办公场所都没有,更不要谈信息化建设问题了。

第三,已有的数据不全面、不准确,有的甚至存在“杂质”。

除信息化软件未全面应用外,仲裁信息化数据录入不齐全、不准确,也是影响智能仲裁建设的一个重要问题。就案件数据而言,2018 年线上办案率为 73.6%,目前很多地方处于线下办案或半线上、半线下办案的状态,由此势必影响仲裁大数据收集,会造成已有数据不全面,且可能存在不准确,甚至存在“杂质”问题。

第四,仲裁数据的收集、统计口径还没有统一,更没有数量统计标准的统一。

全国还没有规定统一的劳动人事争议仲裁案由,各个仲裁机构对劳动争议案由规定不一致,统计口径也不一致,比如有的仲裁机构将集体案件按一个案件进行统计,有的则进行拆分,按照多个案件进行统计。同时,目前法院办理劳动争议案件和仲裁案件不仅案由不一致,而且数量统计的标准也不一致。

第五,“信息孤岛”比较严重,无法做到共享互联互通。

目前,在我国各级政府的治理进程中,受体制壁垒的约束,各部门在数据库的建构和运作中还缺乏统一的标准和规划,而且各部门的数据资源和系统均由自身监管和操作,相互之间无论是在操作系统、网络协议、语义表示、数据库类型乃至硬件管理平台上均存在诸多差异性,尚不能充分做到信息流通和数据共享,这严重阻碍了人工智能嵌入过程中的信息联通能力的有效发挥。[1] 作为政府组成部分的人社系统(劳动人事争议仲裁)信息化数据同样难以实现和其他部门数据的共享,甚至人社系统内部各部门的数据共享都没有实现。可见,实现数据资源的有效整合与共享是当务之急。

同时,目前已有的仲裁数据尚未对外开放,没有搭建一个实现数据资源公用共享的平台,仲裁机构和其他相关部门(机构)的数据尚未贯通,还处在“数据孤岛”的状态,这严重制约了仲裁大数据建设。不仅仲裁机构和法院、市场监督管理等其他部门没有共享共通,而且在人力资源和社会保障部门内部,如仲裁、劳动监察、工伤、社保等数据也没有实现互通共享。大数据时代是一个互联互通共享的时代。目前不同的省(自治区、直辖市)、县(区)仲裁机构可能建有不同的平台,就是人社系统内部可能存在多个系统(平台),这些系统(平台)由不同的公司开发,从商业秘密保护的角度出发,它们的标准大多是不统一的,因而仲裁机构平台建设标准不统一,由此导致重复建设,浪费资源。可见,仲裁大数据建设存在比较严重的“壁垒”问题,这些独立运行的应用平台形成了一个个“信息孤岛”,功能上不能关联互动,信息上不能交换共享。就纵向而言,全国统一的数据系统还没有完全建立起来,省(自治区、直辖市)、县(区)的仲裁数据体系建设刚起步;就横向而言,仲裁机构的数据和其他部门的数据还处在分割的状态,没有实现信息共享互通互联。

---

〔1〕 参见胡洪彬:《人工智能时代政府治理模式的变革与创新》,载《学术界》2018 年第 4 期。

第六，大数据应用有待深化。

大数据目前挖掘深度不够，统计信息服务仲裁裁判、服务管理、服务决策的巨大潜力尚未开发，统计工作与仲裁运行态势分析基本上处于脱节状态。目前，虽然人力资源和社会保障部对全国仲裁案件按照季度、年度进行统计，但由于信息化程度和智能化程度不高，对这些数据难以进行深度挖掘，难以对案件进行预判，从而难以为当事人提供参考，无法有效为人力资源和社会保障部门及其他部门提供精准的决策参考，也难以为国家决策和治理提供有力的参考。

二、劳动人事争议仲裁大数据的界定

大数据有四个特点，分别为 Volume（大量）、Variety（多样）、Velocity（高速）、Value（价值），一般称之为 4V。仲裁大数据也具有这四个特点，同时其还有自己的特点、范围以及构建的难度。

（一）劳动人事争议仲裁大数据的基本范围

我国法院系统自 2015 年以来，先后开通了审判流程公开、执行信息公开、裁判文书公开及庭审公开四大平台，让司法权力在阳光下运行。法院目前建立了司法基本数据、审判流程数据、裁判文书数据、庭审活动数据、执行案件数据、诉讼服务信息等。仲裁可以借鉴司法大数据建设，建立相应的仲裁大数据体系，具体包括仲裁法律法规大数据、仲裁基本数据、仲裁流程数据、仲裁文书数据、庭审活动数据、仲裁服务信息数据等。

一是仲裁法律法规数据。这是仲裁大数据的重要支撑，也是智能仲裁建设的基础，没有建立仲裁法律法规数据库，人工智能无法进行大数据分析，智能化推送、智能化服务、智能化办案便是空中楼阁。

二是仲裁基本数据。这是仲裁机构的基本"家当"，也是仲裁公开的基本要素。目前，我国各地法院建立了自己的网站，向全社会公布法院的组织结构、人员构成、工作动态、案件统计、规则制定、公共关系等各方面的信息。这些基本信息既是可以用来进行处理、分析的大数据，更是公众和当事人有权知悉的公共信息,是仲裁公开的基本内容。各个仲裁机构应当借鉴法院的做法,建立自己独立的网站,整理上述有关信息并予以公开。

三是仲裁流程数据。仲裁的基本任务是裁判案件,而仲裁案件流程的每一个节点都留下大量的动态信息。仲裁流程公开包括向案件当事人、代理人公开和向社会公众公开两个部分。向当事人及代理人公开的信息包括立案信息、仲裁员信息、审限变更情况等。向社会公众公开,则通过网站公开仲裁院地址、开庭公告、合议庭组成人员等公共信息。由于法院信息化建设起步较早,法院实行同步录音、录像、同步记录,积累了大量的审判流程数据,从而为司法公开提供了条件,为仲裁提供了借鉴和参考。2014 年 11 月,最高人民法院建立了中国审判流程信息公开网。目前,全国各个省(自治区、直辖市)已经建立了统一的审判流程信息公开平台,并在中国审判流程信息公开网建立链接,智能仲裁建设应当予以借鉴。

四是裁判文书数据。2014 年 1 月 1 日,最高人民法院《关于人民法院在互联网公布裁判文书的规定》正式实施。同时,最高人民法院在互联网设立了中国裁判文书网,统一公布各级人民法院的生效裁判文书。2016 年,修改后的上述司法解释更加扩大了裁判文书上网公开的范围。根据该规定,各类判决书、裁定书、支付令、驳回申诉通知书、国家赔偿决定书、强制医疗决定书、刑罚执行与变更决定书、拘留罚款决定书、民事公益诉讼调解书、行政调解书等有中止、终结诉讼程序作用,或者对当事人实体权益有影响、对当事人程序权益有重大影响的裁判文书,原则上均上网公开。仲裁也应当建立自己的裁判文书数据库,挖掘案件信息,精准推送法律法规及类案、关联案件,对案件进行精准的预判,为当事人、仲裁员、管理者提供智能化服务奠定基础。

五是庭审活动数据。开庭审理案件是仲裁机构的日常工作常态。开庭审理案件的活动过程中产生了大量数据,成为仲裁大数据的重要组成部分。由于公开开庭审理是在仲裁庭审现场进行的,一般只有到场旁听的人员才能了解、应用这些数据，范围非常有限。2016 年 9 月，最高人民法院建立中国庭审公开网，直播全国各级人民法院的开庭审理活动。截至 2022 年 7 月 24 日 22:07 在该网站上直播的案件已经达到 19,838,378 件，全国各网站案件直播的累计访问量达 50.6 亿人次。[1]仲裁机构也可以考虑建立一个类似的平台。

六是仲裁服务信息。2015 年，最高人民法院建立诉讼服务网，各地法院也分别依托各自的官网建立相应的诉讼服务网站，并完善法院公开信息、案件流程信息、诉讼电子档案等数据库，将其作为诉讼服务网的支撑。诉讼服务网的主要功能包括信息查询、诉讼指引、预约立案、网上立案、受理申请、材料接收、联系法官、网上阅卷、网上信访、预约接访等。同时，法院实现了诉讼服务网与审判流程公开平台、裁判文书公开平台、执行信息公开平台、庭审公开网的相互链接、资源共享，并建立案件流程管理系统、网上办公系统，实现了与诉讼服务网、通信服务系统数据的及时交换。仲裁也可以建立类似的服务体系，这也是智能仲裁的基本内容和目标之一，智能仲裁一个重要的目的和功能就是为当事人服务。

(二)劳动人事争议仲裁大数据范围界定的难点

仲裁数据有自己的特点，加上劳动关系调整部门的多重性，条块分割导致仲裁大数据建设也存在很多的难点，其建设甚至比司法大数据建设难度更大、更复杂。

1. 仲裁法律数据库多且地方差异大

现有法律大数据中的数据类别还不完整，诸如全国性的劳动法律法规数据库、法律文件数据库、文书数据库、案例分析数据库等建设还未起步，劳动法律、行政法规不多，大量的是规章、规范性文件，并且各地规定差异很大，不仅各个省(自治区、直辖市)的有关规定不同，而且一个省(自治区、直辖市)内各个市甚至县(区)都有所不同，这在社保领域更为突出。同时，劳动法时间跨度很大，很多法律法规没有及时进行清理，20

---

[1] 参见 http://tingshen.court.gov.cn/，最后访问时间:2022 年 7 月 24 日。

世纪50年代的劳动法律法规都没有进行清理,以至于有的法院或仲裁机构还在适用这些规定办案,且法律规定之间存在冲突矛盾之处,要建立劳动法律数据库的难度可想而知,这是一项系统工程。

2. 仲裁大数据建设范围目前存在几个难以处理的问题

(1)仲裁大数据和劳动关系治理大数据的关系问题。在人力资源和社会保障部门内部,对劳动关系的调整存在多个部门,职能存在一定交叉现象或者是上下游关系。在中央层面,人力资源和社会保障部设有劳动关系司和调解仲裁管理司,省级及省级以下人力资源和社会保障部门存在劳动关系处(科)、信访仲裁管理处(科)和劳动人事争议仲裁院等部门,很多基础数据和信息在劳动关系内设机构,比如企业的信息和职工的信息、用工状况等数据由劳动关系管理内设机构掌握,信访案件信息则由仲裁管理内设机构把握,劳动人事争议仲裁案件则由仲裁委员会负责。可见,仲裁大数据的分布范围不够全面,需要和基础数据融合,才能为构建智能仲裁奠定基础。

(2)仲裁大数据和前端及其后端纠纷解决数据的关系问题,前端主要是调解,后端是诉讼。《劳动争议调解仲裁法》强调了调解功能的发挥,扩大了调解组织的范围,在保留"企业劳动争议调解委员会"的基础上,调解渠道增加了"基层人民调解组织"和"在乡镇、街道设立的具有劳动争议调解职能的组织"。后一种组织指的是区域性、行业性劳动争议调解组织,这是近年来各地出现的新型劳动争议调解组织,实践效果较好。调解渠道的拓宽,既能够有效利用社会资源,也能够弥补大量非公有制企业缺少调解组织的不足。各地正在加强调解组织建设,构建多元化劳动争议化解机制。因此,劳动争议调解组织调解案件应该是仲裁大数据的一个重要组成部分,但目前这些组织分属不同部门,人民调解由司法行政部门指导,从而纳入司法行政部门人民调解体系,"在乡镇、街道设立的具有劳动争议调解职能的组织"主要分为两种类型,一是地方总工会建立的调解组织,二是乡镇劳动社会保障所建立的调解组织,前者纳入工会系统的大数据,后者纳入人力资源和社会保障系统大数据。

目前法院正在建立全国统一的司法大数据，且已成规模，仲裁处于中间环节，法院实际上具有审查仲裁裁决的功能，但由于目前裁审衔接不畅，法院可能会“架空”仲裁，仲裁成为“多余”的存在，因为除一裁终局的案件以外，其他案件，只要当事人起诉，法院就会重新立案、重新审理，重来一遍，法院完全可以“无视”仲裁裁决的存在。可见，仲裁存在和诉讼衔接的问题，包括仲裁大数据的建设也存在同样的问题，针对该问题有两种选择：一是依赖司法大数据建设，或将仲裁大数据嵌入司法大数据中，成为司法大数据的一部分。二是建立独立的仲裁大数据，但也存在和司法大数据融合、共享、衔接的问题。

(3)仲裁大数据和工会大数据建设的衔接问题。工会数据信息是政府大数据信息平台的重要组成部分。2017 年 2 月中华全国总工会发布《全国工会网上工作纲要(2017—2020 年)》提出，建设全面准确、智慧柔性、动态更新、安全高效的以省(自治区、直辖市)为基本集成单元的分布式全国工会工作和会员信息基础数据库，并努力成为国家大数据中心的重要组成部分，要充分运用移动互联、云计算、大数据和人工智能等网络信息技术，推进互联网在工会的广泛应用和融合发展。工会智慧库建设内容包括数据交换共享平台、大数据平台、工会统计分析系统、决策分析系统，并提出将全国工会的基础信息、办公信息、组织信息、活动信息、交互信息等数据，结合公安、住建、工商、税务、人社、安监、医疗、保险、银行等各类部分相关数据，形成工会大数据库管理子系统。[1] 各地总工会纷纷提出要建立自己的大数据库，其大数据库主要包括工会组织和工会会员基础数据、集体协商数据等相关数据，和劳动人事争议处理有关的数据主要包括法律援助案件数据、工会调解案件数据等。

三、劳动人事争议仲裁大数据建设的意义

在全球信息化时代，数据正在成为一种生产资料，成为一种稀有资

---

〔1〕 参见李玉赋主编：《工会网上工作概论》，中国工人出版社 2018 年版，第 60 ~ 62 页。

产，成为继土地、人力、资本之后的新要素，构成一个组织乃至一个国家未来发展的核心竞争力。大数据是生产力，大数据资源已经成为国家重要的基础性战略资源，大数据的应用已经成为国家的重要竞争力。谁拥有数据，谁就拥有未来。[1] 仲裁大数据建设是智能仲裁建设的基础。大数据时代已经到来了，面对海量的数据分析，人工智能技术就变得非常重要了。国务院发布的《促进大数据发展行动纲要》已将数据视为“国家基础性战略资源”。谁掌握数据，谁就掌握未来，如果说云计算为数据资产提供了保管、访问的场所和渠道，那么如何盘活数据资产，使其为国家治理、企业决策乃至个人生活服务，则是大数据的核心议题，也是云计算内在的灵魂和必然的升级方向。对仲裁大数据而言，应当树立大数据思维，充分利用、挖掘大数据，应用大数据加强仲裁机构建设，服务当事人，服务办案人员，为仲裁管理和决策提供精准依据。信息化是智能化的基础，大数据是核心，数据的分析和应用是目的。[2] 仲裁大数据是决策的参谋，运用统计数据进行对比分析，从海量数据中掌握仲裁的工作情况，挖掘仲裁运行态势信息，有利于转变决策、管理思维模式，从以经验性、模糊化管理转变为数字化、精密化、科学化、智能化管理；可以分析纠纷发生的规律性，为社会治理提供分析和研判，服务发展大局；可以分析某类案件的一般特点，制定类案的裁判策略，提高裁判效果。

（一）仲裁大数据建设是智能仲裁建设的基础环节

大数据是智能仲裁建设的核心，也是智能仲裁系统的基础性资源。大数据的基础不完备，数据的深度挖掘和分析无法开展，即便有了相关的专业人才和技术工具，机器学习、智能辅助裁判等功能规划也只能是无米之炊。大数据时代，数据是基础，“数据喂养人工智能”，有多少人工，就有多少智能，只有拥有了足够丰富的数据，大数据的价值才可能得

〔1〕 参见贺荣：《“智慧法院”建设与司法大数据的应用研究——在“人民法院司法大数据研究基地”揭牌仪式上的讲话》，载《东南法学》2017 年第 1 期。

〔2〕 参见孙振东：《司法大数据助推“智慧法院”建设》，载《人民法院报》2016 年 12 月 9 日第 2 版。

到完全的彰显,“云计算为深度学习提供了平台,大数据为深度学习提供了矿石,深度学习因此才得以在云平台、在大数据中淘出黄金”。人工智能是互联网技术、云计算、大数据发展成熟后的深度结合和应用,是上述技术的集大成者和现代科技的实质。人工智能是利用智能学习算法,用大量数据中的经验来改善系统自身的性能,从而实现人类智慧所能做的事情。可以这么说,人工智能离不开数据分析和机器学习,研究智能数据分析的理论和方法已经成为人工智能的必要基础之一。大数据不准确、不全面,人工智能便失去养分,数据深度学习和分析便无法进行,智能仲裁只能是无米之炊、无源之水。

(二)仲裁大数据建设有助于加强仲裁案件管理,提升仲裁绩效,优化仲裁绩效考核标准

劳动人事争议仲裁面临诸多问题,仲裁大数据建设有助于加强效能建设,不断提升调解仲裁工作专业化、规范化、标准化和信息化水平。借助人工智能对仲裁员的办案过程、裁判文书、工作质效等进行可视化分析,从而加强仲裁的标准化、规范化建设,为仲裁绩效考核提供科学手段和依据。

仲裁存在较为严重的“案多人少”的问题,为此需要引入社会力量,聘请专家学者、律师充当仲裁员,由此不仅可以缓解办案压力,而且有助于推进仲裁的社会化,符合仲裁“三方机制”原则的要求,但存在质量监控难、人员管理难等问题。通过人工智能下的大数据分析,不仅可以对仲裁员办案过程全程可视、全程留痕,对其办案节点进行监督和提示,而且可以监督其办案质量,优化绩效考核,解决长期以来对兼职仲裁员的管理问题和办案质量监控问题。

(三)大数据分析可以辅助仲裁员办案,提高仲裁效率,促进仲裁裁决公正

对仲裁大数据进行深度挖掘,并加以利用,可以总结仲裁裁决经验,指导仲裁裁决工作,比如可以比较各地的仲裁工作,提炼先进模式,总结经验教训,这有利于取长补短,相互促进,共同发展。运用大数据办案辅

助系统将仲裁员案件办理流程数据和实体案件数据全部采集进行可视化分析,实现了案件审查繁简分流,对关键性证据进行程序管控,这样既可保证案件质量,又有助于提高仲裁效率,减轻办案负担。通过仲裁大数据和人工智能技术的结合,将仲裁员从事务性工作中解放出来,从大批简易案件中脱身出来,从事证据认定和裁判等核心事务,从容地处理专业化需求更高的复杂疑难案件。以法院审判信息系统为例,案件的立案、审理、结案、归档、查询等均可依靠法院审判信息系统完成。案件进行立案时主要录入当事人信息,移送到审判部门后,需要录入的内容更多,包括案件分案移交、庭前准备、开庭审理、归档报结等内容。若前期信息录入齐全的话,可减轻日后很多人为查询工作。智能仲裁也是如此,应当通过信息化建设减轻仲裁员和工作人员的负担。

大数据分析还有助于促进裁决公正。引入大数据分析,能较好地减少外界干扰,减少错判、误判,把握裁判趋势,统一法律适用标准,避免"同案不同判"现象。"同案不同判"是仲裁裁判工作实践中面临的一个难题。首先是法院和仲裁的裁判标准不统一,导致仲裁裁决和法院裁决结果不一致。即使在仲裁系统内部,裁判标准也可能不统一,基于劳动人事争议案件法律适用的不一致,不同的仲裁委有不同的裁决,同一个仲裁委的不同的仲裁员也可能有不同的裁决,由此极大地影响了仲裁的公信力和权威性,而"大数据"技术的利用可有效解决这一问题。在裁决前可先从仲裁数据库和司法数据库中找到相似的已裁决的案例作为参考,也可对比多个仲裁员在裁决案情相似、当事人诉求相近的不同案件时的裁决结果,以判断裁决结果是否合理。同时,基于近年来积累大量裁判文书的数据库,仲裁员可以运用裁判文书自动生成系统,选择要制作文书的案件案由和类型,系统可以自动搜索最相似的裁判文书,保障仲裁裁决文书的规范化、标准化。

(四)大数据可以为当事人提供精准、个性化服务

深度挖掘大数据和深化人工智能的运用,通过构建一系列智能导诉系统,提供专业化的案件预测、仲裁引导,同时辅助当事人参与仲裁,或

者帮助诉讼参与人作出理性的预判，由此不仅可以方便当事人，而且可以让当事人能够分析仲裁和诉讼的利弊，理性选择纠纷解决机制。在实践中，很多当事人对案件认识存在偏差，从而作出不理性的选择，不仅影响其利益的实现，而且影响多元化纠纷解决机制的实施和效果。

（五）提升政府决策的精准化、科学化

大数据挖掘与分析，可准确研判经济运行风险、社会发展动态，有效支持政府决策科学化、社会治理精准化和公共服务高效化。“我们正在进入一个控制社会，这样的社会已不再通过禁锢，而是通过持续的控制和即时的信息传播来运作……显然，对每一种类型的社会，人们都能用一种类型的机器与之适应。对统治的社会，与之相适应的是简单或力学的机器；对惩戒的社会，与之相应的是高能的机器；对于控制的社会，与之相应的是控制学和电脑。”〔1〕人类大部分行为都受制于规律、模型及原理法则，而且它们的可重现性和可预测性与自然科学不相上下。今天大数据改变了一切，我们的未来就掌握在大数据的手中。〔2〕 大数据分析使得人类的行为具有可预测性，一切变得可控，从而为社会治理提供了依据和手段。借助大数据，通过深度学习，挖掘文字、数据、图表、图片、视频、音频等结构化或非结构化无法用传统方法进行处理的数据，收集关于劳动者和用人单位的多种相关信息，然后对这些事实和数据细节进行量化分析，可使劳动关系调整从定性走向定量，为解决群体性事件、农民工工资等社会重点、热点问题提供更加精细、高效的依据或参考。大数据的核心价值在于对海量数据进行存储和分析，从而提供具有参考意义的预测结果。〔3〕 容量只是表象，价值才是本质，而且大容量并不一定代表大价值，大数据的真正意义还在于大价值，价值主要是通过数据的

---

〔1〕 [法]吉尔·德勒兹：《哲学与权力的谈判》，刘汉全译，译林出版社 2012 年版，第 191 页。

〔2〕 参见[美]艾伯特·拉斯洛·巴拉巴西：《爆发：大数据时代预见未来的新思维》，马慧译，中国人民大学出版社 2012 年版，第 13 页。

〔3〕 参见何思锦、张斌：《大数据时代社会治理际遇分析》，载《沈阳大学学报（社会科学版）》2016 年第 6 期。

整合、分析和开放而获得的。[1] 收集信息固然至关重要，但远远不够，因为大部分数据的价值在于它的使用，而不是占有本身。[2] 越来越多的企业和地方正在建立和应用劳动关系预警机制，该机制在构建和谐劳动关系，预防乃至避免劳动争议的发生等方面起到了积极的作用。但在实践工作中，还存在如预警主体不明确、预警体系不完善、预警信息系统不畅、制度落实不到位等问题，需要不断完善系统的预警体系，大数据分析则为劳动关系预警机制的应用提供新的技术手段。可以建立省、市、县统一的劳动关系风险预警系统，联合统筹人力资源、社保、税务、公安等部门，对企业工资、租金、水电费、社保费、税费等指标实时监控，由牵头部门联合相应责任部门及时化解风险隐患。为发挥大数据分析监测功能，提高专项检查效率，河北省人力资源和社会保障厅基金监督机构率先开通城乡居民养老保险监督查询客户端，实现对全省数据的实时动态检测，充分利用大数据的处理应用、挖掘分析推动对社保基金的精准监管。这种做法值得仲裁借鉴。

（六）可为仲裁监督提供新的手段

目前仲裁缺乏有力监督手段，影响其公信力和权威性。通过仲裁大数据建设，可以实现对仲裁的全程全方位监督，就内部而言，通过统计数据对仲裁机关和仲裁员的办案质量、效率、效果情况进行较为精确的分析，从而可以进行科学的监督和管理。就外部而言，实行仲裁统计数据公开制，建设“阳光仲裁”，加强公众对仲裁工作的了解和认同，使仲裁从被动型、神秘型向公开、民主、透明转变，以数据公开、信息公开促进仲裁公开，以仲裁公开促进和加强仲裁的公信力和权威性。

四、劳动人事争议仲裁大数据建设的几点思考

按照法院的经验，司法大数据建设历经了由内部数据到外部数据、

---

〔1〕 参见涂子沛：《数据之巅——大数据革命、历史、现实与未来》，中信出版社 2014 年版，第 258 页。

〔2〕 参见［英］维克托·迈尔·舍恩伯格、［英］肯尼思·库克耶：《大数据时代：生活、工作与思维的大变革》，盛杨燕、周涛译，浙江人民出版社 2013 年版，第 156 页。

从地方数据到全国数据、从数据统计到应用分析的过程。这反映了大数据建设的规律，对仲裁大数据建设具有参考和借鉴价值。邱小平同志在2018年全国劳动人事争议调解仲裁工作座谈会上的讲话指出，加快推进信息化建设，制订实施"互联网+调解仲裁"2018年至2020年行动计划，推进仲裁办案系统的建设和应用，2018年年底前实现地市级仲裁机构基本覆盖、县级仲裁机构覆盖率超过85%；完善仲裁机构人员管理系统，建立仲裁案件监测系统，运用大数据加强管理、研判形势；在有条件的地区推行"互联网+调解"工作。要加强仲裁大数据建设，做到数据的准确真实、互联互通、社会共享；要加强仲裁大数据的采集、存储、清洗、分析发掘、可视化、安全与隐私保护；要建立仲裁和司法大数据研究基地或中心，加强对案例等仲裁数据的管理、分析和应用，为仲裁工作提供智能化的仲裁大数据服务。

（一）必须树立大数据观念，养成大数据思维的习惯

马云在2017年世界人工智能大会上指出，在智能科技中，互联网是生产关系，云计算是生产力，大数据是生产资料，智能社会是系统性的，基于互联网、大数据、云计算特别是大数据的分析，机器可能将比人类更了解人类。[1] 应运用"共享、开放、安全"的大数据思维，以政策法规为保障，实现数据信息对接共享。大数据不是随机样本，而是全体数据；不是精确性，而是混杂性；不是因果关系，而是相关关系。建立在相关关系分析法基础上的预测是大数据的核心。法律人的思维也将发生革命性的转变，即不再探求难以捉摸的法律因果关系，转而关注社会复杂事物的相关关系。因此，大数据时代带给我们观念上的转变，要求立法者不仅需要树立数据思维，还需要从传统的因果规律实现向盖然性的数据规律（相关关系的规律）的观念上的飞跃。[2] 要培育数据文化，善于运用

---

〔1〕 参见李鲲、毛振华、胡喆：《"智能""创新""世界"：世界智能大会展示中国制造关键词》，载 https://www.sohu.com/a/153415493_267106，最后访问日期：2022年7月24日。

〔2〕 参见吴义龙：《因果关系在大数据时代的转变》，载苏力主编：《法律和社会科学》第15卷第1辑，法律出版社2015年版，第149～177页。

大数据思维分析、解决问题、辅助决策。要培育数据文化，以更加开放的心态推进仲裁大数据资源共享共用，以合作姿态利用好企业、社会的数据资源，进一步推动设施互联、数据开放、资源共享和地区部门联动，不断提高仲裁工作智能化水平。

（二）加强顶层设计，实现数据互联互通

加强顶层设计，统一规范标准建设，做到平台互通、数据共享、线上线下通畅。发展智能仲裁必须保障数据收集的完整性、精准性、一致性和及时性，破除部门利益、地方利益，实现数据的分享和共享，并根据网络的特点，从仲裁员个体到仲裁庭、仲裁院，从调解、仲裁到诉讼，从地方到中央，进行多层次组合，多结构组合，克服仲裁数据分而治之的状态。要以更加开放的心态推进人力资源和社会保障数据资源共享共用，更加注重设施互联、数据开放、资源共享，更加注重地区部门联动，不断增强仲裁工作的系统性、整体性、协同性。

1. 应加强顶层设计，实现信息化建设成果的集成融合。加强各类应用系统的集成，将仲裁大数据和业务应用、外部协作、仲裁服务等无缝对接起来，满足不同平台、不同网络、不同仲裁机构、不同部门数据共享和业务协同需要。要打通案件数据与人事、行政、财务、装备等业务数据之间的信息壁垒，加强整合，形成关联，统筹各项管理，提高管理水平。要有效破除仲裁系统内部数据及外部数据的壁垒，统一数据规格和交换标准，促进数据之间的深度融合，为数据共享提供前提。为此需要构建统一的数据分析系统，使数据能够实现标准化、统一化，注重不同机关之间数据的衔接，实现办案系统互联互通、数据自助推送，既要避免数据的标准不一，也要注意数据信息的重复。建立大数据相关标准、规范，避免大数据应用系统各自为政，造成重复劳动或走入误区。

2. 创立仲裁大数据中心，充分发挥数据中心的系统核心作用。数据中心可统一汇聚存储案件信息，为其他应用系统提供统一接口，为社会调解等互联平台提供数据基础，为决策提供数据支撑的核心作用，为仲裁机关智能办案、智能决策、智能服务、智能办公和智能保障等环节提供支撑,实现智能仲裁的价值最大化和可持续发展。鉴于仲裁大数据建设刚起步,加上劳动人事争议案件法律适用的复杂性,可以先行建立省级数据中心,将其作为劳动人事争议仲裁大数据中心的第一步,在此基础上推进全国仲裁大数据中心建设。人民法院建立的司法大数据管理和服务平台已经汇聚了全国法院亿条以上案件信息,成为全世界最大的审判信息资源库。

(三)重视大数据建设的基础工作

数据的准确性和完整性是信息技术的基石,是智能仲裁的生命。数据的准确性不仅影响智能仲裁的运行管理,而且关乎劳动人事决策和政策制定的科学性,决定着案件管理的有效性。不准确的数据统计或显示会误导仲裁机构对裁判工作或仲裁管理的统计、预判、部署,也有可能误导民众或引发矛盾。

大数据应用的基础是具备完备、全面的数据库。智能仲裁建设,网络技术是基础,大数据是核心,人工智能深度学习要以海量且可靠真实的数据为基础;智能仲裁全部生命力在于数据的客观化,如果失去数据的客观化,输入错误数据,得出的一定是错误结论。要加强对仲裁大数据的管理,获取准确的数据。数据管理的精准化、标准化,是实现案件信息汇聚管理、提高仲裁质效管理的关键所在。提升仲裁大数据的准确性、全面性和完整性是仲裁大数据精细化、智能化应用的基础。因此,应建立数据集中管理和质量保障机制,狠抓数据源头,重视数据质量,做到汇聚快、要素全、质量高。为此,需要通过系统平台的完善和制度机制的建设来加以保障。

(四)建立数据共享机制,克服"数据孤岛"现象

数据的共享不仅是人民法院信息化建设的核心要素和建设智慧法院的基本前提,更是实现法院工作科学发展的技术保障。数据共享机制可以将单个数据聚合成海量数据,为司法现代化各个目标的实现提供良

好的数据和技术支持。[1]《“十三五”规划纲要》提出,依托政府数据统一共享交换平台,加快推进跨部门数据资源共享共用。加快建设国家政府数据统一开放平台,推动政府信息系统和公共数据互联开放共享。制定政府数据共享开放目录,依法推进数据资源向社会开放。

仲裁应当建立数据共享机制,不仅要实现仲裁机构与人力资源和社会保障部门等其他机构数据的共享,而且应当实现和法院、市场监督管理部门、总工会等部门以及不同层级的仲裁机构之间的互联互通,由此才能进行真正意义上的大数据分析,智能仲裁建设才能取得实效,仅依靠仲裁机构一个系统,或者一家仲裁机构是无法实现智能仲裁的。

(五)挖掘大数据,充分利用大数据价值

最高人民法院深入挖掘分析海量信息资源服务科学决策:实现审判态势实时动态分析;实现人案关联分析,多维度展示干警业绩;实现电子卷宗跨部门、跨地域网上调阅,推进电子卷宗数据在立案、审理等环节的深度应用;完成了多项专题分析报告,其中许多专题报告被中共中央办公厅采用;与公安部、全国组织机构统一社会信用代码数据服务中心、农业农村部、银行实现了联通和数据资源共享交换,为全国多家法院的执行查控、审判业务提供一体化总对总服务。大数据资源的价值逐渐显现。[2] 智能仲裁建设也应加强对仲裁大数据的分析,挖掘数据的使用价值。对海量的数据没有分析、整理、分类和研究,不对数据进行深度挖掘、分析,那其就是一堆无用的、碎片化的代码。这些数据就是一盘散沙,没有任何使用价值。“大数据具有价值密度低的特征,经过分析挖掘才能释放大价值。”[3]“大数据表示的是过去,但表达的是未来,其意义

---

〔1〕 参见马治国、刘宝林:《人工智能司法应用的法理分析:价值、困境及路径》,载《青海社会科学》2018 年第 5 期。

〔2〕 参见佚名:《学习贯彻十九大精神,推进智慧法院建设——最高人民法院信息中心主任许建峰接受中国法院网访谈》,载中国法院网,https://www.chinacourt.org/article/detail/2017/11/id/3078796.shtml。

〔3〕 耿亚东:《大数据时代政府治理面临的挑战及其应对》,载《中州学刊》2017 年第 2 期。

在于，通过海量数据的整合、挖掘，揭示传统技术方式难以展现的关联关系，让人们更加清楚地理解事物本质、把握未来取向，从而发现新规律、提升新能力。”[1]为此需要确保数据分析深入扎实，充分发挥大数据的驱动作用，提升数据智能化服务水平，逐步形成司法和仲裁大数据知识库，全面提升大数据分析和挖掘能力，提升提出需求和主动应用能力，为仲裁员和人民群众提供智能化服务，为各级党委、政府决策提供科学参考。

在大数据分析上下大功夫，需要一大批管理人员、技术人员对海量案件的案件事实、争议焦点、法律适用等大数据进行分类、标注、分析、解构，深挖法律知识资源潜力。深化对统计数据的应用，围绕仲裁裁判工作反映的新问题、新情况、新动向，运用数据所反映出来的信息了解仲裁情势的状况，查找存在的问题，分析产生原因，认真核对、审查、评估基础统计资料，可应用分类比较法等方法准确透彻地研究、归纳、汇总、加工数据，寻找解决途径，提出具体、合理、切实可行的对策建议，形成完整的、反映全局的、具有较强综合性的仲裁统计分析，以此来顺应新形势下仲裁工作不断出现的新情况，让智能仲裁更好地服务当事人、服务于仲裁员办案、服务于仲裁管理，服务于劳动关系的精准治理。

通过大数据应用，为群众提供多样性、个性化公共服务，在周到、精细的服务中提升社会治理水平。挖掘利用大数据，提供面向各类仲裁需求的相似案例推送、仲裁风险分析、仲裁结果预判、诉前调解建议等服务，多元化解劳动人事争议，为减少不必要仲裁或诉讼、降低当事人讼累提供有力支持；深度分析用户仲裁和诉讼行为，挖掘其个性化需求，精准推送仲裁公开信息，提升广大人民群众的获得感。

通过仲裁大数据建设，不仅可以为仲裁绩效考核提供精准依据，科学调配资源，提高决策的科学性、时效性和针对性，而且可以加强对仲裁

[1] 孟建柱：《深入推进社会治理创新　切实维护公共安全水平——学习贯彻习近平总书记关于公共安全工作重要批示》，载《求是》2015 年第 21 期。

大数据的预测,参与社会治理的系统工程建设。深度挖掘分析海量案件信息资源,监测劳动关系社会治理存在的突出矛盾,预判经济社会发展变化趋势,为各级党委、政府提供决策参考;深挖法律知识资源潜力,提高海量案件案情理解深度学习能力,基于案件事实、争议焦点、法律适用类脑智能推理,满足办案人员对法律、案例、专业知识的精准化需求,促进仲裁员类案同判和法律适用的统一。

(六)采取有效措施,保障数据安全

仲裁大数据建设和其他大数据建设一样存在安全问题,大数据存储、运用过程中可能存在丢失、被破坏或被恶意攻击,也可能被泄露,被商业机构操作和非法利用等问题。因此,应高度重视数据和信息安全,严格开放权限和审批程序,确保建设应用与信息安全同计划、同部署、同落实、同发展。

要增强安全意识,强化安全管理和防护,既要保障网络的畅通,也要保障网路的安全。借鉴智慧法院建设的经验,探索建立全国仲裁员统一身份认证体系,完善人员身份认证和授权管理机制。大数据虽然为数据保存和防止破坏、丢失提供了新的手段,但也正面临着新的技术难题,如数据安全、准确、不受第三方干扰和掌握,这是智慧法院依法独立行使审判权,保持审判中立的前提条件。[1] 数据管理如果缺乏有效抓手,则存在内部人员违规使用数据,外包人员数据泄露,"互联网 +"等第三方App 接入数据保护、数据分权管理、数据分级管理等风险。同时,要采取必要的管理措施和技术手段,保护个人数据安全,防止未经授权检索、公开及丢失、泄露、损毁和篡改个人数据。严禁窃取和交易个人数据。任何个人和组织不得窃取或者以其他非法方式获取个人数据,不得出售或者非法向他人提供公民个人数据。要健全完善基础设施、应用系统和数据资源安全保障机制,提高对各类突发事件的日常防控、态势预警和应

---

〔1〕 参见彭龙:《智慧法院对司法审判的冲击及其应对》,载《第一届智能经济论坛(2017)论文集》。

急响应能力。

（七）大数据建设需要加大投入

大数据的挖掘需要加大人力、物力的投入。首先，要加大硬件的投入，需要购买或租借服务器存储数据，这是大数据分析的基本前提；其次，要研发大量的软件和平台或系统；最后，数据挖掘需要大量人力投入，数据的搜集、标注等需要大量人力成本，数据平台需要专门的技术人才进行建设和维护。

结　语

在全球信息化时代，数据正在成为一种生产资料，成为一种稀有资产，成为继土地、人力、资本之后的新要素，构成一个组织乃至一个国家未来发展的核心竞争力。大数据建设是智能仲裁的基础，大数据和仲裁统计分析的结合，无疑对仲裁工作提出了新的机遇和挑战。相对于深度运用人工智能的技术要求而言，我国劳动人事争议仲裁实际上还处于数据比较匮乏的状态。同时，数据的质与量都还存在不足，严重影响智能仲裁的建设和发展。为此需要大力建设仲裁大数据，具体包括仲裁法律法规大数据、仲裁基本数据、仲裁流程数据、仲裁文书数据、庭审活动数据、仲裁服务信息数据等。仲裁大数据有自己的特点，劳动关系调整部门的多重性，条块分割导致其建设存在很多的难点，仲裁大数据建设在某些方面甚至比司法大数据建设难度更大、更复杂，为此需要保障大数据的准确真实、互联互通、社会共享，要加强仲裁大数据的采集、存储、清洗、分析发掘、可视化、安全与隐私保护，建立仲裁和司法大数据研究基地或中心，加强对案例等仲裁数据的管理、分析和应用，为仲裁工作提供智能化的仲裁大数据服务。

第五章　智慧法院建设的借鉴

建设智慧法院被纳入《国家信息化发展战略纲要》和《“十三五”国家信息化规划》，成为国家网络强国战略的重要组成部分。最高人民法院《关于加快建设智慧法院的意见》提出“2017 年总体建成、2020 年深化完善人民法院信息化 3.0 版”的智慧法院总体目标，积极运用大数据对海量司法信息进行深入研究、联通、共享和应用。以全程录音录像、网上办案等为特征的人民法院信息化 2.0 版已建成，法院正在迈向以智能化办案为特征的人民法院信息化 3.0 版。相对检察部门提出的“智慧检务”、司法行政部门提出的“智慧法务”等信息化战略，“智慧法院”建设更是如火如荼，成效更显著，影响更深远。自 2015 年以来，最高人民法院委托中国社会科学院法学研究所持续对中国法院信息化建设情况进行整体评估，先后发布了《中国法院信息化第三方评估报告》《中国法院信息化发展报告》2017 版和 2018 版。2018 年版的《中国法院信息化发展报告》指出，“全业务网上办理、全流程依法公开、全方位智能服务”的网络化、阳光化、智能化智慧法院已经初步建成，中国法院信息化整体达到世界先进水平，很多方面已经处于领先位置。这是对我国智慧法院建设的总体判断。劳动人事争议仲裁和司法本质同属裁判领域，在很多方面都具有共通性，建设智能仲裁应当借鉴智慧法院的经验教训，对其得失进行反思，为进一步推进智能仲裁建设提供借鉴和参考。

一、智慧法院建设的历程和所取得的成效

近年来，以大数据、云计算为依托的智慧法院建设加快推进，辅助当事人诉讼的导诉机器人、人工智能办案辅助系统等新产品问世，网上立案、网上审判、网上执行、网上阅卷成为现实，不仅方便了当事人，更提高了司法透明度，促进了司法公正，智慧法院建设成效显著。

（一）智慧法院建设的简要历程

智慧法院从规划到建设、应用、管控等环节，形成了完整的闭环。2016 年 1 月 29 日，最高人民法院信息化建设工作领导小组举行 2016 年第一次全体会议，最高人民法院院长、信息化建设工作领导小组组长周强主持会议并讲话，首次提出了建设立足于时代发展前沿的智慧法院。

2016 年 2 月 22 日，最高人民法院通过了《人民法院信息化建设五年发展规划（2016—2020）》和《最高人民法院信息化建设五年发展规划（2016—2020）》，确定了顶层设计、系统建设、保障体系、应用成效四个方面 55 项重点建设任务，提出要在 2017 年年底总体建成人民法院信息化 3.0 版，2020 年年底实现人民法院信息化 3.0 版在全国的深化完善。

2016 年 3 月 13 日，第十二届全国人民代表大会第四次会议在人民大会堂举行第三次全体会议，最高人民法院院长周强作关于最高人民法院工作的报告，提出继续深化司法公开，加快建设智慧法院。

2016 年 7 月，中共中央办公厅、国务院办公厅印发《国家信息化发展战略纲要》，将建设智慧法院列入国家信息化发展战略，明确提出建设智慧法院，提高案件受理、审判、执行、监督等各环节信息化水平，推动执法司法信息公开，促进司法公平正义。

2016年11月17日，在第三届世界互联网大会智慧法院暨网络法治论坛上，首席大法官周强指出，“将积极推动人工智能在司法领域的应用”，这描绘出对智慧法院的美好愿景，并将建设智慧法院的决心公之于众。

2016年12月15日，国务院印发的《“十三五”国家信息化规划》明确指出，支持智慧法院建设，推行电子诉讼，建设完善公正司法信息化工程。并将电子诉讼占比作为5个信息服务指标之一，全国法院电子诉讼占比要在2020年超过15%。

2017年3月12日，第十二届全国人民代表大会第五次会议举行第三次全体会议，最高人民法院院长周强作关于最高人民法院工作的报告，提出2017年人民法院将加快建设智慧法院，努力提供更多优质司法服务。

2017年5月11日，最高人民法院院长周强在全国法院第四次信息化工作会议上强调：要统筹兼顾，全面把握智慧法院建设的总体布局。智慧法院建设要以促进审判体系和审判能力现代化，提升司法为民、公正司法水平为目标，充分利用信息化系统，实现人民法院全业务网上办理、全流程依法公开、全方位智能服务。

2018年，人民法院继续深化完善人民法院信息化3.0版、全面建设智慧法院，确立人民法院信息化3.0版的主体框架。

2018年4月，最高人民法院发布的《智慧法院建设评价报告(2017年)》显示，在全国法院网络信息化“三大能力”中，基础支撑能力指数最高，达到90，基本形成以“云网一体化”为纽带的信息基础设施全覆盖格局。2017年度全国法院智慧法院建设平均指数为72。智慧法院建设指数在80至90区间的法院最多，达到847家，标志着全国智慧法院已初步形成。

自2018年以来，人民法院的信息化建设越来越向网上延伸，实现诉讼服务全天无休。诉讼服务进入智慧时代，实现从现场办向网上办、掌上办转变，群众打官司可以“一次不用跑”。全国四级法院立案、缴费、保全、鉴定等事务100%全程网办,半数以上案件做到“网上立、自助立”,律师服务平台四成以上的立案申请在8小时以外非工作时段提交,实现诉讼服务全年无休、24小时“不打烊”。

2019年,中国智慧法院建设已经跻身世界前列,中国法院围绕智慧审判、智慧执行、智慧服务、智慧管理的智慧法院体系基本建成,走出了一条法院信息化的中国道路。

2020年,人民法院信息化3.0版建成,并全面支撑审判体系和审判能力现代化。

2020年,突如其来的新冠肺炎疫情侵袭全球。最高人民法院及时印发《关于新冠肺炎疫情防控期间加强和规范在线诉讼工作的通知》,既是对在线诉讼作出全面动员使其规范有序开展的重要依据,也是以制度的形式固化信息化发展成果的有效途径。据统计,2020年2月3日至2021年11月19日,全国法院累计网上立案1749万件,网上缴费1618万次,网上开庭192.9万场,进行网上证据交换383.7万次,电子送达5594.3万次,网上调解956.2万次,让群众“不见面”“不用跑”便能完成各类诉讼事项。[1]

2021年3月4日,最高人民法院召开新闻发布会,宣布人民法院“一站式”多元解纷和诉讼服务体系基本建成,诉讼服务迈入现代化发展新阶段。一站式建设使在线诉讼更加便利。全国3500多家法院上线中国移动微法院小程序,当事人可通过这一入口完成立案、查询、缴费、调解、庭审等36项在线诉讼服务。

2021年,全国法院在线立案1143.9万件,全国法院在线开庭127.5万场。截至2021年年底,人民法院调解平台汇聚全国法院调解案件2446.29万件,调解成功率达62.88%。全国法院将跨域立案服务主体从中级人民法院、基层法院、海事法院拓展到全国四级法院,实现立案登

---

〔1〕 参见王俏:《司法牵手信息技术的成功实践——人民法院智慧法院建设工作综述》,载《人民法院报》2022年3月6日第6版。

记范畴内的案件类型全覆盖。全国法院形成了电子卷宗、电子档案的一体化共享调阅能力，文件可调阅率达95%。[1]

在"智审、智执、智服、智管"的智慧法院体系基本建成后，人民法院又提出了"大力建设人民法院信息化4.0版"的宏伟目标。2021年5月18日最高人民法院通过《人民法院在线诉讼规则》，2021年12月27日通过《人民法院在线调解规则》，2022年2月22日通过《人民法院在线运行规则》，至此，建成涵盖各审判领域、覆盖诉讼全流程，线上线下双轨并行、有序衔接的在线诉讼、调解和运行规则体系。"三大在线规则"有机联系，相互支撑，构成了新时代互联网司法的制度框架，形成了"世界领先，中国特色"的互联网司法新模式。

与此同时，各地智慧法院建设呈现多点开花的趋势。在最高人民法院的支持和指导下，浙江确定以浙江省高级人民法院、台州市中级人民法院、玉环市人民法院为试点，积极探索电子卷宗随案同步生成和深度应用模式，致力于构建一套涵盖自助立案、移动阅卷、电子送达、信息回填、辅助办案、智能庭审、一键归档的智能、便捷、高效的智慧法院办案新模式，让一线法官和诉讼参与人有更多实实在在的获得感。

2017年8月，全球首家互联网法院在浙江杭州揭牌，以"网上案件网上审、网上纠纷不落地"为目标，探索运用互联网审理与互联网相关的案件，电子诉讼迈出坚实的一步。2017年10月推出"移动微法院"，实现指尖诉讼、掌上办案。2021年8月23日，在"枫桥经验"的发源地——浙江省诸暨市人民法院枫桥人民法庭通过智慧法庭平台，作为浙江省首个改造完成的智慧法庭，枫桥法庭率先实现了智慧法庭平台化、智能化功能与当前先进的音视频编解码技术和应用高度融合，满足了法官和当事人可在多种庭审条件和网络环境下完成庭审活动的需求。2022年5月26日，浙江省高级人民法院提出，按照"平台+智能"顶层设计，巩固提升

[1] 乔文心:《2022年中国法院信息化蓝皮书发布 智慧法院让全民共享司法"数字红利"》，载《人民法院报》2022年6月15日第1版。

“杭州互联网法院”“移动微法院”创新成果，变“盆景”为“风景”，全力打造“线上线下深度融合、内网外网共享协同、有线无线互联互通”的“全域数字法院”。[1]

河北法院将便携式数字法庭与其他硬件设备相结合，建成移动办公服务平台，打通了法院专网的“最后一公里”，派出法庭可以在白洋淀开庭；无人机航拍回执行法官取证的场景并面向网友直播。

山西省高级人民法院始终将电子卷宗的随案同步生成和深度应用工作当作提高人民法院审判执行信息化水平和打造智慧法院的核心工作来推进，自 2017 年开始逐步通过试点推广的方式来推动电子卷宗随案生成和深度应用工作，初显成效。山西省高级人民法院成立专项领导小组，统一指导和督促全省各级法院落实工作，通过技术与业务的融合、技术与管理的结合，努力探索形成电子卷宗生成和应用的“山西模式”。[2]

四川省眉山市东坡区人民法院打造的线上“矛盾纠纷多元化解一体化平台”，实现对眉山中心城区所有纠纷解决主体及所属调解员、公证员、仲裁员的全面覆盖，正在向全市 3000 余个调解组织、20,000 余名调解人员及所有公证机关、仲裁机构延伸。

河北省高级人民法院研发的“智审系统”，将纸质卷宗一键扫描，自动生成电子卷宗，智能分类，自动关联与当事人相关的案件。只要法官点击案件，就能呈现当事人已经打过多少官司、正在打的官司是什么，最大限度避免重复诉讼、恶意诉讼或虚假诉讼的产生。裁判文书 80% 的内容能够一键生成或辅助制作。“智审系统”让法官将有限的时间精力集中在“审”与“判”上，有效地缓解了“案多人少”的矛盾。这套系统迄今已经帮助河北三级法院法官办理案件超过 67 万件，生成各类文书 430

---

〔1〕 浙江省高级人民法院院长李占国在数字经济法治论坛作主旨发言，提出建设“全域数字法院。参见李占国：《建设“全域数字法院”打造数字时代“未来法院”新图景》，载 https://www.thepaper.cn/newsDetail_forward_18345750，最后访问时间：2022 年 7 月 25 日。

〔2〕 参见佚名：《深化信息化应用 夯实智慧法院建设基础：山西法院电子卷宗生成和智慧应用先在八个法院试点》，载山西省高级人民法院网，http://shanxify.chinacourt.org/article/detail/2018/04/id/3264609.shtml。

余万件，案头事务性工作量减少30%。

北京法院新一代审判智能辅助系统“睿法官”，基于电子卷宗等司法审判数据资源、行为分析的智能学习和法律逻辑的知识图谱技术，为法官审理复杂案件时，提供精准推送办案规范、法律法规、相似案例等信息，梳理法律关系，聚焦争议焦点，提出裁判建议，生成裁判文书等智能服务。北京市高级人民法院副院长吉罗洪介绍说，仅西城区人民法院刑事审判团队就使用这一系统审理案件1000多件，有效地支持了法官快速智能办案，确保了司法裁判尺度的统一。

(二)智慧法院建设所取得的成效

2017年全国法院第四次信息化工作会议上提出“全业务网上办理、全流程依法公开、全方位智能服务”的网络化、阳光化、智能化智慧法院的建设目标，法院工作呈现出服务便捷、审判智能、执行高效、公开常态、监管科学、决策精准等趋势和特点。法院信息基础设施建设扎实推进，网络化、阳光化、智能化应用全面发展，数据资源汇聚和服务水平迈上了新的台阶，信息安全和运维保障能力显著提升，信息化实现了由被动向主动、由初级向高级、由局部向全局、由基础建设向全面应用的巨大转变，支撑了智慧法院初步形成，推动了人民法院审判执行方式的全局性变革，有力地促进了审判体系和审判能力现代化。

中国社会科学院法学研究所、社会科学文献出版社联合主办的法治蓝皮书《中国法院信息化发展报告No.2(2018)》首次对全国法院信息化建设的应用效果进行了第三方评估。该报告指出，中国法院已经形成以五大网络为纽带的信息基础设施和支持司法服务、审判执行和司法管理各类应用，实现了审判执行、司法管理、司法研究、外部数据的集中管理。法院信息化正朝着以网络化、阳光化、智能化为主要特征的智慧法院目标大踏步前进，“全业务网上办理、全流程依法公开、全方位智能服务”的网络化、阳光化、智能化智慧法院已经初步建成，中国法院信息化整体达到世界先进水平，很多方面已经处于领先位置。“中国智慧法院建设已经在全世界法院树立了网络覆盖最全、数据存量最大、业务支持最多、公开力度最强、协同范围最广、智能服务最新的样板,为信息时代的世界法治文明提供了中国方案,贡献了中国智慧。"[1]要准确把握智慧法院网络化、阳光化和智能化特征,以是否达到"全业务、全流程、全方位"作为评价智慧法院的基本标准和主要依据。具体而言,智慧法院建设的成效主要表现在以下几个方面。

1. 司法服务日趋便捷、高效

各地法院在为当事人和律师提供便利的诉讼服务方面做了不少努力,开辟了网上立案、网上调解、网上接访、网上联系法官等一系列司法为民的新领域和新窗口,司法服务水平和能力都有所提升。2018 年全国两会期间,一款名为"小雨"的导诉机器人亮相北京市第三中级人民法院,为智慧法院"代言",引起媒体关注。在机器人的引导下,当事人可以很快办完一系列诉讼事务,极大地方便了当事人立案。2017 年,绝大部分法院已建成诉讼服务大厅、诉讼服务网和 12368 诉讼服务热线,构建起面向各类社会公众的多渠道、"一站式"、综合性"三位一体"诉讼服务中心,一些法院还探索建立律师服务平台等新型诉讼服务平台,为人民法院拓展诉讼服务搭建起坚实的基础。至 2020 年,全国法院进一步健全诉讼服务大厅、诉讼服务网、12368 热线、巡回办理"厅网线巡"立体化通道,推动实现诉讼服务一站通办、一网通办、一次通办。截至 2020 年,全国 98% 的法院建立了诉讼服务大厅,98% 的法院运行诉讼服务网,线下"一站式"服务项目拓展至线上。[2]

2. 审判、执行智能化

最高人民法院创建"法信""智审""数字图书馆""类案智能推送""裁判文书评查""同案不同判预警"等办案辅助平台,信息技术推动审判工作改革,有力地促进了程序公正与实体公正的统一,全面提升了审

---

〔1〕 李林、田禾主编:《中国法院信息化发展报告 No. 2(2017)》,社会科学文献出版社 2017 年版,第 31 页。

〔2〕 陈甦、田禾主编:《中国法院信息化发展报告 No. 5(2021)》,社会科学文献出版社 2021 年版,第 6 页。

判工作质效,有效规范了司法行为。案件关联、法律法规推送、类案推送的准确性、全面性提高;法律文书辅助生成技术不断改进,电子卷宗随案同步生成和深度应用得以推广;全国法院电子卷宗数据汇聚接口联通,实现全国法院电子档案、电子卷宗网上调阅;电子送达、电子签章的普及为法院“送达难”提供了有效解决办法;以覆盖办理案件全流程的网上审判体系为基础,网上办案派生出全程留痕、动态监督、审限预警等功能,立案信息、流程节点等审判提示精准及时;移动办公办案步入全面实践阶段。执行案件流程管理、执行指挥中心建设、司法网络拍卖、失信惩戒平台等提升了执行能力。智审系统、庭审语音转录系统等应用大幅降低事务性工作量。2017 年,全国 3500 余家法院上线使用网络执行查控系统,覆盖面达到 99.66% 。2017 年,全国 3746 家地方性银行中,3660 家上线查询功能,3203 家上线冻结功能,2058 家上线扣划功能;湖南、福建、江苏、吉林、甘肃、江西、内蒙古等地本省地方性商业银行基本全部实现了网络查询、冻结、扣划功能;46 个“点对总”不动产查询重点推进城市中已有 40 个城市上线查询功能。[1] 法院以信息化巩固“基本解决执行难”成果,截至 2020 年,人民法院的执行信息化已经形成了“专网 + 互联网”全覆盖的执行信息化工作模式和统一管理、统一指挥、统一协调的“三统一”管理模式。

3. 管理更加精准、科学

信息化使司法管理更加科学,各级法院在司法管理数据分析运用、案件警示和大数据辅助决策等方面取得较大进步,提升了司法管理的智能化水平、推进了法院科学精准管理。2017 年中国法院拓宽了数据来源,提高了数据质量,优化了数据整合,强化了数据分析,各级法院大致完成了数据对接,并开启了与政务数据的共享,从简单数据处理迈向大数据分析。司法大数据在立案、审判、执行等方面有助于提高司法效率,

---

〔1〕 乔文心:《二〇一八年〈法院信息化蓝皮书〉显示——智慧法院已初步形成》,载《人民法院报》2018 年 2 月 9 日第 4 版。

减少资源浪费,最终实现精准管理。[1] 法院实现“一张网”办案,全领域监督。全国3000多家法院、1300多个人民法庭、最高人民法院设立的六个巡回法庭和知识产权法庭,现已全部接入法院专网,实现“一张网”办公办案,全程留痕,全程接受监督。人民法院大数据管理和服务平台实现了司法管理的革命性变革,能够进行可视化、多维度的案件审判态势分析,定期自动生成包含案件排名、案由分析等内容的审判态势报告,为决策管理工作提供直观可靠的数据支撑。该平台成为全球最大的司法资源库和平台,可实现每5分钟动态更新展示全国3500多家法院的实时收结案数据,并可链接至实际案件信息。该平台已汇聚全国2.24亿案件信息和6.13亿份文书,成为全球最大的司法审判信息资源库。[2]

二、智慧法院建设主要举措

1. 智慧法院建设定位精准,建设规划日趋完善

针对全国法院信息化建设存在的种种问题,最高人民法院不断建立健全人民法院信息化标准体系,编制发布了以案件数据标准为核心的70余项技术标准,制定了《关于贯彻〈关于实施网络内容建设工程的意见〉的落实方案》《智慧法院建设评价指标体系(2017年版)》《人民法院信息化标准制定工作管理办法》等10项人民法院信息化标准。地方法院在最高人民法院制定标准的基础上,也制定相应的地方标准,或弥补最高人民法院制定的标准的空白,或予以具体细化。山西省高级人民法院先后下发《关于统一全省法院电子卷宗创作与归档技术标准的通知》《关于启动电子卷宗随案同步生成和深度应用试点工作通知》《山西法院电子卷宗随案同步生成和深度应用工作方案》等文件,出台了《电子卷宗随案同步生成和深度应用管理规范》文件,对工作流程、相关标准与规范、职

〔1〕 乔文心:《二〇一八年〈法院信息化蓝皮书〉显示——智慧法院已初步形成》,载《人民法院报》2018年2月9日第4版。

〔2〕 陈甦、田禾主编:《中国法院信息化发展报告No.5(2021)》,社会科学文献出版社2021年版,第15页。

责划分及应用、保密安全等作了详尽规定。《天津法院信息安全工作标准》在全面满足国家和最高人民法院对信息安全工作相关要求的基础上，结合天津法院实际，本着从严、从高要求，便于实施和考评的思路研究制定，用于指导、衡量和评价全市法院信息安全规划、设计、建设和管理工作。[1]

2. 加强平台建设

第三次技术革命组织架构的最大贡献就是创造了“平台”这一快速配置资源的框架。全国法院现已建成的平台还需增强聚合功能，方能成为全面覆盖、移动互联、跨界融合、深度应用、透明便民、安全可控的智慧法院综合平台体系。首先，挖掘四大公开平台的社会效应。目前已经建成的审判流程公开、庭审活动公开、裁判文书公开、执行信息公开四大平台，基本实现各级法院的立案、办案、庭审直播、流程查询、执行信息等的全公开，使中国法院拥有了在世界范围内首屈一指的司法公开平台。其次，运用人工智能技术提供精准辅助服务。优化法院办公办案平台，加快推进电子档案随案同步生成，不断深化“智审系统”、诉讼文书电子送达等系统建设，不断提高法律文书自动生成、庭审语音识别、文书智能纠错、庭审自动巡查、庭审语音同步转录、辅助信息智能生成及实时推送能力，切实为辅助法官办案提供技术支撑。最后，拓展法院诉讼服务体系的发展领域。通过智慧法院线上线下的共享，尽量节约法院与当事人之间的时间成本和经济成本，实现信息互通后的资源共享和互赢增值，满足人民群众快捷解决纠纷实现正义的需求。

3. 重视安全保障

法院自主开发了人民法院可视化质效型运维管理平台，称为“法眼平台”。它横向覆盖法院专网等五大网系，纵向贯穿基础设施、业务应用、数据资源和信息安全四大要素，以运行状况和应用质效为关注焦点，

---

〔1〕 张晓敏：《天津高级人民法院出台信息安全工作标准 保障智慧法院建设》，载天津法院网，http://tjfy.chinacourt.org/article/detail/2018/05/id/3299205.shtml。

宏观与微观相结合、实时与事后相统一、常态与应急相协调,实现对五大网系的实时集中监控,对四大要素的动态质效进行分析。[1]

4. 重视评估

自2015年以来,最高人民法院委托中国社会科学院法学研究所持续对中国法院信息化建设情况进行整体评估,先后发布了《中国法院信息化第三方评估报告》《法治蓝皮书·中国法院信息化发展报告》2017版和2018版,为智能法院建设提供第三方依据,经过评估认为,"全业务网上办理、全流程依法公开、全方位智能服务"的网络化、阳光化、智能化智慧法院已经初步建成。[2] 2017年人民法院信息化建设取得显著成效,人民法院信息化3.0版的主体框架已经确立,智慧法院初步形成。[3] 中国法院信息化整体迈入世界先进水平,很多方面已经处于领先位置。

三、智慧法院建设存在的主要问题

从以上可以看出,智慧法院建设成效显著,其重要原因在于法院积极吸取经验教训,采取有力措施。但受制于技术等方面,智慧法院仍然存在很多问题,中国社会科学院的评估是:(1)全国仍有不少法院无法实现电子卷宗随案同步生成,特别是电子卷宗的深度应用不足,与《最高人民法院关于全面推进人民法院电子卷宗随案同步生成和深度应用的指导意见》的要求还有较大差距。(2)法院信息化虽然为法官查询法律法规、参考同类案件提供了技术支撑,减少了法官工作量,但是与方便、快捷、智能的要求还存在不小差距。(3)尽管大部分法院的信息管理系统具备了文书自动生成功能,但是关键事项辅助生成功能不健全,裁判文

[1] 《最高法工作报告解读系列访谈:加快建设智慧法院》,载 http://www.court.gov.cn/zixun-xiangqing-85042.html。

[2] 李林、田禾主编:《中国法院信息化发展报告 No.2(2018)》,社会科学文献出版社2018年版,第19页。

[3] 张昊、朱汉夫:《智慧法院初步形成 信息化3.0版主体框架已确立》,载中国法院网,https://www.chinacourt.org/article/detail/2018/02/id/3208123.shtm。

书的辅助生成功能仍有很长的路要走。(4)网络或者诉讼服务大厅电子设备对当事人进行诉讼指引,有助于当事人形成合理的诉讼预期,降低诉讼风险,但是,对当事人的诉讼指引总体上还停留在提供文书模板等浅层服务上,未来还应当在文书制作、自动推送相关案例、预判诉讼结果、提供诉讼风险分析等方面继续努力。(5)司法公开还应该进一步整合公开平台,推动司法公开的集约化,实现司法信息的全面公开。(6)中国裁判文书网的便捷性和友好性还有待提高,以便更好地服务于社会大众,真正实现司法为民。

中国社会科学院法学研究所持续对中国法院信息化建设情况进行整体评估,指出,2018 年人民法院信息化建设仍需在以下七个方面持续发力,以期实现既定任务目标。第一,省察信息化定位,以服务司法为中心。第二,继续扭转旧观念,主动拥抱现代科技。第三,系统间数据互通,避免内部“信息孤岛”。第四,改进系统易用性,切实提升司法能力。第五,系统数据集成化,努力实现业务协同。第六,提升系统安全性,厘清内外查漏补缺。第七,融合技术与业务,消除“两张皮”现象。[1] 实际上,这也反映出我国智慧法院目前仍然存在上述七个方面的问题。

站在法官的视角,我国法院信息化现状可能更有说服力:(1)全国绝大多数的法院无法利用审判管理系统(各地未统一,名称略有区别)中的当事人信息打印法院专递 EMS 快递单,快递单全部依赖法官人工手动填写,投递结果依赖法官人工手动查询(包括使用外网电脑、手机 App、客服电话)或等待纸质回执。(2)全国绝大多数法院无法通过内网访问、检索国家市场监督管理总局企业信用信息公示系统、国家知识产权局商标查询系统、国家知识产权局专利检索系统。(3)全国绝大多数法院依赖法官到有关机关人工查询以下信息——户籍信息、婚姻登记信息。(4)全国绝大多数法院无法通过电信服务商获取或核实案件当事人的手

〔1〕 李林、田禾主编:《中国法院信息化发展报告 No. 2(2018)》,社会科学文献出版社 2018 年版,第 19 ~27 页。

机号码。(5)全国绝大多数法院没有配备使用的内网电脑向当事人手机发送短信的系统,已配备的短信发送系统往往无法核实当事人收取情况,当事人也无法直接回复。(6)全国法院系统至今没有自建或统一订购法律法规数据库、司法政策文件数据库,许多法院内网目前没有稳定的第三方法律法规数据库可用。(7)全国绝大多数法院仍依赖阅读量极小、近乎没有实际送达效果的报纸进行公告送达,少数法院自建的公告发布网站未能实现数据共享,公众知晓度也极低。(8)全国绝大多数法院没有配备裁判文书辅助生成软件,即便是最简单的程序性文书,也完全依赖法官逐个手动制作。文书的首部自动生成是比较简单的一步,但依然没有软件支持。(9)全国绝大多数法官仍然使用纸笔和计算器这种相对原始和落后的工具,低效率的手动完成包括诉讼费分担、利息、违约金、人身损害赔偿、劳动纠纷赔偿在内的审判运算。(10)全国绝大多数法院在录入案件流转信息(如分案、上诉、归档等)、诉讼节点信息(如送达、开庭、生效等)时,均需要法官频繁打开审判管理软件手动输入案号或当事人信息以调出案件管理界面。

学者对智慧司法存在的问题进行了思考和总结,我国司法大数据技术开发存在五大"瓶颈":未能深度融合法学理论与实践知识、未能充分回应一线需求、未能充分实现专有技术开发、过度的法院本位、显著的管理本位。[1]

虽然最高人民法院宣称已基本建成智慧法院,但总体而言,只是搭建了智慧法院的基本框架,其智能化的程度还比较低,或者说处于智慧法院的"初级阶段",仅具备智慧法院的雏形。从法院信息化建设过程来看,其存在的问题主要表现在以下几个方面。

(一)智慧法院建设的理念不够先进

很多法官没有大数据思维,对信息化的认识还处于很低的水平,有

---

〔1〕 参见刘艳红:《大数据时代审判体系和审判能力现代化的理论基础与实践展开》,载《安徽大学学报(哲学社会科学版)》2019 年第 3 期。

的法官对智慧法院建设持消极态度，认为智慧法院建设还是离不开法官，智慧法院建设徒增麻烦和工作量。很多法官对信息化存在畏难情绪和抵触情绪，有的法官没有养成电子阅读的习惯，很多电子文件都需要打印为纸质材料，很多法官没有将信息系统作为辅助其审判执行工作的重要工具，更多的是将其视为工作累赘，或者只是作为工作统计的一种手段。由此，信息化系统很难融入审判业务的日常工作中。[1]

（二）各地信息化建设没有合理规划

各地法院的信息化差异大，各自为政、重复建设问题突出。究其原因，很重要的一条就是缺乏科学的整体规划，不但没有全国性的指导意见或实施方案，甚至一省之内信息化建设标准也大相径庭，这导致各地开发的系统不能兼容、无法对接，严重影响人民法院信息化建设的整体推进和协调发展。[2] 各个业务系统之间融合程度不深。后来，虽然最高人民法院通过了信息化建设的标准，但各地仍然存在上述问题。

（三）重管理、轻应用、重技术、轻服务

在审判系统方面，法院现有平台和软件不仅不能兼容，而且以审判管理为主线、以审判数据统计为重点，用于审判的软件和系统较少，已有的功能不够强大且界面不友好、不贴心。过度依赖设计、建设、维护等，服务外包又导致信息化系统与审判业务、诉讼服务契合度不足、实用性欠佳。不仅不能为诉讼服务提供技术支持，反而徒增当事人、律师和办案法官负担。出现问题的主要原因还是在于“用的人不管系统开发，研发的人不用系统”。[3] 后来，法院利用“法眼平台”的监测数据，每月形成并上报一份信息化运行质效报告，对最高人民法院和各地法院信息系

---

〔1〕 中国社会科学院国家法治指数研究中心、法学研究所法治指数创新工程项目组：《人民法院信息化3.0版建设应用评估报告——以山东法院为视角》，中国社会科学出版社2017年版，第91页。

〔2〕 胡昌明：《中国智慧法院建设的成就与展望——以审判管理的信息化建设为视角》，载《中国应用法学》2018年第2期。

〔3〕 参见李林、田禾主编：《中国法院信息化发展报告No.2(2018)》，社会科学文献出版社2018年版，第93页。

统运行的主要指标进行统计分析并提出改进建议，逐步改变以往信息化“重建设、轻应用”的模式。

（四）智能化程度不高，难以为当事人、法官、管理者提供精准的服务

司法大数据服务办案、服务精细管理、为当事人提供诉讼服务的水平还有待进一步提升。证据检验、类案推送、量刑规范、诉讼风险预测、辅助司法决策等环节都需要更加自动、更加精准、更加适配的信息支持。大多数法院对诉讼指引总体上还停留在提供文书模板等简单环节，只有612家法院能够为诉讼参与人自动推送相关案例，占全国法院的17.76%；527家法院实现根据诉讼参与人所输入信息预判诉讼结果功能，占15.30%；989家法院能够为当事人进行诉讼分析和提供调解建议，占28.71%。对于辅助审判而言，全国仍然有1368家法院的审判管理系统无法自动提示案件当事人其他涉案情况，占全国法院的59.71%；系统不能够自动推送案件相关法律条文的法院有1530家，占44.41%；1227家法院的系统在法官办理案件过程中不支持基于案由等简单要素向法官推送类案，占35.33%；1965家法院不能基于案情的全要素对主要案件类型进行类案推送，占57.56%；1636家法院不支持法官利用移动终端实现查阅资讯、审批公文等移动功能，占47.49%；1983家法院不支持法官利用移动终端实现材料收转、网上立案查询、网上合议、审限提醒等移动办案功能，占57.56%。[1] 一些地方网上立案、跨域立案服务的质效有待提升，在线调解的音视频质量较差并非罕见，智能化程度不尽如人意。还应看到，一些智慧服务存在使用不充分的问题。比如，截至2020年8月，陕西、湖南、河北、天津、内蒙古等地的部分法院，对人民法院送达平台的适用率较低，或者开通率远低于使用率。[2]

大数据是人工智能的基础，没有大数据，就不会有人工智能。在智

---

〔1〕 参见李林、田禾主编：《中国法院信息化发展报告 No. 2（2018）》，社会科学文献出版社2018年版，第47～50页。

〔2〕 陈甦、田禾主编：《中国法院信息化发展报告 No. 5（2021）》，社会科学文献出版社2021年版，第60页。

慧法院建设过程中，不仅存在数据质量不规范、数据流通性差等问题，而且存在大数据应用处于表层，司法大数据应用缺乏明显的深入性与根本性的问题。思维导向不是“用数据来判断”“用数据来审理”，更多的是“用数据去简化”“用数据去辅助”。

（五）系统之间不兼容，无法做到互联互通，存在分工不明确问题

信息系统技术标准不统一，各自为政现象严重，由此导致系统不兼容，无法做到互联互通。许多技术项目是由不同的公司研发，如何建立运维管理平台，科学展示各大网系基础设施、业务应用、数据管理、信息安全、运维保障等问题，如何解决代码壁垒，打破各自为政、互不兼容的“孤岛”现象，是目前智慧法院建设中亟待解决的问题。[1] 法院在信息化建设的初期缺乏整体规划和顶层设计，缺乏统一的技术标准及制度规范，最高人民法院等有关部门没有进行有效的协调，导致各个部门、各个地方平台林立，各个平台和系统相互独立，各方之间存在不协调、不衔接等问题。“网络建设和软件开发没有遵循统一的要求和标准，致使互联互通困难，诉讼信息互换共享困难，‘信息孤岛’大量存在。”[2] 在司法大数据建设过程中，不仅最高人民法院建立了四大平台，而且各地都建立了自己的平台，上海市开发了“上海刑事案件智能辅助办案系统”，天津法院建立了“刑事速裁案件管理系统”，重庆市开发了“类案智能专审平台”。由于各个系统和平台是相互独立的，委托开发的公司不同，各个系统之间、各个平台的数据无法做到直接互联互通，即使是最高人民法院开发的几个平台也是相互独立的，不能直接互联互通。

最高人民法院构建四大平台（中国审判流程信息公开网、中国裁判文书网、中国执行信息公开网、中国庭审公开网），以推进“阳光司法”建设，但这四大平台也不能有效对接，互联互通。把司法公开人为割裂为

---

〔1〕 龙飞：《加快智慧法院建设应当强化"六个思维"》，载《法制日报》2017年5月31日第13版。

〔2〕 孙福辉：《对人民法院信息化建设和应用问题的几点思考》，载《数码世界》2007年第6期。

裁判文书、审判流程、执行信息、庭审信息等，不利于当事人了解法院公开的全貌，更不利于当事人查找相关信息，同时还存在司法公开不充分的问题。[1] 后来，最高人民法院通过建设诉讼服务大厅、诉讼服务网、12368 诉讼服务热线推进"三位一体"诉讼服务中心等几大服务平台建设，这几大平台建设有一个先后的过程，因而它们之间存在不融通问题。最高人民法院通过的《关于全面推进人民法院诉讼服务中心建设的指导意见》要求诉讼服务大厅、诉讼服务网、12368 诉讼服务热线"三位一体"诉讼服务中心，这个服务平台在不断融合，但仍然存在平台分工不明确、信息重复、数据不统一的问题。

（六）技术外包可能影响依法行使司法职权，难以保障当事人的隐私，影响人工智能的安全

正因为人工智能的专业性，以及当前法院人工智能人才的匮乏，法院将很多技术业务外包，将人工智能的研发、维护等交给市场化的人工智能或信息化企业，这样虽然可以降低成本，但由于法院很难深入司法人工智能的研发中，由此不仅导致前面所述的人工智能难以实现技术和业务的深度融合，开发的产品不仅不能减少法官的工作量，反而会增加其负担，而且可能会影响依法行使司法职权，进而影响司法公正。"实践中，司法机关将核心算法的编辑任务大量外包，造成数据处理公司、电脑工程师对人工智能的影响超过了司法机关。不仅如此，由于司法机关本身不擅长人工智能核心算法的编辑，也就无法从技术层面对数据处理公司、电脑工程师的编辑工作进行有效的监督。这就给核心算法的暗箱操作留下空间。一旦司法机关人工智能核心算法被部分别有用心的技术开发者利用，'司法公正'就难免会被算法绑架，而司法机关却因存在技术短板而对此无能为力。"[2] 同时，技术外包还影响人工智能的安全，技术公司深度介入法院平台建设，对法院的审判信息的安全性也有理论上

---

[1] 肖娜：《新司法体制改革形势下的"智慧法院"建设研究——以 H 省垦区系统法院为例》，黑龙江大学 2018 年硕士学位论文，第 41 页。

[2] 程凡卿：《我国司法人工智能建设的问题与应对》，载《东方法学》2018 年第 3 期。

的安全威胁,如当事人在网络诉讼平台上的注册和身份认证直接绑定电商账号,这为电商、技术公司提供实际操作的可能性。[1]

依法行使司法职权是裁判公正的保障,传统依法行使司法职权往往强调依法行使司法职权于行政,保障裁判者能够按照自己的内心确信对案件证据进行认定,对案件作出裁判,不依附于行政机关和个人。当时,影响依法行使司法职权最大的"敌人"是行政,但在人工智能背景下,作为司法人工智能核心之一的算法主要是人工智能工程师们编辑的,且算法带有商业秘密性质,人工智能企业不会公布代码,算法实际上处于"黑箱"状态。因此,从表面上看是法官根据人工智能推送作出裁决,实际上是工程师们在把控裁决,依法行使司法职权面临新的问题,进而影响裁判公正。同时,基于公司的盈利性,数据公司可能利用有关数据,造成对当事人隐私的侵犯。

最高人民法院依托的天平司法大数据有限公司由人民法院信息技术服务中心、中国电子科技集团公司、江苏新视云科技股份有限公司、北京华宇信息技术有限公司四家股东发起设立,主导权掌握在法院和国企手中,这在很大程度上降低了数据服务商不当介入和影响司法的可能性,但只要是司法数据的控制人与司法主体不尽一致,这样的不确定性就依然存在。[2]

(七)法院人工智能专业人才极度匮乏

人工智能需要技术和业务深度融合,但在实践中出现的局面是技术和业务不能深度融合,难以为法官提供智能化服务甚至增加法官的负担,其原因就在于从事人工智能开发的主要技术人员,他们往往只能从技术的角度进行研发或编辑算法,不理解法官的需求,而法官往往不懂技术,难以在人工智能的研发中发挥自己的作用。"司法工作人员由于

〔1〕 参见洪冬英:《司法如何面向"互联网+"与人工智能技术革新》,载《法学》2018年第11期。

〔2〕 参见徐骏:《智慧法院的法理审思》,载《法学》2017年第3期。

缺乏前沿的技术知识，又无法提出清晰的解决实践痛点的技术路线。”[1]法院信息化队伍呈现出总量少、专业人才少、高学历人才少、工作面窄等现象，阻滞法院信息化工作质效和智慧法院建设进度，其原因在于技术人才激励引导机制不健全，包括技术人才缺乏专门的职级晋升机制，缺乏有效的经济激励机制，也缺乏工作量的科学评判机制，法院也缺乏专门的业务培训。[2]

（八）智慧司法将面临新的问题

智慧法院建设可能导致司法行政化，上下级法院之间关系面临新问题。新一轮司法改革，推动省以下地方法院、检察院人财物统一管理，有学者担忧，由此高级法院对下级法院人、财、物的管理有逐渐集权的发展趋势，可能破坏本就岌岌可危的审级独立。[3] 不仅如此，智慧法院建设为上级法院管控下级法院提供可能性，司法行政化可能会加剧，从而影响审级功能的发挥，其法律适用统一可能得到加强，但纠错功能、吸收不满的功能将会受到严重影响。在法院内部，新一轮司法强调“审理者裁判、裁判者审理”，但庭长、院长等借助人工智能对法官办案形成全方位监督，人工智能为行政监视司法提供新的技术手段，影响审判独立，这种手段虽然有助于督促法官及时结案，保障办案质量，但由此导致行政权和审判权的关系面临新的问题，在加强行政管理的同时，如何保障审判独立的问题凸显。

智慧应用对司法平等、司法公正产生新的影响。提供个性化、差异化、智能化的司法服务是人工智能的技术优势。但由于存在技术鸿沟，会产生新的不平等。各地经济社会发展不平衡，有些地方信息化建设刚刚起步，有的发展较为成熟。当事人对人工智能的了解和利用也有很大差别，在经济上和技术上具有优势的当事人利用人工智能对案件进行大

[1] 参见钱大军：《司法人工智能的中国进程：功能替代与结构强化》，载《法学评论》2018年第5期。

[2] 参见田源：《智慧法院视阈下信息化人才队伍建设路径探析》，载齐树洁、张勤主编：《东方司法评论》第2018卷，厦门大学出版社2018年版。

[3] 参见陈瑞华：《法院改革中的九大争议问题》，载《中国法律评论》2016年第3期。

数据分析，为其诉讼提供辅助决策支持，从而选择对自己最为有利的策略。基于数字隐私认知能力的提升和隐私保护法规的完善，受过数据应用训练的人会倾向于减少数字排放，隐藏数字足迹，尽可能选择拒绝信息共享，更主要的是，有能力通过数字管理、数字足迹得以优化电子信誉的一方，能够包装出更迎合法院裁决系统的数字指标，从而在诉讼中获得优势，此时，司法公正、司法平等面临新的问题。

四、劳动人事争议智能仲裁建设的几点思考

智能仲裁建设应扭转旧观念，主动拥抱现代科技，坚持顶层设计与基层创新相结合、技术革新与机制变革相结合、挖掘潜力与借助外力相结合、专门队伍与全员参与相结合、创新发展与安全维护相结合。以问题为导向，着力补齐信息化建设中的"短板"，产生科技理性和仲裁理性的融合效应，提升仲裁效率，推进阳光仲裁建设，发挥仲裁的准司法功能，更好地实现公平正义。司法要针对人工智能在法律、安全、就业、道德伦理和政府治理等方面提出的新课题，加强人工智能发展与法治的前瞻性研究，积极构建人工智能未来法治体系，用法治保障人工智能健康持续发展，为人工智能国家战略的实施提供法治保障。[1] 同时，建设智能仲裁涉及仲裁系统信息化基础设施建设、数据基础设施建设、共享平台、大数据分析、大数据决策等多个方面。智能仲裁建设是一项系统工程，需要共同规划，协调发展，分步推进。

（一）智能仲裁建设既要加强整体设计，也要考虑各地的实际，逐步实施、分步推进

智能仲裁建设要注重规划引领，发挥顶层规划设计的统筹前瞻功能。智能仲裁是劳动人事争议仲裁的发展方向和发展趋势，既要有"一张蓝图干到底"的决心和勇气，坚持统一规划，积极推进，也要考虑我国

〔1〕 参见严剑漪：《人工智能与未来法治构建——2018 世界人工智能大会"人工智能与法治"高端研讨会综述》，载《人民法院报》2018 年 9 月 26 日第 5 版。

发展不平衡和不充分的实际，同时充分考虑地区差异和民众的接受能力。因此，智能仲裁的推进应考虑不同地区的不同条件，制定有侧重的可持续、分阶段建设的“施工图”。我国是发展中的大国，各地信息化起步早晚不一，基础差别大，一些地方仲裁院建设投入不足，软硬件配置仍然比较低，有的地方甚至没有专门固定的仲裁办公场所，更不要说仲裁庭的建设，信息化的推进。同时，要考虑广大民众信息化水平的程度和差异，分步推进，在完善规范仲裁服务流程的同时，实现线上与线下相结合，不能搞“一刀切”。

1. 发挥中央和省两级人力资源和社会保障部门的规划引领与标准规范作用。

加快建设智能仲裁是国家信息化发展战略的重要内容，要将其放到劳动人事争议仲裁适应信息化时代以实现仲裁裁决体系和裁决能力现代化的高度来认识和推动，要根据国家规划以及信息化建设发展规划，明确建设任务，要推动制定《智能仲裁院信息化技术标准》。针对目前急需解决的各地信息化参差不齐的状况，需要中央层面做好顶层设计，制定统一的信息化技术标准。为此，需要加强人力资源和社会保障部的统筹协调作用，加强对技术标准的研判和分析，通过统一平台、统一技术、统一研发等方式实现智能仲裁建设的技术标准设立，确保这些技术标准符合裁决发展规律，符合技术发展方向和潮流，由此才有可能在全国范围内实现信息系统的兼容和统一。

同时，还需要加强人力资源和社会保障部作为智能仲裁建设协调领导和业务指导机构的作用。信息化建设是国家战略，仅靠人力资源和社会保障部一家难以将信息化推向一个新的高度，需要加强顶层设计，在中央层面协调法院、公安、市场监督等部门。就目前而言，特别需要人力资源和社会保障部作为协调机构，首先打破人力资源和社会保障系统内部各个部门之间、中央至地方的人力资源和社会保障部部门之间的“信息孤岛”，实现上下级人力资源和社会保障部门信息系统的互联互通，同时实现社保、劳动监察、工伤和仲裁部门之间的数据共享、互联互通。人力资源和社会保障部制定建设标准，按照统一的接口规范和标准进行数据交互，统一数据接口，降低信息建设和汇集成本，确保实现仲裁数据上下联动。

鉴于我国地域广阔，各地经济社会发展水平不平衡，信息化程度发展不平衡，在加强人力资源和社会保障部统一协调作用的同时，还要加快推进省级统管，如此才能契合各地的实际。各省人力资源和社会保障系统应建立人工智能研发基地和大数据中心，毕竟各市、县的财力、物力是有限的，人工智能研发大数据建设需要大量的投入，各市、县难以承担。同时，应当在省级层面实现法律适用的统一，避免有些地方（各市甚至各县）都不一样，如此也符合当前劳动人事争议案件法律适用的现状。很多省（自治区、直辖市）人力资源和社会保障系统与仲裁系统就劳动人事争议案件适用法律问题出台诸多的意见，已达到全省法律适用问题的相对统一。在注重标准化建设的同时，也要考虑地方信息系统之间以及地方信息系统和国家信息系统之间的兼容性，为全国仲裁机构之间的数据交换和信息共享预留空间。

2. 鼓励各地多点开花，开发具有地方特色的人工智能系统。

在中央的统一领导下，鼓励各地结合本地实际推进智能仲裁建设，以满足不同层级、不同地区仲裁工作和现代科技深度融合的不同需求，也为智能仲裁建设在全国的推广提供不同的样板和多种路径选择。各地应当根据自身的情况，先易后难、先简后繁，深入推进智能仲裁建设，在采用国家统一的信息化标准的前提下将大数据的研发和地方的实际相结合，体现地方特色。

3. 在项目规划时，不仅要考虑目前市场比较成熟和先进的技术，同时要考虑未来发展，注意各个系统之间的兼容性，充分树立“互联网＋”思维，加强各个系统之间的融合和互联互通；不仅要考虑仲裁内部办案系统、管理系统、服务系统之间的兼容，还要考虑仲裁系统和法院、市场监督以及人力资源和社会保障部门内部其他系统等有关联系统之间的兼容和互通；要充分考虑在建的系统和其他已有的系统之间的兼容性，以便能适应未来技术发展和软硬件升级的要求,避免重复建设和资源浪费。

(二)保障仲裁大数据的精准性

仲裁大数据是仲裁办案、仲裁服务、仲裁管理和决策的基础,数据的准确性不仅影响仲裁办案和服务的质量,影响案件管理和监控的有效性,而且影响相关决策的科学性。就某种意义而言,仲裁数据的准确性是智能仲裁建设的生命。智能仲裁中的"智能化"程度首先取决于数据(案例、法律、法规、规章等)的量,没有大数据的支撑,人工智能无法进行深度学习,尤其是在弱人工智能时期,人工智能的学习材料来源于人工输入,所谓"有多少人工,就有多少智能"就是此意。有人将人工智能比作婴儿,大数据就是供给婴儿成长的"奶粉",婴儿健康成长,不仅要有足够的奶粉,奶粉的质量肯定也会影响婴儿的健康成长。人工智能也是如此,不仅要保证大数据的"量",还要保障大数据的"质",有关数据失真,其所得出的结论(裁决等)必然是无效的。

(三)智能仲裁建设应当以人为本,服务和管理并重,突出服务功能

智能仲裁建设是一项系统工程,必须坚持服务人民群众、服务仲裁裁决、服务仲裁管理并重,应以"应用""服务"为中心,全面提升立案、受理、庭审、监督等各个环节的信息化水平、智能化程度,推进"阳光仲裁"建设,促进公平正义。在具体的建设过程中,应当坚持以人为本,坚持需求导向,强化服务和管理并重。

1. 业务和技术并重,业务和服务并重

融合技术与业务,消除"两张皮"现象。要拓展仲裁服务体系的发展领域。通过智能仲裁线上线下的共享,尽量节约仲裁机构与当事人之间的时间成本和经济成本,实现信息互通后的资源共享和互赢增值,满足人民群众快捷解决纠纷实现正义的目标。改进系统易用性,切实提升服务能力。进一步推广应用移动学习 App 平台。梳理移动学习平台修改需求,升级平台功能,同时加强移动学习平台的推广应用,切实发挥其对办案人员提升服务的帮助效能。借助网络、短信、微信、电话等多种通信

工具,为社会公众提供便捷的案件查询、法律咨询、投诉建议等服务。

2. 坚持问题导向和需求导向

目前从智慧法院建设来看,有一个很重要的经验教训,那就是信息化不以法官的需求为导向或以当事人的需要为导向,而是以管理为导向。具体而言,诉讼环节忽略以当事人为中心,审判环节忽略以法官为中心,司法监管忽略以服务审判为中心,人民法院的管理系统仍然坚持传统科层制的"管理优先"理念,而不是新公共管理理论的"服务优先"理念。[1] 法院将信息化和司法改革看作其工作的"车之两轮、鸟之两翼",共同推进,协调发展。其实,当前法院的人工智能不仅是为应对员额制改革和立案登记制后"案多人少"的矛盾,更是为应对司法责任制后对案件质量的监控,以及对法官的监督。上海"206"项目的实施和推进就是为了防止冤假错案,确保司法公正。随着司法责任制的确立和推进,庭长、院长对案件控制力减弱,对案件质量的监控成为摆在法院面前的一个突出问题,"同案不同判"更加突出,司法公正将会面临新的问题。于是,人工智能便成为法院监控案件质量、监督法官、促进司法公正的重要手段,也成为法院加强管理的重要手段。有学者指出:"司法改革后,全国法院系统树立起让审理者裁判,让裁判者审理,传统的院长庭长审批的管理模式已经无法持续。在这一背景下,法院的信息化对审判管理起到关键作用。"[2]可见,人工智能成为强化法院管理,甚至成为约束法官的重要手段,从通过案件审批方式对案件进行管理转变为通过技术对案件进行管理。这种管理会越发细密,如此一来不仅会增加法官的工作量,而且将会弱化法官的主导。所导致的结果是,在有关程序的设计上,体现的不是用户的方便,使用者的方便,而是管理者的便利。由此人工智能设计不具有"友好性"就在所难免,法官心存抵触也就无可厚非。

---

〔1〕 参见肖娜:《新司法体制改革形势下"智慧法院"建设研究——以 H 省垦区系统法院为例》,黑龙江大学 2018 年硕士学位论文,第 53 页。

〔2〕 参见胡昌明:《中国智慧法院建设的成就与展望——以审判管理的信息化建设为视角》,载《中国应用法学》2018 年第 2 期。

智能仲裁建设一定要吸取法院信息化的教训,坚持问题导向,便于当事人申请和参加仲裁,服务仲裁员办案,而不是简单地加强对仲裁员的管理,以及对案件质量的监控。不仅要提升办公软硬件水平和仲裁系统自身的性能,使其功能的实现更为流畅,更要从为仲裁员办案提供支持、为当事人和社会民众提供服务的角度去设计和改进系统,开发更友好、更方便的服务系统,弱化仲裁管理,减少给仲裁员和当事人带来的不便和困扰,增加对仲裁的帮助和支持,让仲裁员、当事人等享受到系统带来的方便和快捷。因此,系统设计应当突出服务功能,逐步从管理向服务转变。

坚持以人为本的理念,立足于用户定位、用户需求、用户响应三个基本因素做好系统建设。首先,要搞清楚有哪些用户。智能仲裁的应用群体众多,就外部而言,有劳动者、用人单位,以及委托代理人律师或法律工作者;就内部而言,有仲裁员、院庭长、仲裁辅助人员等;就社会公众而言,包括一般民众、法律职业人士、专家学者等。其次,要搞清楚用户有什么期望。针对不同的应用群体,了解不同群体的真实期望和目的,应当在系统开发和设计上有所侧重。对当事人和律师而言,“有用易用”是关键;对仲裁员和工作人员而言,“减负增效”是重点;对社会公众而言,“全面及时”是核心。最后,要及时响应用户需求。近年来,法院系统的司法公开四大平台、诉讼服务中心转型升级、建设电子法院和网络法庭、开通远程提讯和远程接访等,方便了群众诉讼,提升了诉讼效率,已经取得了良好的效果,值得借鉴。因此,应当深入调研,广泛听取劳动者、用人单位、仲裁员的意见和要求,征求其意见和建议,掌握其需求,确保系统软件符合一线人员和职工及用人单位的需求,确保智能仲裁给他们带来的是便利而不是负担,使他们能够从内心接受而不是排斥。

智能仲裁应坚持易用性原则,实际就是以需求为导向,应用系统应该满足用户的需求,提供的操作环境界面应当是方便的、友好的,功能设置应符合用户的工作流程、工作习惯和工作要求。对民众而言,其文化水平参差不齐,很多人不熟悉信息化系统的操作,系统整体设置应简便、快捷；对仲裁员而言，工作内容繁重，系统设置需要将他们从事务性工作中解放出来，有效降低手工操作的劳动强度，而不是增加工作负担；对社会而言，获取信息渠道不够通畅，要求系统能够帮助社会各界更全面及时地了解仲裁案件的信息。

（四）建立常态化经费保障机制

智慧法院建设需要投入大量的经费用于系统的研发和维护，有的地方因为经费不足，软硬件建设跟不上智慧法院建设的步伐，影响建设的进度。智能仲裁建设要建立常态化经费保障机制，将其纳入当地经济社会发展战略、规划和计划，积极争取建设经费并在预算中统筹安排基础设施、重点项目建设资金和日常运维服务经费，确保建设需求；统筹利用金保工程、财政专项、科研项目等多项资金渠道，建立经费动态调整机制，优化资金配置；探索采用社会资本合作模式，创新信息化投融资机制，积极引导社会资本投入，推进智能仲裁建设。

（五）建立智能仲裁监管机制

建立一个满足智能仲裁需要的监管框架，包括现有监管制度的基本原则，保护劳动者的隐私以及用人单位的商业秘密，符合劳动人事争议仲裁的基本原则。一方面，智能仲裁需要外界提供有力的支持，即良好的监管环境和必要的投入，如算力、数据、技能和资金等；另一方面，需要发现并解决人工智能带来的新威胁，其目的不是为控制技术演进，而是引导技术发展方向，制定标准，确保安全。

智能仲裁建设仅靠市场力量难以有效处理偏见问题。歧视是一种重大的风险，人工智能可以将权力不对称的后果推向极端。尽管歧视并非总是坏的，但是大数据和复杂的算法可以通过“歧视”挑战社会基础。预测分析要防止基于某种人群取向歧视性裁判结果，影响仲裁结果预测的准确率。应重新定义新“数字社会”的根本法则，这不仅是开发者的义务，至少部分也属于公共政策的职能。在人工智能进一步发展前，政策制定者应该为此设定必要的框架。

（六）建立健全安全运维保障制度

在互联网、大数据和人工智能时代，网络安全、数据安全、技术安全是一个国家安全战略问题。智能仲裁建设必须建立全方位、立体化的信息安全管理体系,制定安全策略,进行风险评估,实现信息分级以及组织安全意识培训。提升系统的安全性,厘清内外,查漏补缺;坚持信息安全保障和信息化同步规划、同步建设、同步发展。法院系统大力推动实施《人民法院信息系统安全保障总体建设方案》,确保信息化建设与信息安全体系同步发展;构建以基础设施、应用系统、数据资源、信息安全为支撑,以应急响应为保证的质效型运维保障体系;建立全国法院人员统一身份认证体系,完善人员身份认证和授权管理机制;建设推广可视化运维平台,实现对四级法院直至人民法庭的信息化运行质效可视化管理,等等。这些举措在智能仲裁建设中应当予以借鉴。

仲裁机关应当按照国家有关规定和要求,坚持积极防御、综合防范的原则,建立仲裁网络信息安全保障体系,实现信息化和信息安全建设同步进行、协调发展。要制定信息安全总体方案和标准要求,构建起基本的信息安全体系;改变以排除故障为目标的应急式运行维护管理模式,依托平台,从运行组织、运行维护管控、运行维护过程、运行维护资源等方面建立以提高运行质效为主要目的,以信息系统动态监控、故障预防和效能评估等手段的可视化、质效型运行维护管理为主要手段的保障模式,坚持用信息化手段管理信息化。[1]

(七)加强相关人才培养和专项培养,为智能仲裁建设提供人才保障

在完善信息化专业机构及人员设置的基础上,积极开展队伍建设工作,提升队伍整体素质和专业能力,为信息化发展做好人才储备。智能仲裁需要一大批管理人员、技术人员对大数据进行标注、分类、解构、分析。或许只有当法律人才和技术人才紧密结合,相互理解,充分获知对方的需求并实际解决法律与技术运用中的实践难题时,才是法律人工智

〔1〕 参见李林、田禾主编:《中国法院信息化发展报告 No. 1(2017)》,社会科学文献出版社 2017 年版,第 113 页。

能在法律界大展拳脚的时刻。[1] 全面落实信息化建设人才的要求，配齐配强各类信息化建设专业人员，为智能仲裁建设提供坚实的人才队伍保障。大数据人才问题是全球化的难题，我国人才问题尤为突出，大数据专业技术人才、业务人才、复合型人才欠缺，专业大数据人才更是凤毛麟角，加快大数据人才培养刻不容缓。

要坚持挖掘潜力与借助外力相结合，既要注重与科技企业、科技人才合作，通过共同研发、项目外包、购买服务等方式实现智能仲裁建设的跨越式发展，也要加强专门人才引进培养，为智能仲裁建设提供坚实的人才保障。应通过多种渠道吸纳人才，并加快体制、机制建设，搭建吸引人才、留住人才的好平台，建立吸引人才、留住人才的新机制。

(八)构建应用成效评估改进机制

要建立质效评价指标体系，开发可视化运行维护平台。要开展仲裁信息化建设与应用的深度调研、评估指标设计、指数评估、问题分析和改进工作，提升智能仲裁信息化的应用成效；要加强智能仲裁业务应用、仲裁管理应用的使用培训，重点加强试点示范项目的总结和交流培训力度；要整合全媒体宣传推广资源，建立多渠道、全方位的智能仲裁宣传推广体系。2015 年以来，最高人民法院委托中国社会科学院法学研究所持续对中国法院信息化建设情况进行整体评估，先后发布了《中国法院信息化第三方评估报告》《中国法院信息化发展报告》2017 版、2018 版、2019 年版、2020 年版、2021 年版、2022 年版，为智慧法院建设提供了第三方较为中立的评估，这值得智能仲裁建设进行借鉴。

结 语

法院信息化建设起步较早，正在向智能化迈进，“全业务网上办理、全流程依法公开、全方位智能服务”的网络化、阳光化、智能化智慧法院

---

[1] 参见左卫民：《关于法律人工智能在中国运用前景的若干思考》，载《清华法学》2018 年第 2 期。

已经初步建成,中国法院信息化整体达到世界先进水平。劳动人事争议仲裁和司法本质同属裁判领域,在很多方面具有共通性,智能仲裁建设应当借鉴智慧法院的经验教训,对其得失进行反思,为进一步推进智能仲裁建设提供思路和方法。

具体而言,智慧法院建设在观念转变、顶层设计、大数据建设、安全运维、人才培养、应用成效评估等方面既有成功的经验,也具有深刻的教训。因此,智能仲裁建设应扭转旧观念,主动拥抱现代科技,坚持顶层设计与基层创新相结合、技术革新与机制变革相结合、挖掘潜力与借助外力相结合、专门队伍与全员参与相结合、创新发展与安全维护相结合,以问题为导向,着力补齐信息化建设中的"短板",形成科技理性和仲裁理性融合效应,提升仲裁效率,推进"阳光仲裁"建设,发挥仲裁的准司法功能,更好地实现公平正义。总之,智能仲裁建设涉及仲裁系统信息化基础设施建设、数据基础设施建设、共享平台、大数据分析、大数据决策等多个方面,是一项系统工程,需要共同推进、协调发展。

第六章　劳动人事争议智能仲裁对传统理论的挑战及其调适

智慧法院建设面临着诸多的问题，如大数据的收集、共享、安全保障，对隐私权的保障，队伍建设等，这是人工智能发展过程必然会遇到的共性问题。除此之外，有很多问题是其面临的新问题，也是智慧法院建设遇到的特殊问题，迫切需要予以解决。一方面，人工智能使得司法公正、司法公开获得新的途径，司法责任的追究获得新手段，有助于重塑司法权威和公信力。另一方面，人工智能也使得司法公开、司法公正、司法责任面临新问题，传统司法权威和公信力被解构。部分学者对人工智能介入司法领域持保留意见甚至持反对态度，认为人工智能一旦介入司法领域将会培养法官惰性、使冤假错案频发、破坏司法公正；一些在职法官也心存担忧，认为人工智能的介入不仅会改变审判模式、增加工作负担，还会模糊司法责任甚至将来会取代法官的主体地位，等等。司法工作的核心作用将为人工智能所取代，严密的工作制度在算法的绑架下失去作用。现代法治也会因为过度依赖人工智能而全面解构。[1] 一方面,新兴技术为提升司法效率、降低司法成本、重塑司法公信提供科学支撑;另一方面,新兴技术也不同程度地消解着司法的固有属性,并对传统司法范式带来挑战。[2] 以上这些问题,在智能仲裁建设中也必然会遇到。本章对智慧法院建设过程中遇到的问题进行阐述,为智能仲裁建设提供借鉴和参考。

一、人工智能下司法公正和司法公开面临的机遇与挑战

司法责任制改革提出"审理者裁判、裁判者负责",将审判权还给合议庭和独任法官。为了解决"案多人少"的矛盾,防止出现"类案不同判"的问题,当务之急是加强标准化工作,推动审判流程的标准化、法律适用尺度的标准化,从类案判决中提炼出裁判规则,构建不同审判领域的知识图谱,由此有助于实现公正,但也使司法公正和司法公开面临新的问题。人工智能在推进司法公正的同时,也可能产生数字鸿沟,诉权保障面临新问题;裁判必须建立在信息透明和可检验的基础上,由于算法的专业性、技术性、不透明性,司法公开同样面临新问题。

(一)人工智能有助于实现司法公正和仲裁公正

1. 类案同判,有助于保障法律适用统一

人工智能对大数据的精准分析,对同类案件、关联案件及法律法规的推送,可以有效辅助法官作出类案同判,甚至同案同判,"同案同判是司法公正的一项基本要求,是自然正义在司法领域最具体的体现,蕴含着法律面前人人平等原则的朴素正义"[3]。同案同判最大限度克服了办案人员个人判断的差异性、局限性和主观性。

2. 证据标准指引功能,有助于保障事实认定正确

智能系统可以对证据进行校验、把关、监督和对全案证据链进行审

---

〔1〕 参见程凡卿:《我国司法人工智能建设的问题与应对》,载《东方法学》2018 年第 3 期。

〔2〕 参见刘艳红:《大数据时代审判体系和审判能力现代化的理论基础与实践展开》,载《安徽大学学报(哲学社会科学版)》2019 年第 3 期。

〔3〕 参见张吉豫:《大数据时代中国司法面临的主要挑战与机遇——兼论大数据时代司法对法学研究与人才培养的需求》,载《法制与社会发展》2016 年第 6 期。

查判断。上海市“206”项目的核心业务功能就是证据标准指引，根据不同罪名制定不同的证据标准。这些证明标准具有指引功能，单一证据校验功能，证据链和全案证据审判判断功能，要素式询问功能，证据标准、证明规则指引的制定为办案人员提供了统一适用、方便快捷、数据化、清单式的办案指引，使其“看得见、摸得着、可操作”，减少了司法任意性，解决了公检法三机关证明标准适用不统一，办案行为不规范等问题，是刑事案件办案系统的突破性智慧成果。这也为民事案件、行政案件和其他案件提供了方向。系统可以根据不同性质的案件规定不同的审查判断标准，由此判断当事人提交的证据是否确实、充分，并且能及时发现证据中存在的瑕疵以及证据之间的矛盾，随后提示办案人员，由办案人员决定是否补正或作出说明。

3. 全程留痕为监督提供新的技术手段

人工智能使得整个诉讼活动全程可视、全程可控、全程留痕、全程监督，当法官的判决结果与同类案件判决发生重大偏离时，系统会自动预警，起到智能化的监督作用。

4. 司法公开督促司法公正

司法公开属于程序公正内涵之一，司法公开不仅有助于实现程序公正，还有助于实现实体公正。借助人工智能，最高人民法院深入推进“阳光司法”建设，先后实现构建审判流程公开、执行公开、庭审公开、裁判文书公开平台，中国法院的透明度得到全方位的提升，实现了审务信息的网上公开、裁判文书的社会共享、流程信息的主动推送、法庭审理的远程可视以及执行信息的阳光透明，[1]极大地促进了司法公正，提高了司法公信力。“司法公开是一种自信，一种力量，是树立和提升司法公信的重要途径。通过司法公开可以全面保障人民群众的知情权、参与权、表达权和监督权，使司法权在阳光下运行、在规范和监督下运行、在公众信任

---

〔1〕 参见王小梅：《“互联网＋阳光司法”：智慧法院的重要维度》，载《中国党政干部论坛》2017年第10期。

的氛围中运行。”“在当今网络信息时代，公众对司法信息需求量越来越大，对司法公开的信息及时性要求越来越高，司法领域的热点多、触点多、燃点低……不仅要通过审判活动实现司法公正，而且要以人们看得见的方式实现司法公正，让裁判或认定事实的过程成为当事人感受民主、客观、公正的过程。”[1]人工智能有助于深入推进司法公开，以公开促进司法公正，使司法处在阳光之下。司法公开和大数据分析将在很大程度上解决司法机关与当事人和社会民众之间的信息不对称问题，同时通过司法公开更好地对司法进行监督，促使司法人员提高案件审理质效，特别是促进司法公正。正如法谚“正义不仅要实现，而且要以看得见的方式得以实现”所述，在智能制造时代，借助人工智能、大数据和互联网等现代科技让“看得见的正义”得以实现。

（二）人工智能下司法公正和司法公开面临新的问题

由于司法机关本身不擅长人工智能核心算法的编辑，也就无法从技术层面上对数据处理公司、电脑工程师的编辑工作进行有效监督。这就给核心算法的暗箱操作留下了空间。一旦司法机关人工智能为部分别有用心的技术开发者所利用，“司法公正”就难免被算法绑架，司法机关也因存在技术短板而对此无能为力。[2]

1. 个案公正

人工智能有助于实现裁判标准的一致，类案同判，但又产生新问题即类案公正和个案公正的关系问题，司法公正须重新考量。每个案件都有其特殊性，就理论而言，是无法做到同案同判的，因为世界上没有两片相同的树叶，世界上也没有两个完全相同的案件。利用人工智能，可以对案件进行预测，甚至可以据此自动生成裁决书，很容易做到证据认定的一致性，裁决结果的一致性。但如何处理案件的特殊性即个案公正如

---

〔1〕 张文显：《关于司法公信建设的若干问题》，载张文显：《司法的实践理性》，法律出版社2016年版，第103页。

〔2〕 参见程凡卿：《我国司法人工智能建设的问题与应对》，载《东方法学》2018年第3期。

何实现是人工智能面临的问题。对人类智能而言,裁判者可以根据个案的特殊情况,在法律规定的基础上,结合自己的经验,运用理性、良心及逻辑法则进行拿捏,对证据作出取舍,从而作出较为妥当的裁决,做到个案公正。但这对于人工智能而言则是很难的事情。因此,正确处理案件的特殊性,是大数据预测的一大挑战。而大数据预测产生的不注重个案的平衡的预测结果可能反而会影响裁决的公正性。[1] 专家系统、裁量模型注重的是案例的相似性,故必然会牺牲一些案例的个案考量。[2]

2. 算法的不透明、公正性问题

算法存在不透明、难追责等问题。算法是人工智能的核心,是决定裁判人工智能公正与否的关键环节,算法好比司法体系的"黑匣子",由于算法设计的不透明性和操作的模糊性,操纵案件事实和篡改结果成为可能,司法公开和司法公正面临新问题。此外,算法在犯罪预测、量刑辅助、裁判等决策中的使用可能存在严重的歧视问题,裁判文书的自动生成容易出现算法支配司法,甚至形成算法专断的局面。

目前算法难以做到公开,也无法保障其公正无私。数据公司基于商业秘密的保护,对算法及其有关代码予以保密,不予以公布,这种做法对于市场竞争而言是正常的。在美国,这种做法得到了法院判决的支持。算法的输出是"黑箱"过程,即便人工智能最终的应用出现严重后果,算法的过程也无从得知。从当前所使用的主流算法来看,深度学习无法做到算法的透明性,即使公布深度学习的所有代码和程式,也无法预知算法如何以及为何得出相应的结果。[3]

同时,算法歧视可能会成为智能裁判比较常见的现象,这也是难以避免的现象。算法是人开发的,每一个都有其价值观,对人、物以及对世

---

〔1〕 参见朱奎彬、杨露、蒋罗林:《大数据预测功能在"智慧法院"建设中的应用》,载《四川警察学院学报》2018 年第 2 期。

〔2〕 参见张妮、杨遂全、蒲亦非:《国外人工智能与法律研究进展述评》,载陈金钊、谢辉主编:《法律方法》第 16 卷,山东人民出版社 2016 年版,第 472 页。

〔3〕 参见左卫民:《关于法律人工智能在中国运用前景的若干思考》,载《清华法学》2018 年第 2 期。

界的看法，总会有一定的偏向性，且很多情况下是无意识的，因而算法很容易给部分人或某个特定的群体贴上标签。编程人员将既定规则写进代码时，智能化运行的结果就会产生歧视，而公众可能并不知晓，无从审查嵌入自主决策系统中规则的透明性、可责性。

3. 数据鸿沟

《未来简史：从智人到智神》的作者尤瓦尔·赫拉利就直接指出：人工智能的发展将导致失业等社会问题的出现，并使得少数个体成为“超人”中的新精英，而大部分人类将沦为在经济上、政治意义上毫无价值的个体，人类将进入最不平等的时代。智能裁判可能会产生数字鸿沟，导致诉讼参与人诉讼能力的不平等或者由于司法机构的技术壁垒导致应用成本变高等问题。以公众能否平等地拥有和使用现代信息技术获取司法数据为分类标准，存在司法数字鸿沟论与司法数字平等论之分，这两种现象都是客观存在的。大数据的技术壁垒和应用成本可能在事实上形成新的数字鸿沟，进一步拉大而非缩小诉讼参与人诉讼能力的不均等，在诉讼参与方面，拥有技术和经济优势的一方能更好地获得大数据的辅助决策支持，从而在诉讼策略方面作出更优选择。[1] 基于数字隐私认知能力的提升和隐私保护法规的完善，受过数据应用训练的人会倾向于减少数字排放，隐藏数字足迹，尽可能选择拒绝信息共享，更重要的是，其有能力通过管理数字足迹以优化电子信誉[2]。由此，能够包装出更适合裁判的数字指标，在诉讼或仲裁中获得优势，当事人的不平等可能加剧，显然有违司法公正。中国数字鸿沟主要体现在城乡之间和地区之间，数字鸿沟可能会更大，并且随着智慧法院建设的推进可能会加剧。

4. 隐私的泄露等问题

人工智能技术应用领域越来越广，已经成为我们的工作和生活一个不可或缺的重要组成部分，使得我国的工作、生活更加智能、便捷。与此

---

〔1〕 参见徐骏：《智慧法院的法理审思》，载《法学》2017 年第 3 期。

〔2〕 参见[美]迈克尔·费迪克、[美]戴维·C. 汤普森：《信誉经济：大数据时代的个人信息价值与商业变革》，王臻译，中信出版社 2016 年版，第 95 ~ 105 页。

同时,我们的生活轨迹为人工智能所记录,我们的每一个行动都留下了痕迹从而增加了隐私泄露的风险,我们似乎生活在一个"裸奔"的时代,毫无隐私可言。对于智能裁判而言也是如此。出于办案的需要,可以对每一个当事人进行大数据分析,推送给裁判者,为其裁判提供参考。如此不仅存在前面所述的歧视问题,而且还可能泄露个人的隐私。同时,智能裁判建设需要和大数据及人工智能公司合作,这些商业公司对个人信息是否可以利用,利用的范围以及如何利用,这些都需要明确,界限是不侵犯个人的隐私,而且,裁判公布的信息和数据更具有权威性,一旦泄露将对个人产生难以预料的结果。

5. 技术外包可能影响司法公正

基于法院缺乏专门的人工智能人才,人工智能的研发往往由商业性的公司开发,运维保障也是外包的,技术公司深入了人工智能的核心——算法,由此引起人们对裁判公正的担心。

(三)人工智能下司法公正和司法公开应对的核心措施

大数据、算法以及人工智能的应用与人的命运息息相关,但大数据资源被垄断、算法歧视不透明将导致不公正。无论是强人工智能,还是弱人工智能、大数据,算法程序是支撑人工智能得以长足发展的动力引擎。建立并完善围绕算法和数据的治理体系和治理机制,是裁判人工智能安全发展的关键。人工智能的法治之路必须体现《宪法》所保障的个人的实体性基本权利,以及公开、透明等程序性基本要求。法律必须确保算法的可追溯性,赋予人工智能技术研发者程序可解释性的义务,并通过强化法律人员和技术人员的互动融合实现算法公正。

1. 建立和完善裁判大数据治理机制

司法大数据的完整性、客观性、精准性、一致性、及时性的保障是建立和完善治理机制的重要一环。首先,保证数据的客观性。司法人工智能全部生命力在于数据的客观化,如果失去数据的客观化,输入错误数据,得出的一定是错误的结论。其次,完善披露和揭示制度。公正是司法的生命,对司法大数据的标注与处理的价值取向和利害关系需要并应该披露和揭示，以消除偏见和利益冲突的影响，确保司法公正。有的学者指出，新时代的人类生活可能会是一个日趋平等、迈向共享的社会，也可能是技术权贵垄断社会资源、控制社会权力最不平等的社会。[1] 作为社会公正最后一道防线的司法，其责任和使命重大，承担将人工智能引向公正、平等的责任，应当建立和完善裁判大数据治理机制，以保障裁判大数据的公正、公平、公开。

2. 保障算法的公正和透明

人工智能需要算法作为重要支撑。我们正在进入算法而不是法律统治人的时代，[2] 在网络空间中，代码是法律。[3] 算法的作用在于正确认识、提炼、总结法律决策的规律，并据此归纳人类法律决策的模型尤其是成功模型，从而为智能裁判提供参考。采用何种算法，是决定裁判人工智能效果的关键。算法不仅可能存在独断、偏私不公正等问题，而且存在不公开问题。目前，在国内司法人工智能发展中，算法还处于一种"云山雾罩"的状态。由于算法一般是人工智能企业的核心技术成果，通常不予以公开，公众对算法只能获得有限的信息。同时，由于人工智能的专业性，社会公众甚至是司法工作人员也不清楚人工智能采用了何种算法以及该算法的实际效果如何。对于算法是否科学、准确、高效、成熟，是否排除了不正当歧视和偏见，尤其是对于事关社会公平正义的裁判机制，必须建立一套有效的审查和监督机制。如果这些算法处于不公开的状态，且重心始终围绕企业的盈利和效率而非平等和公正，甚至带着偏见，那么人工智能将很难获得公众的信任，司法权威和公信力将难以树立。公众对裁判智能的信任，意义重大。这一信任不仅关乎人工智能的成果发展，同时关系到公众对司法的信任和认可。在智能裁判建设过程中，要保障算法具有必要的透明性、可解释性和可追责性，以保证公

---

〔1〕 参见李小艳：《习近平新时代的社会治理创新——智能化与共建共治共享》，载《系统科学学报》2019年第2期。

〔2〕 参见郑戈：《人工智能与法律的未来》，载《探索与争鸣》2017年第10期。

〔3〕 参见胡凌：《大数据兴起对法律实践与理论研究的影响》，载《新疆师范大学学报（哲学社会科学版）》2015年第4期。

正、公平、公开。应当加强技术人员和裁判人员的互动、交流，在人工智能的开发过程中，有关法律专业人士全程参与算法设计，对算法进行干预，从源头防止算法独断和歧视。

同时，使用人工智能辅助系统的司法机关应按照有关规定将算法向社会公开，并接受社会的监督，就像裁判文书、审判流程等信息公开一样。但是，没有必要也不可能将所有的算法都进行公开，涉及国家秘密的或其他公开可能会对社会造成不良影响的，受托从事司法辅助系统开发的单位应当依据合同的约定向司法机关就算法的工作原理履行详细说明义务，[1]即赋予人工智能技术开发人员解释算法的义务，强化其和法律专业人员和社会公众的解释和说明责任。

在智能裁判建设中需要进行大量的标注，大量的半自动的知识图谱构建，需要大量验证工作，可谓“有多少人工，就有多少智能”，对此需要保障其公平、公正、不偏私。我们正处在这样一个可以基于互联网进行全社会协作的时代，对于裁判领域关键的决策性的算法，应该考虑建立面向一定法律人群体的适当开放审查和意见反馈的机制，促进算法本身正确性的提高，也降低开发成本。[2] 人必须是算法的立法者和控制者，法律的算法和算法的法律不应成为一个闭环，它们中间必须有人作为起点和终点。[3] 人工智能的核心在于算法，对算法的规制必须控制在人手中，但不能被极少数人控制，否则大多数人会被少数人控制，甚至成为“闲人”和“无用”的人，有人担心“后劳工”社会就是数字技术上有优势的寡头及其技术精英和当权者同谋共赢的社会，[4]如此社会的不平等将会加剧。

此外，正如所有的技术一样，人工智能应植入发明者的价值观，如何

---

〔1〕 参见雷振文：《算法偏见对“智慧司法”的影响及其防范》，载《法制日报》2017 年 12 月 27 日第 11 版。

〔2〕 参见吉豫：《司法领域人工智能算法可解释性的促进》，载《中国人工智能学会通讯》2018 年第 3 期。

〔3〕 参见郑戈：《算法的法律与法律的算法》，载《中国法律评论》2018 年第 2 期。

〔4〕 参见於兴中：《算法社会与人的秉性》，载《中国法律评论》2018 年第 2 期。

让算法、机器学习、人工智能具有公平理念,使其自主意识到数据挖掘和处理中的歧视问题?这是技术层面应当予以解决的问题。原微软全球资深副总裁洪小文提出要以赢得信任的方式设计人工智能,人工智能系统应当公平、客观地对待每一个人,并且应当可靠、安全地运行,要有私密性、有保障和包容性。

3. 建立裁判偏离度制度

人工智能没有物质欲望和情感生活,可以最大限度减少外界因素的干扰,减少某些徇私舞弊现象。人工智能法律系统通过案例推送、法律法规推送为裁判提供了相对统一的推理标准和评价标准,从而可以辅助裁判者作出一致的裁判。但由于每一个案件都具有其特殊性,在人工智能允许的范围内,甚至范围之外,应当允许裁判者在执行统一标准时产生一些差异的结果,以实现裁判的妥当性。"同案同判"其实是个伪命题,世界上肯定没有两个完全相同的案件,要做到实质公正,就必须允许裁判者作出有差异的裁判,"同案不同判"不是追求裁判表面上的统一化。因此,应当建立裁判偏离度制度,建立"同案不同判"系统,智能推送仅供参考,智能裁判应有一定幅度,允许裁判者有一定的裁量权,甚至可以在该幅度之外进行裁判,但需要说明理由,在实现"类案同判"的同时,保障个案公正,使得裁判者能够根据个案的具体情况进行妥当处理。

4. 用技术来解决数据鸿沟和个人隐私问题

对于数字鸿沟问题,裁判不可能要求所有成员都能无差别地运用数据,运用智能系统,正如并不是所有的人都能够熟练地运用法律一样,智能裁判不会因为数字鸿沟问题而停滞不前。但是,智能裁判也要重视该问题的解决,尤其是要利用技术手段,尽量让当事人能够方便、低成本地使用智能裁判系统。一方面,信息技术应突出以使用者为中心的功能定位,提升系统的友好性,降低用户使用成本;另一方面,法院(或仲裁院)应建立立体式公开渠道,线上线下双轨同步运行,不能因信息技术的发展而放弃场地公开等已获得公众认可的信息公开方式,须进一步拓宽并维护好信息公开渠道,[1]尤其是在劳动争议案件中,很多的劳动者文化素养、信息化水平有限,不能搞网上服务"一刀切",在加强网上服务方式的同时,不要将传统服务模式抛弃,而要不断予以完善。

在智能时代,绝对的隐私无法被别人识别,也无法和其他人沟通,共享的目标无法实现。因此,使用隐私应当具有一定的边界。裁判具有公共性,行使的是一种公权力,可以对案件有关的信息进行公开,这也是阳光裁判的需要,但也要防止对个人隐私的泄露给个人所带来的不良影响。因此,最好的办法还是制度和技术手段的突破,比如建立统一的数据保护平台,让个人了解自己的数据被政府、公司使用的状况,避免单向过度的使用。[2] 在使用数据方面,应当遵循目的明确、最少够用、公开告知、知情同意等基本原则,[3]也就是说,通过技术手段使得个人能够了解到自己的信息在多大程度上被使用,是否被滥用。如果过度使用可以向有关部门投诉,造成损失的,可以要求有关机关予以赔偿。

5. 建立裁判人工智能技术、设施和专业化人才保障机制

法院应当加大投入,建立法院主导的技术保障体系及保障设施,防止在技术上和设施上受制于技术公司,确保智能裁判的安全。同时,还应当加大专业技术人才建设,建立一支自己主导的技术队伍,虽然可以和技术公司合作开发,但主导权应在自己的手中。为此,需要对专业技术人员的待遇、晋升机制进行探索,这些措施将有助于保障司法公正。

6. 智能化系统设计应当以当事人为导向,体现便民、利民原则

智能裁判建设应当以便民、利民、惠民为原则和导向,让当事人和普通民众能够参与到裁判活动中来,最大限度克服数字鸿沟,最大限度满足人民群众对裁判的需求,智慧法院建设 3.0 版就有"透明便民"的要求。首先,在对有关系统进行设计时,不仅要考虑技术的先进性,也要考

[1] 参见高一飞、高建:《智慧法院的审判管理改革》,载《法律适用》2018 年第 1 期。

[2] 参见李彦宏等:《智能革命:迎接人工智能时代的社会、经济与文化变革》,中信出版集团股份有限公司 2017 年版,第 313 页。

[3] 参见袁曾:《人工智能有限法律人格审视》,载《东方法学》2017 年第 5 期。

虑人民群众的接受程度,充分了解人民群众对司法或仲裁的需求,不能仅考虑技术因素,或者是裁判机关和裁判人员的需求和便利。其次,提高系统的友好性,面向当事人的界面务必简便,易于操作,确保普通人民群众不需要通过专门培训自己就能操作,并根据当事人的需要和要求提供个性化、有针对性的服务。再次,利用智能系统为当事人提供线上法律服务,系统不仅能够向当事人自动推送法律法规及类案,对诉讼和仲裁风险进行分析,为当事人解决纠纷提供借鉴和参考,而且要将法律援助系统和仲裁及法院系统无缝对接,为当事人提供相应的法律服务。最后,开发移动智能终端。随着智能手机的普及化,可以开发移动智能终端,当事人和社会民众通过 App、微信、微博、短信等途径就能查询案件信息,增加公开的渠道,以及查询的便捷性,让当事人随时随地都能了解案件信息。

二、人工智能背景下司法权威和公信力的重塑

司法权威和司法公信力是法治国家的一个标志,“在法治的国家,法律是国王,在专制的国家,国王是法律”,这反映了司法权威和公信力在法治国家的地位和重要性。司法权威和司法公信力是保障法律实施的一个重要条件,一个国家或社会中要树立法律的权威,首先要树立司法权威。司法没有权威是非常可怕的事情,它使社会公众对司法丧失了信心,从而影响了人们的预期行为,这无疑是法治进程中的一种破坏力量。[1] 在人工智能下,当事人面对的是一套软件,司法可能更像流水线的工序,形成裁判的基础是算法,而不是睿智的法官和公正的程序,司法场域呈现直观化和扁平化,司法管理多中心化,甚至去中心化,司法权威和公信力的来源需重新树立。

(一)司法权威和公信力的界定

司法权威本身并不是一个法律概念,而是一个社会和政治概念,是

〔1〕 参见汪建成、孙远:《论司法的权威与权威的司法》,载《法学评论》2001 年第 4 期。

指司法机关通过公正司法活动严格执行《宪法》和法律,形成命令和服从关系,具有使人信服的力量和威望。司法权威内涵主要包括两个内容:一是司法应当具有至上的地位。在一个法治国家,法院应享有解决一切法律争议的终局权力。其核心理念是法院对国家和社会的强制权的合法性进行审查,任何公民都有权得到公正和有效的司法救济。二是司法应该受到绝对的尊重。一方面,国家不仅受法律和权利的约束,而且受公正有效的司法保护的约束;另一方面,公众对司法裁判结果的普遍遵从是司法权威性的基本要义。司法权威来源于公众对司法的信任与认同,司法权威需要法律信仰的支持和维护。

司法公信力是司法机关依法行使司法权的客观表现,是裁判过程和裁判结果得到民众充分信赖、尊重与高度认同的反映。简言之,司法公信力一方面体现为民众对司法的充分信任与尊重,包括对司法主体的充分信任与尊敬,对司法过程的充分信赖与认同,对司法裁判的自觉服从与执行;另一方面则体现为法律在整个社会的权威与尊严已经树立,广大民众对法律持有十足的信心,公民的法律信仰包括司法信仰得到加强。司法公信解决的是社会成员对公共权力的基本信任或普遍认同问题。它是一种保证性、支持性的力量。

马克思·韦伯将权威分为传统型、感召型和法理型,它们分别以传统行动、感情行动、理性行动为动力。传统型权威以常规和传统的合理性取得人们的服从,感召型权威是由领袖人物感人的超凡魅力、"神授"的能力产生的权威,法理型权威是西方资本主义社会所实行的体制,它以法律和理性为权威,以法律规范对社会实行有计划、有预测的管理,它不依赖于领袖的品质或传统的信奉,而是依赖于不以个人感情为转移的法则。[1] 司法权威是一种法理型权威,是一种理性权威,而不是盲目的服从。有人认为,司法权威是司法权的权威、是法律的权威,是以国家强制力为后盾的权威,因而对司法终局裁判的服从,就是对司法权的服从、

[1] 参见邓伟志:《社会学辞典》,上海辞书出版社 2009 年版,第 65 页。

对法律的服从、对国家强制力的服从。提升司法公信,重点应当在教育社会成员尊重、信任司法制度和司法机关上下功夫,同时辅以必要的失信惩戒机制作为警示;增强司法权威,重点应当在依法强制社会成员服从司法程序和司法裁决上下功夫,同时辅以必要的教育、引导作为助力。[1] 司法权威虽然以强制力作为后盾,但国家强制力不是其获得权威的唯一途径,也不是主要途径,如果是这样就不需要法治。

有的人认为,司法权威和司法公信力是两个概念,有的人认为,司法公信力就是司法权威,是司法机关通过公正司法所获得的使人信服的力量和威望。[2]

(二)人工智能对司法权威和公信力的解构

为了达到争议解决目的的三方结构是法院的基本社会逻辑,这一逻辑如此令人信服,以至于法院已经成了一个普遍的政治现象。[3]

司法权威属于法理型权威,而且司法权威在于公正,基石则在于程序正义。传统司法依靠的是法官的权威、公正的程序及一套司法礼仪,尤其是司法程序的有效参与,从而获得人们对裁判的认可,如此裁判才会有权威和公信力。在人工智能下,传统司法权威和公信力的树立途径面临新的问题和挑战,需要重新考量。

司法裁判是通过逻辑论证、旁征博引等方式得出结论的过程,只有结果显然无法服众,[4] 该过程既是一个理性分析的过程,也是一个说服当事人的过程,更是一个树立自己权威性和公信力的过程。在人工智能下,司法工作者的"自由心证"在整个审判过程中无足轻重,法庭审理流于形式,法庭辩论、上诉审、专家酌情判断的意义都会相对弱化,最终导

---

〔1〕 参见董开军:《略说司法公正、司法公信、司法权威之关系》,载《人民法院报》2015年5月20日第5版。

〔2〕 参见赖早兴:《维护司法公正与提高司法权威》,载《光明日报》2014年12月17日第13版。

〔3〕 [美]马丁·夏皮罗:《法院:比较法上和政治学上的分析》,张生、李彤译,中国政法大学出版社2005年版,第2页。

〔4〕 参见张雨昕:《人工智能司法应用若干问题》,载《人民法治》2019年第6期。

致法官的物象化、司法权威的受损、审判系统的解构,甚至彻底的法律虚无主义。[1] 人工智能毫无感情的理性判断在说服力方面存在无法弥补的劣势,谁能接受一台机器按照普通人难以理解的算法所作出的裁决呢？即使我们告诉当事人,人工智能的裁决最接近正义,他也努力去接受其得出的结论,事实上,机器比带有非理性情绪的法官更为客观公正,更具理性,但当事人还是无法与机器进行直接的对话和沟通,他将因参与感的缺失而无法真切地感知正义实现的过程。特别是当事人提出的情感诉求和非理性诉求,并不能靠数学模型和高速计算得出的“正确结果”去化解,而需要通过一个值得信赖的中立者用心倾听、感同身受并耐心抚慰加以消弭。[2] 可见,纠纷解决不仅在于结果(结果当然也很重要),过程也非常重要。纠纷解决的过程是当事人表达其意见和利益的过程,也是一个不断证明他自己主张的过程,如果在这个过程中其人格得到充分的尊重,其证据得到充分的考量,其主张在事实和法律的基础上得到充分的考虑,即使结果不尽如人意,他也可能会接受裁判的结果。因此,纠纷解决的过程不仅是查明事实、分清是非的过程,也是一个吸收当事人不满的过程,而这在当前弱人工智能的背景下是难以实现的。

司法公开是树立司法权威的重要途径,人工智能使得司法公开获得新的途径,最高人民法院力推的前述四大公开平台就是体现。但与此同时,司法公开也面临新的问题,主要是算法不透明的问题。这有技术本身的原因,也有商业秘密保护的原因。对于非技术人员而言,无论其文化素质高低,都会难以了解算法设立的过程,对其潜在的问题不理解,甚至害怕、恐惧。就公司利益而言,数据公司也不愿意将数据代码予以公开,无论是从竞争的角度、商业秘密的角度,还是从其他角度予以考虑,数据公司不公开算法有其合理性。毕竟公司不同于政府、法院等公权力

---

〔1〕 参见季卫东:《人工智能时代的司法权之变》,载《东方法学》2018 年第 1 期。

〔2〕 参见徐骏:《智慧法院的法理审思》,载《法学》2017 年第 3 期。

机关,它追求的主要是自身的经济利益,以保障其优势地位。如果将其研发的算法予以公开,等于其他数据公司可以从其处无偿获得代码,这对数据公司来说是不公平的,也不符合市场规律。

巍峨高大的建筑、庄严的法庭布置及一套司法礼仪,不由得唤起公众对法律的敬畏,从内心树立法律的权威。司法礼仪作为一种司法程式性要求,独立于实体法和程序法,通过裁判思维、行为、活动及仪式表现出来,旨在强化法律的神圣性和公众的虔诚情感,提高司法公信力,树立司法权威。[1] 但这些在人工智能下,尤其是在强人工智能下可能不复存在,当事人面对的是一套无法琢磨的软件和冷冰冰的机器,是一套难以理解的算法,虽然可能"一次都不用跑",在家甚至就可以完成立案、送达、庭审等诉讼的全部环节,但丧失诉讼程序和仪式所增添的正统性、庄严性和权威性,感受不到法律的威严,以及法官的人格魅力,司法也就失去其获得权威和公信力的一个重要途径。网络庭审等应用由于在实体法庭之外展开,缺乏法庭布置和服饰而丧失诉讼程序的正统性、庄严性、权威性与严肃性。[2]

(三)人工智能下司法权威和公信力的重塑

智能模型能够促进司法公正,减少枉法裁判,促进公众对法律及司法的理解,增加司法公信力。在人工智能下,司法权威的树立不仅获得新的途径,而且传统途径获得新的载体。司法权威不同于传统权威,就其本质而言,其是一种构建在制度基础上或通过制度而获得的公信力。司法权威的树立具有时代性。在古代,司法权威依靠的是个人权威或魅力,或者是"天""神"等;在近代,司法权威主要依靠理性,依靠完备的诉讼程序,通过程序公正确保实体公正。当然,司法仪式对于司法权威的树立仍然具有重要的影响,司法权借以唤起人民对司法的敬重,除需要与时俱进的法院建筑和道具化的法槌、法袍等来强化当事人的司法程序

---

〔1〕 参见王晨:《司法公正的内涵及其实现路径选择》,载《中国法学》2013 年第 3 期。

〔2〕 参见侯猛:《互联网技术对司法的影响——以杭州互联网法院为分析样本》,载《法律适用》2018 年第 1 期。

感和司法礼仪感外,更需要依靠法官群体高素质的法律涵养和高品质的职业道德,需要依靠法官的公正审判。在现代法治社会,司法权威的建立必须以司法公正作为自己的价值凭据,换言之,司法外在的文化符号要与内在的公正性联结在一起才能获得公众的广泛认同,真正树立起司法权威。[1] 正如英国哲学家培根指出:“一次不公正的裁判,其恶果甚至超过十次犯罪。因为犯罪是无视法律——好比污染了水流,而不公正的裁判则毁坏法律——好比污染了水源。”司法公正是公正范畴在司法领域的具体化,包括实体公正和程序公正,是贯穿司法活动过程的根本价值,是对司法活动的核心要求,是司法的灵魂和生命线。司法权威和公信力的树立从根本而言,还是要依靠公正,无论是实体公正还是程序公正都需要一套制度予以保障。贵州刑事司法大数据系统试运行 6 个月,已审结了 151 起试点案件,运用大数据分析系统做智能辅助分析,判决结果偏离度均为零或者在合理数值区间,保证了同案同判,实现量刑均衡,且一审服判率达到 93.38%,与同期审结未纳入试点范围的其他案件服判率相比高出 8.15%。[2] 这说明公正仍然是树立司法权威、获得公信力的主要途径。

人工智能使得实体公正获得了新的途径。在事实认定上,人工智能将证据标准和证据指引予以明确化,可以克服事实认定的主观性和片面性;在法律适用上,通过对相关法律的检索,不仅可以减轻裁判人员的负担,而且可以克服裁判者在检索方面的局限和遗漏,将相关法律较为全面精准地推送到裁判者面前;在裁判上,人工智能可以推送类案、关联案件,通过大数据,甚至可以对当事人进行“画像”,对其诉讼行为进行精准分析,不仅可以做到类案同判,而且可以作出妥当的判决,最大限度地实现司法公正,这也是司法获得权威性的一个重要途径。

人工智能使程序公正也获得了新的载体。实体公正是裁判应当追

---

[1] 董皞:《司法功能与司法公正、司法权威》,载《政法论坛》2002 年第 2 期。

[2] 参见《贵阳研发政法大数据办案系统打破“侦查中心主义”》,载中国新闻网,http://www.chinanews.com/gn/2017/07-04/8269041.shtml。

求的目标,但公正裁判的作出还是要从程序公正着手,遵循裁判规律,由此不仅可以最大限度保障实体公正,更主要的是通过程序公正,让当事人最大限度参与到程序中来,让他们的意见和要求得到最充分的体现,尽可能吸收当事人的不满。现代诉讼是一种竞技主义的司法模式,通过一套程序化、剧场化的装置,让对立双方的证据和主张得到充分的展示,裁判者则站在中立的立场,作出公正的裁决,程序、辩论和共识便成为司法的三要件,这也是司法权威和公信力的来源。程序上的调整功能,就是让不同的诉求、主张以及价值判断在对等条件下竞争,使最具有说服力、最能得到多数支持或专家认可的选项成为法律决定的结果,使判决具有理性权威。[1] 需要借助人工智能进一步推进程序公正,并使其获得新的途径。

首先,借助人工智能推进公开的实质化,并探索算法的透明化。公开不仅是流程公开,裁判过程公开,允许人民群众旁听,允许新闻报道,更要强化实质公开。形式公开固然很重要,但更主要的是公开裁判的理由和裁判结果,尤其是应当对裁判理由予以公开,甚至评议结果也要公开。借助人工智能和互联网技术,对裁判过程和裁判结果予以实时公开。最高人民法院借助人工智能和互联网,打造了以审判流程信息公开、庭审活动公开、裁判文书公开、执行信息公开四大公开平台为主体,以一系列新型平台为延伸的系列化司法公开平台,“阳光司法”的广度不断地扩展,内涵在不断地丰富。法院构建开放、动态、透明、便民的“阳光司法”机制是司法改革又一个大方面的任务,由此倒逼司法公正,树立司法权威。这也成了树立司法权威的一种重要途径。迈克尔·D·贝勒斯指出,即使判决并没有准确地判定过去发生的事实真相,争端各方只要确信他们受到了公正的对待,他们也会自愿接受法院的裁判结果。法律发展到自由心证的时代,法官本身就是一个“人工智能”,“硬件”是自己,数据是办案经验与法律知识,而“算法”被隐藏在法官的职业道德、逻

〔1〕 季卫东:《论法制的权威》,载《中国法学》2013 年第 1 期。

辑推理和日常生活经验中，成为自由心证。

自由心证不公开并具有不确定性，引发人们的猜疑，于是西方各国通过对自由心证的“过程公开”制度与“结果公开”制度对其进行了修正。结果公开通过裁判文书公开即可，过程公开则面临问题。如今，借助人工智能和大数据，不仅构建了中国裁判文书网，而且构建了中国庭审公开网、中国审判流程信息公开网、中国裁判文书信息公开网、中国执行信息公开网等司法公开平台，“公开”的实质就是将法官这个“人工智能”的“算法”公开。

其次，借助人工智能可以实现当事人的有效参与，推进辩论的实质化。民事诉讼中辩论原则，虽然强调当事人可以对裁判的事实和法律问题采取口头或书面形式进行讨论，且辩论贯穿裁判的全过程，但这种辩论对法院和法官没有约束力，实践中所谓“你说你的，我判我的”就是这个意思，所以学者将其说成是“没有约束力的辩论原则”。他们的意见和要求、证据得不到充分的体现和反映，当事人如何服判！为此，需要保障当事人实质性的有效参与，也就是说，裁判的作出建立在双方充分辩论的基础上，对当事人的诉求、提出的证据都要有充分的考虑。有的学者甚至将当事人的参与看作裁判的本质特征，“使裁判区别于其他秩序形成原理的内在特征在于，承认那些将要受到裁判所作决定直接影响的人能够通过一种特殊的形式参加裁判，即承认他们为了得到有利于自己的决定而提供证据并进行理性的说服和辩论”，“裁判的本质在于——受判决直接影响的人能够参加到裁判活动中来”，“一种法律制度如果不能保证当事人参加到裁判活动中来，就会使裁判的内在品质受到破坏”。[1]在诉讼或仲裁程序中应当保障直接言辞原则的贯彻，这既是裁判亲历性的要求，也是贯彻辩论原则的体现和要求。互动、参与是树立司法权威和公信力的一个重要途径，为此需要借助人工智能使当事人更便利、快

---

〔1〕 Lon L. Fuller. *The Forms and Limits of Adjudicationg*, 92 Harv. L. Rev. 353, 386 (1978)。

捷地参与到仲裁或诉讼程序中来,推进司法和当事人的互动,推进裁判和社会的互动、理解、交流。“法官应该加入一场特别的对话中,去倾听所有的诉怨,考虑所有利害关系人的意见并为其判决陈明理由。法官在其判决上签字实际上是向当事人保证他参加了诉讼的全过程并对判决负有个人责任。这些制度安排使我们能够认可司法权力。”〔1〕

算法规制是保障司法公正的关键,也是树立司法权威和公信力的关键。由于算法存在不透明、歧视、不公正等问题,为此需要对其进行规制,确保人工智能的公正、公平。公信力的树立既需要保障决策系统的透明化,也需要保障算法公正,不能带有偏私或歧视。算法透明化能够提高公众对司法职能机器的信赖程度,公众对人工智能研发过程参加越早,参与过程越长,获取的信息越多,双方的沟通就越有效,相互之间的信任关系也就越容易形成。〔2〕 美国《国家人工智能研究和发展战略计划》提出人工智能设计要提高公平性、透明度和可责性。在人工智能系统设计时需要考虑其本身的公平、合理、透明和可信赖性。研究者必须了解如何设计人工智能系统从而使得其决策的透明容易被人类理解。基于深度学习的许多算法对于使用者来说是“不透明”的。在很多领域如健康护理领域,医生需要对在治疗过程中的特殊治疗方法进行合理性解释。人工智能技术为很多决策提供了合理性解释但是不够准确。研究者需要研发更加透明的决策体系,从而为用户提供决策推理的合理解释。2018 年 4 月 16 日,英国议会下属的人工智能特别委员会发布的长达 180 页的报告《英国人工智能发展的计划、能力与志向》提出要解决人工智能系统的不可理解性(intelligibility)的一种方案是增加系统的技术透明(technical transparency),比如将人工智能系统的源代码开放。透明包括事前的透明和事后的透明,不能一味地追求事前的透明。英国议会建议,需要采取更多措施确保数据真正具有代表性,能够代表多元化的

〔1〕 [美]欧文·费斯:《如法所能》,师帅译,中国政法大学出版社 2008 年版,第 85 页。
〔2〕 杜严勇:《人工智能安全问题及其解决进路》,载《哲学动态》2016 年第 9 期。

人群,并且不会进一步加剧或固化社会不公平的现象;研发人员需要更加深入地理解算法歧视的问题,必须确保处理的数据尽可能平衡且有代表性,研发团队的人员构成是多元化的,能够代表不同社会群体;除数据歧视的问题,研发人员还必须考虑他们自己有意或无意带入系统的偏见——人类开发者为机器学习算法设置了参数,他们作出的选择不可避免地折射出他们的信念、假设和偏见,这就需要确保研发人员具有多元的性别、种族和社会经济背景并遵守伦理行为准则。美国电气与电子工程师协会在发布的《合乎伦理的设计:将人类福祉与人工智能和自主系统优先考虑的愿景》报告中提出透明性原则,意味着自主系统的运作必须是透明的。人工智能是透明的意味着人们能够发现其如何以及为何作出特定决定。

三、人工智能背景下依法行使司法职权和司法责任制的实现

有学者提出,人工智能自动生成裁决以及大数据对裁判的矫正等做法势必形成裁决主体的多元化,裁判不再由裁判者单独作出,而是由程序员、软件工程师、数据处理商、信息技术公司等与裁判者共同作出。裁判主体和决定者难以特定化,不仅可能会出现裁判受外力的干预和控制的局面——数据服务商总是倾向于更有利于自己的算法,传统依法行使司法职权受到挑战,而且司法责任制难以真正落实,容易流于形式。人工智能难保裁决百分之百正确,一旦发生冤假错案,如何追责是一个问题,依法行使司法职权和裁判责任在人工智能下面临新的挑战。

(一)人工智能背景下依法行使司法职权所面临的新问题及其应对

1. 裁判人工智能给依法行使司法职权带来的挑战

依法行使司法职权是指参与法庭审理的裁判者独立自主地采纳证据、认定事实和适用法律,根据经验、理性和良心对案件得出独立的裁判结论。[1] 鉴于法院在人工智能产品研发上主要依赖于市场主体,通过购

---

〔1〕 参见陈瑞华:《司法体制改革导论》,法律出版社2018年版,第159页。

买第三方服务或技术外包的方式进行开发，比如深圳福田法院的“金融纠纷案件智能裁判系统”是和阿里巴巴公司合作开发的，“深圳市福田区人民法院携手阿里巴巴打造的‘巨鲸智平台’（类案全流程在线办理平台）（2017年）6月28日上线，率先全国首创金融纠纷类案全流程线上办理”。[1] 四川省高级人民法院则和成都星云律例技术团队合作开发“道路交通事故纠纷要素式审判系统”，上海市高级人民法院和科大讯飞公司合作研发“上海刑事案件智能辅助办案系统”。由于技术人员不能对法律理念、法律原则、法律规则、法律概念进行深入理解，不仅可能造成前面所述的技术和业务的割裂，而且也可能对依法行使司法职权造成不利的影响。如果过分依靠人工智能自动生成判决、根据大数据矫正法律决定的偏差等，难免形成审判主体的多重结构，事实上形成程序员、软件工程师、数据处理商等主体和司法者共治司法的局面。技术介入司法管理潜在的风险为外部权力介入司法领域提供了载体。[2] 法院工作人员属于专业人员，他们对法律具有精深的理解，但对人工智能等技术一窍不通，虽然法院也有技术人员，但这些人对于人工智能技术来说大多是门外汉，在推行员额制后，技术人员发展空间更有限。因此，智慧法院建设中，将技术问题普遍外包势必影响依法行使司法职权，甚至为技术力量干预司法提供了可能性。实践中，司法机关将核心算法的编辑任务大量外包，造成数据处理公司、电脑工程师对人工智能的影响超过司法机关。[3] 我们正在进入算法而不是法律统治人的时代，[4] 在网络空间中，代码是法律。[5] 在这种背景下，法院独立受到挑战，传统依法行使司法

---

〔1〕 参见《深圳福田法院全国首创金融纠纷类案全流程线上办理》，载中国新闻网，http://www.chinanews.com/fortune/2017/06-28/8264023.shtml。

〔2〕 参见钱大军：《司法人工智能的中国进程：功能替代与结构强化》，载《法学评论》2018年第5期。

〔3〕 参见程凡卿：《我国司法人工智能建设的问题与应对》，载《东方法学》2018年第3期。

〔4〕 参见郑戈：《人工智能与法律的未来》，载《探索与争鸣》2017年第10期。

〔5〕 参见胡凌：《大数据兴起对法律实践与理论研究的影响》，载《新疆师范大学学报（哲学社会科学版）》2015年第4期。

职权是要防止行政机关、社会团体和个人的干涉,如今是要防止数据公司等对司法的干预。人工智能算法具有极强的专业性,同时有关公司基于商业秘密的保护需要,对这些算法实行保密制度,由此对算法的规制则有极高的难度,当事人和社会民众不能有效参与其设计,就算是法院的法官也难以切实参与到算法中,作为人工核心的算法在某种程度上控制了裁判,至此,不仅法院独立受到影响,法官独立审判也受到极大的影响。这些系统会对法官的专业身份造成负面影响,触发公众或是行政官员像审查报表一般来挑战法官的职业操守,引发尴尬。[1]

此外,审级独立和内部独立也受到影响。法院内部的司法裁判权和司法行政管理权没有真正实现分离。虽然上下级法院之间是监督和被监督的关系而不是领导和被领导的关系,但上级法院通过各种手段加强了对下级法院的管理,通过业绩考核等手段使得下级法院必须服从上级法院的命令。为了减少改判率,下级法院就有关疑难或争议问题事先向上级法院请示,如此虽然可以使得法律适用得以统一,但上下级法院之间的科层管理在加强。同样,上级法院也会通过对下级法院司法行政管理权的控制,来进一步干预下级法院对某一案件的处理。为了保障依法行使司法职权,防止司法的地方化,党的十八大以来,中央推进省以下地方法院人财物统一管理,目的是着力构建更有利于确保司法公正的新型管理体制,克服司法的地方化,但可能会加强上下级法院之间领导和被领导的关系,在各级法院内部,院长、庭长等通过或借助司法行政管理来影响法官的裁判。人工智能使得法院的管理更加精细化,随着智慧法院的建成,最高人民法院通过一个系统,将全国法院的各种类信息统一于平台,通过数据分析,设置各类考核指标,可以对法院进行全方位实时监控,于是便形成了司法权威的集中化。通过案例和法律法规的推送虽然有助于实现同案同判,最大限度实现法律适用的统一,但也让上下级法

---

〔1〕 吴习彧:《司法裁判人工智能化的可能性及问题》,载《浙江社会科学》2017 年第 4 期。

院之间的科层管理进一步加深，法院的审级独立受到了严重的挑战。如今，实时数据上传，通过对数据的分析，上级法院可实现对下级法院的“全面监控”，不利于司法去行政化。内部系统在一定程度上会对审级独立造成冲击，这是智慧法院建设需要解决的问题。[1] 有的学者还担心会出现一个强大的最高人民法院，对全国各级法院进行全面监控：随着人工智能的成熟，或许有一天，全国法院系统内部会建立起标准统一、完备独立的人工智能体系。如果是这样，那么全国各地各级别法官在审理案件时，将必须按照同样的标准来运用法律。而这意味着，全国所有案件的审理都会直接受到来自最高人民法院的监督和监控。如此一来，各级人民法院之间的审判监督关系以及各级人民法院内部的管理关系都会弱化，而最高人民法院和基层人民法院以及基层人民法院之间的关系会得到强化。[2] 同时，虽然取消审批制度，落实“让审理者裁判、由裁判者负责”，但法院（庭）通过智能系统行使行政管理权，通过掌握考核这个“撒手锏”干预法官办案，势必对法官独立造成影响。

2. 人工智能下依法行使司法职权的保障和维护

裁判人工智能既是裁判者的辅助者，也是裁判者的监督者，技术权力的介入必须维持裁判权力的独立性和权威性。依法行使司法职权是保障裁判公正的必要条件，人工智能下依法行使司法职权实质是技术权力对裁判权力的挑战，为此裁判人工智能必须遵循司法裁判规律，按照裁判运行逻辑和理念进行相应的制度设计和构建，而不能让裁判权力屈从技术权力，技术应该为司法服务，而不是相反，这是发展裁判人工智能应当坚持的一个基本原则。

数据公司等可能会影响依法行使司法职权的问题，这实际上是如何解决裁判人工智能算法专业性的问题。基于裁判人工智能的专业性和

---

〔1〕 苗振林、赵译超：《客观看待“智慧法院”》，载《河南教育学院学报（哲学社会科学版）》2018 年第 3 期。

〔2〕 参见金东寒主编：《秩序的重构——人工智能与人类社会》，上海大学出版社 2017 年版，第 92 页。

投入的长期性,开发裁判人工智能必须要依靠社会的力量,要充分利用市场机制,仅依靠司法机关一家肯定是不行的。如此虽然有一定的风险,但这种风险还是可以控制的,或者说能够将风险降低到最小。应当保证裁判智能算法的透明性、可溯性、公正性,为此,需要保障裁判人工智能决策的正当程序,正如丹妮尔·济慈·斯纯(Danielle Keats Citron)在其论文《技术正当程序》(*Technological Due Process*)中所呼吁的那样,对于关乎个体权益的自主决策系统、算法和人工智能,考虑算法和代码,而非规则,日益决定各种决策工作的结果,人们需要提前构建技术公平规则,通过设计保障公平之实现,并且需要技术正当程序,来加强自主决策系统的透明性、可责性以及被写进代码中的规则的准确性。为此,需要设计出包含验证、证实、知情同意、透明性、可责性、救济、责任等内容的机制,这对削弱或者避免算法歧视、确保公平正义具有重要意义。[1]同时,法院应当培养自己的专业人才,构建自己专业的人工智能团队,对司法人工智能进行监督,确保算法公平、公正、公开,不影响依法行使司法职权。司法机关可以通过借助人工智能法学院的力量培养自己的算法监督团队,结合算法的制度化、决策的透明化、进一步挤压算法暗箱操作的空间,确保人工智能从事司法工作的公开、公正。[2]

在弱人工智能阶段,裁判权把握在法官手中,人工智能只是辅助办案,要根据依法行使司法职权的原则构架相关配套制度,尤其是要落实司法体制改革一系列制度,推进司法体制改革"四梁八柱"主体框架的四项基础性改革。具体包括完善司法人员分类管理、完善司法责任制、健全司法人员职业保障和推动省以下地方法院、检察院人财物统一管理。这四项基础性改革以司法责任制为核心,其中完善司法人员分类管理,是提高司法队伍的职业化和专业化水平的重要保障;建立权责明晰的司

---

〔1〕 参见曹建峰:《人工智能:道德外包与"黑箱"中的算法歧视》,载腾讯研究院2016年5月3日,https://tisi.org/16242。

〔2〕 参见程凡卿:《我国司法人工智能建设的问题与应对》,载《东方法学》2018年第3期。

法权力运行机制,是公正高效廉洁司法的必要保障;按照责权利相统一的原则,在提高司法人员入职门槛、强化司法人员办案责任的同时,要为法官、检察官、人民警察依法公正履职提供必要的职业保障;推动省以下地方法院、检察院人财物统一管理,使法院、检察院更有能力摆脱地方保护主义的干扰,能有效提升司法机关依法独立行使职权,保障公正司法。

当前司法监管领域的大数据和人工智能应用的基本思路是将法官办案的所有过程信息化,实现全流程的动态监管,并基于历史大数据对特定行为进行预警。[1] "构建静默化、自动化、可视化的全流程监控系统,加固'廉政边界',构筑'数据铁笼',实现'科技控权'。"[2]由此,有助于推进司法行政管理的科学化、精细化,但不能违背依法行使司法职权的基本原则,更不能借助人工智能对法官办案进行干预。诚然,虽然改革了裁判文书签署机制,试点法院取消案件层层请示、逐级审批制度,建立谁审理、谁裁判、谁负责制度,除审判委员会讨论决定的案件以外,院(庭)长不再审核签发自己未直接参加审理案件的裁判文书,但院(庭)长通过人工智能的监控和考核体系对经办法官进行管理,使院(庭)长办案常态化。就依法行使司法职权而言,其核心在于法官就其受理的案件,依法自由审判。[3] 为此需要规范审判管理和审判监督的范围,应制定院(庭)长权责清单,规范院(庭)长行使审判管理权和审判监督权的方式,院(庭)长对个案的意见均通过专业法官会议、审判委员会公开提出,在工作平台上全程留痕。普遍建立专业法官会议制度,为合议庭正确适用法律提供咨询意见,讨论意见供合议庭参考。司法裁判作为一项经验性和价值性兼具的复杂作业,应当坚持法官的主体性和裁判

---

〔1〕 参见钱大军:《司法人工智能的中国进程:功能替代与结构强化》,载《法学评论》2018年第5期。

〔2〕 参见闵凌欣:《智慧法院:释放不一样的司法红利》》,载 http://cn.chinadaily.com.cn/2018digitalsummit/2018-04/22/content_36072383.htm,最后访问时间:2022年7月23日。

〔3〕 参见金泽刚:《司法改革背景下的司法责任制》,载《东方法学》2015年第6期。

的独立性,避免“智能主义”和“数据主义”对法官自由意志的侵蚀。[1]

(二)人工智能下司法责任制的变革

人工智能深刻改变了司法责任制,司法改革的顶层设计和技术手段的完美结合,为司法责任制的落实带来很多机遇,但也面临很多新问题。将人工智能应用到司法领域中,国内社会和国际社会是很慎重的,有的甚至坚决予以反对。目前对人工智能法律责任的探索主要是针对机器人的法律责任,裁判者责任的追究可在借鉴机器人法律责任的基础上予以考虑。

1. 人工智能为司法责任制的有效实施提供了新的契机和手段

在落实“让审理者裁判、由裁判者负责”制度之后,司法改革面临着新的问题,即如何监督裁判者的问题,而人工智能则提供了新的契机。智慧法院实现了全面覆盖性、互动及时性、透明公开性、科学智能性的目标,使案件全部运行情况始终处于严密的监控之中,实现了对审判的内部监督工作全过程无缝隙覆盖。这正是司法改革落实司法责任制的要求,能够给予员额法官一个全面客观公正的评价。智慧法院建设为司法改革提供了强有力的监督保障,有助于更加科学地规范司法行为,加强司法管理力度,不断提高司法工作水平。

人工智能为司法责任制的有效实施提供新的手段。智慧法院的深度实现将深刻地改变法院的组织结构和管理能力,冲击现有的诉讼架构和流程,重塑法律人及社会公众的法律理念、司法情感、行为决策及结果预判模式,甚至会影响法院在国家权力架构中的地位和功能。[2] 深圳法院通过电子卷宗材料的网上流转和深度应用,可以实现案件审理全程留痕,从而将审判监督管理从事后监督拓展为全程管理、动态跟踪。系统还结合实际,科学设计院(庭)长、审判管理部门操作界面,以及案件显示范围和布局方式,实现对符合监督范围案件的自动标识、自动推送、可视

---

〔1〕 参见朱体正:《人工智能辅助刑事裁判的不确定性风险及其防范——美国威斯康星州诉卢米斯案的启示》,载《浙江社会科学》2018 年第 6 期。

〔2〕 参见徐骏:《智慧法院的法理审思》,载《法学》2017 年第 3 期。

化显示和全流程监督，做到案件精准管理。人工智能系统对审判全流程的留痕式管理使案件审理更加公开、透明，易于监督，实现对司法腐败的“零容忍”。[1] 对案件流程信息同步录入、同步审批、同步录音录像、同步生成电子卷宗基础，体现案件管理系统中各类数据实时、真实的特点。各类审判管理主体可以通过案件管理系统本身及案件质量评估报表、案件统计台账等实现对案件信息及流程的管理和监控。

智能裁判技术支持全程留痕，使得司法责任制具有事实依据。信息化为审判人员办案从立案到送达、审判、执行全过程、全方位监督提供了新的技术手段，为司法责任制的实施提供保障。根据重庆智慧法院系统建设，点开具体案件，可见一条轴线图，包括立案、分案、排期、开庭、审批、送达、结案、执行、信访等司法活动，同步生成电子信息，同步记录节点痕迹。同时，不同权限的人可见的内容是不同的，根据不同权限，院长、庭长在该平台可以及时掌握全市、本院、本庭长期未结案件、改判发回重审案件、案件质效评估等情况。[2] “既有数据挖掘和司法管理流程管理技术已经可以做到司法工作者对自己的程序操作过程负责，司法责任制的边界也可以获得相对清晰的边界。”[3] 由此，人工智能技术的发展使得司法责任制度由结果意义上的责任变为程序意义上的责任。

同时，人工智能也为裁判结果的倒查提供依据。随着检索和推送技术的发展，人工智能可以将同类案件、关联案件、相关法律予以推送，为裁判者作出裁决提供依据，保障适用法律统一，由此也可保障裁判的公正性，同时也为裁判责任的追究提供依据。无论事实认定、法律适用是否根据人工智能的提示和要求作出，即使是人工智能推送不一致，也可以还原到作出裁判的过程，因为如果裁判者不在推送的范围内作出裁

---

〔1〕 参见高雁、杨运：《司法改革背景下人工智能的价值》，载《云南法制报》2017 年 12 月 20 日第 5 版。

〔2〕 参见吴晓峰：《探访重庆法院数据“云中心”，“智慧法院”如何“智慧”审判》，载《法制日报》2015 年 6 月 30 日第 4 版。

〔3〕 参见王亚新、刘君博：《大数据视角下的司法改革：机遇与挑战》，载《郑州大学学报（哲学社会科学版）》2018 年第 1 期。

判,需要对其作出解释和说明。更主要的是,人工智能为以行为中心构建司法责任制提供新的技术手段。一般而言,司法责任有三种模式,即结果模式、过程模式以及职业伦理模式。我国长期实行结果模式,但这种模式的弊端也很明显。一般而言,司法责任的追究以行为为中心更符合诉讼规律,裁判结果是法官自由裁量的产物,对案件结果的认定实质上是对法官判断或裁量进行评判。但是对法官的主观活动很难进行评判,这种评判不仅具有主观性,动辄还会干涉法官自由裁量权,而通过搜集证据以行为为认定标准能避免这些问题。[1]

2. 人工智能对司法责任制度带来的新问题

在实践中,司法机关将核心算法的编辑任务大量外包,可能会造成数据处理公司、电脑工程师对人工智能的影响超过司法机关。[2] 从现行法律上看,侵权责任主体只能是民事主体,人工智能本身还难以成为新的侵权责任主体。即便如此,人工智能侵权责任的认定也面临诸多现实难题。侵权发生后,谁是人工智能的所有者,就应当由谁负责,这在法律上似乎并不存在争议。但人工智能的具体行为受程序控制,发生侵权时,到底是由所有者还是软件研发者、使用者担责则存在争议,对于裁判人工智能也是如此,一旦赋予人工智能裁判权,发生错案,可能就要追究其法律责任。人工智能的失误责任承担主体不明会对司法责任的追究产生一定的困扰。责任主体的不明确不但会造成过错无人承担,还可能会造成过错主体之间相互推卸责任,不利于维护司法责任制的贯彻和落实。[3]

考虑到人工智能自主学习的可能性,归责问题就将变得更加复杂。传统的责任规则难以解决其责任问题,根据传统规则,无法确定责任方并让其作出赔偿。虽然学习算法可能是公开和透明的,但它产生的模型

[1] 参见王迎龙:《司法责任语境下法官责任制的完善》,载《政法论坛》2016 年第 5 期。

[2] 参见程凡卿:《我国司法人工智能建设的问题与应对》,载《东方法学》2018 年第 3 期。

[3] 参见程凡卿:《我国司法人工智能建设的问题与应对》,载《东方法学》2018 年第 3 期。

可能不是,人工智能本体决策逻辑并不总是可以被理解的,甚至程序员也不理解。因此,即使是设计者可能也无从知晓系统如何进行决策,更别提普通公众了。行为和决策的不透明性和不可解释性带来的直接结果就是,当人工智能造成损害时,人们将很难查明事故背后的原因。即使法律要求算法必须公开、透明,或者可以在法庭上对智能机器人的算法系统及其决策进行交叉询问,当事人也会面临技术性障碍,在成本上并不经济。此时,谁来承担法律责任,将成为一个大的问题。

人工智能侵权责任的归责原则,可能更多涉及危险责任或无过错责任,如无人驾驶汽车致害,无论从产品责任还是从机动车交通事故责任上看,都可以适用无过错责任。有人认为,人工智能技术的运用可以考虑使用高度危险作业致害责任,在某种意义上,其本身属于高度危险作业。随着人工智能技术的发展,人工智能侵权责任中的因果关系、过错等要件的判断也变得日趋复杂。一些App“大数据杀熟”和“算法歧视”,由于代码的不透明,加之算法本身的自我学习和适应能力,使得“将算法歧视归责于开发者”变得很困难。美国电气和电子工程师协会在发布的《合乎伦理的设计:将人类福祉与人工智能和自主系统优先考虑的愿景》报告中,共分为八个部分阐述了新的人工智能发展问题。责任原则涉及如何确保人工智能是可以被问责的。为了解决过错问题,避免公众困惑,人工智能系统必须在程序层面具有可责性,证明其为什么以特定方式运作。

3. 裁判者的追责原则

裁判者责任虽然与一般的法律责任相类似,但有其特点,司法责任制度的设计和实施要遵循裁判运行的规律,首先应当保障裁判权的独立行使,责任与保障并重,权力与制约同行,其次应当坚持裁判者责任优先的原则。

(1)司法权的行使是问责的前提

按照有权必有责、有责要担当、失责必追究的原则,明确法官对其履行审判职责的行为承担责任,在职责范围内对办案质量终身负责。司法责任制的重点是构建责权利的平衡机制，不是单纯的法官问责制，[1]目标是规范审判权力运行，使"让审理者裁判、由裁判者负责"得到真正的落实，不是简单地问责，而是坚持责权利相一致。司法责任制是指基于司法的属性而产生的一种责任体系，不仅包括法官的责任担当与责任追究，还包括法官享有充分的独立的裁判权。[2] 党的十八届三中全会提出要完善主审法官、合议庭办案责任制，让审理者裁判、由裁判者负责。在此基础上，党的十八届四中全会提出实行"办案质量终身负责制和错案责任倒查问责制"，最高人民法院于2015年9月21日发布通过《关于完善人民法院司法责任的若干意见》对司法责任的落实予以规范和部署，从其内容可以看出，司法责任制的主线是"明晰责任、优化机制、有序问责、强化保障"。司法责任制的提出，更强调法官责任两层含义之间的平衡，突出法官在独立行使职权的情况下承担司法责任，增强法官独立行使审判权的保障。[3] 在司法人工智能下，问责的前提是裁判是否由法官作出，只有作出才有可能问责，也就是说，司法责任制追究的前提是司法权的依法独立的行使。司法机关依法独立行使职权是司法责任制的前提，依法行使司法职权是指参与审理的裁判者独立自主采纳证据，认定事实和适用法律，根据经验、理性和良心对案件得出独立的裁判结论。[4] 因此，无论是弱人工智能，还是强人工智能，追究裁判责任的基本前提是依法行使司法职权，裁判者独立行使裁判权，并作出相应的裁判。

(2)坚持人类裁判者责任优先原则

从表面来看，人工智能下的裁判似乎不是由法官独任或组成合议庭或者是审判委员会讨论等形式作出，而是通过人工智能自动生成裁决以及大数据对裁判的矫正等做法影响裁判的作出，由此势必形成裁决主体的多元化，裁判不再是法官的"专利"，而是由程序员、软件工程师、数据

---

[1] 参见胡仕浩：《论人民法院"全面推开司法责任制改革"的几个问题》，载《法律适用》2016年第11期。

[2] 参见金泽刚：《司法改革背景下的司法责任制》，载《东方法学》2015年第6期。

[3] 参见王迎龙：《司法责任语境下法官责任制的完善》，载《政法论坛》2016年第5期。

[4] 参见陈瑞华：《司法体制下改革导论》，法律出版社2018年版，第159页。

处理商、信息技术公司等与法官共同作出。与此相一致的是，相应的责任的追究也不能仅追究裁判者的责任，人工智能利益相关者也应承担相应的责任，但应当坚持人类裁判者责任优先的原则。由此可以建立长效的工作考核机制，督促司法工作者认真履行最终决定权和监督义务，防止司法工作者在长期的工作实践中怠于履行职责，过度依赖人工智能。[1] 智能辅助办案系统不是要取代线下刑事诉讼活动，也不是要替代司法人员独立判断，而是要发挥人工智能在数据采集、整理、分析、综合方面的优势，帮助司法人员依法、全面、规范收集和审查判断证据，统一司法尺度，保障司法公正。[2] 如果是按照这种定位，证据的认定和裁判的作出等核心事务掌握在裁判人员的手中，即人工智能只是辅助作用，那么就应当按照上述规定来追责。规定裁判者责任优先原则，可以督促裁判者加强责任意识，不能简单地听从人工智能系统的推送，而要发挥裁判者的能动性，不仅要运用"显性知识"，而且要运用"隐性知识"；不仅要进行利益选择，还要进行价值的衡量，情、理、法相容，从而作出妥当的裁判。从根本上看，裁判者是代表国家作出裁判，因而对于人工智能作出的裁判，裁判者应当负有审查义务，如果认为裁判有问题，裁判者应当予以纠正。即使在强人工智能下，人工智能裁判者作出裁判，人类裁判者也应当承担审查义务，如果裁判者怠于审查而导致错误裁判，则应当承担相应的责任。同时，裁判者责任优先也使得当事人能及时获得赔偿，不会因为责任主体的多元化而导致相互推诿责任。再有，如果属于程序员、软件工程师、数据处理商、信息技术公司的责任，可以考虑在法官承担赔偿责任之后，向责任方追偿，但这不是裁判责任，而是对人工智能"产品"问责的问题。

---

〔1〕 参见程凡卿：《我国司法人工智能建设的问题与应对》，载《东方法学》2018 年第 3 期。

〔2〕 参见孟建柱：《主动拥抱新一轮科技革命 全面深化司法体制改革》，载新华网，http://www.xinhuanet.com//2017-07/11/c_1121301290.htm。

4. 司法责任制和人工智能的定位

司法责任制和人工智能在司法领域中的定位是息息相关的。究竟人工智能载体是不是法律主体？如果不是法律主体，那么当人工智能载体触犯他人利益、造成社会损失时，究竟应该由研发者、运营者还是使用者承担责任呢？如果是法律主体，那么又该如何让这些“人工智能”承担责任，甚至对其定罪量刑呢？人工智能下裁判责任的追究也面临上述问题，对于其责任的追究是和人工智能的法律地位联系在一起的，人工智能失误造成责任分担不明，就在于其法律地位不明确。对于是否赋予人工智能独立的法律地位，理论界存在争议：有观点认为应当赋予其独立的法律人格，人工智能和法人相类似，赋予人工智能法律主体资格能够更好地拓展人类的社会能力，可能更好地服务社会、造福人类。人工智能是人类社会发展到一定阶段的必然产物，具有高度的智慧性与独立的行为决策能力，其性质不同于传统的工具和代理人，在现实条件下，将人工智能定义为具有智慧性质的工具又可作出独立意思表示的特殊主体较妥。[1] 有的人主张区分弱人工智能和强人工智能，有的人则持否定意见，具体的观点包括工具说、电子奴隶说、代理说等。

“工具说”认为人工智能是人类为生产生活应用而创设的技术，其本质是为人类服务的工具；认为人工智能无独立的意思表示能力，并不承认人工智能具有独立的法律人格。“电子奴隶说”认为人工智能不具有人类特殊的情感与肉体特征，在工作时无休息等现实需要，可以认作不知疲倦的机器，有行为能力但没有权利能力。“代理说”认为人工智能的所有行为均被人类控制，其作出的行为与引起的后果最终必须由被代理的主体承担。[2] 上述三种观点均存在不同程度的缺陷，“工具说”将人工智能作为工具，但忽视了人工智能技术已经发展到可以作出独立意思表示的阶段，比如瑞士已有雇主为机器人缴纳雇员税的先例。再如特斯

---

〔1〕 参见姚万勤：《人工智能影响现行法律制度前瞻》，载《人民法院报》2017 年 11 月 25 日第 2 版。

〔2〕 参见袁曾：《人工智能有限法律人格审视》，载《东方法学》2017 年第 5 期。

拉公司生产的电动汽车，已经实现了不需要驾驶员操作的无人驾驶，能够独立自主进行选择判断，其工具属性早已不属于无意思表示能力的传统“工具”。“电子奴隶说”认为人工智能并不具有权利能力，其引起的后果归属于其拥有者，虽解决了人工智能承担法律责任的主体问题，但实际上是延伸的“工具说”，否认人工智能的独立主体地位。“代理说”中对于人工智能代理地位的确认其实已承认人工智能具有独立的法律人格。[1] 有的人认为如果是机器人工智能的“擅自所为”，此时可以参照替代责任追究相关人员的责任。[2]

根据最高人民法院《关于完善人民法院司法责任制的若干意见》第29～33条的规定，对裁判者则根据独任制、合议制、审判委员会讨论等不同的审判组织形式设定不同的责任承担：(1)独任制审理的案件，由独任法官对案件的事实认定和法律适用承担全部责任。(2)合议庭审理的案件，由合议庭成员对案件的事实认定和法律适用共同承担责任。进行违法审判责任追究时，根据合议庭成员是否存在违法审判行为、情节、合议庭成员发表意见的情况和过错程度合理确定各自责任。(3)审判委员会讨论案件时，合议庭对其汇报的事实负责，审判委员会委员对其本人发表的意见及最终表决负责。案件经审判委员会讨论的，构成违法审判责任追究情形时，根据审判委员会委员是否故意曲解法律发表意见的情况，合理确定委员责任。审判委员会改变合议庭意见导致裁判错误的，由持多数意见的委员共同承担责任，合议庭不承担责任。审判委员会维持合议庭意见导致裁判错误的，由合议庭和持多数意见的委员共同承担责任。合议庭汇报案件时，故意隐瞒主要证据或者重要情节，或者故意提供虚假情况，导致审判委员会作出错误决定的，由合议庭成员承担责任，审判委员会委员根据具体情况承担部分责任或者不承担责任。审判

---

〔1〕 参见周晓俊、张申生、周根春：《基于约束的智能主体及其在自动协商中的应用》，载《上海交通大学学报》2005年第4期。

〔2〕 参见雷悦：《人工智能发展中的法律问题探析》，载《北京邮电大学学报(社会科学版)》2018年第1期。

委员会讨论案件违反民主集中制原则,导致审判委员会决定错误的,主持人应当承担主要责任。(4)审判辅助人员根据职责权限和分工承担与其职责相对应的责任。法官负有审核把关职责的,法官也应当承担相应责任。(5)法官受领导干部干预导致裁判错误的,且法官不记录或者不如实记录,应当排除干预而没有排除的,承担违法审判责任。

从中可见,审判责任贯彻的是"让审理者裁判、由裁判者负责"、审判独立、权责一致、过错责任原则,这些完全可以适用于人工智能。在弱人工智能下,裁判权在法官的手中,法官虽然根据人工智能推送的法律法规、类案以及人工智能设置的裁判幅度进行裁判,但决定权仍然掌握在法官的手中,他根据自己的理性、良心、裁判经验、人生阅历对人工智能把关下的证据进行认定,对法律进行解释进而作出裁判,人工智能处于辅助裁判的地位。裁判人员的核心任务是对案件事实和价值进行分析,并公允地作出裁判,智能化办案系统将不涉及价值判断的事务性工作剥离于审判及其辅助人员,系统自动完成,为审判及其辅助人员服务。[1]因此,在弱人工智能下,裁判者责任应当按照现行法律规定来执行。

在弱人工智能下,人工智能被看作通常意义上的科技产品,由民法产品责任的相关法律来调整。从这个角度来看,人工智能造成的损害很大一部分归责于人工智能设计者、数据服务商、制造者、销售者或者使用者的"过失""产品警告的缺失""没有尽到合理的注意义务"。但这种归责制度随着机器人越来越自动化及智能化而难以适应,并会逐渐被废弃,新的责任分担机制会被逐渐设计出来。《产品质量法》第 43 条规定,因产品存在缺陷造成人身、他人财产损害的,受害人可以向产品的生产者要求赔偿,也可以向产品的销售者要求赔偿。属于产品的生产者的责任,产品的销售者赔偿的,产品的销售者有权向产品的生产者追偿。属于产品的销售者的责任,产品的生产者赔偿的,产品的生产者有权向产品的销售者追偿。显然,当产品造成他人利益损失时,我国法律是规定

〔1〕 参见高一飞、高建:《智慧法院的审判管理改革》,载《法律适用》2018 年第 1 期。

由产品的生产者或销售者来承担法律责任的。如果依据《产品质量法》第43条的规定来分配法律责任，显然，人工智能只属于产品和工具的范畴。

然而，人工智能显然不同于一般的产品，尤其是强人工智能不仅可以像人类一样思考和决策，它的计算和思维能力甚至远超人脑，还可能具有情感，赋予其主体地位具有必要性。如果在法律上人工智能被定位为独立的主体，享有权利并对自己的行为承担法律责任，那么这将对传统的法律体系产生巨大的冲击。相应地，归责责任也要发生相应的变化。对于智能自主机器人的界定，欧盟议会法律事务委员会提出了四大特征：(1)通过传感器与其环境进行交换数据(互联性)以及数据分析等方式获得自主性的能力；(2)从经历和交互中学习的能力；(3)具有机器人的物质支撑形式；(4)因其环境而调整其行为和行动的能力。可见，自主性(包括自主进行决策)和学习能力是智能自主机器人的核心特征，在某种意义上，已经没有充分的根据将其继续看作供人类驱使的被动工具了，人工智能变成了主体而不是客体。这其实已经为人工智能产品责任承担指出了大致的方向，在人工智能的哪一个环节有过错，该环节相应人员就要承担相应的责任。但问题是这些主要还是定位在弱人工智能产品，对于强人工智能，当其做出的行为超出程序设计的范围，则该如何追究呢？因为这时人工智能具有自我学习能力，可以根据具体的情景作出决策。也就是说，这时人工智能具有行为能力，能够辨认和控制自己的行为，人工智能承担责任也就顺理成章。

人工智能和人类发明创造的不同，关键在于人工智能具有学习功能，能够脱离人类控制进行自主回应，进行深度自我学习，不会按照编程所确定的方式进行运作，如此就存在很多的不确定性因素。如果人工智能系统没有嵌入正确的价值理念，在大千世界里，各种思想、价值观并存、激荡，人工智能可能会学习不正确的东西，甚至可能会被人“教坏”。作为社会正义的最后一道防线的司法，承载着人类对正义的追求，承担着解决纠纷、监督非诉讼纠纷解决机制、形成公共政策、引导社会发展的使命和责任,如何保障人工智能的这种品质,则是赋予人工智能裁判权的关键和核心。罗纳德·德沃金说“法院是法律帝国的首都,法官是帝国的王侯”。可见我们赋予法官多大的荣誉,他们在一个国家中具有崇高的地位,其荣誉、地位和责任是相称的,我们赋予法官如此高的荣誉也意味着他们承担的责任很大。因此,人工智能下的裁判者同样要承担相应的责任。

5. 人工智能司法责任的承担

人工智能下,司法责任面临新的问题,需要据此制定相应的制度,保障司法责任制的有效实施,以维护社会的公平正义。

(1)保障算法可追溯、透明,这是司法责任制追究的前提

如前文所述,算法是人工智能的核心,司法责任制的追究要对算法进行回溯,以认定责任。美国电气与电子过程师协会的设计值得借鉴。2016 年 12 月,标准制定组织美国电气与电子过程师协会发布《合伦理设计:利用人工智能和自主系统(AI/AS)最大化人类福祉的愿景(第一版)》,旨在鼓励科技人员在人工智能研发过程中,优先考虑伦理问题。责任原则涉及如何确保人工智能和自主系统是可以被问责的。为了解决过错问题,避免公众困惑,人工智能系统必须在程序层面具有可责性,证明其为什么以特定方式运作。第一,立法机构/法院应当阐明人工智能系统开发和部署过程中的职责、过错、责任、可责性等问题,以便于制造商和使用者可以知晓其权利和义务分别是什么;第二,人工智能设计者和开发者在必要时考虑使用群体的文化规范的多样性;第三,当人工智能 AI 及其影响游离于既有规范之外时,利益相关方应当一起制定新的规范;第四,自主系统的生产商/使用者应当创建记录系统,记录核心参数。同时,坚持透明性(Transparency),透明性原则意味着自主系统的运作必须是透明的。AI/AS 是透明的意味着人们能够发现其如何以及为何作出特定决定。人工智能的不透明性,加上人工智能开发的去中心化模式,加重了责任确定和责任分配的难度。透明性对每个利益相关方都意义重大。第一,对使用者,透明性可以增进信任,让其知道人工智能

系统可以做什么及其这样做的原因;第二,对人工智能和自主系统批准和认证机构,透明性则确保人工智能系统可以接受审查;第三,如果发生事故,透明性有助于事故调查人员查明事故原因;第四,事故发生之后,参与审判的法官、陪审团、律师、专家证人需要借助透明性来提交证据,作出决定;第五,对于自动驾驶汽车等颠覆性技术,一定程度的透明性有助于增强公众对技术的信心。因此,需要制定透明性标准,阐明可测量的、可测试的透明性程度。但对于不同的利益相关方,透明性的具体要求是不同的。美国《国家人工智能研究和发展战略计划》提出通过设计提高人工智能的公平性、透明度和可责性。司法人工智能是社会公平的最后一道防线,承载人类对公平正义的追求,更应当保障算法的公平性和透明性。如果发生问题,易于追溯,以查明原因。综上所述,裁判算法的公平性和透明性是树立司法权威和公信力的重要途径。

(2)责任的承担主体

2015 年,联合国教科文组织与世界科学知识与技术伦理委员会联合发布报告,该报告探讨了一个复杂的问题,即在制造一个机器人需要不同的专家和部门合作的情况下,谁该为机器人的某次操作失灵负责任。报告提出了一个可行的解决办法,即采取责任分担的解决途径,让所有参与到机器人的发明、授权和分配过程中的人来分担责任。另一个解决办法,就是让智能机器人承担责任,因为智能机器人确实拥有前所未有的自主性,并且拥有能够独立作出决策的能力。可见这个责任承担方式是比较开放的,考虑到了各方利益的平衡以及人工智能的成熟程度,即强人工智能和弱人工智能下法律责任的承担问题,但报告没有考虑使用者的责任问题。

可以将裁判人工智能分为自动的和自主的,前者是按照固有的指令进行运行,执行的是设计者或操作者的指令,其自身没有自我意志,而后者能够自己作出决定,这也意味着相关的人员可能根本没有责任。机器人所应承担的责任应与其给予机器人的指令级别以及机器人的自主性程度相称。因此,机器人的自主性或者学习能力越强,其他主体的责任就越轻;机器人的"教育"持续的时间越长,"教育者"所应负担的责任就越大。[1] 如果人工智能定位为办案辅助,则法官是承担责任的主体,目前司法人工智能的技术还不成熟,很多方面还无法真正实现智能化,人工智能作出裁判还具有很大的不确定性,更不要说让人工智能取代法官裁判的地位。司法裁判、证据综合认定这些裁判的核心环节必须把控在法官的手中,此时裁判主体是裁判者,只要没有将机器的自主决定设定为自动执行,就会取消决策者的判断权和相应的责任。虽然目前的司法人工智能属于封闭型的专家系统,还没有自主决策能力,但在技术上却具有较大可能性,只是基于各种考虑,没有赋予人工智能以判断权和决策权。一旦有一天赋予其判断权,这时司法责任制将会发生变化,应当让人工智能裁判者承担法律责任。

(3)裁判者责任形式

承担民事责任的形式包括停止侵害、排除妨碍、消除危险、返还财产、恢复原状、修理、重作、更换、消除影响、恢复名誉等,修理、更换、重作、支付违约金是典型的合同责任。在合同一方当事人所交付的标的物有质量瑕疵时,通常需要承担修理、更换、重作的责任。当事人在合同中对违约金进行了约定或法律规定了违约金,义务人违约时,需要承担支付违约金的民事责任。人民法院审理民事案件,除适用上述规定外,还可以予以训诫、责令具结悔过、收缴进行非法活动的财物和非法所得,并可以依照法律规定处以罚款、拘留。承担刑事责任的形式有主刑和附加刑,主刑包括管制、拘役、有期徒刑、无期徒刑和死刑,附加刑包括罚金、剥夺政治权利和没收财产。此外,对于犯罪的外国人,可以独立适用或者附加适用驱逐出境。行为人承担刑事责任的方式有以下几种:(1)定罪判刑方式。刑罚是刑事责任最重要的实现方式,也是刑事责任与其他法律责任性质不同的要点所在。因此,人民法院判处某种刑罚是行为人

---

〔1〕 参见司晓、曹建峰:《论人工智能的民事责任:以自动驾驶汽车和智能机器人为切入点》,载《法律科学(西北政法学院学报)》2017 年第 5 期。

承担刑事责任的主要方式。(2)定罪免刑方式。人民法院对行为人作有罪判决,同时宣告免除处罚,这是行为人承担刑事责任的又一种方式。以这种方式承担刑事责任,必须有法律明文规定。(3)特殊处理方式。根据《刑法》第11条的规定,享有外交特权或豁免权的外国人的刑事责任,通过外交途径解决。承担行政法律责任形式有惩罚性行政责任、强制性行政责任和补救性行政责任。惩罚性行政责任的主要形式包括通报批评、行政处分等;强制性行政责任包括强制划拨、执行罚等;补救性行政责任的形式较多,主要包括认错道歉、恢复名誉、消除影响、撤销违法、纠正不当、返还权益、行政赔偿等。

对于民事责任,主要为损害赔偿责任,可以考虑将其纳入国家赔偿的范畴,因为人工智能裁判者代表国家行使国家权力,其作出裁判的行为当然是职务行为,理应由国家承担责任。弱人工智能时代,刑事举证责任将转移给人工智能机器人的设计者或操控者;强人工智能时代,人工智能机器人将具备刑事责任能力,应当思考刑罚对人类及人工智能机器人的意义,从而制定对其行之有效的刑罚措施。[1] 针对强人工智能产品的犯罪,有必要在刑法中增设删除数据、修改程序、永久销毁等刑罚种类。[2]

(4)责任承担的方式

关于民事责任的承担方式,欧盟议会法律事务委员会的相关规定值得借鉴。早在2015年1月,欧盟议会法律事务委员会就决定成立一个工作小组,专门研究与机器人和人工智能发展相关的法律问题。2016年5月,欧盟议会法律事务委员会发布《就机器人民事法律规则向欧盟委员会提出立法建议的报告草案》(*Draft Report with Recommendations to the Commission on Civil Law Rules on Robotics*);同年10月,发布研究成果

---

〔1〕 参见李兴臣:《人工智能机器人刑事责任的追究与刑罚的执行》,载《中共青岛市委党校.青岛行政学院学报》2018年第4期。

〔2〕 参见刘宪权:《人工智能时代的"内忧""外患"与刑事责任》,载《东方法学》2018年第1期。

《欧盟机器人民事法律规则》(*European Civil Law Rules in Robotics*)。长期来看,考虑赋予复杂的自主机器人法律地位(电子人,electronic persons)的可能性。当具有自主学习能力的人工智能系统造成损害,让其设计者和开发者承担责任可能遭遇原因力(因果关系)和可预见性这两大难题,这给既有的民事侵权责任规则带来了挑战。对此,欧盟议会法律事务委员会提出了两个建议:第一个建议是,对机器人适用强制保险机制,这类似针对机动车的强制险,由机器人的生产者或者所有者负责购买,以便对机器人造成的损害进行责任分配。第二个建议是,设立赔偿基金。这一制度有两大目的:其一,对强制险未予覆盖的损害进行赔偿;其二,让投资人、生产者、消费者等多方主体参与这一机制,从而形成赔偿基金。在现阶段,对于这种模式可以考虑借鉴。和交通事故强制险一样,可以实行人工智能强制保险,由人工智能的开发者购买。同时,也可以考虑由人工智能的利益相关者成立基金,当人工智能的法律责任在强制险不足以支付赔偿的情况下,可动用基金进行补充赔偿。对于司法责任制也可以考虑这种模式,在裁判者承担责任后,如果属于人工智能开发者、设计者的责任的,可以向开发者、设计者追偿。开发者、设计者的责任先由强制险予以承担,不足部分可以动用基金,在基金支付之后仍然不够的情况下,再由开发者、设计者自己承担。在强人工智能下,人工智能可以成为法律主体,其可能享有财产权,因此,这时责任的承担和人类裁判者责任承担一样,没有区别。

四、人工智能背景下裁判人员能动性的发挥

(一)问题的提出

人工智能、大数据等技术发展的确提高了审判效率,促进了司法公正,部分解决了司法面临的一些难以解决的问题。但是,作为一项技术,其具有(隐性)可操控性的特征,正如法兰克福学派的马尔库塞所说,科技如同意识形态,具有明显的工具性和奴役性,具有统治和奴役人类的

社会功能。[1] 裁判者因此从主体慢慢变为被人工智能操控大数据分析的客体,其主体性在不断削弱,从长远来看则可能形成一种对裁判者的隐性操控,因为裁判者越来越依赖它,越来越离不开它。“数据主义司法观”[2]的一个潜在的结果是导致“以法官为中心”转向“以数据为中心”,“司法智识”不再被法官独享,[3]算法并不把法官预设为司法场景的特殊主体来对待,而是作为可计算、可预测、可控制的客体。[4] 同时,从自身“安全”考虑,办案人员根据类案推送结果进行裁决,如此风险最小,即使是裁判有问题,那也是人工智能的问题,是算法问题。尤其是当前强调“让审理者裁判、由裁判者负责”下司法责任制的实施,裁判者要对案件终身负责,以前还可以借助庭长、院长审批或审判委员会讨论,减轻甚至可以逃避责任的追究,如今裁判者要直面这些问题。党的十九大以来,很多冤假错案虽然得以纠正,实际上有关责任人员却没有得到相应的追究,或者被淡化处理,这和当时的案件审批制度有着密切的关系。但在当前,随着庭(院)长审批制度的取消,裁判权得到落实,责任追究当然要得到落实,权力和责任是对应的,有权必有责。在此背景下,如此虽然有助于保障依法行使司法职权,减少对裁判的干预,裁判者可以根据自己对法律的理解及裁判经验对案件进行公正裁决,增强了其职业的尊荣感和责任感,但基于裁判的性质以及认定事实和适用法律的复杂性,案件的裁判难免会产生问题,“公正的裁判是不容易的,最审慎的法官也可能把案子搞错”[5]。在错案追究制的高压下,裁判者背负着一个沉重

---

〔1〕 参见陈爱华:《哈贝马斯科技伦理观述评——哈贝马斯〈作为“意识形态”的技术与科学〉解读》,载《伦理学研究》2007 年第 3 期。

〔2〕 数据主义(data - ism)是一种视一切为数据并以数据为中心的世界观,大数据技术的发展极大地推动并强化了“数据主义”。参见高兆明:《“数据主义”的人文批判》,载《江苏社会科学》2018 年第 4 期。

〔3〕 参见王禄生:《司法大数据与人工智能技术应用的风险及伦理规制》,载《法商研究》2019 年第 2 期。

〔4〕 参见郑戈:《算法的法律和法律的算法》,载《中国法律评论》2018 年第 2 期。

〔5〕 参见[法]勒内 · 费洛里奥:《错案》,赵淑美、张红竹译,法律出版社 1984 年版,第 4 页。

的负担,如果有了一个"推卸"责任的"绝佳"机会,部分法官肯定会选择推送的案例,尽量不要作出和推送案例相悖的裁判。所以有的人担心,智能裁判后再也不会有类似"马伯里诉国务卿"这样伟大判例的诞生,司法的公共政策功能、对权力的创制功能、司法能动作用将受到影响,甚至无法发挥这些功能和作用。

同时,部分学者对人工智能介入裁判领域持保留意见甚至持反对态度,认为人工智能一旦介入裁判领域将会助长裁判者的惰性、冤假错案频发、破坏裁判公正;一些在职法官也心存担忧,认为人工智能的介入不仅会改变审判模式、增加工作负担、模糊司法责任甚至将来会取代法官的主体地位。有人担心,人工智能的类案推送未来可能导致部分办案人员产生说理懈怠,或者过度依赖机器[1]。笔者认为,正义的产生和判断不可能是机械的,而是能动的。因此,要实现裁判公正,必须要研究人工智能对裁判者进行约束的同时,其能动性的发挥问题。

(二)法官能动性的界定

法官能动性是建立在"主体间性"认识过程基础上的,法官发挥能动作用认定案件事实和适用于创制法律以及积极反作用力的过程或行为总称。第十三届全国人民代表大会宪法和法律委员会副主任委员江必新对能动司法作出了较为全面的解读,认为适度能动司法要求法官最大可能实现司法程序的正当性,而不是简单的法律规定多少程序就遵循多少程序;要求法官最大限度地实现当事人在事实上的平等或对等,而不是简单地一视同仁、平等对待;要求法官尽可能发现客观真实,而不是简单地停留在按照证据规则办事的阶段;要求法官更加精准、全面地实现法律效果与社会效果的统一,而不是顾此失彼,甚或两者皆失;要求法官充分发挥能动作用,与党和国家大局保持合理、良性的关系,而不是孤立

[1] 参见陈尔彦:《法律如何应对人工智能挑战》,载《经济参考报》2017年12月12日第8版。

办案,无视司法的社会属性。[1] 可见,法官的能动性既包括其认定事实的能动性、适用法律的能动性,更体现裁判结果的能动性,并做到形式正义和实质正义的统一、社会效果和法律效果的统一。

(三)司法人工智能的定位和裁判人员能动性的发挥

目前,总体上处于弱人工智能阶段,在此阶段,司法人工智能只是从事辅助性的工作,其功能主要是将裁判人员从大量的事务性工作中解放出来,裁判的核心工作仍然掌握在裁判人员的手中,尤其是证据的判断、裁判的作出等都要发挥裁判人员的主观能动性。人工智能是法官裁判的辅助而不是依赖,法官的敬业和职业伦理,更应该在人工智能发展中得到强化。[2] 智慧司法和能动司法不是非此即彼的关系,也不是前者包容后者或者后者包容前者的包容关系,智慧司法是技术的,能动司法才是真正智能的。智慧司法建设秉持的理念应当是在司法机关生产正义的方式以及当事人实现正义的途径方面作出积极的努力,但是,对正义的生产与判断绝不可能是机械的,而是能动的。[3] 因此,在当前司法人工智能下,法官仍然是裁判者的主体,无论是认定事实、适用法律,还是作出裁判,都要发挥其能动作用。科技再进步,也不可能无视裁判者的能动性,尤其是在弱人工智能下,裁判离不开裁判者的能动作用的发挥。

正义往往是盲目的,正义之神蒙着眼睛,运用手中天平对案件作出公正的裁判。案件发生在过去,且只有唯一性,永远无法还原,无法像自然科学那样,在一定条件下再行重复一遍,裁判者只能依据现有的证据碎片运用证据规则去探知法律真实。因此,事实认定过程实质上也是对事实的一个确认过程,需要法官发挥能动作用予以判断、推理。由于裁判者没有亲历案件的发生,只能依据当事人提供的证据,在有限时空下,

---

〔1〕 参加江必新:《良善司法的制度逻辑与理性构建》,中国法制出版社 2014 年版,第 7 页。

〔2〕 参见蒲晓磊:《法律该赋予人工智能怎样的地位?》,载《法制日报》2018 年 1 月 23 日第 10 版。

〔3〕 参见国中兴、吴占英:《处理好"五个关系"促进智慧司法建设》,载《检察日报》2018 年 1 月 29 日第 3 版。

运行证据规则以及内心的理性、良心、自由心证,对证据证明力的有无以及证明力的大小综合进行判断。裁判者不仅要运用自己的智性,还可能要用到自己的心性和灵性。可见,如果没有裁判者的主观能动性,就难以作出正确的认定。诉讼认识不是单纯的主客体认识,它同时包含证实、证伪、证实和证伪交叉重叠的论证过程。[1] 很多国家法律规定法官认定事实的能动性。德国将案件事实的认定委诸于法官"自由心证",1877 年的德国、1892 年的俄国均以不同形式的法律规定认可自由心证原则。和法定证据制度相比,自由心证制度最大的不同在于其对证据是否有证明力、证明力的大小不预先作出规定,而由法官根据内心确信去自由判断。《最高人民法院关于民事诉讼证据的若干规定》第 85 条第 2 款规定:"审判人员应当依照法定程序,全面、客观地审核证据,依据法律的规定,遵循法官职业道德,运用逻辑推理和日常生活经验,对证据有无证明力和证明力大小独立进行判断,并公开判断的理由和结果。"该规定和其他国家的规定如出一辙。《德国刑事诉讼法典》第 261 条规定,对证据调查的结果,由法庭根据它在审理的全过程中建立起来的内心确信而决定。在法国,法官有完全的自由来评判向其提出的证据的价值。法官按照其意识自行作出决定,依据其内心确信来判断被告有罪还是无罪,决定对被告是判刑还是无罪释放,无须对其认定的证据所赋予的证明力作出任何说明。

在法律适用上,也需要发挥裁判人员的主观能动性对法律条文作出合理的解释,进行正确的解读,尤其是在没有规定的情况下,需要进行扩充解释,或者进行类推适用。法官对法律的适用并不是"自动售货机式"的机械运作,法律规范的滞后、僵硬特性与案件纠纷的鲜活复杂情状之间的矛盾, 决定了在具体的司法裁判活动中 ,在个案的裁判上,必须强化法官的积极性,要求法官在司法过程中秉承一定的价值理念和方法,

---

〔1〕 参见樊崇义:《诉讼原理》,法律出版社 2003 年版,第 333 页。

理性地对案件的事实和法律问题作出判断。[1]

裁判的作出不是简单地认定事实和适用法律,而是要裁判者在此基础上作出评定,其中不仅有一个利益衡量的过程,而且有一个价值选择的过程。法院不仅要定分止争,有时还要形成公共政策,尤其是在社会转型期,新问题层出不穷,法律还没有来得及作出规定,需要司法对其作出回应,在此基础上,形成公共政策。这时就有一个利益衡量和价值选择的问题。在我国,裁判有其特殊性,不仅要讲求法律效果,还要追求社会效果,做到二者统一,需要裁判人员进行准确拿捏,予以妥善处理。最终的裁决,必定是综合各方面因素,发挥裁判者的主观能动性而作出的判断,这绝不是机器可以代替的。

裁判书不允许只有证据和判决结论,必须要有事实认定过程和法律适用过程,有一个法律推理过程。缺少法律推理的裁判书,即使裁判结论"正确",但也缺乏说服力,无法树立法律权威和公信力。缺乏法律推理过程,还会引起规则体系的混乱,动摇法律大厦的根基。法律推理的过程就是一个裁判者能动作用的发挥过程。随着大数据、云计算的发展,人工智能采取数据驱动的方法,得出的是相关关系,而不是因果关系,然而传统法学理论的大厦基本上构筑在因果关系之上,是一种因果思维,"因果关系""过错"等在传统法律体系中有着不可动摇的地位。同时,法律推理也要坚持认识论和价值论的统一,需要价值取向与认知共同发挥作用,但弱人工智能只有"认知",而没有"价值取向"。普通案件的裁判过程是一个形式逻辑推理过程,是一个典型的"三段论",人工智能仅凭认知就能得出裁判结论。但在疑难案件中,无论是大前提的法律适用,还是小前提的事实,都存在问题,"三段论"推理陷入困境,这时法官的主观能动性、价值观的作用开始显现。而人工智能恰恰缺乏动机或价值观,因此无法展开多元价值的取舍与平衡,于是人工智能裁判陷

---

〔1〕 参见张志铭:《中国司法的功能形态:能动司法还是积极司法?》,载《中国人民大学学报》2009 年第 6 期。

入了僵局。由此,“数据驱动”的人工智能只能是辅助法律分析和法律推理的工具,而非法律分析和法律推理本身,也就是说,在弱人工智能下,裁判者的能动作用是无法替代的。但人工智能也有长处,其记忆和检索功能强,可以使法律问题的解决具有一贯性,而人的优点是能做价值推理,使法律问题的解决适应社会的变化发展,从而具有灵活性。将人工智能和人类智能结合,实现人机互补,可以发挥各自所长。人机系统解决方案立足于人与机器的功能互补,目的是解放人的脑力劳动,服务于国家的法治建设。[1]

有人认为,裁判或司法不会为人工智能所取代,但也有人认为,即使人工智能取代人类,人类也应当将其应用牢牢控制在自己手中,对此类人工智能应限制或禁止开发。在技术上,“阿尔法法官”的诞生是可能的,甚至是难以避免的,但现在不是讨论可不可能的问题,而是讨论如其到来,如何应对。正如有的学者担心:“在强人工智能下,司法工作的核心作用将被人工智能所取代,严密的工作制度在算法的绑架下失去作用。现代法治也会因为过度依赖人工智能而全面解构。”[2]此时,考虑的问题是应当如何将人类的价值观、裁判的理念嵌入算法或代码之中。阿西莫夫于 1941 年发表的作品 *Runaround* 中第一次明确提出了著名的“阿西莫夫机器人三定律”,即机器人不得伤害人类,或看到人类受到伤害而袖手旁观;在不违反第一定律的前提下,机器人必须绝对服从人类给予的任何命令;在不违反第一定律和第二定律的前提下,机器人必须尽力保护自己。后来又补充第四条定律“机器人零定律”:机器人必须保护人类的整体利益不受伤害,其他三条定律都是在这一前提下才能成立。此时,法院的能动作用更多地体现在算法上,法官将自己对法律的经验和理解通过代码予以表达,让人工智能能够“读懂”,并能转化为自己的能力。此时,人工智能已经具备自我学习的能力,人类裁判者可能

---

[1] 参见张保生:《人工智能法律系统的法理学思考》,载《法学评论》2001 年第 5 期。

[2] 参见程凡卿:《我国司法人工智能建设的问题与应对》,载《东方法学》2018 年第 3 期。

更多地发挥监督和评价功能，对司法人工智能的社会效果进行评价，并对其进行相应的矫正，让其按照人类普世的价值进行裁判，而不会发生偏离。

（四）司法责任制和裁判人员能动性的发挥

当前，司法改革强调“审理者裁判、裁判者负责”，并推行相应的配套制度，实行案件质量终身负责制，司法责任制度似乎成为一把架在裁判者头上的“达摩斯之剑”。智慧法院以高度信息化方式支持司法审判、诉讼服务和司法管理，实现全业务网上办理，构建网络法院；全流程依法公开，构建阳光法院；全方位智能服务，构建智能法院。从自身“安全”考虑，或者基于惰性，司法人员一般会遵从人工智能推送的结果，由此容易产生懈怠，甚至产生人工智能“依赖症”，裁判人员的主观能动性的发挥受到影响和挑战。为此需要改革责任追究制度，督促法官或人类裁判者发挥主观能动性，发挥审查监督的责任。

首先，应当对司法责任制进行相应的改革，从结果责任转向过程责任或伦理责任，让裁判者敢于裁决。同时要强化裁判者的责任。在弱人工智能下，人工智能只是辅助办案，作出裁判的是裁判者，因而对其裁判行为应当承担相应的责任，即使是人工智能的推送有问题，他仍然要承担责任，因为他对推送的结果有审查的义务，推送的结果也只能作为裁判的参考，如果他怠于行使审查的责任，如果裁判错误，他就应当对该错误承担相应的责任。就本质而言，此时裁判是裁判者作出的，人工智能只是作为参考；在强人工智能下，人类裁判者要承担审查人工智能裁判结果的责任，并要对审查责任承担相应的法律后果，如前文所述，基于安全考虑，即使允许人工智能进行裁判，但人类仍然要控制裁判主权，可以考虑人工智能作出的裁判需要人类作出最终审核。这时人类裁判者更多的是作为一个监督者的角色而存在，相应的司法责任也要进行相应的调整。

其次，在利用人工智能对裁判人员进行监督的同时，一定要留有余地和空间，让其能够有空间作出妥善的裁判，即学术界所述的人工智能背景下司法人员主观能动性的发挥,即“有思考的服从”。在实践中,人工智能在探索“偏离度分析”,该偏离度是指为办案结果设置一个能将个案处理情况充分考虑在内的许可性空间:法官、检察官的个案处理结果若在偏离度内,则具有独立的决定权;若在偏离度外,则会启动汇报核查程序,由法官、检察官就偏离预估值的理由作出解释、说明。苏州市中级人民法院构建同案不同判预警监测系统能使法官得到精准参考,其专设的“本案特殊情形信息输入窗口”为个性化、人性化的裁决预留了必要空间。[1] 由此,人工智能既可以规束裁判者的自由裁量权,以保障裁决尺度的统一,又可以发挥裁判人员的主观能动性,也为追责提供了依据。人和机器在解决法律问题时各有所长、人机互补,可以共同发挥各自的特长。

结　语

智能仲裁建设和智慧法院建设一样,面临着诸多的问题,除大数据的收集和共享、安全运维保障、隐私权的保障、专业队伍建设等共性问题之外,还面临着新问题,且传统老问题也面临新的挑战。有人担心裁判的核心作用将为人工智能所取代;严密的工作制度在算法的绑架下失去作用;现代法治也会因为过度依赖人工智能而全面解构;裁判公开、裁判公正、依法行使司法职权、裁判责任、裁判者的权威和公信力、裁判者能动性的发挥等面临新的挑战,亟须解决。

智能裁判一方面拓展了裁判公开的深度和广度,同类案件、关联案件及法律法规的精准推送,有助于实现类案同判,从而实现法律适用的统一,最大限度减少裁判人员的主观性和随意性,树立裁判权威和公信力;另一方面由于算法的不公开,可能存在算法歧视和数字鸿沟,势必影响裁判公开和裁判公正,传统裁判权威和公信力树立的途径面临挑战。

---

〔1〕 参见李奋飞、朱梦妮:《司法责任制改革的司法大数据方略》,载《郑州大学学报(哲学社会科学版)》2018 年第 1 期。

因此，应当完善大数据的治理机制，确保算法的可追溯性，赋予人工智能技术研发者程序可解释性的义务，通过强化法律人员和技术人员的互动融合，实现算法的公正、公开、公平，树立裁判权威和裁判公信力。

人工智能自动生成裁决以及大数据对裁判的矫正等做法势必形成裁决主体的多元化，裁判不再由裁判者单独作出，而是由程序员、软件工程师、数据处理商、信息技术公司等与裁判者共同作出，裁判主体难以特定化，由此不仅传统依法行使司法职权受到挑战，而且模糊了裁判责任。为了实现裁判公正和依法行使司法职权，应当根据裁判的规律，落实"让审理者裁判、由裁判者负责"的原则，实行裁判者责任优先，并根据智能裁判的成熟程度，建立相应的裁判责任形式。

人工智能的介入不仅改变了裁判模式，而且人工智能的精准推送未来可能助长裁判者的惰性，导致部分办案人员产生说理懈怠，或者过度依赖机器，甚至人工智能将来会取代裁判者的主体地位。正义的生产和判断不可能是机械的，而是能动的。因此，要实现裁判公正，必须要研究人工智能对裁判者进行约束的同时，发挥其能动性的问题。为此，需要改革责任追究制度，督促人类裁判者发挥主观能动性，切实履行审查监督的责任；在利用人工智能对裁判人员进行监督的同时，一定要留有余地和空间，让其能够有空间作出妥善的裁判，做到"有思考的服从"。

第七章　劳动人事争议智能仲裁建设的基本设想和基本方案

国务院先后印发了《关于积极推进“互联网＋”行动的指导意见》《促进大数据发展行动纲要》和《国家信息化发展战略纲要》等一系列文件，将“互联网＋”“大数据”“人工智能”上升为国家战略，纳入国家“十三五”的总体布局。党的十九大报告进一步指出要“推动互联网、大数据、人工智能和实体经济深度融合”，“提高社会治理社会化、法治化、智能化、专业化水平”。为贯彻党中央、国务院要求，结合落实全国“互联网＋人社”推进座谈会部署和“十三五”时期调解仲裁工作总体思路，人力资源和社会保障部以“三系统一平台”为基础，构建“互联网＋调解仲裁”工作体系，为智能仲裁建设搭建了基本框架。具体而言，应从规划引领能力、基础支撑能力、网络化应用能力、阳光化应用能力、智能化应用能力以及创新示范作用等方面对智能仲裁予以设计规划，并予以推进，以进一步提高劳动人事争议仲裁效能和服务社会能力,推进劳动人事争议仲裁的专业化、规范化、标准化、信息化建设。

一、劳动人事争议智能仲裁建设现状

自2012年,人力资源和社会保障部研发仲裁办案系统并在全国范围内启动系统应用和上线运行。各省份根据各自的实际情况,选择了不同的系统和上线模式。目前,劳动人事争议仲裁信息化建设正在有序推进,"三系统一平台"为基础的平台正在搭建,为智能仲裁建设搭建了基本框架。

(一)劳动人事争议仲裁信息系统建设状况分析

1. 劳动人事争议仲裁办案系统建设与应用

劳动人事争议仲裁办案系统(以下简称办案系统)是根据相关法律法规要求,遵循金保工程统一应用软件的技术规范和数据标准,结合仲裁办案实务而设计的,具备了案前调解、案件受理、案件审理、绩效监督、统计分析等功能,涵盖了调解仲裁办案的各个环节,具有案件办理过程和结果的信息共享、咨询交流、办案流程管理和查询、办案监督等作用,并可提供政策查询、信息发布等面向社会公众的信息服务。

该系统是由仲裁工作人员使用的专门处理劳动人事争议案件的信息系统,旨在规范办案流程,统一办案标准,提高办案效能,加强办案监督。2018年第二季度,全国31个省份和新疆生产建设兵团中,除青海省外,都完成了办案系统建设。青海省将依托金保工程二期项目开展办案系统建设。在全国470个地市级以上仲裁机构中,已经使用办案系统的有427个,占90.9%,从覆盖率看,天津等26个省份实现了全覆盖,北京为38.9%,辽宁为93%,西藏为37.5%,陕西为35.7%。在全国2719个县级仲裁机构中,已经使用办案系统的有2297个,占84.5%,从覆盖率看,山西、黑龙江、江苏、浙江、安徽、福建、江西、山东、河南、海南、四川、贵州、甘肃、宁夏14个省份实现了全覆盖。全国共处理劳动人事争议案件24.4万件,其中通过办案系统处理18万件,线上办案率达73.6%。

黑龙江、上海、浙江、广东和重庆5省市在线办案率达到100%,北京、江苏2省市在线办案率超过90%。

2. 劳动人事争议仲裁机构及其工作人员管理信息系统

该系统是全国劳动人事争议仲裁机构及其工作人员的管理平台,旨在全面、及时、准确地掌握全国仲裁机构和工作人员基本情况,加强仲裁机构及其工作人员管理,提高机构队伍建设水平。目前,系统还存在一些数据方面的问题,人力资源和社会保障部门正在开展专项核准工作。

3. 推进全国劳动人事争议仲裁案件信息监测系统建设

该系统是依托办案系统收集、汇总、分析全国劳动人事争议仲裁案件数据信息的系统,旨在加强调解仲裁统计分析、形势研判和风险防控工作。2018年完成开发和试运行工作。

4. 积极探索推进调解仲裁网上服务平台建设

该平台通过网站、手机App等载体为当事人提供在线调解和在线仲裁服务,旨在进一步畅通调解仲裁服务渠道,为当事人提供更好的维权服务。2018年,建立全国劳动人事争议调解服务平台,并于第四季度试运行。各地建立网上调解员库,先行开展网上调解工作的地区要选派优秀调解员、仲裁员开展网上调解工作,加强工作指导、考核及培训。有条件的地区提供查询仲裁案件处理进度信息等服务。推动有条件的地区建立仲裁机构与人民法院数据信息共享互联机制。

以上为全国智能仲裁建设搭建了基本框架,这些系统也是劳动人事争议仲裁大数据建设的基础,这些现已建成的平台还需增强聚合功能,方能建成智能仲裁体系,法院提出要建立全面覆盖、移动互联、跨界融合、深度应用、透明便民、安全可控的3.0版的智慧法院综合平台体系,为智能仲裁建设提供了样板。

(二)存在的主要问题

1. 智能仲裁建设缺乏顶层设计。

受制于劳动人事争议仲裁在人力资源和社会保障系统中的地位,智能仲裁建设难以进行全国统一的规划。近年来,通过劳动人事争议仲裁的实体化建设,劳动人事争议仲裁获得快速的发展,在人力资源和社会保障部门的地位不断提升,有的地方甚至实现了财政、人事的相对独立,但很多地方的仲裁系统仍然没有获得独立的地位,仍然依附于人力资源和社会保障部门。作为人力资源和社会保障系统的一个内设机构,其信息化必然依附于人力资源和社会保障部门的信息化建设,当然难有专门的规划,也难以制定全国统一的技术标准。

在系统上线过程中,有的省份选择人力资源和社会保障部开发的软件,有的省份根据人力资源和社会保障部的软件设计要求,进行本地化改造,造成了项目管理的不统一,加上各地仲裁机构设置、有关具体仲裁程序、文书编号、格式、用语等都具有很大的差异,因此,即使使用的是同一款信息系统,同一案件在不同的地区仍然会出现不同的处理结果,并不能实现全省乃至全国仲裁机构办案统一化、标准化的工作目标。[1] 这是一些基础性的工作,如果标准不统一,研发的软件会不兼容,难以发挥智能仲裁的整体功能,严重影响智能仲裁建设。

2. 仲裁服务系统建设尚在探索阶段。

已有信息系统的设计以案件处理和管理为主,为当事人服务,目前为仲裁员办案服务的理念还没有完全贯彻到系统中,与仲裁员和社会的要求还存在很大的差距。全国各地都在推进信息化建设,全国统一的网上服务平台正在建设,有的省份比如浙江省建立了全省统一的仲裁服务网站,但大多数省份还没有建立专门网站,基本依赖于人力资源和社会保障网站,没有体现出劳动人事争议仲裁的特征,不能满足劳动人事争议仲裁服务人民群众的需要。

当事人无法直接通过信息系统获得所需的法律知识、仲裁文书等便民事项,更不能通过信息系统直接、实时地了解自身案件的进展情况,以及相关流程要求,无法对案件进行跟踪问效,仲裁办案信息的公开度、透

---

〔1〕 参见赵宇:《项目管理信息系统在劳动人事争议处理领域中的应用研究》,吉林大学2016年硕士学位论文,第34页。

明度有待进一步提升。[1]

3. 劳动人事争议仲裁案件信息系统，尤其是办案系统尚处在建设中，大多数只是“可用”，与“易用”“好用”还存在很大的差距。

仲裁办案系统智能化程度不高，服务仲裁员办案能力有所欠缺，不能有力化解当前劳动人事争议案件“案多人少”的矛盾；“阳光仲裁”的影响力尚未达到应有程度，仲裁公开平台目前还没有独立构建，对各类参与人“一站式”支持能力欠缺；仲裁应用在“可用”基础上与“易用”尤其是“好用”还有很大差距，部分应用系统在一定程度上加重了仲裁工作人员负担，数据统计完整性、准确性和及时性还不满足广大人民群众的要求；行政事务管理应用还不能适应各类业务部门的需要；仲裁信息化建设成果推广应用渠道分散、覆盖范围不广、针对性较欠缺；“重建设、轻应用”的意识仍较普遍，缺少评价信息化建设成效的思路和手段，尚未建立有效的应用成效评估、通报和改进机制。

4. 劳动人事争议仲裁案件信息监测系统尚处在建设阶段，短期内难以为劳动关系预警提供可靠的依据。

5. 信息化发展还不平衡。

总体而言，全国劳动人事争议仲裁的信息化程度还不高，作用还没有充分发挥出来，不同业务、不同人员之间的信息化应用和效果差距明显，不同地区、不同级别仲裁机构之间的信息化建设差距明显，有的地方刚起步。

6. 应用系统整合力度和业务支持能力亟待加强。

信息孤岛是计算机信息系统相互之间不共享互换、信息和业务流程应用脱节导致的，这既造成了信息和数据资源的浪费和重复建设，又阻碍了信息和数据功能最大限度的发挥，这显然也构成了人工智能发展和

---

[1] 参见赵宇：《项目管理信息系统在劳动人事争议处理领域中的应用研究》，吉林大学2016年硕士学位论文，第34页。

应用中的大忌。[1] 目前,全国层面的各个系统建设刚刚起步,应用系统亟须进行功能综合和信息集成以支持融合共享,仲裁内部工作平台与外部服务应用之间尚未实现高效协同;各仲裁机构之间、仲裁机构和其他部门之间、人力资源和社会保障系统内部业务应用和支持系统服务辅助办案能力仍欠缺,为"案多人少"的局面提供支撑力度不够;电子公文交换和档案管理能力亟待提高;传统人事管理系统难以充分满足当前发展的需要;行政事务管理应用系统建设发展不均衡。

7. 标准统一、开放共享的全国仲裁大数据库尚未形成,服务仲裁工作的水平亟须提高。

案件数据质量仍需着力提高。上下级仲裁机构之间、仲裁机构和人力资源和社会保障系统其他单位之间、仲裁机构和其他部门之间、不同网络之间的数据共享交换体系尚未建立,仲裁信息系统没有实现与其他部门的互联互通,很多和案件直接相关的信息,如当事人的参保情况、缴交基数、企业登记情况等,还无法通过信息系统予以直接查询,极大地影响了案件的效率,信息系统还无法和法院办案系统连接沟通,无法相互查询案件的相关信息,这既不利于仲裁和法院在法律适用、证据认定、裁判标准等方面的统一,不利于开展裁审衔接,不利于树立仲裁的权威和公信力,也会影响效率,大数据分析系统尚未建成,尚不能为仲裁、普法、仲裁资源调配、社会管理和公共服务提供全方位、高水平的智能分析服务。

8. 保障体系建设还未完成。

信息安全保障体制机制亟待与时俱进,非涉密重要信息系统等级保护建设仍需大力推进,涉密信息系统尚未建成,各类业务应用还缺乏统一的身份认证机制;独立的运维保障组织架构和服务模式还未构建,尚未建立对信息系统统一管控的能力,数据运维和安全运维仍未开展;信

---

〔1〕 参见胡洪彬:《人工智能时代政府治理模式的变更与创新》,载《学术界》2018 年第 4 期。

息化人才队伍保障能力亟待提高。

二、智能仲裁建设的指导思想、基本原则、基本思路、建设目标

(一)指导思想

以习近平新时代中国特色社会主义思想为指引,全面贯彻“五位一体”总体布局和四个全面战略,落实习近平网络强国战略思想,根据“互联网+”“大数据”“人工智能”的国家战略,按照《“互联网+人社”2020行动计划》和人力资源和社会保障系统行风建设的要求,推动“互联网+调解仲裁”工作,运用信息化、人工智能、互联网等技术手段,破解劳动人事争议仲裁“案多人少”等难题,进一步提升劳动人事争议处理质效,更好地满足劳动人事争议当事人日益增长的调解仲裁需求,推进劳动人事争议仲裁的规范化、专业化、标准化、信息化建设,不断完善中国特色劳动人事争议处理制度,推动新时代调解仲裁事业创新发展。

(二)基本原则

坚持服务人民群众、服务仲裁裁决、服务仲裁管理、服务队伍建设、服务廉政建设,促进劳动人事争议仲裁裁判体系和裁判能力现代化,进一步提高仲裁质效、促进仲裁公开、提高仲裁透明度,让仲裁在阳光下运行,并通过公开促公正,维护社会公平正义,提升仲裁公信力,不断满足人民群众日益增长的多元需求,让人民群众在每一个仲裁案件中都感受到公平正义。

1. 统一规划、统一设计、统一建设、统一管理原则

根据人力资源和社会保障部信息化建设规划以及《“十三五”规划纲要》,进行顶层设计,做到统一规划、统一设计、统一建设、统一管理。要充分论证、整体设计、合作开发、模块建设,各省(自治区、直辖市)和县(市、区)将智能仲裁建设纳入当地的经济社会发展规划,人力资源和社会保障部统一协调指导,以省为中心,推进全国统一的仲裁信息系统建设。做好智能仲裁建设和“金保工程”项目建设以及最高人民法院的“天平工程”的衔接和融合工作,避免重复建设。

2. 遵循需求主导、问题导向、科技引领、自主可控、安全发展的原则

智能仲裁建设要以问题为导向，以人民群众和仲裁员的需求为主线，解决广大人民群众的病点、仲裁工作的难点，广大人民群众希望仲裁更加透明，更加便捷，更加公正，更具有预测性；仲裁员则希望有一个环境健康、辅助充分、智能支持的工作环境，仲裁更智能化，将其从大量的事务性工作中解放出来，主要从事证据认定、裁判的作出等核心工作。因此，智能仲裁的研究和开发以问题为导向，不仅适应时代的发展，更符合广大人民群众和仲裁员的需求。智能仲裁应以服务公众为目标，分析当事人最常选择的纠纷解决机制方式、活动领域、仲裁习惯，开发相应的产品，为每一类当事人提供更便捷、更廉价、更具个性化的仲裁服务。

智能仲裁建设应直面安全挑战，培养仲裁员网络思维，消除仲裁员对互联网、人工智能、大数据的心理障碍和技术障碍，提升其对“人工智能 + 仲裁”的认同感；积极拥抱新科技，牢固树立安全意识，加强仲裁信息化建设和应用过程中的安全管理；保证安全经费投入，尽量引入我国自主研发的具有自主知识产权的先进技术和产品，建立仲裁数据容灾系统以防患于未然，确保仲裁大数据自主可控，安全发展。

3. 遵循目标多元、因地制宜、可扩充原则

智能仲裁建设应符合劳动人事仲裁的发展趋势，契合劳动人事争议仲裁的本质特征，但这是一项系统工程，应当根据劳动者的文化水平、法律素养和网络普及程度等主客观条件逐步推进，可以先行先试，但不可“一刀切”。

仲裁信息化、智能化的推进应当遵循标准统一、目标多元、因地制宜等原则，注意防范“为推广而推广”而产生效果不佳不便等问题。普通民众对信息化建设成果的接受同样需要一个过程，特别是对于部分欠发达地区而言，更不宜采取“一刀切”等方式予以推广，以防损害当事人诉权和实体权利，增加仲裁员和工作人员的负担。在推进数据化、数字化的过程中要与民众的信息技术应用水平保持适度一致，防止新信息技术给

当事人带来的不合理诉累。[1] 推进智能仲裁建设,既要积极推进,也应考虑社会民众的接受程度和信息化水平,循序渐进。鼓励民众适用信息技术,但也要考虑很多地区和劳动者信息化水平不高的现状,要形成线上线下、庭上庭下多样化的服务格局,不可"一刀切",既要建设好仲裁服务网,为公众提供网上立案、网上送达、网上庭审、文书查询等服务,也要建设仲裁服务大厅及仲裁服务热线。

智能仲裁建设应坚持顶层设计和地方探索相结合,鼓励地方先行先试,选择条件成熟的地区积极推进智能仲裁建设,打造智能仲裁的新样板,发挥其示范效应和试点效果,为全国智能仲裁建设积累地方经验。

智能仲裁建设应坚持可扩充性。智能仲裁系统既要考虑仲裁工作的发展,也要考虑人工智能、互联网、大数据技术的发展,留有空间和余地。当前全国性仲裁信息系统正在推进,各地也正在建设,务必要考虑和全省、全国连接兼容的可能性,同时还要考虑和其他系统兼容的可能性,万物联通肯定是将来的发展趋势,尤其是人工智能技术目前主要处于弱人工智能阶段,其发展存在诸多的可能性。因此,既要考虑技术的成熟性,还要考虑技术的先进性,不考虑成熟性,将难以保障系统的稳定性,不考虑先进性,将会面临很快落后和短期内升级的问题;既要考虑内部网络可扩充性,也要考虑硬件和软件的更新换代。智慧检务建设过程就有类似的教训,个别单位在设计时没有注重可拓展性和适度超前性,软件刚刚上线一年多就因技术落后、政策变更等面临下线的窘境。[2]

---

〔1〕 参见李林、田禾主编:《中国信息化发展报告 NO. 2(2018)》,载社会科学文献出版社2018年版,第76页。

〔2〕 参见赵志刚、金鸿浩:《智慧检务的演化与变迁:顶层设计与实践探索》,载《中国应用法学》2017年第2期。

4. 坚持政府主导、市场和社会参与，业务和技术融合，科技和法律联合攻关的原则

信息技术的发展需要投入大量的物质和人力。国家应当加大预算，支持智能仲裁的发展。同时，要最大限度地运用市场在配置资源方面的决定性作用，鼓励社会力量和市场力量介入仲裁大数据以及智能化应用的开发使用。

建设智能仲裁既要实现物理技术的融合，也要实现人才的跨界融合，要将仲裁员、仲裁管理人员、技术人员集合成包容并蓄的团队，协同各种系统集成、核心技术开发等，这样才能实现真正意义的裁判智能。

人工智能不是一家仲裁机构、一个数据公司凭一群仲裁员或一组工程师的智慧就能完成的，需要循序渐进，借助法律界和科技界的力量合力攻关。

智能仲裁建设需要解决好人才问题。裁判人工智能的发展，需要法律人才，也需要技术人才，还需要既懂法律又懂技术的复合型人才。只有当法律人才与技术人才紧密结合、相互理解，充分获知对方的需求与期待，认真解决实践中的难题，人工智能才能在裁判领域大展拳脚。进一步推进裁判人工智能发展，尤其需要法律与技术复合型人才长时间的投入与坚持。在实践中不断探索复合型人才培养新模式，可考虑实务部门和法律院校合作，建立智能仲裁人才培养基地，共同培养法律与人工智能复合型专业人才。

（三）基本思路

1. 以省（自治区、直辖市）为重点，全面推进智能仲裁建设

人力资源和社会保障部以“三系统一平台”为基础，构建“互联网 + 调解仲裁”工作体系，奠定了我国智能仲裁建设的基本架构，同时应以省（自治区、直辖市）为重点，全面推进信息化建设，在此基础上推进智能仲裁。

中央自上而下予以全面推进智能仲裁建设，虽然可以加快推进，实现标准的统一，但各地情况不同，无法做到整齐划一。智能仲裁还应当

允许地方创新,各地可以根据自身的特点和需要,创设具有地方特色的智能仲裁系统,像中国这样的大国,地方的探索和中央的顶层设计同样重要。

以地级市或县(区)为重点进行建设,难以保障法律适用的统一,市县级无论是人力、物力还是财力可能都无法承受。智能仲裁建设是一个系统,需要投入巨大的人力、物力、财力,就市县财政而言,大多数地方可能无法承担,“在数据积累的基础上,数据的深度挖掘还需要投入更多的成本,对于某些人力、物力、财力不足的法院来说,发展大数据面临重要的障碍”。[1] 大数据建设尚需投入大量人力、物力、财力,更何况人工智能,即使是东部发达地区的市县都难以承担,何况广大中西部地区的市县。智能仲裁建设需要整体规划,全面布局,如果以地级市或县为重点进行建设,则难以保障建设标准的一致。

以省(自治区、直辖市)为重点予以推进,则可以克服上述困难,既可以在很大程度上保障法律适用的相对统一,同时省级财政能保证智能仲裁的投入。再有,由此可以发挥地方的积极性以及创新性,尤其是对于发达地区,可以发挥其示范效应,通过先行先试为其他地方提供地方经验和样板。

2. 基本路径

劳动人事争议智能仲裁建设和劳动人事争议仲裁的改革与发展息息相关。劳动人事争议仲裁改革的路径可能有三:一是维持现状;二是脱离人力资源和社会保障系统,或者在总体类属人力资源和社会保障系统,但人事和财政相对独立,仲裁作为劳动人事争议案件的第一审程序而存在,仲裁委员会和法院之间构建审级关系;三是和民商事仲裁合并。

如果维持现状,那么智能仲裁建设总体上可能要依赖于人力资源和社会保障的信息化建设。将智能仲裁从中独立出来,难度很大,由此影

〔1〕 参见李林、田禾主编:《中国法院信息化建设发展报告 NO. 2(2018)》,载社会科学文献出版社 2018 年版,第 125 页。

响智能仲裁的建设和发展,难以发挥智能仲裁的优势。

按照第二种模式,仲裁系统相当于专门的劳动法院体系,如此智能仲裁建设则可以借助智慧法院建设予以推进,建设成本会减少。但基于目前的体制,在短期内不可能实现。鉴于最高人民法院和人力资源和社会保障部近年来共同推进裁审衔接机制的构建,智能仲裁可以利用智慧法院的部分系统,由此既可以达到裁审的无缝对接,也可以避免重复建设。

第三种也有可能性,有些省份甚至正在进行探索,而随着政府机构改革,民商事仲裁委员会的主管单位将发生变化,改革前由市一级政府法制办主管,而法制办已经并入司法行政系统,如果按照这种逻辑,则仲裁委员会的主管部门将会是市级司法行政部门。鉴于民商事仲裁委员会民间性的定位,智能仲裁建设将是另外一种场景。政府能够对其进行投入吗?仲裁委员会的收费能够承担智能仲裁建设吗?这种模式下的智能仲裁建设,值得研究和思考。

劳动人事争议仲裁和诉讼的关系涉及国家法律的修改以及体制的变更,在短期内是难以改变的。因此,第一种可能性是最大的。但从中长远来看,第二种路径的可能性较大,建立仲裁和诉讼的审级关系是解决仲裁和诉讼矛盾,实现裁审衔接的关键一环,无论是劳动人事争议仲裁在人力资源和社会保障系统保持相对的独立性,还是脱离人力资源和社会保障系统而归属法院系统,都有助于发挥仲裁在解决劳动人事争议案件中的主渠道作用,有助于发挥劳动人事争议处理中仲裁的独特优势和司法的引领、推动、保障作用,合力化解矛盾纠纷,切实维护当事人合法权益,促进劳动人事关系和谐与社会稳定。同时,这也是国际上的普遍做法,符合劳动人事争议仲裁准司法的本质特征。第三种可能最小,因为民商事仲裁和劳动人事争议仲裁本质不同,两者得以建立的前提是不同的,前者双方当事人力量是平等的,后者力量是不平等的,因而两者的制度设计具有很大的差异。据笔者考察,目前世界上也只有美国将两者合一,这和美国的国情有关,无法照搬到中国。

(四)基本目标和任务

总目标:遵循服务人民群众、服务仲裁裁决、服务仲裁管理的发展理念,在信息化建设的基础上,大力推进智能仲裁建设,全方位提升人工智能技术在仲裁机构基础设施和硬件升级方面的应用,实现仲裁服务便捷化、核心业务智能化、行政管理科学化、仲裁公开常态化、科学决策精准化,构建中国特色的劳动人事争议仲裁制度,发挥劳动人事争议仲裁的准司法功能,实现劳动人事争议仲裁的现代化。

具体目标:根据人力资源和社会保障部《人力资源和社会保障事业发展“十三五”规划纲要》和“金保工程二期”建设项目目标要求,信息化基础设施建设基本完成,核心应用系统比较成熟,仲裁信息资源的搜集整合及管理使用初见成效,信息化保障体系不断完善,实行网上立案、网上办案、网上办公,以互联互通为特征的仲裁信息化 2.0 版;调解仲裁工作服务社会能力明显提高,基本实现调解仲裁规范化、标准化、专业化、信息化,在此基础上全面建成仲裁信息化 3.0 版;实现全面覆盖、移动互联、跨界融合、深度应用、透明便民、安全可控,使中国特色劳动人事争议处理体制机制更加完善,调解仲裁服务更加优质高效,调解仲裁制度优势更加充分发挥,调解仲裁公信力更加彰显。具体步骤分两步走,第一步实现信息化(网络化),在此基础上实现智能化(见表 7-1、表 7-2)。

表 7-1 智能仲裁建设步骤

第一步:信息化	第二步:智能化
2020 年建成仲裁信息化 2.0 版,并启动仲裁信息化 3.0 版建设工作	2021 年至 2025 年建成、完善仲裁信息化 3.0 版,2025 年基本建成仲裁信息化 3.0 版

第一步：信息化（网络化）。

表 7－2　智能仲裁信息化建设任务

	2018 年	2019 年	2020 年
任务	制定发布《劳动人事争议调解仲裁管理信息系统指标集与代码》，升级部版办案系统，建立法律法规库和案例库，探索类案法律政策推送。各地实现地市级仲裁机构办案系统全覆盖，县级仲裁机构办案系统覆盖率超过 85%；各省（自治区、直辖市）在线办案率（在线处理案件数/处理案件总数）不低于 40%	完成部版办案系统升级，完善法律法规库和案例库，统一仲裁文书，实现类案法律政策推送等功能。各地根据部版办案系统和《劳动人事争议调解仲裁管理信息系统指标集与代码》同步升级调整本地办案系统。县级仲裁机构办案系统覆盖率超过 90%；各省（自治区、直辖市）在线办案率不低于 60%	加大升级后办案系统推广力度，进一步充实案例库，加强类案法律政策推送，丰富系统功能。各地基本完成办案系统升级，县级仲裁机构办案系统覆盖率超过 93%；各省（自治区、直辖市）在线办案率不低于 80%

第二步：智能化。信息化是智能化建设的基础和必要性的步骤，全面实现了信息化，在具备硬件和软件的基础上，智能化的目标容易实现。同时，鼓励东部发达地区和其他信息化建设布局较早的中西部省份率先实现智能化，由此起到带动、示范作用，东部发达地区和中西部信息化建设布局较早的地区可提前实现智能化，其他地方在 2025 年前实现智能化。

三、智能仲裁建设的主要举措

（一）网络建设

加强网络及硬件建设，形成覆盖全国仲裁机构的业务网络，完成数据、语音和视频系统建设，全国建成并使用数字法庭。可借鉴法院的做法，利用“金保工程”，或利用电子政务网络平台，即政务内网、政务专网和政务外网，建立仲裁内部专网、移动专网、外部专网、互联网。

1. 仲裁移动办公专网建设

借助人力资源和社会保障系统移动办案平台，推动办公办案系统向移动应用延伸，将办公和办案系统向移动端拓展，实现移动端办案、办文、办事、办会，以及现场庭审录像、文书制作、远程电子签章、外出调查、送达等办案功能，促进移动应用向其他业务领域延伸。

2. 涉密内网及涉密云建设

借助人力资源和社会保障系统涉密内网，开展涉密办公和办案业务应用，支持不同层级的仲裁涉密信息传递和业务协同，按电子政务内网建设要求部署电子公文交换系统，满足仲裁系统涉密信息传输及处理的需求。

3. 完善外部专网连接

仲裁机构建设外部专网，按需采用专线、电子政务内网、电子政务外网、互联网等多种接入方式与相关部门互联，为部门间信息交换、信息共享和业务协同提供支撑。

利用有线和无线等通信手段，也可以借助法院专网，将专网延伸至劳动人事争议派出庭或部分劳动人事争议多且频发的乡镇，配置支撑信息管理和音视频应用基础设施，实现“最后一公里”全覆盖。

4. 对网络设备进行升级改造

对局域网和广域网节点设备进行更新及升级工作；对人力资源和社会保障系统的局域网络及相关办公设备和广域网节点设备进行淘汰、升级、更新、改造。核心网络设备实现双设备冗余备份，双链路上行连接，建成大容量、高稳定、不间断运行的专网；建设千兆接入、万兆核心的网络系统；规范域名和 IP 地址管理；推动网络、计算、存储设备和系统软件、应用软件国产化。

（二）仲裁大数据建设

1. 推进仲裁大数据中心建设

以数据全覆盖为目标建设仲裁信息资源库，仲裁机构建设完善辖区仲裁信息资源库，依据信息化标准，将数据资源范围从仲裁裁决数据扩展至人事、政务、研究和信息化管理数据，并按需扩充外部数据，集成国家基础信息资源库；通过各类数据关联，实现不同层级的仲裁机构之间“案件、人员、财务、外部”数据的一体化。

以省为单位建设仲裁大数据中心，对全业务数据进行集中管理。该数据中心建设包括专有云和开放云。将重要业务数据备份到人力资源和社会保障部的数据备份中心，以确保数据安全。有学者提出“1 + X”模式建设思路，即建设一个省级分布式统一融合大数据平台，并且对科技法庭、电子卷宗、远程庭审、移动执行、视频办案等多个业务平台，进行深度融合。[1] 由此不仅可以对全省大数据进行分析，有助于类案同判和法律适用的相对统一，而且有助于解决系统相互不兼容、数据不能共享等问题。

2. 推进数字法庭建设

省、市、县仲裁机构推进数字法庭建设，并依托数字法庭，实现远程取证、远程开庭、远程出庭、当庭多媒体证据展示等功能。逐步实行所有案件庭审全程录音录像、一案一刻，所有案件审理过程实现全程留痕，可以公开的案件全部实现庭审直播、点播。

3. 以提升数据质量为核心完善大数据管理系统

仲裁机构以大数据管理和服务平台为基础，建立大数据管理体系，建立和完善大数据管理系统，支持分布式数据处理，实现对结构化、半结构化和非结构化数据的存储和管理，支持仲裁等业务应用系统；仲裁机构开展元数据和信息资源目录管理；加强数据质量管理，保证数据的准确性，建立长效数据互信机制。

4. 以大数据管理和服务平台为基础建设完善数据共享交换系统

建设网间交换系统，应建设非涉密隔离交换系统，不同层级的仲裁机构可利用仲裁机构的非涉密隔离交换系统；仲裁机构内部应建设涉密隔离交换系统。

基于大数据管理和服务平台，建设数据共享交换系统，实现仲裁机构之间及仲裁机构与人力资源和社会保障系统内部其他机构之间，以及仲裁机构和其他部门之间数据共享和交换，支持人力资源和社会保障系统内部及其与外部应用系统之间的业务协同。尤其是全国仲裁系统应

---

[1] 参见张超媄：《基于“1 + X”模式的智慧法院信息化体系构建》，载《软件导刊》2019年第3期。

当坚持全国一盘棋，按照统一的接口规范和标准进行数据交互，确保全国仲裁机构上下联动、互联互通。

5. 建立大数据分析系统

仲裁机构以数据集中管理平台为基础，拓展建设大数据分析系统，构建仲裁业务、裁判文书和机器学习算法数据分析模型，利用商业智能、大数据分析和可视化手段，对仲裁信息资源库中的数据进行挖掘、分析和展现，支持多维分析、关联分析、趋势预测等大数据服务。

(三)网站和平台建设

1. 建设全流程仲裁服务平台

可以依托法院平台，也可以单独建设辖区仲裁服务网，整合网上仲裁、律师服务、申诉信访、兼职仲裁员管理等平台和功能，结合仲裁服务大厅，为人民群众提供全流程仲裁服务。支撑仲裁服务从信息提供向业务参与转变，从个别流程参与向全流程参与转变，融合线下和线上资源，逐步推进网上立案、举证、质证、阅卷、开庭、送达等工作；实现收集用户评价和问题反馈功能；建成电子仲裁院，积极参与“互联网+”益民服务行动，实现与其他部门公共服务协同。

2. 推进音视频融合共享

借助人力资源和社会保障系统平台，建设音视频综合管理调度平台，实现省、市、县三级人力资源和社会保障部门视频联网。借助“金保工程”，推进视频会议、数字法庭、远程接访和安保监控等视频系统建设，并进行高清改造。

3. 建设标准化仲裁服务大厅

借鉴最高人民法院《关于全面推进人民法院诉讼服务中心建设的指导意见》建设完善仲裁服务大厅，配备触摸屏、电子显示屏等技术装备和信息系统，建立当事人、律师电子阅卷室，对接仲裁服务平台，支撑线上线下“一站式”仲裁服务。

4. 建设全国统一的仲裁服务热线

仲裁机构可借助法院 12368 诉讼服务热线，实现 12368 短信服务全国统一管理和交互;与其他仲裁服务系统及仲裁内部应用系统贯通,充分纳入全流程仲裁服务平台。

5. 标准化机房建设

借鉴最高人民法院制定的《全国法院标准机房建设规范》要求,完成标准化机房建设或改造工作。

6. 数字化仲裁委员会建设

完成数字化仲裁委员会建设,便利工会、用人单位组织参与劳动关系协商,扎实推进三方机制。

7. 建立独立于人力资源和社会保障系统的仲裁网站

推进仲裁系统电子政务外网的建设,实现仲裁政务公开,加强民意沟通工作,及时收集、反馈群众意见,提高把握社情民意、做好群众工作,提升仲裁公信力,实现仲裁的公正高效。建立独立于人力资源和社会保障系统的内部网站信息,实现即时消息协作、通知、发文、信息报送、业务交流等信息融合,进一步支持上下贯通的专网信息共享;建设仲裁员教育培训平台,实现线上培训学习功能。

8. 网络管理

完善一、二、三、四级网络配备网络管理系统,有效地管理全网网络资源,监控网络相关操作,迅速定位和解决各级网络故障,测定和跟踪网络数据流量变化。对各级网络设备的配置、故障、性能、状态,实现集中指导下的分级分布管理。

9. 推广建设数字化会议系统

借助人力资源和社会保障系统数字化计划,建设数字化会议系统,支持远程业务、远程视频会议、在线培训等应用。

(四)软件研发及应用

智能仲裁建设应以业务应用为本位,以需求为导向,重心在于让服务落地,便利当事人行使权利,做好智能裁判好帮手,促进软件及应用水平整体提升;全面推进信息化在仲裁裁决、人事、行政等方面的应用,软件建设内容不断创新,范围覆盖持续扩大,应用水平不断提高,与各项业务的融合不断深入;使面向全国的办案系统、预警信息管理系统、信息监测预警系统建成使用;利用网络平台加快进行案件电子卷宗传输建设进程;使部分地区软件体系及数据资源形成规模。

1. 改造完善仲裁公开平台

可以借助司法公开平台和仲裁办案系统,实现平台内和平台间案件劳动人事争议案件在仲裁、一审、二审、再审过程中流程、文书、执行等信息自动关联,支持案件及其关联案件"一站式"信息查询。在流程公开平台实现电子证据、电子卷宗、庭审音视频等实体信息公开。完善用户导航、行为分析、建议收集等功能,实时评估仲裁公开效果。积极创新庭审公开方式,以视频、音频、图文等的方式在微博、微信等平台上公开庭审过程。

2. 完善仲裁办案系统

辅助裁判智能化。仲裁员办案时,智能辅助系统依托自身的审判信息资源库,自动推送案情分析、法律条款、相似案例、判决参考等信息,为仲裁员提供统一、全面的审理规范和办案指引。同时,当仲裁结果与同类案件裁判发生重大偏离时,系统会自动预警,起到智能化监督效果。

智能语音识别同步转换文字系统,实现全程留痕,提升裁判活动的现代化。

文书制作智能化。实现裁判文书中当事人信息、仲裁请求等固定格式内容一键生成,并按法律要素对法律文书进行结构化管理,辅助仲裁员完成法律文书撰写,提高办案效率。建立文书纠错系统、文书公布系统、仲裁员助手系统。文书纠错系统,帮助仲裁员调整 Word(文书处理软件)版本格式,同时帮助仲裁员纠正错别字,保证裁决书的工整及准确性;文书公布系统,帮助法官将已经生效的判决书,按照文书公布的相应格式进行压缩以及对相应敏感信息进行隐藏,大大减少了仲裁员自行处理文书上网所需的时间;仲裁员助手系统,内含大部分的法律法规条款、工伤计算工具等供仲裁员参考。文书制作系统不仅可以缓解仲裁员撰写法律文书的工作压力,提升工作效率,而且系统还可以通过深度学习,提取案卷有关的事实和情节,推送相关法律规定,推送类案,提升仲裁裁决书的质量。

开发电子卷宗和电子档案系统,将纸质的卷宗通过高清扫描仪扫描成电子档案,同时和档案管理局建立线下备份系统,既方便了卷宗的统一管理,也不用再担心卷宗的损害。

布置电子签章系统,给予文书流转更大的可能性。

3. 完善全国劳动人事争议仲裁案件信息监测系统

预警系统智能化,探寻新形势下调解仲裁工作的特点和规律,提高决策的科学性,提升预测能力和应急响应能力,实现劳动关系预警功能,让数据为调解仲裁服务。

完善决策支持和监控预警智能服务,开发立案监控预警、智能裁决、智能决策和风险自动识别预警等决策支持和监控预警智能服务,并与仲裁业务和仲裁管理等应用系统实现无缝集成。

4. 构建和完善案件管理系统

传统办案方式被打破,仲裁案件管理系统实现统一平台、统一管理、统一分析,大大减少了办案人员的程序性工作,让办案人员能将更多的精力放在案件的审查中,提高工作效率。

以政务精细化管理为目标扩充仲裁管理系统,统一建设行政事务、档案管理、纪检监察、财务管理、后勤装备、研究、信息化等各类仲裁管理业务应用系统,并与仲裁办案、人事管理等应用系统融合,实现以案件、人、事为维度的政务精细化管理。

建设完善案件质效评估、案件质量评查、仲裁流程管理、仲裁运行态势分析、仲裁绩效考核、仲裁院事务管理等裁判管理应用,实现案件质效自动评估,庭审和文书等自动化评查,强化仲裁流程节点管控,促进仲裁质效提升。

案件节点管理系统,一方面规范了办案人员办案的时间,另一方面对办案人员也有提醒功能,让办案人员每天都能清楚地知道每个案件每个节点的时间,大大减少了案件超期未结的现象。

案件质效评估系统，随着民众维权意识的增强，案件数逐年递增，传统的人工统计、人工数据分析方法已经不能适应现有的数据量，部署案件质效评估系统，对案件的类型、同比增长、办案人员个人办案信息都有了具体的统计，为今后的发展方向提供了有力的数据支撑。

5. 进一步完善劳动人事争议仲裁机构及其工作人员管理信息系统

以实现人、案与事融合为重点扩展人事管理系统，建设支持人员管理、兼职仲裁员管理、仲裁员聘任管理、仲裁员业绩评价、仲裁员教育培训等新型仲裁人事管理系统，并与仲裁办案和管理等应用系统融合，实现人事、案件、政务信息共享，支持对仲裁员工作进行动态管理和全方位监督评价。

6. 积极探索并完善调解仲裁网上服务平台建设

建立类似法院的诉讼服务平台，向当事人、代理人和社会公众，提供全程无纸化、全流程覆盖、全天 24 小时的网上服务平台。

实现在线调解、在线立案、在线缴费、在线远程视频庭审、在线质证、庭审直播、在线查找当事人等功能，实现矛盾纠纷解决全业务在线和全流程打通，为当事人提供高效、便捷的多元化服务。

仲裁机构面向人民群众，开发仲裁公开和仲裁智能服务，提供仲裁服务应用、当事人信用、律师评价推荐、案件胜败诉因素、仲裁建议、社会管理专题、案例研判、信访咨询和仲裁工作白皮书等公开仲裁服务成效和对外仲裁大数据分析服务。

建立自助立案系统，或网上立案系统等信息化平台，当事人或律师可以在网上完成提交材料，获取案号。

智能化送达系统。移动互联，将服务平台和电话热线、手机短信、微信、App 等应用手段融为一体，可以将案件的最新信息推送给当事人或代理人，将有关法律文书送达当事人或代理人。

深化智能化应用，充分利用算法以及司法和仲裁大数据的优势，实现仲裁结果预判、类案推送、分析胜诉率，构建仲裁智能系统或者平台，引导当事人正确评估案件走向，体现专业化和智能化的裁决体系。在信息化条件下推进仲裁公开,势必产生海量司法大数据。无论是导诉机器人还是机器人裁判者,都是基于对大数据的分析、整合和智能化处理,帮助当事人预测仲裁结果、合理规避风险、稳定心理预期,进而选择适合的纠纷解决方式。可以考虑研发“仲裁风险评估系统”。

建设基于大数据智能服务的仲裁支持系统。建设完善案例参考、舆情分析等裁判支持应用,无缝集成到仲裁业务系统,智能辅助仲裁员办案,支持法律统一适用、贯彻证据裁判原则、裁判文书说理等要求。

推动办公办案系统向移动应用延伸。仲裁机构将办公和办案系统向移动端拓展,实现移动端办案、办公、办会,以及现场庭审录像、文书制作、远程电子签章、外出执行(送达)等功能,促进移动应用向其他仲裁业务领域延伸。和智能终端手机 App 相连,即可以通过 App 查询相关信息、查询法律文书(包括裁决书、调解书),可以接受服务平台发送的立案受理、审判组织、开庭通知等相关信息,为当事人提供方便。

7. 以支持横向融合和纵向协同为重点升级拓展仲裁业务系统

加强仲裁各个系统的融合和互联互通,实现办案系统、管理系统、预警系统、服务平台相互连接。

仲裁机构升级拓展仲裁裁判业务系统,强化与信访等其他应用系统融合,实现案件信息自动关联;实现对证据采信、庭审音视频等实体信息的管理,形成电子档案,实现劳动人事争议调解、仲裁、一审、二审电子卷宗移送和仲裁统计自动生成;实现不同层级仲裁院和工伤、劳动监察、社会保险等其他劳动人事争议内设机构,以及与市场监督管理、工会等相关单位之间的业务协同。

以四级人力资源和社会保障信访业务贯通为目标,完善信访业务系统,支持四级人力资源和社会保障涉诉信访工作业务贯通,支持信访终结和接访督导管理;实现与仲裁服务平台融合,与信访部门的系统对接。

8. 建设涉密应用系统

建设涉密办公和办案业务应用,支持不同层级涉密信息传递和业务协同,按电子政务内网建设要求部署电子公文交换系统。

9. 开发仲裁研究和工作评估智能服务

仲裁机构面向仲裁管理,开发仲裁资源配置评估、仲裁研究与指导、人员选拔评价、工作量智能评估、信息化成效评估和视频智能分析等仲裁研究和工作评估智能服务,并与管理决策和人事工作等应用系统实现无缝集成,为参与社会治理、促进经济社会发展提供决策服务。

10. 对接全国仲裁业务应用统一身份认证融合平台

人力资源和社会保障部制定全国仲裁业务应用统一身份认证技术规范和建设要求,开发统一身份认证融合平台;按需部署统一身份认证融合平台节点,配置认证和密钥管理服务设施,与人事系统对接,与各类业务应用认证方式集成,实现仲裁系统业务系统用户身份统一认证。

11. 加强信息管理中心和指挥中心建设

借助人力资源和社会保障系统建设信息管理中心和指挥中心,信息管理中心应具备统一调度、大屏集中展示功能,实现信息汇聚、信息管控和安全策略部署;指挥中心应具备多级指挥功能,实现统一指挥、现场音视频实时传输和交换。

12. 安防建设

在重点窗口、仲裁法庭等场所安装高清安防监控设备。增强安全防范,确保法官、当事人的人身安全,维持仲裁法庭、办公场所的正常秩序。

(五)信息系统安全

颁布网络建设、软件应用、数字法庭建设、运维管理、数据交换等多项业务标准。促进信息安全体系建设进程加快,信息安全等级保护工作有序开展,信息安全指导及监督机制不断完善,信息安全教育培训普遍开展。

1. 加强仲裁网络安全系统建设

按照国家信息系统安全等级保护基本要求,建设符合保护等级要求的信息安全设施,制定并落实符合保护等级要求的安全管理制度。

2. 完成涉密信息系统分级保护测评和整改工作

按照存储、处理信息是否涉及国家秘密,科学界定涉密网络和非涉密网络。对涉密网络按照涉密信息系统分级保护国家保密标准,建设符合分级保护要求的保密技术防护设施,制定并落实符合分级保护要求的安全管理制度,开展检查测评和涉密网络防护改造工作。

(六)运维保障

1. 运维服务保障途径

仲裁信息化方面的硬件、软件、数据、安全运维服务可采取外包的方式,从根本上解决仲裁信息化专业技术人员短缺、专业能力差、技术力量弱等问题,确保仲裁信息化建设应用各项工作顺利进行。

2. 建设运维可视化平台

建立信息系统质效评价指标体系,集成基础设施、应用、数据和安全运维系统,基于运维系统采集的各类信息进行信息系统质效评价,并以可视化方式展现。

3. 健全完善基础设施和应用运维体制机制

健全完善基础设施运维系统,实现对专有云、开放云和涉密云环境中的主机、存储、系统软件、网络、机房等基础设施进行监控和管理;健全完善应用运维系统,对应用系统的运行状态及响应时间、负载等主要性能参数进行监控和管理,建立并落实规范化基础设施和应用系统运维机制。

4. 建立健全数据运维和安全运维体制机制

集成大数据管理和服务平台、数据备份系统等数据相关系统的运维管理功能,建设数据运维系统,实现对数据存储管理、传输交换等过程的实时监控和管理,开展数据质量管理和数据分析服务工作;建设安全运维系统,集中监控和管理安全设备,实现安全状态监控及全网安全态势分析。建立并落实规范化运维机制,对数据资源和安全防护系统实施运维工作。

5. 建设信息系统应急处理平台

仲裁机构根据应急管理相关要求,按需建设信息系统应急处理平台,实现应急值守、监测防控、预测预警、辅助决策、应急处置、模拟演练等功能，提供应急处理预案，提高对各类突发事件的应急响应能力。

6. 建立应用成效评估和改进机制

以人民群众、律师、当事人为主要服务对象，以服务的便捷性、服务满意度等作为关注点，利用仲裁为民应用成效评估系统，形成针对仲裁为民应用的成效评估机制；以仲裁为服务对象，以应用使用率、方便快捷度、业务支撑能力、系统智能化等为关注点，形成针对仲裁裁决核心应用的成效评估机制；以各级领导和管理干部为服务对象，以数据应用效果、决策支持能力、管理业务协同融合能力等为关注点，形成针对仲裁管理应用的成效评估机制。仲裁机构建立辖区评估指标发布、指标指数反馈、指标评估、结果通报、问题分析和改进机制，提升信息化的整体应用成效。

（七）保障措施

智能仲裁建设应以保障机制为支撑。

1. 加强信息化组织建设

建设智能仲裁的项目组织、工程组织、管理机构。各个仲裁机构应建立仲裁信息化建设领导小组，负责智能仲裁建设项目和工程的组织和管理工作。

2. 人才队伍保障

仲裁机构成立独立的信息化工作管理机构，配备响应的技术人员，负责本仲裁院的信息化工作。

3. 建立完善信息化考核制度

仲裁系统须建立各自的信息化管理考核制度，将信息化考核与年终绩效考核、评先评优、职务晋升挂钩，确保各项考核指标落到实处。

4. 经费保障

积极争取当地财政部门的大力支持，努力拓宽各类经费筹措渠道，在保持系统建设较高资金投入水平的同时，加大安全、运维和人才等信息化保障以及应用成效提升专项资金投入；做好规划项目的立项审批、资金保障和组织实施工作，保证投资足额、及时到达；建立财政部门会同各级人力资源和社会保障部门编制财政预算的会商和协调制度，加强对仲裁信息化投入的全面预算管理。

5. 加强应用、强化管理

要加大信息化、人工智能在便民利民、仲裁公开、仲裁裁决、仲裁管理等方面的应用工作，将信息化应用列入信息化考核制度，强化应用培训的力度，拓展培训渠道。提高网管员专业业务能力，提升保障水平，促进信息化应用工作，彻底扭转"重建设、轻应用"的局面。

6. 软件系统研发组织

建设智能仲裁既要实现物理技术的融合，还要实现人才的跨界融合，要将仲裁员、仲裁管理人员、技术人员集合成包容并蓄的团队，协同各种系统集成、核心技术等，这样才能实现真正意义的裁判智能。要组建一支由资深仲裁员、专家学者、软件工程师、律师、行政人员组成的研发队伍，从多个维度全方位研发仲裁信息化相关软件，实行业务和技术的融合，政府、市场和社会共同推进智能仲裁建设。

7. 廉政警钟长鸣，依法合规建设

针对信息化建设投资规模大、廉政风险高的特点，要加强对信息化建设管理，加强对技术人员廉政教育。要自觉践行"三严三实"，按照"十必须、十不准"廉洁从政要求构建廉政风险防控机制，切实增强法纪意识，主动接受内外监督；始终坚持廉政建设常抓不懈，在重大项目上坚持集体讨论制，针对立项、采购、招标、评审、验收、资金使用等环节建立科学规范的项目管理和监督审计制度，严把关口，涉及重大资金使用和信息化建设重大事项要依照有关规定研究决定；项目从立项审批到竣工验收各个环节，纪检监察部门都要全程介入，充分发挥纪检监察部门监督作用，强化管理和制度监督，确保风清气正的信息化建设环境。

四、智能仲裁重点任务路线图和时间表

表 7－3　智能仲裁重点建设路线图和时间表

序号	主要方面	重点任务	2021 年	2022 年	2023 年	2024 年	2025 年
1	以云计算为支撑,构建全要素一体化信息基础设施	扩大仲裁院专网覆盖范围	配置支撑裁判信息管理和音视频应用基础设施	完成省仲裁院专网接入工作	市级仲裁院全部接入专网	县级仲裁院全部接入专网	完成所有仲裁院专网接入工作
2		专网带宽扩容	省级仲裁院启动专网带宽扩容,市、县级仲裁院完成专网带宽扩容,二级专网平均带宽扩容到 40M,三级专网扩容到 30M	市、县级仲裁院完成专网功能性能提升,二级专网扩容到 100M,三级专网扩容到 50M,四级专网扩容到 20M	市、县级仲裁院进一步完成专网功能性能提升,二级专网扩容到 200M,三级专网扩容到 100M,四级专网扩容到 50M		

续表

序号	主要方面	重点任务	2021 年	2022 年	2023 年	2024 年	2025 年
3	以云计算为支撑,构建全要素一体化信息基础设施	仲裁院网络设备升级改造	省级仲裁院启动专网功能性能提升,仲裁院完成备份软件升级、数字法庭存储扩容等建设工作	市级仲裁院完成现有办公设备、网络及安全设备存储、备份,机房环境等设备淘汰、升级、更新、改造	县级仲裁院完成现有办公设备、网络及安全设备存储、备份,机房环境等设备淘汰、升级、更新、改造		
4		省级仲裁院数据中心建设(专有云、开放云)	省级仲裁院完成仲裁数据中心规划设计	仲裁院全面完成数据中心建设,并逐步开展应用迁移	省级仲裁院全面完成应用迁移,并按业务需求,逐步扩容资源池规模	按应用系统上线部署,全面扩容资源池规模,满足仲裁院业务日益增长的需要	
5		数字仲裁庭、远程庭审建设	所有案件实现庭审直播、一案一刻	省级法庭(仲裁庭)完成数字法庭建设	市级法庭(仲裁庭)完成数字法庭建设	县级法庭(仲裁庭)完成数字法庭建设	
6		建设网间交换系统	省级仲裁院完成网间非涉密隔离交换系统和涉密隔离交换系统建设规划设计	省级仲裁院完成非涉密隔离交换系统建设,市、县级仲裁院使用	省级仲裁院完成涉密隔离交换系统建设,市、县级使用		

续表

序号	主要方面	重点任务	2021 年	2022 年	2023 年	2024 年	2025 年
7	以云计算为支撑,构建全要素一体化信息基础设施	构建全流程仲裁服务平台	省级仲裁院完成裁判文书自动上网接口系统、网上申诉信访系统、律师服务平台、短信平台、微信平台、手机App等应用统一建设,市、县级仲裁院完成接入	省级仲裁院全面完成律师服务、兼职仲裁员管理,实现网上立案、证据交换、法律程序申请、阅卷、开庭、送达、调解等便民服务,实现收集用户评价和问题反馈功能。省级仲裁院完成线上和线下仲裁资源融合	省级仲裁院建设仲裁服务网,进一步扩展仲裁服务系统,全面覆盖证人、中介机构、第三方机构等所有参与人	市、县级仲裁院完成线上和线下仲裁资源融合	各级仲裁院完成线上和线下仲裁资源融合,积极参与"互联网+"益民服务行动,实现与其他部门公共服务协同
8		推进音视频融合共享	省级仲裁院完成音视频综合管理调度平台建设			各级仲裁院完善视频会议、数字仲裁庭、远程庭审、远程接访系统,全面完成标清到高清改造	

续表

序号	主要方面	重点任务	2021 年	2022 年	2023 年	2024 年	2025 年
9	以云计算为支撑,构建全要素一体化信息基础设施	建设标准化仲裁服务大厅	省级仲裁院制定辖区仲裁服务大厅信息化建设标准和完成试点仲裁院建设工作。建设内容包括触摸屏、LED 大屏幕信息展示、访客登记、电视宣传栏、档案查阅服务平台、网上立案系统等	依据仲裁服务大厅信息化建设标准全面完成各级仲裁服务大厅软硬件建设	完善仲裁服务大厅建设		
10		建设仲裁院服务热线	省级仲裁院完成仲裁服务热线建设,实现仲裁院服务热线统一管理	根据业务要求进一步完善服务热线服务内容,与其他仲裁服务系统及仲裁内部应用系统融合	根据业务要求进一步完善服务热线服务内容	根据业务要求进一步完善服务热线服务内容	

续表

序号	主要方面	重点任务	2021 年	2022 年	2023 年	2024 年	2025 年
11	以云计算为支撑,构建全要素一体化信息基础设施	标准化机房建设	制定省、市、县三级仲裁院机房建设规范	各级仲裁院按照机房建设规范完成标准化机房改造			
12		数字化仲裁委员会建设		省级仲裁院完成数字化仲裁委员会建设	市、县级仲裁院完成数字化仲裁委员会建设		
13		政务外网网站建设	各市级仲裁院全面完成政务网站建设。部分仲裁院完成热点案件报道、仲裁员留言、院长信箱、监督举报、沟通联络等栏目建设	各县级仲裁院全面完成政务网站建设。部分仲裁院完成热点案件报道、仲裁员留言、院长信箱、监督举报、沟通联络等栏目建设	省级仲裁院整合仲裁院政务外网网站群	完善仲裁院政务外网网站群	

续表

序号	主要方面	重点任务	2021 年	2022 年	2023 年	2024 年	2025 年
14	聚焦“一站式”服务，构建全业务全流程业务应用平台	改造完善仲裁公开平台	省级仲裁院根据仲裁流程公开，实现仲裁流程公开平台升级改造	省级仲裁院全面完成实现电子证据、电子卷宗、庭审音视频等实体信息公开，实现平台内和平台间案件审理过程中文书信息自动关联，实现微信、手机 App 等途径公开，实现对案件及其关联案件“一站式”查询	省级仲裁院全面完成仲裁公开向广度和深度的拓展，完善对仲裁公开信息“一站式”查询及用户导航、行为分析、建议收集等功能，实时评估仲裁公开效果	省级仲裁院整合本辖区、本院的所有仲裁公开信息并进一步分析利用，实现对仲裁公开效果的实时评估	全面完成整合省、市、县三级仲裁院所有仲裁院公开信息并进一步分析利用，实现对仲裁公开效果的实时评估
15		以横向和纵向协同为重点升级拓展仲裁业务系统	根据仲裁院信息化建设技术规范的要求，仲裁院完成业务系统的完善升级，实现案件信息自动关联，实现仲裁统计报表自动生成	实现仲裁与人力资源和社会保障系统其他部门的横向业务协同	各级仲裁院全面实现跨辖区仲裁院的横向业务协作	全面完成仲裁业务系统升级，实现同仲裁院、工商等相关部门的业务协同	

续表

序号	主要方面	重点任务	2021 年	2022 年	2023 年	2024 年	2025 年
16	聚焦"一站式"服务,构建全业务全流程业务应用平台	以四级信访业务贯通为目标完善信访业务系统	人力资源和社会保障部、省级仲裁院建设信访业务系统	省级仲裁院完善信访业务系统,实现与人力资源和社会保障部涉诉信访系统联通,实现仲裁服务平台融合	实现对信访终结和接访督导的管理,实现与仲裁服务平台融合	根据业务需求持续完善信访业务系统	
17		完善裁判管理系统	按照新法标要求和电子诉讼材料同步生成要求,省级仲裁院完成辖区仲裁院仲裁管理系统的升级完善。开发数据质量自动检测、监控工具,建立数据逻辑校验控制,保障数据的覆盖率和准确度	根据仲裁改革和裁决工作要求,省级仲裁院组织开展辖区仲裁院仲裁信息管理系统完善工作,并实现与人事、政务和仲裁服务等信息系统的信息共享	根据仲裁改革和裁决工作要求,实现与互联网仲裁服务等应用的信息共享和业务协同	直辖市或设区的市仲裁院满足智能仲裁院的要求	各级仲裁院基本满足智能仲裁院的要求

续表

序号	主要方面	重点任务	2021 年	2022 年	2023 年	2024 年	2025 年
18	聚焦“一站式”服务,构建全业务全流程业务应用平台	建设基于大数据智能服务的仲裁支持系统		省级仲裁院建设线索分析、舆情参考等仲裁支持应用,无缝集成到仲裁业务系统。有条件的仲裁院为仲裁员裁判文书说理提供辅助支持	根据裁决工作要求,完善仲裁支持系统。各级仲裁院全面实现为仲裁员裁判文书说理提供辅助支持	完善仲裁支持系统	完善仲裁支持系统
19		基于仲裁院专网完善省、市、县三级仲裁院内部网站	省级仲裁院全面完善仲裁院专网的内部网站建设,并纳入仲裁院专网门户,实现信息共享	完善省级、地市、县级仲裁院专网门户,实现即时消息协作、通知、发文、信息报送、业务交流、桌面视频、图书馆、专业资源库等信息融合和教育培训	全面完善省级、地市级、县级仲裁院内网网站建设,并纳入全国四级网站	根据业务发展调整仲裁院专网门户相关栏目和内容。各级仲裁院根据业务需要继续完善基于仲裁院专网的内部网站	根据业务发展调整仲裁院专网门户相关栏目和内容

续表

序号	主要方面	重点任务	2021 年	2022 年	2023 年	2024 年	2025 年
20	聚焦“一站式”服务,构建全业务全流程业务应用平台	推动办公办案系统向移动应用延伸		实现移动办公办案,覆盖办公和办案主要业务环节	全面实现移动办公办案。县级仲裁院完成人事、信息化管理等其他业务移动应用建设,省、市(地级)仲裁院接入使用	县级仲裁院全面完成人事、信息化管理等其他业务移动应用的接入工作	
21		建设涉密应用系统			县级仲裁院完成建设涉密办公、电子公文交换和涉密办案等系统	省、地市级仲裁院完成涉密办公、电子公文交换和涉密办案等系统接入	
22		以实现人与案、事融合为重点扩展人事管理系统		县级仲裁院实现仲裁员选任管理、业绩评价、在职培训、工资管理	部分市、县级仲裁院实现仲裁员选任管理、业绩评价、在职培训、工资管理等系统的接入工作	市、县级仲裁院全面实现仲裁员选任管理、业绩评价、在职培训、工资管理等系统的接入工作,达到裁判和仲裁管理等应用系统融合	各级仲裁院全面实现仲裁员选任管理、业绩评价、在职培训、工资管理,实现裁决和仲裁管理等应用系统融合

续表

序号	主要方面	重点任务	2021 年	2022 年	2023 年	2024 年	2025 年
23	聚焦“一站式”服务,构建全业务全流程业务应用平台	以仲裁政务精细化管理为目标扩充仲裁管理系统		省级仲裁院建成档案管理、纪检监察、信息化管理、仲裁辅助等领域的应用系统,逐步建设研究、行政事务、财务管理等领域的应用系统	省级仲裁院进一步完善仲裁管理系统,加强与其他应用系统融合。市、县级仲裁院逐步接入各应用系统	市、县级仲裁院全面接入各应用系统	
24	以提高“数据治理”能力为目标,构建信息资源智能服务体系	以数据全覆盖为目标建设裁决信息资源库	省级仲裁院建设裁决信息资源库,省、市、县三级仲裁院裁决、仲裁人事信息覆盖率达到100%	省级仲裁院建设裁决信息资源库,省、市、县三级仲裁院裁决、人事信息覆盖率达到100%,信息化管理信息覆盖率达到30%。引入人口、经济、律师信息等外部数据。省级仲裁院与人力资源和社会保障部建立数据的关联	省级仲裁院建设裁决信息资源库,省、市、县三级仲裁院裁决、人事和信息化管理信息覆盖率达到100%,仲裁研究信息覆盖率达到70%,仲裁政务信息覆盖率达到50%。引入地理信息等外部数据	省级仲裁院建设完善裁决信息资源库,省、市、县三级仲裁院裁决、人事、信息化管理和仲裁研究信息覆盖率达到100%,仲裁政务信息覆盖率达到70%。完善外部数据	省级仲裁院建设完善裁决信息资源库,裁决、人事、信息化管理、仲裁研究和政务信息覆盖率达到100%。持续完善外部数据

续表

序号	主要方面	重点任务	2021 年	2022 年	2023 年	2024 年	2025 年
25	以提高“数据治理”能力为目标，构建信息资源智能服务体系	以提升数据质量为核心完善大数据管理系统	省级仲裁院建立大数据管理体系，建设大数据管理系统，辖区仲裁院裁决数据准确度达到99%	省级仲裁院完善大数据管理体系，完善大数据管理系统，辖区仲裁院裁决数据准确度达到99%，仲裁人事数据准确度达到95%。按需扩展外部数据	省级仲裁院完善大数据管理系统。辖区裁决、仲裁人事、信息化管理、仲裁研究数据准确度达到99%以上，仲裁政务数据准确度达到70%以上。按需扩展外部数据	省级仲裁院持续完善大数据管理系统，加强数据管理工作。辖区仲裁院仲裁政务数据准确度达到90%。按需扩展外部数据	省级仲裁院完善大数据管理系统，加强数据管理工作，辖区仲裁院各类数据准确度达到99%以上。按需扩展外部数据
26		以大数据管理和服务平台为基础建设完善数据共享交换系统	省级仲裁院建设数据共享交换系统，实现数据资源的逐级汇总，统一交换。实现与人力资源和社会保障部的共享交换	完善数据共享交换系统，实现仲裁院内部、仲裁院与外部单位之间的数据共享交换	持续完善	完成建设工作	

续表

序号	主要方面	重点任务	2021年	2022年	2023年	2024年	2025年
27	以提高“数据治理”能力为目标，构建信息资源智能服务体系	建立大数据分析系统	省级仲裁院建设大数据分析系统，实现对裁决数据的深度挖掘与统计应用	省级仲裁院完善大数据分析系统	持续完善	完成大数据分析系统建设，实现对裁决数据的深度挖掘与统计应用	
28		开发仲裁公开和诉讼服务智能服务		省级仲裁院融合人力资源和社会保障部与外部数据，开发大数据服务进行大数据分析，服务业务应用，并与仲裁公开、诉讼服务等应用系统实现无缝集成	省级仲裁院融合人力资源和社会保障部与外部数据，完善大数据服务进行大数据分析，服务业务应用，并与仲裁公开、诉讼服务等应用系统实现无缝集成	持续完善	完成建设工作

续表

序号	主要方面	重点任务	2021 年	2022 年	2023 年	2024 年	2025 年
29	以提高“数据治理”能力为目标,构建信息资源智能服务体系	开发决策支持和监控预警智能服务		省级仲裁院融合人力资源和社会保障部与外部数据,开发大数据服务进行大数据分析,服务业务应用,并与仲裁业务和仲裁管理等应用系统实现无缝集成	省级仲裁院融合人力资源和社会保障部与外部数据,开发大数据服务进行大数据分析,服务业务应用,并与仲裁业务和仲裁管理等应用系统实现无缝集成	持续完善	完成建设工作
30		开发仲裁研究和工作评估智能服务		省级仲裁院融合人力资源和社会保障部与外部数据,开发大数据服务进行大数据分析,服务业务应用。并与仲裁业务和仲裁管理等应用系统实现无缝集成	省级仲裁院融合人力资源和社会保障部与外部数据,开发大数据服务进行大数据分析,服务业务应用。并与仲裁业务和仲裁管理等应用系统实现无缝集成	持续完善	完成建设工作

续表

序号	主要方面	重点任务	2021年	2022年	2023年	2024年	2025年
31	以提高“数据治理”能力为目标,构建信息资源智能服务体系	对接全国业务应用统一身份认证平台	省级仲裁院实现与人力资源和社会保障部认证平台对接,辖区仲裁院接入,实现全国统一应用系统身份认证和单点登录	省级仲裁院实现与人力资源和社会保障部认证平台对接,市、县仲裁院整合各业务应用系统入口,完成本院单点登录系统的完善工作			
32		建设仲裁院综合信息管理平台	省级仲裁院设计并建设汇聚省、市、县三级仲裁院数据、人事信息数据和行政管理信息数据的综合信息管理平台系统。实现以案件、人、事为维度的精细化管理,为领导决策服务,同步实现个人绩效考核评定	省级仲裁院完成综合信息管理平台建设,市、县仲裁院接入	持续完善	持续完善	完成建设工作

续表

序号	主要方面	重点任务	2021 年	2022 年	2023 年	2024 年	2025 年
33	强化保障体系	建设仲裁院移动专网		省级仲裁院按照建设规范完成移动专网建设。部分市级仲裁院接入仲裁移动专网	市、县级仲裁院接入仲裁院移动专网,并实现移动办公办案	移动专网全面覆盖各级仲裁院,实现移动办公办案、巡回法庭(车)和派出执行(单兵)等业务接入	
34		建设涉密内网和涉密云	省级仲裁院全面完成涉密内网建设,满足国家电子政务内网接入条件。根据国家电子政务内网建设要求,接入本地电子政务网络平台(节点)	市级仲裁院建设涉密内网,满足国家电子政务内网接入条件。根据国家电子政务内网建设要求,接入本地电子政务网络平台(节点)		仲裁院根据国家电子政务内网政策要求,在安全保障允许情况下,尝试建设涉密云	

续表

序号	主要方面	重点任务	2021 年	2022 年	2023 年	2024 年	2025 年
35	强化保障体系	完善外部专网连接	省级仲裁院完成与外部主要相关部门的专网连接	省级仲裁院全面完成与外部相关部门的专网连接,部分市级仲裁院接入省级仲裁院外部专网	省级仲裁院全面完成与外部相关部门的专网连接,市级仲裁院全部接入省级仲裁院外部专网	提升外部专网与更多外部相关部门合作,使合作向深度和广度发展	加强外部专网与业务系统融合程度,发挥外部专网更大作用
36		加强信息管理中心和指挥中心建设	省、市仲裁院全面完成信息管理中心和指挥中心建设,配置数据展示大屏幕	进一步完善信息管理中心和指挥中心			
37		网络管理		省级仲裁院完成网络管理系统建设	市、县级仲裁院完成网络管理系统建设		
38		推广建设数字化会议系统	省级仲裁院建设数字化会议系统	部分市、县级仲裁院在会议室、法庭(仲裁庭)等重要场所建设数字化会议系统	全部市、县级仲裁院在会议室、法庭(仲裁庭)等重要场所建设数字化会议系统		
39		安防建设	省级仲裁院完成安防建设	市级仲裁院完成安防建设	县级完成安防建设		

续表

序号	主要方面	重点任务	2021 年	2022 年	2023 年	2024 年	2025 年
40	信息系统安全	持续开展非涉密重要信息系统等级保护工作	省、市、县三级仲裁院全面完成非涉密重要信息系统等级保护工作	省、市仲裁院全面完成非涉密等保三级以上重要信息系统的测评和整改	县级仲裁院完成非涉密重要信息系统的等保测评和整改	测评和整改	测评和整改
41		完成涉密信息系统建设和分级保护工作	省级仲裁院完成涉密信息系统建设	市级仲裁院完成涉密信息系统建设、测评和整改	测评和整改	测评和整改	测评和整改
42	运维保障	建立科学的质效型运维管理体系		省级仲裁院建立运维质效评估办法和质效型运维管理体系,各级仲裁院建立运维管理机制	各级仲裁院完善和优化运维管理机制,提升运维服务管理的专业性、高效性和规范性	各级仲裁院持续完善和优化运维管理机制,提升运维服务管理的专业性、高效性和规范性	各级仲裁院进一步完善和优化运维管理机制,提升运维服务管理的专业性、高效性和规范性
43		健全完善基础设施和应用运维体制机制	省级仲裁院建设或完善基础设施运维系统	部分市级仲裁院建设或优化升级基础设施和应用运维系统	60% 的市级仲裁院建设或优化升级基础设施和应用运维系统	80% 的市级仲裁院建设或优化升级基础设施和应用运维系统	各级仲裁院全面完成建设或优化升级基础设施和应用运维系统

续表

序号	主要方面	重点任务	2021 年	2022 年	2023 年	2024 年	2025 年
44	运维保障	建立健全数据运维和安全运维体制机制	省级仲裁院建设数据运维系统和安全运维系统，建立安全防护系统和安全运维体制机制	市级仲裁院接入数据运维系统和安全运维系统	县级仲裁院接入数据运维系统和安全运维系统		
45		建设信息系统应急处理平台		省级仲裁院完成应急处理平台建设	市级仲裁院建设应急处理平台		
46		建设推广可视化运维平台		省级仲裁院建设可视化运维平台	市级仲裁院接入可视化运维平台	完善可视化运维平台	
47		建立应用成效评估和改进机制		省级仲裁院建立并运行针对本辖区仲裁院的应用成效评估和改进机制。根据评估结果和问题分析为应用系统提供反馈信息，保持应用持续改进，用户满意度达到 80% 以上	根据评估结果和问题分析为应用系统提供反馈信息，保持应用持续改进	根据评估结果和问题分析为应用系统提供反馈信息，保持应用持续改进	根据评估结果和问题分析为应用系统提供反馈信息，保持应用持续改进，用户满意度达到 90% 以上

五、劳动人事争议智能仲裁建设应当注意的问题

智能仲裁建设不仅是整合资源、提高仲裁效率,促进仲裁公正的有效途径,也有助于破解仲裁机构工作面临的现实问题和发展难题,人工智能技术对劳动人事争议仲裁具有重要的意义和价值。同时,在建设中应当坚持公正和效率的统一,管理和服务的统一,实现司法(仲裁)公正和司法(仲裁)效率的统一、实体公正和程序公正的统一、法律效果和社会效果的统一。

智慧法院建设需要坚持以下原则:以人为本、尊重规律、深度应用、开放融合、沉着应对。[1] 智能化是推进仲裁现代化、信息化建设的主要路径和抓手,但其建设应符合裁判规律,以公正、公开、公平、高效、便捷为原则,以提升仲裁公信力为目标,充分运用互联网、云计算、大数据、人工智能等技术,实现仲裁智能化的运行与管理,促进仲裁体系与裁判能力现代化,智能仲裁建设不仅是为了解决"案多人少"的矛盾,更为了实现仲裁高效办案的目标。智能仲裁要以人为本,服务于当事人,服务于仲裁办案人员,服务于仲裁的精细管理,以构建公正、高效、便捷、权威的中国特色劳动人事争议仲裁制度为依归。需要指出的是,智能仲裁不仅要服务仲裁管理,更要服务仲裁员办案,服务于人民群众仲裁,让劳动者在每一起案件处理中都能感受到公平正义,使广大劳动者的获得感、幸福感、安全感更加充实、更加有保障、更加可持续;智能仲裁建设要以"用户至上"理念创造价值,以"整合集成"理念合作共赢,以"创新发展"理念拥抱变革,坚持公正和效率的统一,管理和服务的统一,实现司法(仲裁)公正和司法(仲裁)效率的统一、实体公正和程序公正的统一、法律效果和社会效果的统一。[2]

---

〔1〕 参见蔡立东:《智慧法院建设:实施原则与制度支撑》,载《中国应用法学》2017 年第 2 期。

〔2〕 参见公丕祥:《当代中国的审判管理——以江苏法院为视域的思考和探索》,法律出版社 2012 年版,第 25 ~27 页。

(一)人文和科技相统一

科学精神与人文精神是人类在认识与改造自然、认识与改造自我的活动中形成的一系列观念、方法和价值体系。科学精神包括求实精神、创新精神、怀疑精神、宽容精神等,其内涵和基本要求为独立思考、严谨规范、求真务实、开拓创新,其中求真是目标,创新是灵魂。相对于科学精神而言,人文精神尊重人的价值,注重人的精神生活,强调生产的人文效益和产品的文化含量,其目标是追求善和美,其核心是以人为本,认为追求真善美才是人类发展的目标。同时,人文和科技是相互促进的,人与社会的发展,既离不开科学精神对人类力量的整合,也离不开人文精神对人类实践活动的范导。人文应当贯穿科学的始终以保障科学的发展为导向,同时可为科学发展提供精神动力;科技要贯穿人文始终,为人文奠基,为人文提供素材,为人文保证正确的道路,为人文的发展与表现提供犀利武器。因此,人文和科学是互动的、互补的,没有科学的人文是残缺的人文;没有人文的科学是残缺的科学,科学中应有人文的内涵与精神。

科学和人文应当是统一的,但是在现代却由“嵌入”到“分流”,其后果一方面表现为科技风险所引发的重大事故及其背后的社会、文化问题,另一方面表现在科学家、工程师等科技专家与一般民众之间认知出现间隙和落差,从而产生了严重的信任危机。[1] 科技创新应坚持人文理念,更好地为人类社会服务,未来科技最关键的发展方向是走人性化之路。在发展人工智能方面也应当如此,不能只讲科技,也不能只讲人文,而应当将两者统一起来。智能裁判的发展应当坚持以人为本,服务广大人民群众,服务裁判人员办案,尤其是要谨慎研究强人工智能下的裁判,阿西洛马人工智能原则(Asilomar AI Principles)提出人工智能的伦理和价值观就是在发展人工智能时要坚持人文原则,还特别提出人是高级人

〔1〕 参见李尚仁:《技术科学的风险与伦理重建——以 STS 为分析视角》,载《文化纵横》2017 年第 5 期。

工智能系统的设计者和建造者,是人工智能使用、误用和行为所产生的道德影响的参与者,有责任、有机会去塑造那些道德影响;高度自主的人工智能系统的设计,应该确保它们的目标和行为在整个运行中与人类的价值观相一致,人工智能系统应该被设计和操作,以使其和人类尊严、权力、自由和文化多样性的理想相一致。

智慧法院的物质基础是信息技术,技术手段只是手段,其目的是实现裁判体系和裁判能力的现代化,核心还是为了人。智能仲裁也是如此,其本质是仲裁体系和裁判能力的现代化,核心是人的智能现代化,而非以人工智能等技术手段替代人的智能。大数据、云中心、人工智能均应为服务于人的智能,为仲裁员办案提供更多的智力支持,把他们从简单重复的劳动中解放出来;裁决不是形式化的技术问题,而是一种价值判断,蕴含着人类的经验,闪耀着人类智慧的光芒;裁决不是"自动售货机",不是简单地用理性逻辑推演出来的冷冰冰的一纸裁决,而是具有温度的情理法的有机交融,任何以技术思维替代裁决者的思维都是有害的。科技活动、信息技术水平仍然受到司法规律和司法伦理的引导和保障、规范和约束,二者之间存在"技术是表,司法是本"的关系,信息技术为司法所用,而不能超越司法规律制约的关系。[1] 可见,智慧法院建设要坚持人文和科技的统一,智能仲裁建设也是如此,一定要坚持以人为本,以需求为导向。

在智能仲裁建设中,一定要考虑人文因素,不可陷入技能万能论的泥潭,这样智能仲裁才能为民众服务,为裁判服务,智能系统的设计和运行必须符合人类的基本价值观,具有基本的判断能力和行为控制力,确保人工智能服从和服务于人类和人机和谐共处的价值目标。[2] 要摒弃"机器思维",更要警惕人工智能技术这一工具理性的"铁箍",须知人工

〔1〕 参见叶慧娟:《智慧法院:技术在右,法律在左》,载《社会科学报》2017 年 8 月 10 日第 3 版。

〔2〕 参见金东寒:《秩序的重构——人工智能与人类社会》,上海大学出版社 2017 年版,第 73 页。

智能无法取代司法审慎的艺术。司法过程不只是理性逻辑的堆砌,还有人性和情理的融合。[1] 司法(裁判)有自身特殊的属性,这也决定了前沿技术与司法的融合需要遵循一定的限度,尤其是要避免片面技术理性的误区。[2]

（二）公正、效率、安全相统一

公正、效率和安全都是法律的基本价值,三者应当是统一的。在发展裁判人工智能时应当坚持三者的有机统一。人工智能系统为仲裁公正注入新动力,为仲裁效率的提升提供新的途径,便于发挥仲裁高效、便捷的优势,符合劳动人事争议仲裁的本质特征,但也使得仲裁公正和效率面临新的问题,仲裁安全建设面临新的挑战。智能仲裁建设需要坚持发展和规范并重,更加注重规范;安全与快捷并重,更加注重安全;效率和公平并重,更加注重公平。做到公正、效率、安全的统一。

缓解“案多人少”的矛盾是近年发展司法人工智能的动因之一,最高人民法院正在深入推进司法改革。为了保障人民群众的诉权,最高人民法院实行立案登记制,人民法院受理案件的数量有大幅增长,据有的地方统计,推行立案登记制后,案件量增长 30% ~40% ,加上推行员额制,法院“案多人少”的矛盾更加突出,在法官人数不增反减的情况下,法院将目标转向了信息化,向信息化要效率成为人民法院的最佳选择。于是,智慧法院建设和司法改革同步,正在如火如荼地推进,并成为人民法院工作的“两翼”之一。效率也是发展智能仲裁动因之一,在当前和今后一个时期内,随着我国经济发展进入新常态,经济下行面临压力,供给侧结构性改革力度不断加大,事业单位等改革不断深化,加上国际金融危机持续,世界经济低迷,对我国经济造成很大的影响,劳动人事争议将进入多发期,有的地方劳动人事争议案件数量呈现高位运行,“案多人少”

---

〔1〕 参见郭富民:《正确判断“智慧法院”的司法定位》,载《人民法院报》2017 年 8 月 10 日第 2 版。

〔2〕 参见王禄生:《司法大数据与人工智能开发需反思片面技术理性思潮》,载《民主与法制时报》2018 年 6 月 3 日第 6 版。

矛盾更加突出。与此同时,劳动人事争议数量增多与处理难度加大并存的态势将持续存在,预防化解矛盾纠纷的任务艰巨繁重。“十二五”时期,全国各级劳动人事争议仲裁机构共处理争议案件402.4万件,年均80.5万件。2021年,全国各级劳动人事争议调解组织和仲裁机构共审结争议案件263.1万件。涉及劳务者285.8万人,涉案金额576.3亿元[1],其中2020年仲裁调解的案件59.9797万件,仲裁裁决的案件43.0863万件[2]。据统计,截至2016年5月31日,全国共建立劳动人事争议仲裁院3005个,专职、兼职仲裁员只有2.37万人,仲裁“案多人少”的矛盾也异常突出。人力资源和社会保障部、最高人民法院、司法部等《关于进一步加强劳动人事争议调解仲裁完善多元处理机制的意见》(人社部发〔2017〕26号)提出要加快推进调解仲裁工作信息化建设,树立“互联网+”理念,利用现代化信息技术手段提高劳动人事争议处理效能。智能仲裁的应用,有助于将仲裁员、书记员等办案人员从重复性、事务性工作中解放出来,送达、证据调查、庭审记录、卷宗归档等事务性、行政性工作占据一线办案人员很多的时间和精力,通过引入电子送达、庭审助手等系统,可以显著提高效率、节省成本,让仲裁员能够有更多时间和精力思考疑难复杂案件,从事证据的认定、裁判的作出等核心事务,效率也是发展智能仲裁的动因之一。

同时,对公正的追求也是发展智能仲裁的动因之一,劳动人事争议仲裁作为解决劳动人事争议的主渠道,在解决劳动人事争议上具有自己独特的优势。由于各方面的原因,仲裁的权威和公信力需要进一步加强,为此就需要不断提高调解仲裁的规范化、标准化、专业化、信息化水平,健全中国特色劳动人事争议处理制度。国家不断推进劳动人事争议仲裁建设,尤其是通过和诉讼的衔接,实现仲裁和诉讼在程序上的衔接,以及通过法律适用的一致性以加强仲裁的权威,树立仲裁的公信力。

---

〔1〕 来源于《2021年度人力资源和社会保障事业发展统计公报》。
〔2〕 来自国家统计局数据。

2015年12月，中共中央办公厅、国务院办公厅《关于完善矛盾纠纷多元化解机制的意见》（中办发〔2015〕60号）提出："法院要加强与仲裁等机构的协调配合，推动在程序安排、效力确认、法律指导等方面的有机衔接。"人力资源和社会保障部、最高人民法院制定出台了《关于加强劳动人事争议仲裁与诉讼衔接机制建设的意见》，提出加强裁审衔接是健全中国特色劳动人事争议处理制度的重要举措，既有利于完善矛盾纠纷多元化解机制、进一步畅通争议当事人的权利救济渠道，也有利于更好地发挥仲裁和诉讼两种制度优势、进一步形成解决争议的合力，有利于提高争议处理效率和质量、进一步增强仲裁和诉讼公信力。同时，人力资源和社会保障部还不断加强仲裁程序的规范化建设，比照《民事诉讼法》的有关规定，加强仲裁的形式化、正规化建设，劳动人事争议仲裁的诉讼化加深，这充分体现在2008年实施的《劳动争议调解仲裁法》以及《劳动人事争议仲裁办案规则（2017）》《劳动人事争议仲裁组织规则（2017）》中，由此影响劳动人事争议仲裁的简便、快捷等优势的发挥，也影响仲裁的公信力的树立。在这种背景下，人力资源和社会保障部提出智能仲裁建设，以此提高仲裁效率，促进仲裁公正，树立仲裁的权威和公信力。

公正是司法的终极目标不可撼动，技术的加入应当是促进公正，[1]公正也是仲裁的生命和灵魂，失去公正，仲裁也就失去其存在的意义和价值。仲裁和司法大数据的应用，助力裁判标准的统一，也让公平正义实现得更为便捷。计算机辅助人类跨越了交流障碍、遗忘曲线与情绪波动的影响，既能够填补法律与世界相脱节的制度空白，也能够保持不同地区对统一法律法规适用的同一性。[2] 人工智能主导下的智能仲裁的创新与优化，不能仅追求效率，而且要尊重且遵循司法的固有规律，必须确保公平正义价值的实现。人工智能对裁判领域的上述作用，是办案系

〔1〕 参见洪冬英：《司法如何面向"互联网+"与人工智能等技术革新》，载《法学》2018年第11期。

〔2〕 参见江隐龙：《人工智能可以为司法人员做些什么？》，载《检察日报》2017年10月31日第3版。

统多项功能综合产生的直接后果,这些功能和作用最终的落脚点仍是回归到司法工作的宗旨即维护社会正义;人工智能主导下的审判流程创新和优化,不能一味追究效率,必须尊重司法固有的规律,必须确保公平正义价值的实现。[1] 同人工智能在医疗、制造等领域中的应用有着本质区别的是,司法工作者关乎社会公平正义的实现,关系到人民群众的切身利益甚至生命财产安全,因此在适用新技术时应牢记使命,不应当盲目跟风,更要避免在追逐新浪潮的过程中迷失本职。[2] 公正高效是智能仲裁的灵魂,若偏离这一价值追求,智能仲裁将会变成一个没有灵魂的技术躯壳。

安全问题是发展人工智能的关键问题和核心问题,也是部署人工智能最大挑战。自人工智能爆发式发展以来,其安全性就成为业内人士与普通民众关注的焦点,人工智能面临的安全风险有两大类,一种是外部威胁,一种是内部局限。前者主要是黑客等网络攻击者对于人工智能系统安全的潜在隐患,由于人工智能应用越发广泛,在诸多领域都形成了深度影响,一旦遭遇攻击,将造成严重后果;后者主要是人工智能技术本身的缺陷,在进行深度学习或者机器识别时,很可能会出现一些“失误”,从而引发意外情况。作为一项人类自己发明的技术,人类对其后果和负面影响竟然无法预料,人工智能有可能全面超越人类。人工智能不仅具有深度学习的能力,而且还具有主动学习和创新的能力,甚至可能拥有自主意识,能够自主升级,自我提升。由此,人工智能将达到甚至超过人类的智力水平,尤其是它们之间的相互学习,自我完善,甚至可能促使它们成为“超级智能组织”,我们最担心的问题是它们可能突破设计者预先设计的“临界点”,不受人类控制,反过来控制人类。这样,人类可能会成为它们的“玩物”,这是人类担心和恐惧的地方,霍金甚至认为这是人类

---

〔1〕 参见邓恒:《人工智能技术运用与司法创新》,载《人民法院报》2017 年 12 月 14 日第 2 版。

〔2〕 参见李林、田禾主编:《中国法院信息化发展报告 NO. 2(2018)》,社会科学文献出版社 2018 年版,第 20 页。

最重要的事件,也可能是最后的事件。高级人工智能代表地球生命历史的一个深刻变化,人类应该有相应的关切和资源来进行计划和管理。因此,我们应当高度重视安全问题,并及时采取有效的应对措施,保障人工智能领域的健康、可持续发展。

人工智能给裁判带来颠覆性的影响,其智能化、自主性程度越高,双刃剑特征就越突出,安全可控已成为裁判人工智能发展的基本前提和核心支撑。阿西洛马人工智能原则提出对于人工智能系统造成的风险,特别是灾难性的或有关人类存亡的风险,必须有针对性地计划和努力减轻可预见的冲击。人工智能系统在它们整个运行过程中应该是安全和可靠的,而且其可应用性和可行性应当接受验证。

裁判人工智能事关人类的公平正义,在其发展过程中,更需要秉承全新安全观。裁判人工智能需要法治化,这是其发展过程中的重大议题,其应用和发展离不开法律的适度规制,一方面,法律能够为科学技术的有益效应提供正向引导和制度保障;另一方面,法律能够对科技的负面效应予以限制和规避。[1] 要摒弃先发展后治理的思路,坚持发展与治理同步进行,根据人工智能技术特征,加强先期治理布局,将安全隐患扼杀在萌芽状态。同时,要为裁判人工智能发展设定道德伦理红线,人工智能"逃脱"人类控制,可能被不法利用,在法律法规之外,还需要对裁判人工智能产品进行伦理设计,为其赋予一定的道德判断与行为能力,按照人类法官标准赋予相应的正义观,从而使其符合人类安全需求,符合人类对公平正义的追求。可见,需要对裁判人工智能采用一整套治理机制,不仅需要增加伦理道德的自律,而且需要建立一套外在监督和制裁机制。但仅有将伦理嵌入人工智能系统这样一种自律行为是远远不够的,需要政府监管部门、社会公众的共同参与、审查和反馈,以事中或事后的方式对人工智能系统的行为进行监督、审查和反馈,共同实现人工

---

〔1〕 参见邓恒:《人工智能技术研发与智慧法院建设》,载《人民法院报》2018 年 3 月 2 日第 2 版。

智能伦理,确保社会的公平正义。[1]

(三)管理和服务相统一

《关于进一步加强劳动人事争议调解仲裁完善多元处理机制的意见》(人社部发〔2017〕26号)提出要坚持服务为先、高效便捷。以提高劳动人事争议处理质效为目标,把服务理念贯穿争议处理全过程,为用人单位和劳动者提供优质服务。智能仲裁建设应当坚持这一原则。信息化工作主要包括建设、应用、管理,其中建设是基础,应用是目的,管理是保障。对于建设问题,高度重视,现有硬件及软件设施在今后一段时间必然更为优化、完善。因此,改进现存问题的入手点已不是建设方面,而是应用与管理的提升,尤其是服务的提升,应在服务中提升管理,而不是相反。

智慧法院建设标志着信息技术在司法系统中的应用由"内部管理"向"司法服务"模式的转变和发展。前者是在原有的工作实务中引入信息技术,通过提升法院工作效率来完善司法系统运作,实现传统法院工作机制的系统化;而后者是在前者的基础上,以当事人为中心,形成全新的法院审判工作机制和工作模式,将信息技术与法院审理全面融合的一种新的法院工作形态。[2] 这是学者对智慧法院建设从学理上进行的论证,其实也是对智慧法院建设经验教训的总结。在法院信息化过程中,存在以管理为中心的倾向和问题,有的系统设计对法官而言不是便利,而是增加了其负担;系统也不是很友好,这就是在实践中有的法官对信息化有一定抵制情绪的根本原因所在。中国社会科学院在对山东法院信息化的评估报告中指出:"山东法院信息化对审判执行工作的管理多于服务,给法官带来的困扰多于帮助支持。可以说,对于审判执行支持力度不够、服务水平不高是目前法院信息化最大的弊端所在。……在软

〔1〕 参见腾讯研究院、中国信息通信研究院互联网法律研究中心、腾讯 AI Lab、腾讯开放平台:《人工智能:国家人工智能战略行动抓手》,载中国人民大学出版社2017年版,第297页。

〔2〕 参见叶慧娟:《智慧法院:技术在右,法律在左》,载《社会科学报》2017年8月10日第3版。

件方面,山东法院现在部署的多个平台软件以审判业务管理为主线,以审判数据为重点,而用于辅助审判的软件相对较少,功能不够强大、贴心。"[1]智能仲裁建设应当吸取智慧法院建设这方面的经验。智能仲裁应当以用户为中心,而不是以管理为中心,全国很多地方都在开发信息化系统,从其开发来看,虽然也有助于提高仲裁的效率,促进公平公正,但其根本上还是服务和服从于管理的需要,而不是以服务当事人、服务办案人员为首选,因而系统设计不是很友好,有些方面不仅没有给办案人员带来便利,反而增加其负担。为此,智能仲裁建设要坚持以下三个导向:

第一,要坚持目标导向。劳动人事争议仲裁的本质特征是公正和效率的高度统一,体现其高效、便利、低廉等本质特征和优势,以发挥其在劳动人事争议解决中的主渠道作用。智能仲裁的物质基础是先进的信息化、智能化系统,核心是智能化,但其不仅仅是智能化的服务,更在于利用先进的网络信息技术推进仲裁治理体系和治理能力的现代化,必然会引起组织机构、人员配置和构成、工作流程和管理模式的变革,将会引起整个仲裁全方位的变革。建设智能仲裁,就是要实现劳动人事仲裁的现代化,就是要构建网络化、阳光化、智能化的仲裁信息化体系,支持全业务网上办理,全流程裁判要素依法公开,面向仲裁员、仲裁参与人、社会公众和政务部门提供全方位智能服务,使信息化切实服务裁判,让仲裁工作更加贴近人民群众,用先进信息技术不断提高仲裁的科学管理水平。

第二,要坚持需求导向。便民、利民是仲裁的宗旨。当然也应当是智能仲裁的宗旨。借助大数据、互联网、人工智能等现代科技,实现仲裁和科技的融合,利用大数据和人工智能实现公正和效率的统一,而不能仅考虑管理者和管理部门的利益和方便,如果仅考虑管理者的便利,不

---

[1] 中国社会科学院国家法治指数研究中心、法学研究所法治指数创新工程项目组:《人民法院信息化3.0版建设应用评估报告——以山东法院为视角》,中国社会科学出版社2017年版,第162页、第164页。

考虑一线办案人员的便利,不考虑人民群众的利益和便利,那么智能仲裁将难以推进,效果将会大打折扣。在大数据的基础上,应开展案件管理系统智能化应用,为仲裁员办案提供智能化服务。在完善案件管理系统基本功能的基础上,努力探索办案智能化应用的广度和深度,逐步实现仲裁程序规范化、标准化,电子卷宗自动归目,仲裁工作量自动测算,案件信息项自动回填,完全实现案件办理过程的信息实时同步录入,电子卷宗随案同步生成,信息真实,全程留痕。对仲裁员而言,其可以借助新技术、新手段,用大数据的理念和方法办理仲裁业务,可以通过办案辅助系统、移动终端 App 实现智能化、全天候办案,并通过数据分析,为其查询、参考同类案件提供技术支持。对管理者而言,可以借助智能仲裁,对办案节点进行监控,对案件质量进行监控,确保类案同判,实现仲裁公正。对当事人而言,不仅能够以“看得见”的方式实现正义,而且服务更加便捷,实现信息“多跑路”,人民群众“少跑路,甚至不跑路”。

第三,要坚持效果导向。仲裁工作必须为了人民、依靠人民、造福人民,把解决了多少问题、人民群众对解决问题的满意度作为评判改革成效的标准,努力让人民群众在改革中有更多获得感,让人民群众在每一起案件中感受到公平正义。智能仲裁建设应当以服务人民群众、服务一线办案人员为中心,以效果为导向。对于当事人而言,要让他们能够亲身体验到仲裁服务质效的改善,在细微处见证或亲身体验智能仲裁带来的便利、快捷,而不是累赘。通过人工智能让数据和信息“多跑路”,让群众“少跑路”,这是智能仲裁建设应当达到的目标之一。在信息化时代,新科技手段可以更好地推动仲裁为民、仲裁便民。就这种意义而言,智能仲裁恰恰最符合仲裁的本质特征。便捷、高效本来就是仲裁的特点和优点,通过智能化建设,仲裁应当更加便捷、高效,如果相反,则和仲裁的本质特征相悖。所以,应当审查信息化定位,以服务仲裁为中心。深圳法院以需求为导向,在全国首创由法官主导的“JEC”开发模式,信息化建设项目注重法官的深度参与,成立由法官(Judge)、法院工程师(Engineer)、科技公司(Company)组成的“JEC”项目开发小组。团队中,法官主要负责提出应用需要并参与项目测试和体验,工程师负责沟通联络工作和技术支持,技术开发公司人员主要负责研究解决问题的技术方案。[1] 这种做法值得智能仲裁建设借鉴和参考。

综上所述,虽然智能仲裁建设也强调问题导向,但解决问题的思路应当是更好地为当事人服务,为办案人员服务,而不是仅为管理服务。也就是说,应当在服务中解决管理问题,而不是让服务服从管理;智能仲裁虽然有助于推进仲裁的精准管理,仲裁大数据的挖掘可以为社会治理提供依据,但是智能仲裁管理仍然应以服务一线办案人员,服务广大人民群众为宗旨和导向。

结　语

智能仲裁建设意义重大,不仅是解决劳动人事争议仲裁面临的诸多问题的突破口,还有助于推进劳动人事争议仲裁的标准化、规范化、专业化、信息化建设,而且是劳动人事争议仲裁现代化的必由之路。

目前,智能仲裁建设的基本框架已经搭建,并在实践中取得了一定的成效,但在设置标准、人员素质、软硬件设施、信息互联互通、智能化程度等方面仍然存在诸多问题,需要加强顶层设计,统一全国标准,并不断加大投入,完善软硬件设置。智能仲裁建设是一个系统工程,是一个较为长期的建设过程,不仅包括将线下搬到线上,而且涉及思维方式、办案流程、办案模式、软硬件配置、基础设施、安全保障等方面的全面革新。

劳动人事争议仲裁作为非诉讼纠纷解决机制的一种类型,是作为诉讼的替代和补充登上历史舞台的,应当具备非诉讼纠纷解决机制的典型特征,其改革的核心在于非诉讼化、非诉讼结构以及社会化,既要体现其简便、快捷、低廉、灵活的特征,也要体现合作、共赢的理念,以实现劳动关系的和谐和稳定。因此,智能仲裁建设要更好地反映和体现仲裁的本

---

〔1〕 参见胡志光、王芳:《智慧法院建设的思维导图——以深圳法院"鹰眼查控网"建设为案例》,载《中国应用法学》2018 年第 2 期。

质特征,以人为本,服务于当事人,服务于仲裁办案人员,服务于仲裁的精细管理,构建公正、高效、便捷、权威的中国特色劳动人事争议仲裁制度;不仅要服务仲裁管理,更要服务仲裁员办案,服务于人民群众仲裁,让劳动者在每一起案件处理中都能感受到公平正义,使广大劳动者的获得感、幸福感、安全感更加充实、更加有保障、更加可持续;智能仲裁建设要以"用户至上"理念创造价值,以"整合集成"理念合作共赢,以"创新发展"理念拥抱变革,坚持公正和效率的统一,管理和服务的统一,实现仲裁公正和仲裁效率的统一、实体公正和程序公正的统一、法律效果和社会效果的统一。

智慧法院建设时间还不长,智能仲裁建设刚刚起步,学界和实务界对智能裁判的认识处于摸索阶段,还很不成熟,需要我们在加快建设时不断总结、不断思考,并根据实践的需要进行调整,但智能仲裁建设总的方向是正确的,这是仲裁现代化的必由之路,对这一点我们要坚定信心,毫不动摇。

第八章 劳动人事争议智能仲裁院建设标准

为贯彻党中央、国务院要求，结合落实全国“互联网+人社”推进座谈会部署和“十三五”时期调解仲裁工作总体思路，人力资源和社会保障部调解仲裁管理司以“三系统一平台”为基础，构建“互联网+调解仲裁”工作体系。其中，开展智慧仲裁院和数字仲裁庭建设是一项重要的基础性工作，有助于进一步提高劳动人事争议仲裁效能和服务社会能力。智能仲裁院建设要分两步走，第一步是信息化建设，实行网上立案、网上办案、网上办公，以互联互通为特征的仲裁信息化2.0版；第二步为实现全面覆盖、移动互联、跨界融合、深度应用、透明便民、安全可控的3.0版，实现仲裁服务便捷化、核心业务智能化、行政管理科学化、仲裁公开常态化、科学决策精准化，构建中国特色的劳动人事争议仲裁制度。同时，智能仲裁建设最终要通过智能仲裁院和数字法庭建设来实现其功能。鉴于实践中各地建设标准不一，智能仲裁院和数字法庭的各个系统不兼容，影响智能仲裁功能的发挥。因此，应当设置智能仲裁院和数字法庭建设的建设标准，由此不仅能有效促进劳动人事争议仲裁的信息化建设，并在其基础上推进智能化建设，而且有助于推进劳动人事争议仲裁的规范化、标准化、专业化，实现劳动人事争议仲裁体系和能力的现代化。

一、劳动人事争议仲裁院信息化的建设标准[1]

(一)劳动人事争议仲裁院信息化总体要求

根据中共中央、国务院关于构建和谐劳动关系的决策部署和人力资源和社会保障部、中央综治办等八部委《关于进一步加强劳动人事争议调解仲裁完善多元处理机制的意见》(人社发〔2017〕26 号)等要求，推进调解仲裁工作规范化、标准化、专业化和信息化建设，截至 2020 年年底，要形成机构设置科学，办案区域布局合理，工作制度完善，基础保障有力，专业化水平显著提升的工作格局，体现高效、便捷、公正的仲裁特色，建成信息化仲裁院和数字化仲裁庭。其中，基础保障是前提条件(具体的劳动人事争议仲裁基础保障设置见表 8 -2)。信息化建设是智能仲裁建设的第一步，借助信息化建设，提升仲裁效能，提升公共服务的水平。各级人力资源社会保障部门大力开发利用互联网技术，将大数据思维运用到为民服务中，不断创新和积极探索改进服务的方式方法，增强了人力资源和社会保障工作效能，提升了公共服务的水平和能力，实现从“人社 + 互联网”向“互联网 + 人社”的完美转型。[2] 劳动人事争议仲裁院建设总体标准包括硬件设施、信息化装备、队伍建设、配套保障等(见表 8 -1)，这在浙江省已经形成较为成熟的标准。

具体而言，应坚持“组织机构标准化、仲裁办案精准化、人员队伍专业化、仲裁工作信息化”的标准来打造专业化、智能化仲裁院。要做到人员到位、机构健全，做到组织机构标准化；细化分工，落实责任，确保办案

---

〔1〕 参考了山东、浙江、河南、安徽、贵州等省劳动人事争议仲裁院建设标准。

〔2〕 佚名:《人社服务迈入“互联网 + ”时代》，载《中国人力资源社会保障》2017 年第 3 期。

过程有序，提升仲裁公信力，做到仲裁办案精准化；积极组织仲裁员参加业务培训，提升仲裁员争议处理能力和专业化水平，优化仲裁服务标准和服务规范，统一制服，规范用语，树立仲裁工作者良好形象，做到人员队伍专业化；数字化仲裁庭投入使用，实现庭审记录电子化、证据展示投影化、庭审录音同步化、庭内监控实时化，充分发挥数字化仲裁庭的网络平台功能。坚持全国仲裁院一盘棋，按照统一的接口规范和标准进行数据交互，确保实现仲裁数据上下联动、互联互通，全面推进仲裁工作信息化，为智能化奠定基础。

表 8-1 劳动人事争议仲裁院建设的总体标准[1]

一、硬件设施(见表 8-3)	要 求
1. 仲裁庭面积(m^2)(见表 8-4)	
2. 仲裁庭席位设置	
3. 旁听席位数、是否分离	
4. 仲裁庭布局、隔音效果	
5. 仲裁庭与办公区分离	
6. 候庭区	
7. 接待室	
8. 调解室	
9. 法律援助工作室	
二、信息化装备	
10. 各席位显示器、是否同步数据	
11. 证据展示、电脑配备，是否同步展示	
12. 公共场所大型显示屏，公告开庭信息；智能化导航、咨询	
13. 音视频监控、语音激励	
14. 全部通过仲裁信息系统办案	

[1] 参考了浙江省劳动人事争议示范仲裁院建设标准。

续表

15. 一案一光盘	
16. 专网建设	
17. 设施设备参数是否符合智能化、信息化要求	
三、队伍建设	
18. 工作人员 5 人以上	
19. 专职仲裁员 3 人以上	
20. 仲裁员具法律本科以上学历或法律职业资格	
21. 仲裁员每年参加培训	
22. 仲裁员无违规办案	
四、配套保障	
23. 有便民举措	
24. 落实法律援助工作	
25. 规章制度完备,责任到人	
26. 专项工作经费保障	
27. 仲裁员、当事人通道分离	
28. 有安全防范设备、措施,应急预案、机制	

表 8－2　劳动人事争议仲裁院基础保障设置

项目	功能和用途	设置标准
仲裁院工作经费	用以仲裁院日常工作需要,包括人员经费、公用经费、办案补贴、仲裁专项经费等	按照《劳动争议调解仲裁法》关于仲裁经费由财政予以保障的规定,以及《财政部、国家发展与改革发展委员会关于公布取消和停止征收 100 项行政事业性收费项目的通知》(财综〔2008〕78 号)关于停止仲裁收费后由同级财政保障经费的规定,将仲裁经费列入当地财政预算,由同级财政予以保障
办公办案设备	仲裁院日常办公和业务需要	配备电脑、打印机、多媒体设备、安全监控设备和档案存储设备等

续表

项目	功能和用途	设置标准
公共设施	为争议当事人及代理人提供方便	配备空调系统、消防系统、无障碍设施和宣传资料等
仲裁员服装	仲裁员庭审和执行公务时着装	外套为深藏青或黑色西服,内着浅灰或白色衬衫、配领带,冬季外着与西服配套毛呢大衣。仲裁员工作装左胸佩戴仲裁胸徽,胸徽由省厅统一发放
信息化建设	提高争议处理质量和效率	仲裁信息管理软件系统安全运行,实现省、市、县(区)联网。工作人员配备联网的信息终端,能熟练使用仲裁信息管理软件,系统操作与案件处理实时同步。仲裁管理信息系统使用、维护及时准确。统计与仲裁办案系统实现对接,统计数据真实、完整。建立固定的网络信息发布渠道,调解仲裁信息实现及时发布
仲裁院制度	规范仲裁庭的运行程序,保证庭审案件公开、公平、公正进行	制定申请接待、立案受理、文书送达、庭审安全、审理程序和调解裁决等各项工作制度,并做到制度上墙

表 8-3 劳动人事争议仲裁庭内部设置

项目	设置标准
仲裁院的装修,总体色调要庄重、和谐,庭内装饰应简洁大方,标志显著,庭貌庄严,充分体现劳动人事争议调解仲裁的严肃性和权威性	
仲裁庭桌椅	仲裁庭桌椅造型大方,颜色采用深色或古铜色,款式可参照人民法院审判庭桌椅样式制作。仲裁台视仲裁庭面积大小视具体场地而定。一般参考系数长 250~12500px,高 60~2000px,宽 1750px,面向当事人桌沿应有遮板,遮板高 10~375px,仲裁椅座高 1000px,仲裁员椅背高 60~2000px,首席仲裁员椅背略高于其他仲裁员椅背。申请人台桌、被申请人台桌应小于仲裁台桌,一般长 150~7500px,高 60~2000px,宽 60~1750px。书记员台桌一般长 100~3000px,高与宽参考申请人、被申请人台桌参数。证人台桌一般长 1500px,高 80~2500px,宽 1250px。仲裁员椅背应与当事人椅背有明显区别

续表

项目	设置标准
仲裁员席	设3座。仲裁员席位要比其他席位抬高20～750px,面积能满足仲裁活动需要,首席仲裁员座位在仲裁庭庭徽下正中处,其他仲裁员分坐两边
书记员席	设1座。应设置在仲裁台前正中处,背靠仲裁台,面向旁听席区,离仲裁台60～2500px,书记员与申请人、被申请人等席处于同一水平地面,比仲裁员台低20～750px
申请人及其委托代理人席、被申请人及其委托代理人席	申请人席、被申请人席应分设3座,在仲裁台前方3750px以上处,分两侧相对而坐。仲裁员座位右边为申请人席、左边为被申请人席,两者之间相隔不少于5000px
证人席	设1座。证人(包括鉴定人)席应设在仲裁台正前方,可处于申请人席、被申请人席中间或后侧位置时对齐,不用时可放置两侧墙处
旁听席	至少设10座,设在仲裁庭后部,与仲裁台正相对,最前排座位离申请人席台右侧不少于3750px。旁听席与仲裁席要用2000px高实木隔开;仲裁庭面积$60m^2$以上的,旁听席可设15位;大型仲裁庭可视实际情况设置足够的旁听席位
席位牌	首席仲裁员、仲裁员、书记员、申请人、被申请人、委托代理人、证人等人员应制作席位牌,摆放在对应人员席位的正前方
标示牌	仲裁庭要悬挂庭徽、庭审纪律等标示牌。庭徽应悬挂在仲裁台后上方正中处,不再设文字。“仲裁庭纪律”“当事人权利和义务”等标示牌应上墙悬挂
办案设备	配备专用电脑、打印机、录音录像设备、多媒体投影设备、电话、电视、上网等接口设备。同时配备空调、时钟等设备。书记员席应摆放电脑、打印机实现庭审记录电子化。有条件的地方,可在仲裁庭外显著位置设置电子显示屏,公开公告仲裁庭审理案件;配置实时监控设备,对庭审秩序进行实时监控;配置证据展示投影系统;亦可配置安全检查设备或配备1～2名保安人员维持庭审秩序

表 8－4 劳动人事争议仲裁院内设机构办公办案场所面积设置

<table>
<tr><th colspan="2">内设机构</th><th>面积</th><th>功能</th></tr>
<tr><td colspan="2">立案庭</td><td>不小于 $20m^2$</td><td>接待当事人，解答咨询，释明政策法规</td></tr>
<tr><td colspan="2" rowspan="2">仲裁庭</td><td>县级仲裁庭
不小于 $60m^2$</td><td rowspan="2">审理劳动人事争议案件。各级仲裁院至少有 1 个仲裁庭。案件数量较多的地区，可按照每 300 个案件设立 1 个仲裁庭的标准配备。有条件的地方，可建设 1 个面积在 $90m^2$ 以上的仲裁庭，具有向社会开放旁听等功能。有条件的地方仲裁庭应设置仲裁专用通道，有多个仲裁庭的应冠以序数，如第一仲裁庭、第二仲裁庭等</td></tr>
<tr><td>市级仲裁庭
不小于 $80m^2$</td></tr>
<tr><td colspan="2">调解室</td><td>不小于 $30m^2$</td><td>立案前、庭审前的争议调解，并对仲裁委员会员会管辖区的调解组织出具调解协议书进行审查确认</td></tr>
<tr><td colspan="2">资料室</td><td>不小于 $15m^2$</td><td>收纳法律法规、理论研究、案例选编等劳动人事争议调解、仲裁、诉讼等有关书籍、报刊</td></tr>
<tr><td rowspan="4">综合
办公室</td><td>档案室</td><td>不小于 $15m^2$</td><td>主要用于档案材料的归档、保管、利用等工作。需具备防盗、防火、防潮等存储条件</td></tr>
<tr><td>办公室</td><td>满足日常
办公需要</td><td>供仲裁院工作人员日常办公使用</td></tr>
<tr><td>会议室</td><td>满足工作需要</td><td>召开全院工作人员会议、“三方会议”、仲裁委员会员会会议</td></tr>
<tr><td>监控室、机房</td><td>满足工作需要</td><td>安装监控设备等</td></tr>
</table>

1. 有关名称、术语的定义和界定

（1）规范性引用文件

具体包括《劳动争议调解仲裁法》《劳动人事争议仲裁组织规则（2017）》《劳动人事争议仲裁办案规则（2017）》等。

(2)术语和定义

劳动人事争议:劳动者与所在单位之间因劳动人事关系中的权利义务而发生的纠纷。

劳动人事争议仲裁委员会:由人民政府设立、专门处理劳动人事争议的专门机构。

劳动人事争议仲裁院:为劳动人事争议仲裁委员会下设的办事机构,具体承担劳动人事争议仲裁委员会的日常工作。

劳动人事争议仲裁员:由仲裁委员会聘任、依法调解和仲裁争议案件的专业工作人员。仲裁员分为专职仲裁员和兼职仲裁员。

书记员:在劳动人事争议处理过程中,承担记录工作和有关事项,并协助办理一系列仲裁辅助工作的人员。

仲裁当事人:因劳动人事权利、义务发生纠纷,以自己的名义参加仲裁活动的自然人、法人和其他人,具体包括申请人、被申请人、第三人等。

2. 机构设置

(1)机构性质

根据劳动人事争议仲裁机构实体化建设,各级劳动人事争议仲裁委员会应下设实体化的办事机构,具体承担劳动人事争议调解仲裁等日常工作,根据人力资源和社会保障部的要求,劳动人事争议仲裁实体化办事机构统称为"××省(自治区、直辖市)/县(市、区)劳动人事争议仲裁院",单位性质为行政单位或财政全额拨款并具有公共事务管理职能的事业单位。

(2)设立原则

按照统筹规划、合理布局和适应实际需要的原则设立,由省、自治区、直辖市人民政府依法决定。

(3)命名规则

由"××省(自治区、直辖市)/县(市、区)"和"劳动人事争议仲裁院"两部分组成。

(4)机构职能

仲裁院承担仲裁委员会的以下日常工作:

①贯彻执行和宣传劳动人事争议调解仲裁法律法规和政策;

②聘任、解聘专职和兼职仲裁员;

③负责仲裁员培训、考核和管理工作;

④受理劳动人事争议案件;

⑤指导劳动人事争议调解组织开展工作。

(二)劳动人事争议仲裁院信息化建设标准

智能仲裁院建设的第一步是信息化建设,实行网上立案、网上办案、网上办公,以互联互通为特征的仲裁信息化2.0版,办案系统使用、线上办案实现全覆盖,在此基础上实现智能化。可见,信息化是劳动人事争议智能仲裁院建设的基础保障措施,只有扎实推进了信息化建设,才有可能进一步实现智能化建设。

1.主要系统

高度重视与其他系统之间的兼容性,为相关系统之间的数据交换和信息共享预留空间。智能仲裁院应当应用人力资源和社会保障部统一开发的系统,即使使用各地自行开发的系统,也应当保持和人力资源和社会保障部开发系统的兼容和对接。

(1)办案信息系统

建设办案信息系统,优化办案流程,实现智能组庭、文书自动生成、公告自动生成、语音识别、案件到期自动预警等功能。县(市、区)级以上劳动人事争议机构应用办案信息系统,实现在线办案。所有仲裁案件均同步上传,接待登记、立案、审批、组庭、审理、结案各环节无遗漏。

(2)管理信息系统

建设、应用仲裁员管理信息系统,实现对仲裁员管理信息化。

(3)全国劳动人事争议仲裁案件信息监测系统

建设、应用争议案件监测管理信息系统,对办案过程实施实时监控和动态监测,对仲裁办案大数据进行分析,实现仲裁活动的趋势预测。

(4)在线服务平台

建设、应用在线调解平台,实现当事人在线申请调解、选择仲裁员、网络视频调解、案件查询等。建设、应用在线申请仲裁、网络视频庭审、电子送达、案件查询等功能。

鼓励各地在人力资源和社会保障部系统的基础上,开发具有地方特色的系统,鼓励地方研发符合一线办案人员需要而地方人力、物力、财力又能承受的"小程序",如关联案件推送程序、裁判主文计算项目的速算程序等。

2. 设备设施

仲裁庭设备应当包括录音录像设备、证据演示设备、档案储存设备、安全监控设备等基础设施,满足信息化、智能化要求。

(1)基本配置

①仲裁庭应配置大型显示屏,仲裁员席、申请人席、被申请人席、书记员席均配置显示器,实现与书记员操作数据同步。

②书记员席应配置电脑、打印机、证据展示台,实现证据展示、庭审笔录等信息在仲裁员、双方当事人、证人、旁听人员之间同步或交叉显示。

③仲裁庭外公共场所显著位置设置电子显示屏,及时公布仲裁开庭审理公告等信息。

通过网络或仲裁服务电子设备对当事人进行仲裁指引,有助于当事人了解仲裁流程,以及仲裁的风险,降低其仲裁预期,使之对仲裁结果具有比较理性的合理的认识。同时,还有助于当事人提高法律素养和处理劳动争议的能力。

(2)监控设备

仲裁庭应配置具备智能语音激励功能的音视频实时监控设备,实现仲裁庭审全程同步录音录像,并具备网络直播和回放功能。

(3)信息档案

及时保存庭审录像。每件经过仲裁庭开庭审理的案件卷宗都有庭审全程录音、视频录像，先做到“一案一光盘”，然后逐步形成电子档案。

设备设施功能参数要求如下：

①支持 16 路 HD - SDI 输入（兼容 VGA/HDMI/DVI/YPbPr 信号输入）；

②支持 16 路 HD - SDI 矩阵方式输出（兼容 VGA/HDMI/DVI/YPbPr 信号）；

③现场画面实现无缝切换，输出显示不黑屏，可调分辨率输出；

④支持语音激励，支持特写对话模式激活/退出；

⑤主机支持 4 硬盘以上备份，支持 DVD 刻录备份；

⑥支持服务器视频多备份，可扩展外网远程备份；

⑦支持 1080P/30FPS、1080P/25FPS 实时直播录制回放；

⑧支持 RTMP 多服务器级联分发，支持 RTMP 第三方平台接入；

⑨支持 H. 264/H. 265 双编码格式；

⑩支持管理员远程直播点播权限控制；

⑪支持录像文件自定义大小（默认 1G），并支持多视频无缝拼接播放；

⑫支持平板 App 远程设备控制，视频切换预览；

⑬支持 WEB 端设备控制，主机通信，实时更新设备设置；

⑭支持一键开庭，快速开庭；

⑮支持 4 路 RS232，4 路 RS485，2 路 USB 接口；

⑯支持 5 路 IR 控制，自学习红外控制；

⑰支持 20 路话筒输入，啸叫自动抑制，优先权设定，自动增益；

⑱支持 8 路回放，任意切换，还原直播现场。

有条件的地方，可以根据信息化的需要和经济承受能力选择拓展方案。庭审系统架设在内部专网，通过 WEB 方式进行远程设备控制、通信、直播，也能实现远程异地开庭、实现直播回放、数据备份、权限控制等多种功能。书记员实时记录、随时导出在线编辑 Word 格式方便保存、发送、打印。庭审系统基于 B/S 架构 MVC 模式开发设计，采用 PHP 编写，

使用 MYSQL 数据库,实现服务器录播,RTMP 视频分发,兼容第三方平台。可以扩展以下功能:

①异地开庭、远程开庭、协助开庭。

②远程直播、点播回放功能。

③远程设备控制、监管、锁定功能。

④大数据收集实时显示、直播、点播、开庭状态等,目前能定制。

⑤跨业务协助功能,可对接法院、市场监督、工会等国家机关和部门。

⑥数据加密解密,多备份,数据端口开放功能。

⑦二次开发以及自定义功能。

3. 场所要求

(1)总体要求

智能仲裁院立案接待窗口(大厅)、仲裁庭、调解室、办公室等建设要立足当前、着眼长远,并按功能独立分设。仲裁院内部设置办公室、调解室、仲裁庭等办公办案场所,有条件的地方还应设立接待大厅(立案室)和独立的档案室(具体仲裁庭设备布局见图 8 - 1)。

①仲裁庭装修应庄严、肃穆,席位布局遵照规范化建设指导意见执行,隔音效果好。

②办公、办案区域相互分离、独立设置并设有候庭区。

③应设置统一的标志和标识,标志标识应清晰明显。

④应配置大型电子液晶显示屏,设置于仲裁活动场所的醒目位置。

⑤完善仲裁服务大厅,配备触摸屏、电子显示屏等技术装备和信息系统,建立当事人、律师电子阅卷室,对接仲裁服务平台,支撑线上线下"一站式"仲裁服务。

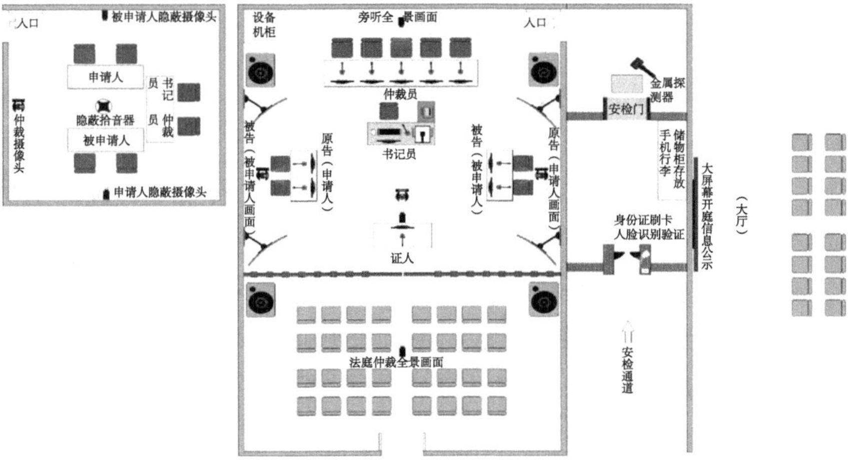

图 8－1　仲裁庭设备布置

(2)标志标识

——应在距仲裁院最近的干道,路口设置路口指示标牌。设置位置符合城市规划的要求,并遵从道路指示牌的有关规定。保证指示牌醒目便于远距离识别并避开树木、交通标志、广告牌或其他指示牌等。

①应在仲裁院入口设置门楣标识,在仲裁院大门右侧悬挂名称标牌。

②应在仲裁院入口上方设置平面引导标识,在各楼层醒目位置设置导向标识、仲裁文化宣传标识。

③无障碍设施标识设置应符合 GB/T 10001.9—2021 的要求和 GB/T 50763—2012. 中第八章的规定,消防安全标识设置应符合 GB13459.1—2015 的要求。

④应设置虚拟现实 3D 导航系统,采用模拟现实环境的三维视觉地图,提供仲裁院场所目的地搜索和功能引导查询等多种方式,快速查询相关目的地路线,通过动画方式演示行走路线,并提供手机扫描二维码下载路线地图,方便办事群众随时查看。系统不仅可以帮助群众查询和导航到室内各区域,还可以查询公共设施和周边信息。

(3)立案接待场所

①应设置于交通便利、方便群众出入的位置,宜采用“柜台式”等开放方式设置,面积不得少于 $30m^2$,内部设置应布局合理、庄重大方、宽敞明亮、整洁卫生。

②设置虚拟导诉员,包括真人影像虚拟导诉员、卡通影像虚拟导诉员、智能导诉机器人、语音互动人工智能导诉员等。

③设置3D导航电子寻路系统,有效地减轻目标场所导引人员的工作压力,减少访客不必要的问路寻路时间,提供智能、高效的步行环境和亲民、便民的服务氛围(具体立案接待场所布置见图8-2)。

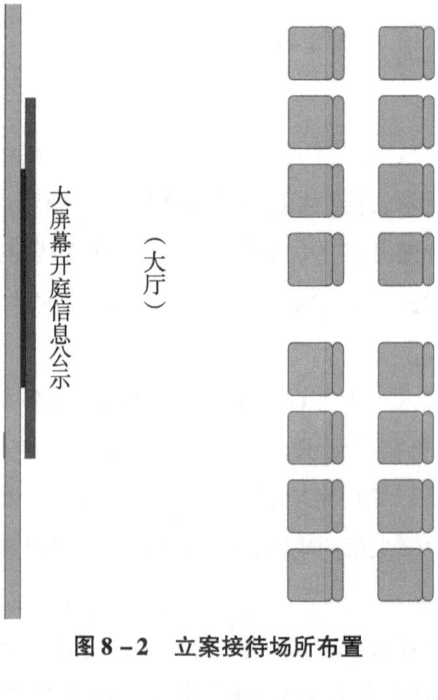

图8-2 立案接待场所布置

(4)调解室

调解室应当单独设置,每一个仲裁院至少设置一个调解室,面积不得少于 $20m^2$,内部应当按照和谐柔和原则予以设置,合理布局,具有调解的氛围。调解室应当设置调解员席、申请人席和被申请人席。应在房门处设置门牌标识,标识应当悬挂于房门正中或与墙体垂直悬挂。

应在醒目位置悬挂调解标识,张贴温馨提示语,设置调解相关制度,包括调解原则、调解员行为规范、调解工作流程、当事人权利义务等。应当按照信息化要求予以配置,连接互联网和业务专网,配备计算机、打印机、录音录像设备等,能够实现对调解过程的信息采集(具体的调解室布置见图8－3)。

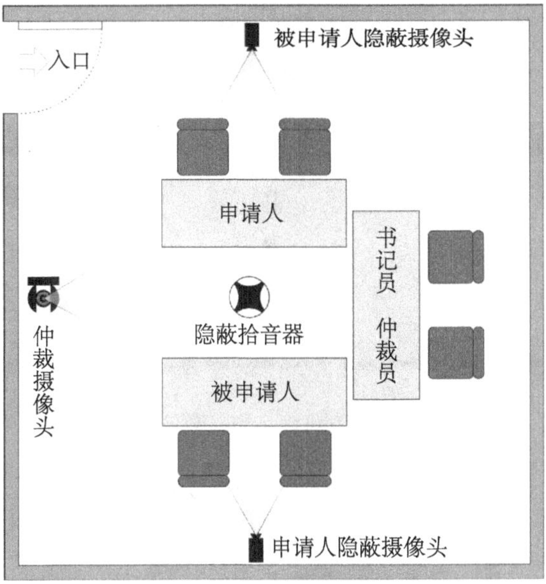

图8－3　调解室布局

(5)仲裁场所

仲裁场所应当单独设置,每一个仲裁院至少应当设置两个仲裁场所。

仲裁庭室内面积:仲裁场所不应少于60m²,设区的市仲裁场所以及示范仲裁庭设置不应当少于80m²,乡镇派出庭机构的仲裁场所室内面积不少于40m²,有条件的地方可以设置100m² 以上的大型仲裁场所,以便于向社会开放旁听的功能。

庭内设置内部设置应当庄重,简洁大方,体现仲裁文化,但调解场所应当温馨,适合劳动人事争议调解解决。应设置仲裁区和旁听区,仲裁区应设置仲裁员席、记录人员席、当事人席、证人席等,旁听区应当设置旁听席(具体庭内布置见图8－4)。

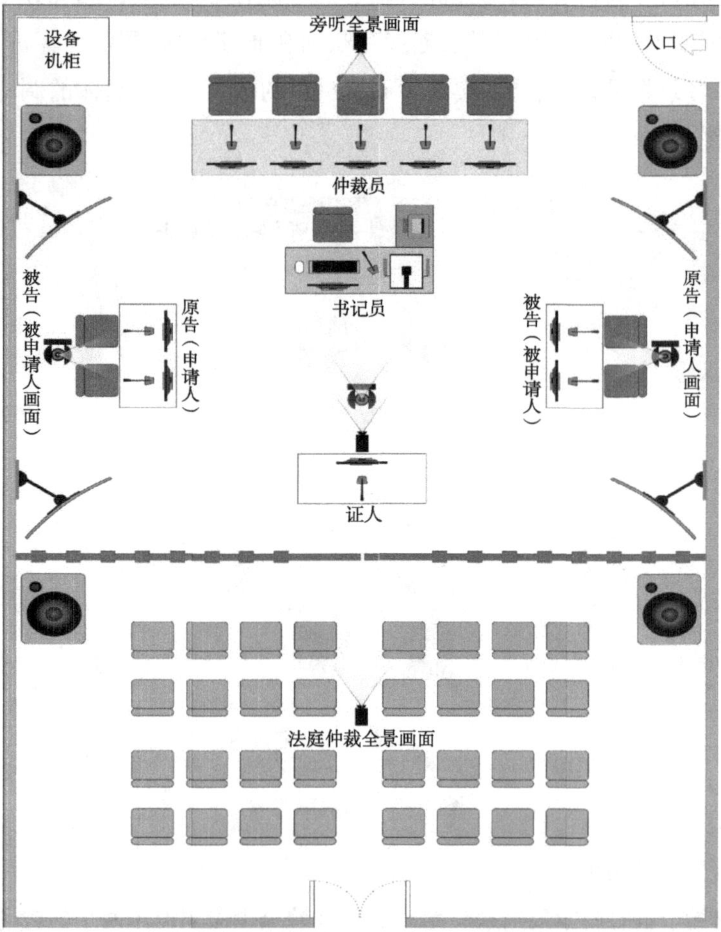

图8－4　仲裁庭内部布局

仲裁员席:按5名仲裁员设置,仲裁桌和仲裁员座椅按法院审判庭法官桌椅的规格和标准制作。

书记员席:按单桌单坐设置,桌、椅按法院审判庭相应规格和标准制作。

申请人席:按2人或4人坐桌、椅设置。

被申请人席:按2人或4人坐桌、椅设置。

旁听席:按50人座椅设置。

仲裁席背墙上设庭徽。

仲裁庭门口挂"×××省(自治区、直辖市)/县(市、区)"劳动仲裁庭标牌。

设置安检通道(见图8-5)。

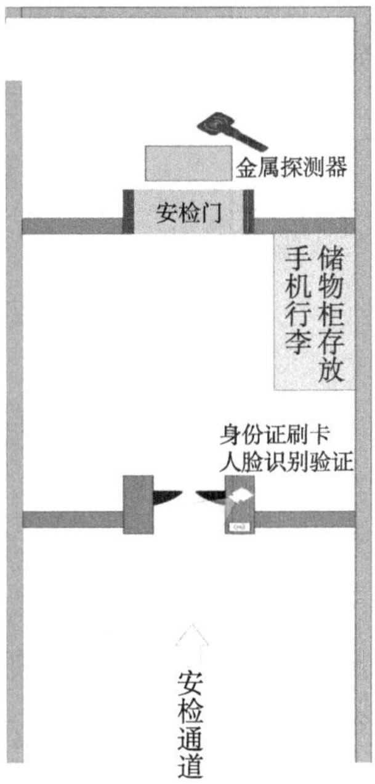

图8-5　安检通道

(6)资料室

应当单独设置,面积不少于$30m^2$,可根据需要设置阅读区、藏书区、电子阅览区,应设置阅览桌、座椅、电脑等设施,提供纸张、笔、复印、网络等相关服务,设置书架、期刊架。收纳法律法规、理论研究、案例选编等劳动人事争议调解、仲裁、诉讼等有关书籍、报刊。

(7)档案室

应当单独设置,应当符合防火、防潮、防盗、防光、防虫、防鼠、防尘、防高温等要求。

(8)劳动人事争议法律援助工作站

应设置于临近立案接待场所的位置,应当有专门的办公场所,可采用独立或开放方式设置。应设置休息座椅和电脑、打印机、办公桌等办公实施,提供相应业务表格和填写样本。

(9)机房

按照等级保护的要求,对机房进行升级改造,建成了功能齐全、设备先进、管理科学的标准模块化机房,并应通过信息系统安全三级等级保护测评。

4. 人员要求

专职仲裁员具有法律专业本科以上学历,或取得法律职业资格。

仲裁员符合法律规定的任职条件,办案程序符合法律规定,无违法违规情形。

仲裁员每年参加业务培训,及时掌握最新劳动人事政策法规。

加大培训和交流工作力度,努力建设一支政治素养高、业务能力强、工作作风好的正规化、专业化调解仲裁队伍。

(1)总体要求

应配备与仲裁院规模相适应的工作人员包括管理人员和业务人员。其中,管理人员包括院长、副院长、庭长等,履行管理职责。业务人员包括仲裁员、书记员、法律援助人员和其他办案辅助人员。业务人员应当熟练掌握和运用专业知识技能,在仲裁活动中应统一着装、佩戴胸徽。专职和兼职仲裁员应当持有仲裁员证。

仲裁院设管理岗位、业务岗位和综合服务岗位。其中,管理岗位由院领导和中层管理人员组成;业务岗位和综合服务岗位由仲裁员、调解员、书记员和其他辅助工作人员等组成。人员编制 3 ~ 5 人,承担劳动人事争议仲裁行政管理和案件处理工作。

(2)管理人员

管理人员应履行以下职责:

①处理仲裁院内部日常管理事务;

②协调劳动人事争议办案事务；

③其他应履行的职责。

(3)仲裁员

设区的市仲裁院应配备不少于10名专职仲裁员，县(市、区)仲裁院应当配备不少于3名专职仲裁员。年受理劳动人事争议案件数量500起以上的劳动人事争议高发、多发地区，专职仲裁员与案件数的比例至少应达到1:50，并应根据实际情况确定专职仲裁员和兼职仲裁员比例，一般不超过1:3。

仲裁员的来源如下：

①专职仲裁员在仲裁委员会员会办事机构中从事劳动人事争议处理工作的人员中聘任。

②兼职仲裁员在仲裁委员会员会成员单位等相关机构的人员、专家、学者、律师中聘任。

仲裁员的任职条件如下：

①曾任审判员的；

②从事法律研究、教学工作并具有中级以上职称的；

③具有法律知识、从事人力资源管理或者工会等专业工作满5年的；

④律师执业满3年的。

仲裁员的职责要求如下：

①依法参加劳动人事争议案件的调解、仲裁工作；

②其他依法应当履行的职责。

(4)书记员

劳动人事争议仲裁书记员，是劳动仲裁工作的事务性辅助人员，在劳动仲裁员指导下工作。书记员和专职仲裁员正常的比例至少应达到1:3。年受理案件数量500起以上的争议高发、多发地区，书记员和争议案件数量比例至少应达到1:100。劳动仲裁书记员的工作内容有：

①办理庭前准备过程中的事务性工作；

②检查开庭时当事人及其他仲裁参与人的出庭情况，宣布仲裁庭纪律；

③负责案件审理过程中的记录工作；

④配合劳动仲裁员做好仲裁文书送达工作；

⑤整理、装订、归档案卷材料；

⑥完成劳动仲裁员指派的其他书记工作；

⑦完成用人单位其他事务性工作。

书记员来源如下：

①公务员考录和事业单位公开招聘；

②社会招聘，政府购买服务；

③政府开发公益性岗位；

④劳务派遣。

(5)法律援助人员

法律援助人员包括法律援助机构派出工作人员或者指派律师事务所派出律师，以及工会、妇联等社会团体或社会组织派驻工作人员。

设区的市仲裁院应当配备不少于10名法律援助工作人员，确保工作日时间法律援助工作无断档。县(市、区)仲裁院应当配备不少于5名法律援助人员，在规定时间内能轮流值班接待来访咨询。

法律援助人员应履行以下职责：

①提供法律咨询，代写法律文书；

②接收法律援助申请，根据指派提供代理服务；

③其他依法应当履行的职责。

(6)其他办案辅助人员

其他办案辅助人员包括专职档案员、兼职档案员、统计人员、送达人员、安保人员等，其他辅助人员和专职人员的比例至少达到1:3，其来源如下：

①公务员考录或事业单位公开招聘；

②社会招聘；

③政府购买服务；

④政府开发公益性岗位；

⑤劳务派遣等其他方式。

其他办案辅助人员，具体职责如下：

①专职、兼职档案员，负责调解仲裁档案管理工作；

②统计人员负责调解仲裁工作的统计、分析、报送；

③送达人员负责仲裁文书的送达；

④安保人员负责维护庭审秩序、传带证人、传递证据等办案辅助工作。

5. 经费保障

仲裁庭建设、维护和庭审设备配置、更新经费，以及办案经费、仲裁员着装费、办案补助等纳入财政预算，专项保障。

6. 管理要求

制定仲裁员的聘任、仲裁庭审的注意事项、纪律、案件处理的各个环节接转、仲裁工作的内部监督等方面的管理制度和文书格式。切实加强劳动人事仲裁内部管理，规范工作流程，提高案件处理效能。制定立案、庭审、文书送达、档案管理等工作细则，进一步优化工作流程；建立健全庭前调解、建议调解和委托调解制度；不断加强调裁审衔接制度建设。推进政风行风建设，打造优质服务品牌，培育和弘扬调解仲裁文化。

(1) 人员管理

应当根据办案工作需要建设专职仲裁员队伍，多渠道选聘兼职仲裁员，并配备相应的办案辅助人员。应按要求对拟聘任仲裁员进行聘前培训，确保仲裁员持证上岗，依法办案，定期组织仲裁员进行政治教育、职业道德、业务能力、作风建设培训。

仲裁员每年脱产培训的时间累计不得少于 40 个学时。应建立完善和评价机制，定期对工作人员进行考核，对考核优秀人员给予表彰奖励，对不合格人员给予批评、教育、解聘等处理，并视情节轻重，对于存在违法违纪的工作人员给予批评教育、处分、解聘等处理，构成犯罪的，移送有关部门追究刑事责任。

(2)办案过程管理

办案过程应当实行立案、审理、监督相分离。仲裁委员会员会处理争议案件应实行"一案一停"制,遵循合法、公正的原则,先行调解,及时裁决。仲裁委员会员会应建立仲裁监督制度,对申请受理、办理程序、处理结果或仲裁工作人员等进行监督。应建立调解、仲裁、诉讼衔接机制,落实调解建议书、委托调解、调解协议审查确认、定期联席会议等制度。仲裁工作经费应当列入同级财政预算,仲裁员办理案件应当给予办案补助。应及时向同级人力资源和社会保障部门的统计工作管理机构提供争议案件统计分析数据和有关资料。

(3)应急与安全管理

建立突发事件应急处理机制。按照应急预案及时妥善处理突发劳动人事争议案件。应建立重大集体争议、群体性事件预防预警和联动处置机制。强化部门协作配合,定期对涉案单位进行跟踪回访和数据信息通报,确保事件有效预防和妥善处理。应建立防火、防盗、防爆炸的安全管理制度。重大节日、重要会议和重要活动期间,应对工作人员进行遵纪守法和安全教育。

(4)档案管理

劳动人事争议案件文书材料的整理、立卷、归档、保管、使用、销毁等应符合要求,档案应做到一案一卷,各类文书材料手续齐备、科学编目、装订规范。同时,应该根据信息化、智能化的要求,建立电子档案,并根据条件,实行电子档案自动生成,电子档案的管理应当符合国家制定的统一标准和要求。查阅档案应当在特定的阅读场所进行,当事人和代理人可以对案件证据进行查阅、复制,在电子档案建成后应当推行网上查阅。

(5)信息化管理

前述管理是典型的传统管理模式,是实现信息化的前提和基础。信息化建设要建立在完善的传统管理制度的基础之上,或者说,是传统管理的网络化、电子化。在推行信息化的过程中,要根据信息化建设的成熟程度，逐步实现人员管理的信息化、办案过程管理的信息化、档案管理的信息化。

7. 安全保障

仲裁院应设置仲裁员专用通道和当事人通道，有安全防范措施和应急预案，配置安检设备，配备安保人员维持秩序，确保庭审安全有序。

根据上级部门的要求，细化信息安全建设的规范和指导，包含物理安全、网络安全、主机安全、应用系统安全、数据安全等信息安全技术标准和管理机构及职能、管理制度、授权和审批管理、沟通和合作、审核和检查、等级保护管理、信息系统安全建设管理等信息安全管理标准，涵盖信息安全工作涉及的方方面面。

8. 案件处理质量

在信息化建设过程中，需要逐步推进全业务网上办理，并切实推进案件质量管理和监控的信息化。

（1）案件受理。依法保护当事人合法权益，严格依法及时受理各类劳动人事争议仲裁申请。未发现应该受理而未受理案件情况。

（2）依法审理。依法处理各类劳动人事争议案件，未发生错案。开庭公告和送达公告及时发布，并自动在省级仲裁网站同步显示。

（3）仲裁文书。法律文书严谨规范，各类文书送达程序和时间符合法律规定。裁决书内容完整，事实认定清楚，适用法律准确，分析说理清晰透彻。

（4）庭审程序。仲裁庭组成符合法律规定，仲裁员统一着装，庭审程序规范，各审理环节完备。仲裁员庭审驾驭能力强。

（5）仲裁调解。依法调解，维护当事人合法权益。落实调解优先原则，调解工作贯彻案件处理全过程，年度调解率达到60%以上。

（6）及时处理。依法及时审理劳动人事争议案件，年度结案率达到90%以上，严格落实终局裁决制度。

（7）统计分析。及时准确统计案件处理情况，分析面临的形势和存在的问题，并按规定期限上报统计分析材料。注重经验总结，及时在相关劳动人事调解仲裁网发布工作成效、全新举措等工作信息。

二、劳动人事争议智能仲裁院建设标准

智能仲裁院是智能仲裁建设的终端,也是智能仲裁建设的目的,智能仲裁最终要通过智能仲裁院来实现其功能。因此,智能仲裁院建设的标准关系到智能仲裁功能和目的的实现,无论是人力资源和社会保障部还是省一级仲裁系统的开发,最终还是要通过智能仲裁院来用,予以落实、实施,仲裁院建设要考虑未来智能仲裁建设的需要,为智能化提供余地和空间,否则将会造成资源的浪费。可见,智能仲裁院建设的标准和评价体系建设是智能仲裁建设的重要一环,并且要通过这些标准的实施,逐步予以推进。

(一)劳动人事争议智能仲裁院的界定

智能仲裁院是以实现仲裁公正、效率、便捷为目标,以数据开放共享安全可信为基础,运用大数据、互联网、云计算、人工智能等现代信息技术,促进仲裁公正效率和管理高效科学的信息化系统,是劳动人事争议仲裁的现代组织形态。

智能仲裁院虽是智能仲裁的一个终端环节,但却是智能仲裁的一个关键环节。智能仲裁建设是一个系统工程,要发挥其整体功能,要在全国范围内,起码暂时要在省一级统一建设,才能收到应有的效果。在一个地级市或者县建设智能仲裁,不仅达不到应有效果,而且其财力、物力、人力也是无法支撑的。当然,市、县两级仲裁院可以根据其人财物的承受能力在智能仲裁的某一个方面进行探索,进行创新,这是智能仲裁建设中应当予以鼓励的。同时,智能仲裁功能的实现要通过仲裁院这个终端环节才能得以实现。仲裁院的建设如果不按照智能仲裁的要求进行建设,智能仲裁也就成为一句空话。因此,智能仲裁建设需要加强智能仲裁院的建设,要规定相应的软件和硬件标准,连接人力资源和社会保障部的“三系统一平台”,才能构建“互联网 + 调解仲裁”工作体系,智能仲裁建设才能实现。

（二）劳动人事争议智能仲裁院目标设定（见图 8－6）、总体框架（见图 8－7）和办案智能辅助系统框架（见图 8－8）

业务流程	服务人民群众		仲裁公开					仲裁服务			仲裁宣传			监督建议		
	服务仲裁裁决		立案→庭前程序→裁决													
	服务仲裁管理		仲裁智能分析		仲裁员业绩考核			档案管理			信息化管理			安全运维管理		
应用	仲裁公开	仲裁服务	仲裁宣传	移动仲裁	仲裁业务	仲裁信访	仲裁支持	移动办案		仲裁智能分析	行政事务	财务管理	运维管理	档案管理	人事管理	移动办公
	服务人民群众				服务仲裁裁决					服务仲裁管理						

图 8－6　智能仲裁院目标

应用系统层	智能服务系统	智能辅助办案系统	智能化管理系统
	网上立案	移动办公、办案（视频接访）	案件警示
	智能仲裁引导	与法院等部门协同办案（数字仲裁委员会）	智能化自动巡查
			静默化管理
	网上证据交换	电子签章	人事管理网络化
	网上开店	法条、类案、关联案件推送	仲裁员业绩考核智能化
	电子送达	庭审语音识别	档案管理网络化
	网上调解	文书辅助	可视化运维管理
	网上联系仲裁员	电子卷宗	数据分析服务（劳动关系预警）

数据及人工智能服务接口

服务支撑层	数据处理算法			人工智能算法		
	数据采集	数据清洗	数据存储	目标检测	语义分析	用户画像
	数据整合	数据检索	数据挖掘	图像识别	语音识别	文本分析

基础资源层	数据资源	仲裁大数据	法院大数据	工会大数据	计算资源
		人力资源和社会保障系统工伤、劳动监察、社会保险大数据	工商登记大数据	医疗保险大数据	
	基础设备	存储设备		终端设备	云计算

图 8－7　智能仲裁院总体框架〔1〕

应用	文书自动生成	仲裁辅助与监督	法条、类案、关联案件推送
	程序性法律文书自动生成	证据校验	案件相关法律法规推送
	框架性裁判文书自动生成	类案不同判预警	类案推送
	案件多维数据分析	智能化自动巡查	关联案件推送
	语音识别同步转化文字记录	劳动关系预警	全省市裁判趋势分析

〔1〕 参见高伟、张国鹏、刘浏:《智慧司法的研究与实践》,载《邮电设计技术》2019 年第 2 期。

<table>
<tr><td rowspan="6">支撑</td><td colspan="2">卷宗电子化</td><td colspan="2">仲裁大数据库</td><td colspan="2">在办案件画像</td></tr>
<tr><td>案例资料</td><td>算法模型</td><td colspan="2">仲裁办案文件库</td><td>案件信息</td><td>算法模型</td></tr>
<tr><td>视频和音频数据</td><td>语音识别</td><td colspan="2">法律法规库</td><td>基本案情</td><td>知识图谱</td></tr>
<tr><td>参与人信息</td><td>视频分析</td><td rowspan="2">案例库</td><td rowspan="2">裁判文书库</td><td>关键事实</td><td>关联规则</td></tr>
<tr><td>案件纸质材料</td><td>OCR 识别</td><td>要素特征</td><td>语义识别</td></tr>
<tr><td></td><td>自然语言处理</td><td>证据标准库</td><td>电子卷宗库</td><td>时间地点</td><td>文本分析</td></tr>
</table>

图 8－8　智能辅助办案系统[1]

(三)智能仲裁院具体标准[2]

人力资源和社会保障部要对智能仲裁院信息技术建设中涉及的各领域、各环节的技术标准作出明确规定,各级仲裁院在新建或改建时应当参照该标准进行,通过统一平台、统一技术、统一研发等方式来实现智能仲裁院建设的标准化。

要按照人力资源和社会保障部、省(自治区、直辖市)的信息化要求和标准,建设覆盖省、市、县三级的调解仲裁办案信息系统、管理信息系统、信息监测系统、在线服务平台,实现调解仲裁办案、管理、服务的信息化,形成互联互通、畅通无阻、资源共享的信息化工作网络,在此基础上逐步推进智能仲裁院建设。智能仲裁院应逐步实现调解、仲裁与社会保险、就业、劳动关系、人事人才,以及法院、公安、市场监督、工会等系统数据共享。加强调解仲裁信息化基础设施建设,包括提供稳定的常态化经费保障机制、完备的硬件设施设备,提升办公硬件水平及系统本身的性

---

〔1〕 参见高伟、张国鹏、刘浏:《智慧司法的研究与实践》,载《邮电设计技术》2019 年第 2 期。

〔2〕 智能仲裁院的基础条件参考了浙江省示范仲裁庭标准、山东省级仲裁院标准以及安徽等省级仲裁院的标准。

能，建立一支专业化队伍，提供稳定可靠的技术保障等，按照智能仲裁的要求，建设数字化仲裁庭。

各级法院从规划引领能力、基础支撑能力、网络化应用能力、阳光化应用能力、智能化应用能力、主观体验以及创新示范作用七个方面建立智慧法院的评价体系，智能仲裁院建设也可以对智慧法院建设予以借鉴，从信息技术、软硬件设施、政策环境、信息化人才储备、信息化几大应用等相互协调的整体视角来评价智能仲裁院的建设。

1. 智能仲裁院建设和评价体系的基本框架

体系分为基础支撑、综合保障、智慧应用、规划引领、主观评价等层次，具体包括 7 项一级指标、21 项二级指标及附加指标，64 项三级指标，总分 100 分，如果评价为 60 分，只能是基本实现智能化，61 ~ 85 分智能化大部分已经实现（具体的指标体系及指标得分计算规则见表 8 - 5、表 8 - 6）。

（1）规划引领能力指数

①规划引领

包括五年规划编制、信息化宣传报道、仲裁院专网平均带宽、专有云建设及业务承载、开放云建设及业务承载、移动专网建设、涉密网建设。

应编制五年规划，发挥规划对信息化建设的指导作用。坚持充分论证、整体设计、合作开发、模块建设，制定信息化、智能化推进的时间表，并根据本地的实际逐步推进。

信息化宣传报道，即通过各种途径，以人民群众喜闻乐见的方式宣传信息化、智能化，鼓励使用信息化系统，以提高仲裁员、人民群众和管理者的信息化、智能化意识和水平，转变传统观念，树立大数据、互联网思维，这是智能化有效推进的一个重要条件。

安全、独立、高速、稳定的网络是保障系统正常运行发挥其功能的前提和基础，建立全省统一的办案统一平台，完善设计标准，满足办案辅助系统的运行、安全和未来升级的需要，为推进软件系统的深度应用打好基础。完善和优化五大网系，新建移动专网，构建以人社专网、移动专网、外部专网、互联网和涉密内网组成的五大网系，并通过网系整合建设专有云、开放云和涉密云，构建一体化信息基础设施。

以专网及相关重点设施为基础构建仲裁院专有云，需要根据仲裁院各类数据和音视频应用需求，优化技术架构，扩大专网覆盖范围，提高专网功能性能，支持业务灵活部署。建设移动专网，为移动办公、外出办案等外出移动业务提供支撑；拓展和完善外部专网连接，为部门间信息交换、信息共享和业务协同提供支撑；建设非涉密隔离交换系统，实现专网与其他非涉密网间的数据交换。

需要针对各级仲裁院互联网业务不断增加对计算、存储、网络等资源提出的更高要求，尽可能利用社会资源，通过租用互联网公有云，构建仲裁院开放云，实现业务灵活开展、资源弹性伸缩、成本按需可控、系统稳定运行，全面提升仲裁院互联网业务支持能力。

利用电子政务内网建设仲裁院涉密云，需要根据裁判工作需求和国家保密法律和规章要求，开展涉密内网建设。利用电子政务内网，开展上下级仲裁院间涉密信息传输和业务协同。

②场所支撑

包括仲裁服务大厅信息化服务覆盖率、指挥中心、数字法庭覆盖度、音视频应用覆盖度、音视频综合调度管理平台等。

智能仲裁院应建设功能区信息互动展示系统，方便来访群众通过互动触摸一体机查询各区域的功能情况、了解窗口办事人员情况和办事流程规章制度等。该系统可以详细展示候访服务区、立案服务区、调解服务区、信访服务区、候审服务区、便民服务区、网上仲裁及文印服务区等功能单位。突出展现各个功能区的具体介绍和办事流程信息，具有一定的实用性和导引宣传作用。采用丰富的媒体形式，如文字、图片、音视频、动漫等，有效提高信息的关注度和可看性，方便当事人前来办理具体事务。

微信公众号“智能仲裁”可选择需要的服务，当事人填写信息以选项设置为主，手输信息较少，大量信息还可通过拍照识别。

(2)网络化应用成效指数

在立案、调解、举证、庭审等环节植入科技手段,实现跨域立案、在线立案、在线庭审、在线送达、在线举证,让当事人足不出户打官司,能以"零在途时间""零差旅费用"完成仲裁全过程,真正体现仲裁高效、低廉的本质特征。

①网上办案、办公,表现在案件电子卷宗汇聚率、庭审录音录像率、电子签章率、网络案件评查、数字仲裁委员会、与法院等部门协同办案、移动办公办案。

电子卷宗汇聚率主要考察电子卷宗数据汇聚到省级仲裁院的比例,电子卷宗随案生成是智能仲裁院卷宗深度应用的基础。

庭审录音录像指标主要考察仲裁员庭审录音录像的实际使用情况,是否支持录音录像系统,是否支持将智能语音识别同步转换文字系统生成庭审笔录,由此不仅可以免去制作笔录的负担和提高记录的准确率与完整性,而且对促进仲裁院无纸化办公和实现仲裁效率与仲裁公正也具有积极意义。

电子签章指标主要考察仲裁院电子签章运用的实际情况,主要考察系统是否配备电子签章系统以及一定期限内使用电子签章签发文书种类,以提高仲裁效率。

网络案件评查是指对已经结案的案件的办理质量通过系统进行检查、评定的业务的管理活动,以保障评查的有效性和公正性。

数字仲裁委员会,即通过智能化、网络化做实"三方机制",真正发挥其协调功能。

与法院等部门协同办案,包括和人力资源和社会保障系统的劳动监察、工伤、社会保险等部门以及与法院、医疗保险局等单位数据共享、协同办案。

移动办公办案主要考察仲裁院远程办公、远程办案的建设水平,评估是否支持仲裁员以及工作人员利用移动终端办公,是否支持仲裁员利用移动终端办案,这对兼职仲裁员而言意义重大,由此降低其时间成本,有助于推进仲裁的社会化建设。

②仲裁服务包括网上立案率、智能仲裁引导、网上证据交换率、网上开庭率、电子送达率、热线服务率、网上调解、网上联系仲裁员等。

网上立案率主要考察系统是否支持当事人网上立案以及实际上当事人通过网络立案占整个案件立案的比例。

智能仲裁引导指标主要考察仲裁是否享受自助立案、自助查询、自助打印、风险评估等多种特色服务。网上证据交换指标主要考察网上能否进行证据交换,以及进行电子证据交换的比例占整个仲裁院案件的比例。

网上调解指标主要考察系统是否支持网上调解,当事人采用具有法律效力的电子签名技术手段在网上申请和开展调解仲裁的法律过程,采用网上申请和网上办理的方式,可以节省大量的时间和成本,公正可信,方便又快捷。

网上开庭指标主要考察系统是否支持远程庭审,双方当事人及其代理人只要在智能手机或笔记本电脑上下载并安装庭审软件,登录“互联网庭审诉讼平台”,就可在任意地点参加庭审。

电子送达指标主要考察仲裁院电子送达方式的应用程度,系统是否支持电子送达渠道以及可送达的文书种类,网上联系仲裁员指标主要从方便当事人的角度,不需要出门就能联系仲裁员,并不受时间限制进行沟通。

③网上信访主要包括视频接访率,即通过视频接访案件占整个劳动人事争议仲裁接访案件的比例。开展劳动人事争议仲裁“网上信访”是创新工作理念,拓宽信访渠道的必经之路,也是对探索反映民意和诉求表达机制提出的新要求。利用信息化手段,开展“网上信访”,有助于进一步拓宽信访渠道,方便人民群众,提高办理效率,降低信访成本,有益于化解劳资矛盾,促进社会和谐。

④仲裁政务包括网上办公、仲裁管理系统完备程度等。

网上办公主要考察仲裁院是否具备公文起草、公文审阅和审批管理的信息化,能否通过网上案件管理系统提高工作效率,将仲裁员从繁重的工作中解放出来,专心从事裁判工作。网上办公系统均以公文处理和日常事务管理为核心,同时提供信息通信与服务等重要功能,可实现各级部门之间以及内外部之间办公信息的收集与处理、流动与共享。

仲裁管理系统完备度是指是否支持人事管理、档案管理、财务管理的信息化,是否支持通过大数据分析对仲裁员业绩进行全面考核,是否支持通过信息化手段查询、调阅档案等。

⑤数据管理具体包括仲裁裁判信息资源覆盖度、集中汇聚数据质量。

(3)阳光化应用成效指数

①仲裁公开包括仲裁流程信息公开率、庭审公开率、裁判文书公开率等。

②仲裁宣传包括政务网站建设及微博、微信关注度等,前者包括链接有效性、信息更新及时性。网站既是信息化时代仲裁院宣传自己的重要方式,也是人民群众了解仲裁工作的重要窗口,是仲裁公开和仲裁服务的重要载体。因此,各级仲裁院应当加强网站建设,网站建设的具体内容包括“链接的有效性”和“信息更新的及时性”,考察仲裁院是否建立,以及建立之后是否有“用”,并且重在考察立法之后的使用。

(4)智能化应用

智能仲裁建设借助信息技术手段,通过智审系统开展随机分案、调裁对接、繁简分流、当事人远程补正证据、庭审笔录语音识别、智能案例推送、格式化案件自动生成判决书、自动生成电子卷宗、电子送达、裁判文书智能分析系统等辅助手段,为仲裁员提供全方位的智能化支持,不仅有助于将仲裁员从事务性工作中解放出来,而且有助于仲裁员正确查明事实,正确适用法律,减少仲裁裁决和管理的不确定性和主观性。同时,通过对案件数据的宏观与微观分析,为决策提供精准服务。

①裁判智能办公辅助

裁判智能办公辅助具体包括立案风险甄别、电子卷宗指标、文书辅助、法条和类案及关联案件推送、庭审语音识别转录等。

法条、类案、关联案件推送，法条、类案推送指标是指能否为仲裁员提供裁判所依据的法律法规以及类似案件的裁判信息，主要评估能否自动推送案件相关的法律条文，以及在办案过程中是否支持类案相关的简单推送或者基于案情的全要素匹配类案推送。

电子卷宗指标主要考察电子卷宗随案生成功能以及电子卷宗的深度应用情况，主要评估电子卷宗随案生成的比例；系统是否支持电子案卷文档化、数据化、结构化；是否支持仲裁员复制文字材料；是否支持通过卷宗提取案件信息并自动回填至办案系统电子案卷；是否支持合议庭之间、仲裁委员会之间调阅案卷；是否支持法院和仲裁之间、不同的仲裁机构之间调阅电子卷宗。

文书辅助自动生成指标主要考察能否自动生成裁判文书及其自动生成文书智能化水平的程度等。主要评估系统能否按照裁判文书制作规范辅助生成文书模板；是否支持自动生成文书；是否支持裁判文书自动纠错等。

静默化管理是在网上立案、跨域立案、受理登记、立案审查等流程节点设置信息发送程序，各流程节点一旦开始或结束，系统会自动采集相关信息，按照预置格式推送短信，无须人工干预或启动。

利用智能咨询、类案推送、案例分析等人工智能技术提供仲裁风险分析、仲裁结果预测，预测仲裁、诉讼和调解的时间成本，评估胜诉率、自动履行率，帮助当事人形成仲裁或诉讼的合理预期。利用 OCR、云柜技术实现电子卷宗随案生成。电子卷宗随案生成和深度应用是智慧法院的重要标志，通过系统提供的案件信息回填、辅助生成法律文书等功能，能够将仲裁员从事务性工作中解放出来，利用信息技术支撑裁判工作的开展。大力推进电子卷宗随案同步生成和深度应用，推进全流程网上办案。庭审语音识别系统涵盖语音采集、实时转写和庭审笔录修改编辑等功能，将庭审语音同步转化为文字并生成庭审笔录。

②智能化监督

智能化监督包括案件警示和智能化自动巡查，前者主要考察收结案失衡、案件超期等能否自动向院长提出警示，后者主要考察省级仲裁委员会能否自动对辖区内仲裁活动的规范性、纪律性自动进行巡查，发现纪律检查的各类风险点，将各种可能出现的风险点消除在萌芽中，实现了庞杂繁重的人工管理向信息技术自动化管理的转型，节约管理成本，全面提高管理效率，有效提升案件质量。

③智能化管理

智能化管理主要包括案件管理系统是否支持人事管理、仲裁员业绩考核、档案管理等业务的信息化、智能化管理，是否支持通过信息化手段支持案件档案的信息管理及其借阅，是否支持人事业务的网上办理以及物资采购等装备的信息化管理。

④大数据分析服务（劳动关系预警）

大数据分析服务主要考察是否能够对案件开展大数据分析并生成分析报告，通过大数据服务仲裁工作和劳动关系治理。通过大数据分析系统，实现对信息资源的多元检索和深入分析，支持及时、准确、动态的智能化服务，以此为基础，为职工群众提供仲裁公开和智能服务，为仲裁提供决策支持和劳动关系预警智能服务，为仲裁管理提供工作评估智能服务。包括仲裁数据智能统计与分析、人案关联分析、大数据分析辅助决策，由此可积极创新劳动关系预测预警机制，运用大数据对劳动争议的相关信息进行分析，建立涵盖协商协调、预测预警、指导服务、调解化解等功能系统的劳动关系运行管理平台，促进劳动关系全业务、全过程信息化、智能化运行管理。

仲裁数据智能统计与分析主要考察各级仲裁院能否实现大数据分析，从时间、空间等维度分析劳动争议案件的发展态势，为仲裁院的科学管理和劳动关系治理提供精准依据。

人案关联分析主要考察仲裁院是否可以实现人案关联，并通过该功能能够根据案件的类型、复杂度等要素评估仲裁员工作的质和量，为解决“案多人少”、制定合理工作业绩提供较为精准的依据。

大数据辅助分析辅助决策主要考察案件管理系统能否对案件开展大数据分析并生成分析报告，并通过仲裁大数据分析服务，为仲裁工作以及劳动关系治理提供科学依据，对劳动关系状况进行预警。

(5)综合保障能力

①信息安全保障

信息安全保障的主要指标是重要业务系统等级保护通过率。根据信息系统应用业务重要程度及其实际安全需求，实行分级、分类、分阶段实施保护，保障信息安全和系统安全正常运行，维护国家利益、公共利益和社会稳定。等级保护的核心是对信息系统特别是对业务应用系统安全分等级、按标准进行建设、管理和监督。

②运维管理保障

运维管理保障包括质效型运维体系完备度、可视化运维平台，基础支撑在运维保障方面，依“金保工程”建立质效型运维体系，实现对基础设施、应用、数据、安全的可视化监控、展示和成效分析。

③组织人才保障

组织人才保障包括领导小组设置、信息化人才达标率等，主要考察各级仲裁院是否建立相应的领导机构推进信息化建设，并根据省、市、县不同层级以及案件量的大小要求配备相应的技术人才。

(6)主观体验

智能仲裁建设标准既要有客观标准，也要有主观标准。如前所述，智能仲裁要服务当事人参与仲裁、服务仲裁员办案、服务仲裁决策和管理以及劳动关系的精准治理。要强化服务，以需求为导向，以问题为导向，切实解决实践中的“痛点”。因此，当事人、仲裁员、社会民众、管理者对智能仲裁院的主观体验是至关重要的，如果不能解决他们的问题，给他们带来便利，而是给其增加负担，那么智能仲裁建设就偏离了建设的目标，最终难以推进。智慧法院建设有这方面的经验教训，部分法院的司法公开平台和便民诉讼服务等平台呈现出单向的输出式发展局面，用户体验并不理想，当事人使用效果不佳，使用起来甚至给使用者带来负担。因此，智能仲裁院建设既要确保指标体系的精准科学客观，也要适度增加主观评价，兼顾不同主体体验感受。

(7)创新示范作用以及减分项目

智能仲裁院建设要注重个性和共性的统一，鼓励各地仲裁院在建设过程中应有所创新和突破，避免建设模式的单一化，缺乏特色；鼓励地方在人力资源和社会保障部顶层设计的基础上开发本地化、特色化的产业；鼓励地方根据自己的需要和财政承受能力，研发特色的系统或软件，比如，广东省就开发了智慧调解仲裁微信小程序，在线办理申请调解、仲裁与仲裁审查确认等业务。广东省的智慧调解仲裁微信程序还具有查询功能，用户可以查到与自己有关的案件实时处理情况及办理进度，并对案件相关的仲裁事项进行预约办理。小程序还设置了“加班工资计算器”，用户将基本工资情况及各类加班时间对应输入，即可得到加班工资计算结果。第二期还可以实现在线调解、在线提交材料及仲裁文书电子送达、经济补偿计算、工伤待遇计算等功能。[1] 因此，在智能仲裁院指标化体系引入智能化个性指标，即附加项指标，加分指标有信息化创新示范，减分指标有重大信息安全事件。重大信息安全事件的发生说明智能仲裁建设尤其安全保障措施有漏洞，需要进一步加强管理，因此，应当予以减分。

〔1〕 佚名：《广东：智慧调解仲裁微信小程序正式上线》，载《人力资源开发》2018 年第 7 期。

表8－5　劳动人事争议智能仲裁院建设指标体系

序号	一级指标	二级指标	三级指标
1	规划引领能力指数	规划引领	五年规划编制
2			信息化宣传报道
3			仲裁院专网平均带宽
4			专有云建设及业务承载
5			开放云建设及业务承载
6			移动专网建设
7			涉密网建设
8			网系间数据交换系统建设情况及交换能力
9		场所支撑	仲裁服务大厅信息化服务覆盖率
10			指挥中心
11			数字法庭覆盖度
12			音视频应用覆盖度
13			音视频综合调度管理平台
14	网络化应用成效指数	网上办案、办公	案件电子卷宗汇聚率
15			庭审录音录像率
16			电子签章率
17			网络案件评查
18			数字仲裁委员会
19			与法院等部门协同办案
20			移动办公办案
21		仲裁服务	网上立案率
22			智能仲裁引导
23			网上调解
24			网上证据交换率
25			网上开庭率
26			电子送达率
27			热线服务率
28			网上联系仲裁员
29		网上信访	视频接访率
30		仲裁政务	网上办公
31			仲裁管理系统完备度
32		数据管理	仲裁审判信息资源覆盖度
33			集中汇聚数据质量

续表

序号	一级指标	二级指标	三级指标
34	阳光化应用成效指数	仲裁公开	仲裁流程信息公开率
35			庭审公开率
36			裁判文书公开率
37		仲裁宣传	政务网站更新率
38			政务网站链接的有效性
39			微博、微信关注度
40	智能化应用成效指数	智能办案辅助	立案风险甄别
41			电子卷宗指标
42			文书辅助自动生成
43			法条、关联案件、类案推送
44			庭审语音识别转录
45			静默化管理
46		智能化监督	庭审自动巡查
47			案件警示
48		智能化管理	人事管理智能化
49			档案管理智能化
50			财务管理智能化
51		大数据分析服务（劳动关系预警）	仲裁数据智能统计与分析
52			人案关联分析
53			大数据分析辅助决策
54	综合保障能力	信息安全保障	重要业务系统等级保护通过率
55		运维管理保障	质效型运维体系完备度
56			可视化运维平台
57		组织人才保障	领导小组设置
58			信息化人才达标率
59	主观体验	仲裁员评价	分为满意、基本满意和不满意三等
60		当事人评价	分为满意、基本满意和不满意三等
61		管理者评价	分为满意、基本满意和不满意三等
62		社会民众评价	分为满意、基本满意和不满意三等
63	附加项	加分	信息化创新示范
64		减分	重大信息安全事件

表8－6　《劳动人事争议智能仲裁院建设指标》得分计算规则

序号	三级指标	计算方法和计算规则	分数（单位:分）	备注
1	五年规划编制	编制五年规划,发挥规划对信息化建设的指导作用	1	
2	信息化宣传报道	通过各种途径,以人民群众喜闻乐见的方式宣传信息化、智能化,鼓励使用信息化系统,以提高仲裁员、人民群众和管理者的信息化、智能化意识和水平	1	
3	仲裁院专网平均带宽	构建安全、独立、高速、稳定的网络,为推进软件系统的深度应用打好基础	1	
4	专有云建设及业务承载	构建仲裁院专有云,根据仲裁院各类数据和音视频应用需求,优化技术架构,扩大专网覆盖范围,提高专网功能性能,支持业务灵活部署	1	
5	开放云建设及业务承载	通过租用互联网公有云,构建仲裁院开放云,实现业务灵活开展、资源弹性伸缩、成本按需可控、系统稳定运行,全面提升仲裁院互联网业务支持能力	1	
6	移动专网建设	建设移动专网,为移动办公、巡回审判和派出执行等外出移动业务提供支撑	1	
7	涉密网建设	利用电子政务内网建设仲裁院涉密云	1	
8	网系间数据交换系统建设情况及交换能力	建设非涉密隔离交换系统,实现专网与其他非涉密网间的数据交换	1	

续表

序号	三级指标	计算方法和计算规则	分数(单位:分)	备注
9	仲裁服务大厅信息化服务覆盖率	建设功能区信息互动展示系统,方便来访群众通过互动触摸一体机查询各区域的功能情况、了解窗口办事人员情况和办事流程规章制度	1	
10	指挥中心		1	
11	数字法庭覆盖度		1~2	基本覆盖的为1分;完全覆盖的为2分
12	音视频应用覆盖度		0.5~1	基本覆盖的为0.5分;完全覆盖的为1分
13	音视频综合调度管理平台		0.5~1	基本覆盖的为0.5分;完全覆盖的为1分
14	案件电子卷宗汇聚率	得分=仲裁院向人力资源和社会保障部或省级仲裁院大数据管理和服务平台汇聚卷宗数/仲裁院案件总数	1~2	基本汇聚的为1分;完全汇聚的为2分
15	庭审录音录像率	得分=完成录音录像庭审总数/仲裁院庭审案件总数	2	
16	电子签章率	得分=使用电子签章签发的文书数/仲裁院签发文书总数	1	
17	网络案件评查	对已经结案的案件的办理质量通过系统进行检查、评定的业务的管理活动	1	
18	数字仲裁委员会	通过智能化、网络化做实“三方机制”,真正发挥协调功能	2	

续表

序号	三级指标	计算方法和计算规则	分数（单位：分）	备注
19	与法院等部门协同办案	包括和人力资源和社会保障系统的劳动监察、工伤、社会保险等部门以及与法院、医疗保险局等单位数据共享、协同办案	2	
20	移动办公办案	是否支持仲裁员及工作人员利用移动终端办公，是否支持仲裁员利用终端办案	1	
21	网上立案率	指标得分 = 网上成功立案或预约立案的案件数/仲裁院案件收案数	2	
22	智能仲裁引导	主要考察仲裁是否享受自助立案、自助查询、自助打印、风险评估等多种特色服务	2	
23	网上调解	主要考察系统是否支持网上调解	2	
24	网上证据交换率	指标得分 = 网上进行证据交换的案件数/仲裁院案件总数	2	
25	网上开庭率	指标得分 = 网上开庭数/仲裁院公开庭审总数	2	
26	电子送达率	得分 = 实现电子送达的案件数/仲裁院案件总数	2	
27	热线服务率	指标得分 =（辖区全年语音自助来电数量 + 人工服务接听来电数量）/辖区仲裁院全年案件总数/参考值，参考值需测算	2	

续表

序号	三级指标	计算方法和计算规则	分数(单位:分)	备注
28	网上联系仲裁员		2	
29	视频接访率	得分 = 网上接访次数/仲裁院辖区信访总次数	2	
30	网上办公	考察仲裁院是否具备公文起草、公文审阅和审批管理的信息化,能否通过网上案件管理系统提高工作效率	2	
31	仲裁管理系统完备度	仲裁管理系统完备度是指是否支持人事管理、档案管理、财务管理的信息化,是否支持通过大数据分析对仲裁员业绩进行全面考核,是否支持通过信息化手段查询、调阅档案等	2	
32	仲裁审信息资源覆盖度		2	
33	集中汇聚数据质量	得分 = 案件数据置信度	2	
34	仲裁流程信息公开率	指标得分 = 已公开裁判流程信息的案件数/仲裁院案件总数	1	
35	庭审公开率	得分 = 各种途径网上公开庭审视频、音频、文字庭审数 / 仲裁院公开庭审总数	1	
36	裁判文书公开率	得分 = 通过网络公开裁判文书数/(仲裁院案件裁判文书总数 - 不公开裁判文书数)	1	

续表

序号	三级指标	计算方法和计算规则	分数（单位:分）	备注
37	政务网站更新率	得分 = 政务网站信息更新天数 / 政务网站全年普查天数	0.5 ~ 1	不经常更新为 0.5;经常更新为 1
38	网站链接的有效性	检查有关链接的有效性,一个链接无效减 0.2 分,直到扣完为止	1	
39	微博、微信关注度	得分 =（仲裁院辖区微博粉丝数 + 仲裁院辖区微信关注人数）/参考值,参考值需测算	0.5 ~ 1	难以量化参考值,因为省、市、县仲裁院社会基础和受众不尽相同;没有微博、微信为 0;有微博、微信为 0.5;若关注多、互动好为 1
40	立案风险甄别	考察仲裁院是否能够服务仲裁员自动识别重复立案、特殊身份立案、虚假诉讼等立案风险等	2	
41	电子卷宗材料	考察仲裁院是否能够支持案件电子卷宗材料内容文字识别复用、案件信息自动提取回填等	2	
42	文书辅助	考察仲裁院辅助仲裁员批量生成格式化文书、制作编校裁判文书、公开裁判文书的能力	2	
43	法条、关联案件及类案推送	考察仲裁院是否具备基于案情的全要素匹配类案推送、关联案件推送、法条推送能力	2	

续表

序号	三级指标	计算方法和计算规则	分数(单位:分)	备注
44	庭审语音识别转录	考察数字法庭是否具备庭审语音识别自动转录能力	2	
45	静默化管理	流程节点一旦开始或结束,系统会自动采集相关信息,按照预置格式推送短信,无须人工干预或启动	1	
46	庭审自动巡查	考察仲裁院是否能够运用信息化手段对辖区庭审活动的规范性、纪律性自动巡查	2	
47	案件警示	主要考察收结案失衡、案件超期等能否自动向院长提出警示	2	
48	人事管理智能化	包括兼职仲裁员的选聘、业绩考核等智能化	2	
49	档案管理智能化	档案的信息化管理和调阅	2	
50	财务管理智能化	财务信息系统的信息化管理	1	
51	仲裁数据智能统计与分析	主要考察各级仲裁院能否实现大数据分析,从时间、空间等维度分析劳动争议案件的发展态势	2	
52	人案关联分析	主要考察仲裁院是否可以实现人案关联,并通过该功能根据案件的类型、复杂度等要素评估仲裁员工作的质和量	2	

续表

序号	三级指标	计算方法和计算规则	分数（单位:分）	备注
53	大数据分析辅助决策	主要考察案件管理系统能否对案件开展大数据分析并生成分析报告,并通过仲裁大数据分析服务,为仲裁工作以及劳动关系治理提供科学依据,对劳动关系状况进行预警	2	
54	重要业务系统等级保护通过率		1.5	
55	质效型运维体系完备度	是否实现机房动环、基础设施的运维监控;是否实现所有部署应用系统的应用运维;是否实现数据的冗余备份、数据校验;是否实现安全风险评估、安全状态监控	1.5	考虑到人员配备和财力因素,市、县仲裁院放低要求; 机房有监控0.5; 应用有运维0.5; 数据有备份0.5
56	可视化运维平台		1	
57	领导小组设置	是否建立相应的领导机构推进信息化建设	1	
58	信息化人才达标率	根据省、市、县不同层级以及案件量的大小要求配备相应的技术人才	1	
59	仲裁员评价	仲裁员对智能仲裁系统的主观评价	0～3	设置问卷表,随机调查。不满意的为0;基本满意的为1;很满意的为3

续表

序号	三级指标	计算方法和计算规则	分数（单位:分）	备注
60	当事人评价	当事人对智能仲裁系统的主观评价	0~3	设置问卷表,随机调查。不满意的为0;基本满意的为1;很满意的为3
61	管理者评价	管理者对智能仲裁系统的主观评价	0~1	设置问卷表,随机调查。不满意的为0;基本满意的为0.5;很满意的为1
62	社会民众评价	社会民众对智能仲裁系统的主观评价	0~1	设置问卷表,随机调查。不满意的为0;基本满意的为0.5;很满意的为1
63	信息化创新示范	鼓励各地在人力资源和社会保障部与省智能仲裁系统的基础上基于地方的需要进行创新	3	
64	重大信息安全事件			实行减分制,一起事件减1分

2. 智能仲裁院评价体系的特点

综合上述智能仲裁院评价体系的各项指标,该体系具有以下特点:

(1)目标的多元性

智能仲裁的目标具有多元性,要服务当事人参加仲裁、服务仲裁员办案、服务仲裁管理,但主要还是服务于第一线办案人员,服务于人民群众。对当事人而言,需要便利、公平;对仲裁员需要效率;对管理者而言,需要高效。智能仲裁院建设和评价指标应当体现这种导向。就办案而言,智能仲裁的设定主要基于是否方便仲裁员办案,提高仲裁效率,减少

“同案不同判”现象，主要设置二级指标项 20 项，三级指标 64 项。三级指标主要包括案件关联、法规和类案推送、文书辅助生产、电子化卷宗、电子送达、电子签章、移动办案办公等。同时，智能仲裁建设标准和评价体系要体现服务当事人，为其提供高效、快捷、低廉的服务，智能仲裁院建设直接服务当事人的二级指标包括仲裁服务、网上信访、仲裁公开和仲裁宣传四个方面，三级指标达 15 项。

（2）注重系统性建设

从规划引领能力、基础支撑能力、网络化应用能力、阳光化应用能力、智能化应用能力、主观体验、创新示范作用七个方面全面评价智能仲裁院建设，体现整理性、系统性原则。

（3）坚持客观评价和主观体验相统一

智能仲裁院建设的 64 项三级指标中，既有客观性的标准和指标体系，也有主观性体验的指标，且占分不少；虽然主观性评价不易操作，但由此设计更能体现智能仲裁的导向功能。智能仲裁院建设应当以服务仲裁员办案、服务人民群众参与仲裁、服务科学管理为宗旨。这也是对智慧法院建设的反思得出的结论，智慧法院建设往往只注重技术，而忽视业务，因而有的系统不够贴心、界面不够友好，不能解决办案人员的“痛点”问题，不能满足民众的需求，仲裁员的抵触情绪比较严重。因此，智能仲裁院建设应当吸取教训，在评价标准中加入仲裁员、当事人、社会民众、管理者的评价，即他们的主观体验，尤其要突出仲裁员和当事人的主观评价，体现管理和服务的统一，更要突出服务功能，而不是管理功能。

（4）注重办案服务辅助应用

智能仲裁院建设应当以问题为导向，以需求为导向，将仲裁员从事务性劳动中解决出来，主要从事法律适用、证据认定、裁判的作出等核心工作，缓解甚至解决劳动人事争议仲裁“案多人少”的矛盾；为人民群众提供便捷的仲裁服务，从“最多跑一次”到“一次不用跑”，最大限度满足人民群众的需求；为管理者提供精准、科学的管理服务。办案辅助应用是智能仲裁建设的重点和关键,鼓励各地开发各类辅助性系统。因此,在智能仲裁院建设的指标中,辅助应用性的指标比重最大,体现为智能仲裁要以服务仲裁员办案、服务民众为宗旨。

以《智慧法院建设评价体系(2017 征求意见版)》为参考,结合劳动人事争议仲裁的特点,制定智能仲裁院的建设评价标准,但目前还很不完善,需要以更多的实测与反馈为基础,智能仲裁建设才会更加的科学完善。各级仲裁机构可以以评价建设验收活动的开展为契机,找出自身的不足,并通过仲裁流程、管理流程、办公流程等全方位的流程再造,切实提升智能仲裁网络化、阳光化、智能化的水平,不断提高运用信息化手段服务仲裁办案、服务人民群众、服务仲裁管理的能力。

第九章 劳动人事争议仲裁院数字法庭建设标准

按照“五位一体”总体布局和“四个全面”战略布局，进一步落实中共中央、国务院《关于构建和谐劳动关系的意见》要求，以示范仲裁庭建设为抓手，全面推进劳动人事争议仲裁效能建设。坚持问题导向，通过示范引领，推进调解仲裁规范化、标准化、信息化、专业化建设，不断提升调解仲裁服务发展能力水平，为构建和谐劳动关系提供有力保障。为进一步推进仲裁机构实体化，提高仲裁办案质量，提升争议处理效能，不断促进“阳光仲裁、公平正义”，在劳动人事争议仲裁庭规范化建设的基础上，应制定数字法庭的建设标准。

一、劳动人事争议仲裁院数字法庭的界定

数字法庭指利用目前成熟的计算机网络技术、音视频编解码技术、图形图像处理技术以及通信与自动化技术，借助现代科学技术装备，对庭审过程的所有电子笔录、音频、视频、电子证物等信息进行数字化编码处理，并通过网络以多种视频应用形式（视频直播、点播、下载、光盘刻录等）展

现庭审过程。数字法庭系统主要由线路系统、音视频管理系统、证据管理与展示系统、庭审记录系统、音响系统和设备组成，并通过整合已有的信息化资源，实现庭审过程中所产生的视频影像、电子证据、庭审笔录等数字化信息与已有的仲裁业务流程管理系统、档案管理系统等系统整合，建立庭审资料统一存储、统一管理的机制。[1]

数字法庭是智能仲裁建设一个重要组成部分，对数字法庭的强化，是指以裁判业务为核心，借助现代科学技术装备对仲裁员、书记员、申请人、被申请人、证人、电子证据等产生的画面和语音进行实时采编录像和网络直播，以此扩展、延伸传统的仲裁庭功能，适应新的庭审需求。将传统仲裁庭建设成具有强化庭审效果，提高庭审效率，促进仲裁工作公正、公开的现代化仲裁裁判场所，无论是对当事人，还是对仲裁院都具有重要的意义。

二、劳动人事争议仲裁院数字法庭建设的目的、功能、基本原则

近年来，随着我国各项法律制度的不断完善和健全，改变传统仲裁模式，实现公正与效率已经成为国内政府工作的主题，更是时代发展和进步的必然趋势，实现仲裁公正、公平、高效，提高公信度和权威性是仲裁事务管理改革的重点，数字法庭建设的目的就是如此。

（一）建设目的

尽早实现仲裁公正、公平，实行阳光执法，提高执行效率，合理监管执法流程，采用标准化建设，实现全省乃至全国数据联网，收集分析，打通跨区域业务关系，实现互联互通。

在仲裁庭审系统建设中，预留数据接口，使全省联网，实现与各市、县的仲裁庭视频、数据、信息互联互通，仲裁规范化、标准化，最终实现全国联网。通过加强仲裁办案信息化建设，实现办案信息共享、动态监管、大数据显示、实时数据监管、案件监管以及视频监管，提升了仲裁工作的

[1] 参见郭烁：《司法过程的信息化应对——互联网时代法院建设的初步研究》，载《暨南学报（哲学社会科学版）》2017 年第 10 期。

透明度,发挥信息共享和办案监督作用,不断提升劳动人事争议处理效能,实现“阳光仲裁”。同时,实现仲裁与世界接轨,构建中国特色的劳动人事争议仲裁制度,提供优质的仲裁服务。

(二)主要功能

数字法庭系统整体建成可满足庭审过程公开、公正、高效、真实、透明的要求,满足了解案件管理、人员管理、庭审控制、直播点播管理、数据归档存储等一系列功能应用;结合庭审语音激励、笔录速录、庭审智能化、庭审观摩、远程指挥等多种辅助应用模块,真正实现了以庭审实际业务需求为导向,以“公正、公开、高效、透明”为要求;打破空间和时间因素对庭审活动的限制,最大限度地规范庭审活动,提高仲裁院办案效率,为仲裁院和民众提供便捷而全面的服务。

1. 庭审录音录像:通过高清晰度一体化彩色摄像机、高灵敏麦克风和数字编码存储系统全程记录庭审音视频及证据信息,并可同步刻录庭审实况光盘用于归档保存。

2. 多媒体证据展示:能够将实物、影像光盘、电脑数据等多种类型证据清晰、直观地展示出来,使庭审中仲裁员、当事人和旁听人员看得明白、听得清楚。

3. 语音激励自动场景切换:根据发言人的声音来源自动切换庭审场景显示,并建立庭审音视频资料的同步标记索引和概要笔录。

4. 智能化集中控制:实现法庭设备智能化管理,可一键控制审判法庭内的液晶升降器、大屏幕显示系统、音视频矩阵、DVD 播放机等各类技术设备共同配合完成一系列庭审操作。

5. 智能复合笔录:能够将音视频数据、标记和文字笔录自动整合生成集文字、声音于一体的复合笔录,摆脱原有单纯文字笔录的缺陷。

6. 庭审直播和点播:同时支持超过 100 个并发用户的庭审实况网络直播和点播,相关人员可随时查看庭审直播实况和庭审录像。

7. 远程庭审应用功能:具备远程提讯、远程质证、远程开庭、远程庭审观摩等功能。

（三）建设的基本原则

案件仲裁开庭要求公开、公正、公平，让办案相关人员、新闻媒体、广大群众能够对庭审过程进行监督，仲裁院数字化庭审系统正是基于此目的实现设计研发安装。数字化庭审系统的建设方便仲裁员及其工作人员，普通民众借助信息化网络和信息终端，实时了解庭审过程；支持在线监督，体现仲裁裁决的公正与透明，充分展现和提升仲裁的形象，更加展现了创建和谐社会，实现公平、公正和公开及"阳光仲裁"的形象。

庭审系统的重点原则在于实际的业务流程与工作情况对接到庭审系统，便于裁判公开、公正。此外，还要注意保密性和安全性，更加体现人性化的仲裁服务。

三、劳动人事争议仲裁院数字法庭的主要设备

数字法庭的核心设备（见图9－1）是庭审多功能一体机，庭审多功能一体机集成了视频矩阵、音频矩阵、编解码、中控、法庭画面的合成、语音激励、同步录音录像与光盘刻录等功能，实现数字化法庭中的多种功能（见图9－2）。

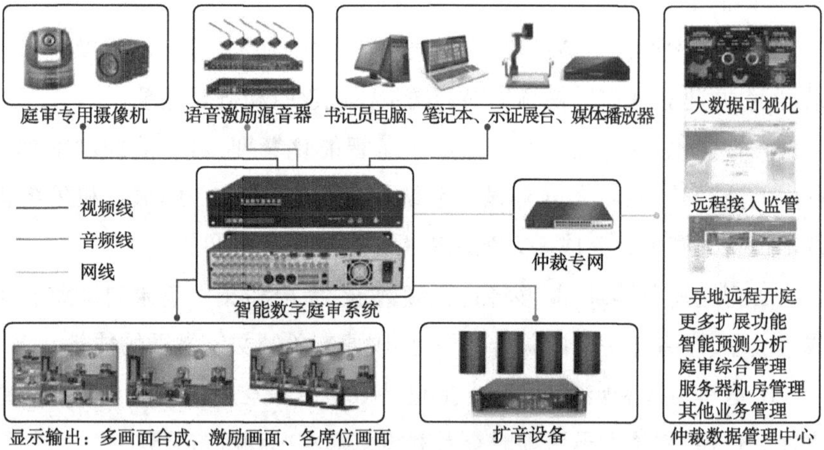

图9－1　数字法庭的核心设备

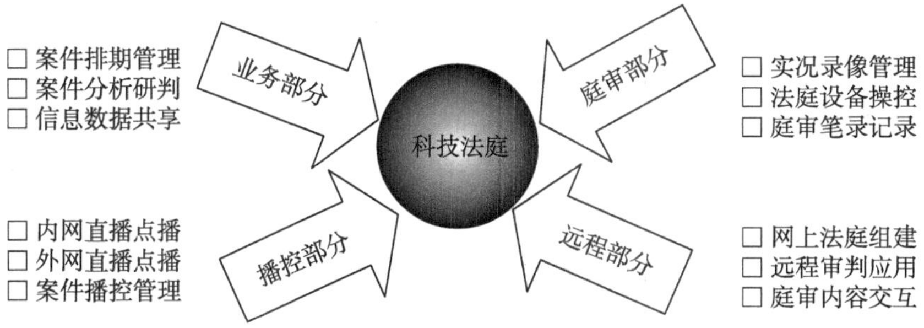

图 9－2　数字(科技)法庭的主要功能

图像采集:在法庭里部署若干个 HD-SDI 高清摄像机,用于庭审现场图像的采集。通过视频线传输到庭审主机,由庭审主机进行高清多画面合成。同时通过内视频矩阵功能输出给现场的电视机和申请人、被申请人、仲裁员的显示器。

语音采集:在法庭里各个席位配置定向话筒,声音汇聚到庭审主机进行混音,由庭审主机语音激励模块实现语音激励功能,并且由庭审主机进行录音。

笔录与示证:为了在法庭里现场展示笔录内容和示证内容,将书记员电脑、公诉人示证电脑、辩护人示证电脑、实物展台、其他示证设备的音视频输出接口接入庭审主机,通过庭审主机的矩阵切换功能,实现笔录与示证内容的现场展示,并且可以通过多庭审主机的编码模块,将证据内容进行数字化处理,合成到合成画面之中。

图像显示:在法庭的各个席位均配置席位显示器,可以供各席位观看合成画面、示证画面等内容。在审判席两侧配置两台大尺寸液晶电视机,一台显示合成画面,一台显示特写画面,在证据展示的时候可以显示证据画面。

现场扩音:对于法庭现场的发言、证据内容的音频部分,仲裁院都需要通过功放和音箱进行现场扩音,通过庭审主机的混音、啸叫抑制、回声抵消等技术,可以实现完美的音频效果。

集控中心负责整个仲裁院的数字法庭系统的管理。通常需配置庭审管理平台一体机、IPSAN 磁盘阵列、拼接墙、管理员电脑,等等。

庭审管理平台:仲裁院内所有数字法庭的庭审主机接入平台进行统一管理,利用平台的码流转发能力,可以实现局域网内的视频资料共享。通过级联,可以实现上下级仲裁院庭审音视频资料的共享;通过堆叠,可以实现庭审系统的扩容。

平台功能:案件管理、排期管理、直播点播、电子笔录、播控管理、电子地图、系统配置、用户管理、解码上墙、级联与堆叠等。

四、劳动人事争议仲裁院数字法庭的系统支持

以浙江省劳动人事争议仲裁院信息化建设为参照,数字庭审系统的系统支持要求、功能要求、设备参数如下。[1]

(一)系统支持

1. 支持 16 路 HD-SDI 输入;
2. 支持 16 路 HD-SDI 矩阵方式输出;
3. 支持无缝切换、SDI 切换、输出显示不黑屏;
4. 支持 VGA/HDMI/DVI/YPbPr 信号输入,支持调整分辨率刷新率;
5. 支持语音激励、视频同步切换,支持摄像机多预置位设置;
6. 支持主机 4 硬盘以上备份,支持 DVD 刻录备份;
7. 支持服务器视频多备份,外网远程备份;
8. 支持 1080P/25FPS 实时回放;
9. 支持 RTMP 多服务器级联分发,支持 RTMP 第三方平台接入;
10. 支持 H.264/H.265 双编码格式;
11. 支持互联网远程直播点播权限;

[1] 以下参数由温州大学劳动人事争议智能庭审实验室研发,实验室由温州大学与浙江信源电子科技有限公司共同组建。

12. 支持录像文件自定义大小，并支持多视频无缝拼接播放；
13. 支持平板 App 远程设备控制，视频切换预览；
14. 支持 WEB 端设备控制，主机通信，实时更新设备设置；
15. 支持一键开庭，快速开庭；
16. 支持扩展异地多方（三方以上）开庭；
17. 支持 4 路 RS232，4 路 RS485，2 路 USB 接口；
18. 支持 5 路 IR 控制，自学习红外控制；
19. 支持 20 路话筒输入，啸叫自动抑制，优先权设定，自动增益；
20. 支持 1 路 IO 开关量输出；
21. 支持广播级无缝切换，现场直播实时画面切换不黑屏；
22. 支持 8 路回放，任意切换，还原开庭直播现场。

系统功能特点（见表 9－1）：

表 9－1　系统功能特点

服务端 ERC_RTMP 软件	
录制功能	全通道视频，录制 FLV 或者 MP4 格式内嵌音频
图像编码	H.265/H.264 1080P
分发功能	RTMP 分发，支持第三方接入，微信、网站、云端接入
级联功能	支持多服务器无限级联。分发、直播、录制、备份
回放下载	服务器保存视频提供点播、回放、下载功能
分段录制	自定义大小（默认 1G），分段录制保存，避免出错
无缝播放	多段视频（默认 1G），无缝拼接，连续拖拉播放
缓冲压力	实测回放缓冲，低于 2 秒，画面清晰不卡顿
回放功能	采用全通道回放功能，选择任意通道回放，还原直播效果

（二）功能要求

1. 数据管理功能

用户管理：分级权限管理。

案件管理：案件信息输入，开庭排期。

设备管理:设备信息输入,远程通信,控制。

摄像头管理:摄像头信息输入,可升级扩展异地开庭模块。

开庭管理:启动视频直播、录制,平板导播功能。

直播管理:采用 RTMP 分发直播,提供内外网远程观摩。

点播管理:内外网远程回放,权限控制。

关于数据管理 WEB 部分,不作详细介绍,这部分目前是独立的,可以根据业务要求增加功能模块,内容基本可以按照业务流程定制。

2. 多备份功能

主机实现硬盘备份、光盘备份、服务器多备份,实现 3 + 备份,所有联网电脑或者服务器都可以实现扩展备份功能,将直播视频录下来,可以扩展升级外网远程备份功能。

3. 远程扩展功能

扩展 1:升级远程观摩、点播功能。

扩展 2:升级远程直播录制,无须拷贝、传输庭审视频。

扩展 3:升级远程控制开庭功能,异地多厅开庭。

扩展 4:升级可视化大数据显示、大屏直播导播,远程监管。

4. 语音激励功能

启用语音激励功能,自动切换到当前发言人画面,并拉伸特写画面。程序自由绑定通道,可自行修改设定。

5. 激活对话与离线功能

同步语音激励,实现画面自动切换。当多方对话时,自动激活对话模式。实现特写画面切换,镜头不再拉伸变焦。超过 5 分钟不发言,自动取消对话模式,镜头变焦回到初始状态。全场语音超过 10 秒未产生激励状态,所有画面回到远景,自动取消对话激活。

可以扩展云台定时巡航、变焦、切换功能。监管中心大屏自动轮巡,新开庭审自动切换画面等更多定制的功能。

6. 在线直播功能

自主研发的 RTMP 分发录播服务端软件支持 H. 265/H. 264 格式，采用 RTSP 链接主机，获取主机视频流，启动 RTMP 分发录播服务器软件，服务器可以实现多点级联缓解分发压力，网络带宽允许，可以实现万人在线直播，可以扩展第三方直播平台接入，可以扩展加密通道直播。

7. 点播回放功能

(1)视频录制文件保存在服务器端，客户端可以在线点播，支持内外网点播。

(2)支持 8 路独立切换播放，完美还原开庭直播画面。

(3)采用视频分段录制，并实现分段无缝拼接播放技术。

(4)可以扩展加密录制，加密点播。

8. 平板 App 控制

(1)平板 App 软件控制，远程设置，服务器、主机控制。

(2)可扩展视频直播、点播。

9. 异地举证功能

支持音视频文件播放、上传、保存，支持实物展示，远程播放传输音视频文件展示等。

10. 快速庭审功能

节约启动流程，实现快速开庭，一键开庭。开庭结束补充开庭案件信息即可，提供管理员远程开庭功能。

11. 文件管理功能

开庭前可以播放开庭秩序宣读的音视频文件，可以自行录制并上传。提供文件、音视频、软件的上传管理服务，方便业务管理，节约人力资源，提供有效的人性化服务。

（三）设备参数

设备列表（见表9－2）。

表9－2　设备列表

序号	名称	型号/版	数量
1	数字庭审主机	XY9600/V2.0	1套
2	存储4T录像硬盘	西数4T	1块
3	RTSP/RNMP录制分发服务器端	REC_rtmp/V1.3	1套
4	流媒体WEB服务器端	WEB/V4.1	1套
5	话筒混音器	YC－820	1套
6	庭审触控平板电脑	CMP－10.1	1套
7	平板设备控制App软件	V2.1	1套
8	庭审系统服务器	参考dell/联想	1台
9	书记员电脑	参考dell/联想	1台
10	SDI＋LAN带编码输出会议球机	XY-HDC－60P	1台
11	SDI＋LAN带编码输出会议20X摄像头	XY-HDC－40P	5台
12	数字证据展示台	参考鸿合	1台
13	庭审现场显示设备	60寸/120寸	3台
14	庭审专用话筒	—	9台
15	SDI变频转换器	HD220/320/520	6台
16	数字式反馈功率放大器	150W	1套
17	全频专业音箱	150W	4只
18	安装材料（线材插座接头及其他）	公牛/秋叶原	1套

1.主机参数（见表9－3）

表9－3　主机参数

型号	XY9600S
SDI输入	16路SDI输入，阻抗：75Ω（支持VGA/HDMI/DVI/YPbPr信号转换）

续表

型号	XY9600S
SDI 输出	16 路 SDI 矩阵输出，阻抗：75Ω（支持 VGA/HDMI/DVI/YPbPr 信号转换）
音频输入	5 路 BNC 混音输入，阻抗：>10KΩ，双声道，平衡/非平衡
音频输出	4 路 BNC，阻抗：>470Ω，信号类型：双声道，平衡/非平衡
RS232 控制	4 路串行控制接口：3 路 9 针 D 型接口，1 路凤凰接口
RS485 控制	3 路，实现云台控制，支持多种摄像机协议
IR 控制	5 路，自学习红外控制
网络接口	2 路 RJ45 10M/100M/1000M 自适应以太网口
USB 接口	2 路 USB 接口（支持鼠标键盘）
处理器	支持实时回放，HI3531 华为海思　4K 处理芯片
录像保存	主机 SATA 接口硬盘、eSATA、网络
数据备份	网络备份、SATA 刻录
操作系统	嵌入式 LINUX 操作系统
图像编码	RTSP H.264/H.265 1080P 带视频服务器
预览显示	默认 8 画面预览（1 大画面 +7 小画面）
电源	ATX 标准电源：100VAC～240VAC，50/60 Hz，6A 国际自适应电源
工作温度	0～ +55℃（工作环境温度：-10～ +55℃）
工作湿度	10%～90%（相对湿度：20%～95%）
尺寸	宽 440mm × 高 89mm × 深 430mm（不含耳朵）（2U 机箱）
重量	9.1Kg（不含外包装）

2. 混音器参数（见表 9-4）

表 9-4　混音器参数

话筒输入	10 路 XLR，平衡/非平衡，最大输入电平 -18 dBV，输入阻抗 10KΩ
辅助音频输入	1 路 RCA 双声道，最大输入电平 6 dBV，输入阻抗 100KΩ
远程音频输入	1 路 RCA，最大输入电平 6 dBV，输入阻抗 100KΩ

续表

话筒输出	1 路 XLR，平衡/非平衡，最大输出电平 -18 dBV，输出阻抗 120Ω
本地音频输出	1 路 RCA 双声道，输出电平 0 dB，输出阻抗 120Ω
远程音频输出	1 路 RCA，输出电平 0 dB，阻抗 120Ω，可扩展远程回声消除
RS232 控制	1 路 PHX 接口：3P
RS485 控制	1 路 PHX 接口：3P
网络控制	1 路 RJ45 接口（可选模块）
反馈噪声抑制	反馈抑制比：10 dB，噪声抑制比：15dB，有效抑制噪声
远程回声消除	处理回声延迟能力：256ms，回声抑制比：>60dB（可选模块）
话筒激励控制	10 路可任选多路，激励灵敏度可调节，可关断
话筒音量	每路话筒音量调节，总输出音量调节
频率响应	20Hz ~ 20KHz
最大增益	62dB
幻像供电	+48V
电源电压	+12V
消耗功率	20W
尺寸	宽 435mm × 高 45mm × 深 190mm
重量	2.7Kg（不含外包装）

3. 转换器参数（见表 9-5 ~ 表 9-7）

表 9-5　SDI TO VGA&HDMI 转换器 HD320 规格参数

SDI 视频信号输入/输出	信号输入	SD-SDI、HD-SDI、3G-SDI 高清串行数字视频信号
	输出格式	一路 SDI 环路输出
	输入分辨率	自适应，最高支持 1080P/60Hz
	连接器	BNC 接口
	速率	270Mb/s 1.485Mb/s 2.97Gb/s
	信号幅度	800mV ±10% (75Ω)
	阻抗	75Ω

续表

VGA/HDMI视频输出	输出信号	VGA/HDMI 视频信号(同时输出)
	输出分辨率(编码开关设置)	1080P/60Hz、1080P/50Hz、1080P/30Hz、1080P/25Hz、1080P/24Hz、1080I/60Hz、1080I/50Hz、720P/60Hz、720P/50Hz、720P/25Hz、720P/24Hz，1680×1050、1600×1200、1440×900、1366×768、1280×1024、1024×768
	连接器	DB15 孔/HDMI-A
	信号幅度	800mV ±10%（100Ω）
	阻抗	VGA：75Ω HDMI：100Ω
模拟音频输出	输出信号	模拟立体声音频
	阻抗	600Ω
	连接器	Φ3.5mm 音频插座
一般规范	电源	DC5V/1A
	功率	<3W
	尺寸	铝合金外壳 104mm×93mm×28mm(不含包装)
	重量	180g
	工作环境	温度：-10～50℃　湿度：<90% RH(无凝露)

表 9-6　HDMI TO HD-SDI 转换器 HD220 规格参数

HDMI视频信号输入	信号输入格式	HDMI 高清晰度数字多媒体信号
	HDMI 版本	HDMI 1.3，向下兼容
	连接器	标准 HDMI-A
	HDMI 带宽	24bit～30bit，最高支持 1080P
SDI 视频输出	输出信号	SD-SDI、HD-SDI、3G-SDI 高清串行数字视频信号
	输出分辨率	1080P/60Hz、1080P/50Hz、1080P/30Hz、1080P/25Hz、1080P/24Hz、1080I/60Hz、1080I/50Hz、720P/60Hz、720P/50Hz、720P/25Hz、720P/24Hz，1680×1050、1600×1200、1440×900、1366×768、1280×1024、1024×768
	连接器	BNC 接口
	信号幅度	800mV ±10%（75Ω）
	阻抗	75Ω

续表

一般规范	电源	DC5V/1A
	功率	<3W
	尺寸	铝合金外壳 104mm×93mm×28mm(不含包装)
	重量	180g
	工作环境	温度：-10~55℃　湿度：<90% RH(无凝露)

表 9-7　VGA TO HD-SDI 转换器 HD520 规格参数

VGA 视频信号输入	信号输入格式	WESA 标准 VGA 信号
	输入分辨率	最高 1920×1080 自适应
	连接器	DB15
	信号幅度	800mV ±10% (75Ω)
	阻抗	75Ω
SDI 视频输出	输出信号	SD-SDI、HD-SDI、3G-SDI 高清串行数字视频信号
	输出分辨率	1080P/60Hz、1080P/50Hz、1080P/30Hz、1080P/25Hz、1080P/24Hz、1080I/60Hz、1080I/50Hz、720P/60Hz、720P/50Hz、720P/25Hz、720P/24Hz，1680×1050、1600×1200、1440×900、1366×768、1280×1024、1024×768
	连接器	BNC 接口
	信号幅度	800mV ±10% (75Ω)
	阻抗	75Ω
一般规范	电源	DC5V/1A
	功率	<3W
	尺寸	铝合金外壳 104mm×93mm×28mm(不含包装)
	重量	180g
	工作环境	温度：-10~55℃　湿度：<90% RH(无凝露)

4. 摄像头参数(见表9－8～表9－9)

表9－8　高清会议摄像机(带云台)

型号	XY-HDC－520P
图像传感器	1/2.8英寸 HD CMOS传感器
有效像素	16:9　210万有效象素
视频信号(SDI和HDMI)	1080P60/50/30/25/59.94/29.97、1080I60/50/59.94、720P60/50/30/25/59.94/29.97
镜头变倍	20倍光学变焦,F1.8～F3.0,f=4.7～94mm 12倍数字变焦
视角	55.4°(广角端)～2.9°(远端)
最低照度	0.5Lux
白平衡	自动
聚焦	自动/手动
光圈	自动/手动
快门	自动
信噪比	>55dB
宽动态	关/动态等级调整
数字降噪	2D&3D数字降噪
输入/输出接口及支持协议	
高清视频接口	HDMI、HD-SDI(3G)、LAN(IP型)
图像码流(IP型)	双码流输出
视频压缩格式(IP型)	H.265、H.264(HP,MP,BP)
音频输入接口(IP型)	双声道3.5mm线性输入
音频输出接口(IP型)	双声道3.5mm线性输出(预留接口)
音频压缩格式(IP型)	AAC、MP3、PCM
网络接口(IP型)	100M网口(10/100BASE-TX)支持网络VISCA控制协议
网络协议	RTSP、RTMP、ONVIF

续表

控制信号接口	8 芯 mini DIN 2pin3.81 座子(RS485)
控制信号格式	起始位:1 位,数据位:8 位,停止位:1 位,波特率:9600/4800/2400bps
电源接口	HEC3800 电源插座
常规参数	
机械性能	水平转动:±170 度;俯仰转动:-30 度~+90 度
	水平控制速度:0.1~100°/秒;俯仰控制速度:0.1~60°/秒
	预置位速度:水平:100°/秒,俯仰:60°/秒
	预置位精度:0.1 度
	预置位数量:255 个用户可设置预置位
颜色	白色,黑色(可选)
电源适配器	AC110V-AC220V 转 DC12V/2A
输入电压	DC12V(DC11.5~DC12.5V)
功耗	12W(最大)
储藏温度和工作温度	-10~+60℃/0~+45℃
尺寸(宽×高×深)	196mm×170mm×162mm
重量(约)	2.5Kg(1.3Kg)

表 9-9 高清会议摄像机

型号		XY-HDC-520P
图像传感器	图像传感器	1/2.8" Progressive CMOS(Approx. 2.1 mega)
	扫描系统	16:9 Progressive
	同步系统	内同步
	有效像素	1920(H)x1080(V)
	最低照度	0.2Lux(日),0.1Lux(夜),0.005Lux(DSS 开启)
	水平分辨率	1000TVL

续表

光学参数	镜头	20x 光学变倍，F = 4.7 ~ 94mm，F1.6 ~ F3.5
	变倍	20x 光学变倍 + 12x 数字变倍 = 240x
	聚焦	近焦/远焦，自动/手动/一键式
	视角	58.7°（WIDE），3.2°（TELE）
功能	背光	WDR（宽动态）/BLC（背光补偿）
	曝光	自动/手动/快门优先/光圈优先
	白平衡	自动（3000°K ~ 8000°K）/自动追踪白平衡（1900°K ~ 11,000°K）/手动
	功能	镜像功能，倒装，3DNR，抗闪烁，数字变倍，锐度
视频输出	SDI 输出	1080P60/50/30/25，1080I50/60，720P60/60
		800mVp-p，75Ω，unbalanced generator（single-ended）
	HDMI 输出	1080P60/50/30/25，1080I50/60，720P60/60
控制接口	RS485	PELCO-D/PELCO-P/SONY-VISCA 协议
		8bits data，1 stop bit，no parity，2400 ~ 9600bps
网络 RJ45 接口	编码	H.264，H.265 编码
	视频格式	1080P60/50/30/25，720P60/60
	协议支持	TCP/IP，UDP，RTP，RTSP，RTCP，HTTP，DNS，DDNS，DHCP，FTP，NTP，PPPOE，SMTP，UPNP
	ONVIF	标准 ONVIF 协议
通用参数	工作温度	－10 ~ 50℃
	电源	12VDC
	功耗	MAX6W
	尺寸	158（D）mm × 60（W）mm × 70（H）mm

5. 平板参数(见表 9-10)

表 9-10 平板参数

处理器	1.3G
显示核心	四核
操作系统	Android 系统
屏幕	10.1 英寸 1920×1200 高清 IPS 屏
内存	2GB 低功耗内存
纯粹空间	32GB 大容量存储,高速稳定
摄像头	前置 200 万像素,后置 500 万像素
功能支持	支持双频 Wi-Fi、蓝牙 4.0、GPS
TF 扩展内存	支持
续航时间	7 小时左右
电池类型	锂电池
电池容量	6000mAh
Wi-Fi 功能	支持
蓝牙	支持
音频接口	3.5mm

6. 服务器参数(见表 9-11)

表 9-11 服务器参数(参考 Dell T130)

产品类别	塔式
CPU 型号	Intel Xeon E3-1200 v6 3.0GHz 智能加速主频 3.5GHz
标配 CPU 数量	1 颗,最大 CPU 数量 1 颗
制程工艺	14nm
三级缓存	8MB
总线规格	DMI3 8GT/s
CPU 核心/线程数	四核/四线程
内存类型	UDIMMs

续表

内存容量/描述	8GB/UDIMM,2400MT/s,单列,x8 带宽
硬盘接口/容量	SATA/1TB(7.2K RPM SATA 6Gbps 3.5 英寸)
内部硬盘架数	机箱含高达 4 个 3.5 英寸有线硬盘
磁盘控制器	PERC H330 RAID 控制器
RAID 模式	C8K:RAID 1,H330/H730 适用于 SAS/SATA
光驱	标配不提供
网络控制器	On-Board LOM 1GBE 双端口(BCM5720 GbE LOM)
系统管理	iDRAC8,Enterprise with OpenManage Essentials,服务器配置管理
其他参数	电源管理 BIOS 设置:性能 BIOS 设置
电源类型	电源线,2M(中国)
电源电压	250V

7. 软件全套(见表 9 – 12)

表 9 – 12　全套软件及服务列表

软件名称	简介
服务器部署服务	系统安装,服务器环境配置,软件安装
流媒体服务器软件	提供直播、点播的流媒体服务
安装 RTSP 转 RTMP 分发软件	摄像头视频发布到 WEB 端直播,录制服务
WEB 服务器软件	提供 WEB 服务平台
庭审管理 WEB 系统	WEB 端控制,开庭管理软件,直播点播管理

参考文献

论　文

张保生:《人工智能法律系统的法理学思考》,载《法学评论》2001 年第 5 期。

董皞:《司法功能与司法公正、司法权威》,载《政法论坛》2002 年第 2 期。

周晓俊等:《基于约束的智能主体及其在自动协商中的应用》,载《上海交通大学学报》2005 年第 4 期。

劳动科学研究所课题组:《劳动争议处理法基本框架的初步设计》,载《中国劳动》2006 年第 6 期。

董保华:《论我国劳动争议处理立法的基本定位》,载《法律科学(西北政法学院学报)》2008 年第 2 期。

谢增毅:《我国劳动争议处理的理念、制度与挑战》,载《法学研究》2008 年第 5 期。

张志铭:《中国司法的功能形态:能动司法还是积极司法?》,载《中国人民大学学报》2009 年第 6 期。

韩登池:《司法三段论 ——形式理性与价值理性的统一》,载《法学评论》2010 年第 3 期。

季卫东:《论法制的权威》,载《中国法学》2013 年第 1 期。

王晨:《司法公正的内涵及其实现路径选择》,载《中国法学》2013 年第 3 期。

涂永前:《我国特色的劳动争议仲裁终局化之理念和制度架构——〈劳动争议调解仲裁法〉第 47 条释正》,载《法律科学(西北政法学院学报)》2013 年第 3 期。

孟建柱:《深入推进社会治理创新,切实提高维护公共安全水平——学习贯彻习近平总书记关于公共安全工作重要批示》,载《求是》2015 年第 21 期。

胡凌:《大数据兴起对法律实践与理论研究的影响》,载《新疆师范大学学报(哲学社会科学版)》2015 年第 4 期。

吴义龙:《因果关系在大数据时代的转变》,载苏力主编:《法律和社会科学》第 15 卷第 1 辑,法律出版社 2015 年版。

姚显森:《法官能动性的涵义解读》,载陈金钊、谢晖主编:《法律方法》,山东人民出版社 2014 年版。

金泽刚:《司法改革背景下的司法责任制》,载《东方法学》2015 年第 6 期。

何思锦、张斌:《大数据时代社会治理际遇分析》,载《沈阳大学学报(社会科学版)》2016 年第 6 期。

王迎龙:《司法责任语境下法官责任制的完善》,载《政法论坛》2016 年第 5 期。

张文显:《关于司法公信建设的若干问题》,载张文显著:《司法的实践理性》,法律出版社 2016 年版。

肖竹:《对劳动争议仲裁的反思与未来改革之基本思路》,载《中国人力资源开发》2016 年第 8 期。

何哲:《人工智能时代的政府适应与转型》,载《行政管理改革》2016

年第 8 期。

张吉豫:《大数据时代中国司法面临的主要挑战与机遇——兼论大数据时代司法对法学研究及人才培养的需求》,载《法制与社会发展》2016 年第 6 期。

张妮、杨遂全、蒲亦非:《国外与法律研究进展述评》,载陈金钊、谢晖主编:《法律方法》第 16 卷,山东人民出版社 2016 年版。

蔡立东:《智慧法院建设:实施原则与制度支撑》,载《中国应用法学》2017 年第 2 期。

赵志刚、金鸿浩:《智慧检务的演化与变迁:顶层设计与实践探索》,载《中国应用法学》2017 年第 2 期。

耿亚东:《大数据时代政府治理面临的挑战及其应用》,载《中州学刊》2017 年第 2 期。

孙伟平:《关于人工智能的价值反思》,载《哲学研究》2017 年第 10 期。

杜严勇:《人工智能安全问题及其解决进路》,载《哲学动态》2016 年第 9 期。

陈伟光:《关于人工智能治理问题的若干思考》,载《人民论坛 · 学术前沿》2017 年第 20 期。

何哲:《人工智能时代的社会转型与行政伦理——机器能否管理人?》,载《电子政务》2017 年第 11 期。

黄京平:《刑事司法人工智能的负面清单》,载《探索与争鸣》2017 年第 10 期。

贺荣:《"智慧法院"建设与司法大数据的应用研究——在"人民法院司法大数据研究基地"揭牌仪式上的讲话》,载《东南法学》2017 年第 1 期。

彭龙:《智慧法院对司法审判的冲击及其应对》,广东财经大学国民经济研究中心第一届智能经济论坛(2017)论文。

袁曾:《人工智能有限法律人格审视》,载《东方法学》2017 年第

5 期。

徐骏:《智慧法院的法理审思》,载《法学》2017 年第 3 期。

郑戈:《人工智能与法律的未来》,载《探索与争鸣》2017 年第 10 期。

潘庸鲁:《人工智能介入司法领域的价值与定位》,载《探索与争鸣》2017 年第 10 期。

吴习彧:《司法裁判人工智能化的可能性及问题》,载《浙江社会科学》2017 年第 4 期。

郭烁:《司法过程的信息化应对——互联网时代法院建设的初步研究》,载《暨南学报(哲学社会科学版)》2017 年第 10 期。

张吉豫:《司法领域人工智能算法可解释性的促进》,载《中国人工智能学会通讯》2018 年第 3 期。

崔亚东:《司法科技梦:上海刑事案件智能辅助办案系统的实践与思考》,载《人民法治》2018 年 18 期。

程凡卿:《我国司法人工智能建设的问题与应对》,载《东方法学》2018 年第 3 期。

朱奎彬等:《大数据预测功能在"智慧法院"建设中的应用》,载《四川警察学院学报》2018 年第 2 期。

王亚新、刘君博:《大数据视角下的司法改革:机遇与挑战》,载《郑州大学学报(哲学社会科学版)》2018 年第 1 期。

罗维鹏:《人工智能裁判的问题归纳与前瞻》,载《国家检察官学院学报》2018 年第 5 期。

朱体正:《人工智能辅助刑事裁判的不确定性风险及其防范——美国威斯康星州诉卢米斯案的启示》,载《浙江社会科学》2018 年第 6 期。

潘庸鲁:《人工智能介入司法领域路径分析》,载《东方法学》2018 年第 3 期。

李璐:《人工智能与司法事务的碰撞及其刑事风险与刑法规制》,载《九江学院学报(社会科学版)》2018 年第 2 期。

张保生:《人工智能法律系统:两个难题和一个悖论》,载《上海师范大学学报(哲学社会科学版)》2018 年第 6 期。

吴习彧:《裁判人工智能化的实践需求及其中国式任务》,载《东方法学》2018 年第 2 期。

胡志光、王芳:《智慧法院建设的思维导图——以深圳法院“鹰眼查控网”建设为案例》,载《中国应用法学》2018 年第 2 期。

左卫民:《关于法律人工智能在中国运用前景的若干思考》,载《清华法学》2018 年第 2 期。

冯洁:《人工智能对司法裁判理论的挑战:回应及其限度》,载《华东政法大学学报》2018 年第 2 期。

钱大军:《司法人工智能的中国进程:功能替代与结构强化》,载《法学评论》2018 年第 5 期。

李飞:《人工智能与司法的裁判及解释》,载《法律科学(西北政法学院学报)》2018 年第 5 期。

马治国、刘宝林:《人工智能司法应用的法理分析:价值、困境及路径》,载《青海社会科学》2018 年第 5 期。

洪冬英:《司法如何面向“互联网 +”与人工智能等技术革新》,载《法学》2018 年第 11 期。

郑戈:《算法的法律与法律的算法》,载《中国法律评论》2018 年第 2 期。

王小梅:《“互联网 + 阳光司法”:智慧法院的重要维度》,载《中国党政干部论坛》2017 年第 10 期。

王禄生:《司法大数据与人工智能开发的技术障碍》,载《中国法律评论》2018 年第 2 期。

李晟:《略论人工智能语境下的法律转型》,载《法学评论》2018 年第 1 期。

刘宪权:《人工智能时代的“内忧”“外患”与刑事责任》,载《东方法学》2018 年第 1 期。

李奋飞、朱梦妮:《司法责任制改革的司法大数据方略》,载《郑州大学学报(哲学社会科学版)》2018年第1期。

季卫东:《人工智能时代的司法权之变》,载《东方法学》2018年第1期。

於兴中:《算法社会与人的秉性》,载《中国法律评论》2018年第2期。

洪冬英:《司法如何面向"互联网+与人工智能技术革新"》,载《法学》2018年第11期。

刘哲:《未来之法 算法说了算?》,载《检察风云》2017年第7期。

王婧:《反思人工智能的司法应用》,载《中国社会科学报》2018年9月18日第1539期。

杨焘、杨君臣:《人工智能在司法领域运行的现状及完善对策研究——以成都法院为样本进行分析》,载《科技与法律》2018年第3期。

涂永前、于涵:《司法审判中人工智能的介入式演进》,载《西南政法大学学报》2018年第3期。

胡昌明:《中国智慧法院建设的成就与展望——以审判管理的信息化为视角》,载《中国应用法学》2018年第2期。

张凌寒:《商业自动化决策的算法解释权研究》,载《法律科学(西北政法学院学报)》2018年第3期。

李小艳:《习近平新时代的社会治理创新——智能化与共建共治共享》,载《系统科学学报》2019年第2期。

林洹民:《自动决策算法的法律规制:以数据活动顾问为核心的二元监管路径》,载《法律科学(西北政法学院学报)》2019年第3期。

吕宗澄等:《人工智能背景下在线调解的现状与未来》,载《南华大学学报(社会科学版)》2019年第1期。

史明洲:《区块链时代的民事司法》,载《东方法学》2019年第1期。

周尚君、伍茜:《人工智能司法决策的可能与限度》,载《华东政法大学学报》2019年第1期。

刘艳红:《大数据时代审判体系和审判能力现代化的理论基础与实

践展开》,载《安徽大学学报(哲学社会科学版)》2019 年第 3 期。

马皑、宋业臻:《人工智能“法官”的一种实现路径及其理论思考》,载《江苏行政学院学报》2019 年第 2 期。

De Jesus Cecille, *AI Lawyer“Ross”Has Been Hired by Its First Official Law Firm*[EB/OL](May. 11, 2016), https://futurism.com/artificially-intelligent-lawyer-ross-hired-first-official-law-firm/.

Ferrucci David, Brown Eric&Chu-Carroll Jennifer, et al., *Building Watson: An Overview of the Deep QA Project*, AI Magazine, Vol. 31:3, pp. 59–79(2003).

Miller Marc L, *A Map of Sentencing and a Compass for Judges: Sentencing Information Systems, Transparency, and the Next Generation of Reform*, Columbia Law Rreview, Vol. 105:4, pp. 1351–1395(2005).

Sunstein Cass R, *Of Artificial Intelligence and Legal Rreasoning*, The University of Chicago Law School Roundtable, Vol. 8:1(2001).

Criminal Law-Sentencing Guidelines-Wisconsin Supreme Court Requires Warning before Use of Algorithmic Risk Assessments in Sentencing-State V Loomis, Harvard Law Rreview, Vol. 130:5, pp. 1530–1537(2017).

Lyria Bennett Moses&Janet Chan, *Using Big Data for Legal and Law Enforcement Decisions: Testing the New Tools*, UNSW Law Journal, Vol. 37, pp. 643–678(2014).

Jared D, Correia&Heidi Alexander, *Big Data, Big Problem: Are Small Law Firms Given a Sporting Chance to Access Big Data*? W. New Eng. L. Rev, Vol. 37, pp. 144(2015).

报　纸

吴晓锋:《探访重庆法院数据“云中心”,“智慧法院”如何“智慧”审判》,载《法制日报》2015 年 6 月 30 日第 4 版。

简言：《让审判插上翅膀：一线法官需要什么样的智慧法院》，载《法制日报》2016 年 11 月 18 日。

靳丽君：《法律与科技：朋友还是敌人》，载《检察日报》2017 年 11 月 3 日第 5 版。

马春晓：《贵州法院打造大数据办案“智慧样本”》，载《法制生活报》2017 年 12 月 10 日第 1 版。

叶慧娟：《智慧法院：技术在右，法律在左》，载《社会科学报》2017 年 8 月 10 日第 3 版。

陈尔彦：《法律如何应对人工智能挑战》，载《经济参考报》2017 年 12 月 12 日第 8 版。

邓恒：《人工智能技术运用与司法创新》，载《人民法院报》2017 年 12 月 14 日第 2 版。

沈寅飞：《人工智能 + 法律 = ?》，载《检察日报》2017 年 7 月 26 日第 5 版。

江隐龙：《人工智能可以为司法人员做些什么》，载《检察日报》2017 年 10 月 31 日第 3 版。

叶慧娟：《智慧法院：技术在右，法律在左》，载《社会科学报》2017 年 8 月 10 日第 3 版。

邓恒：《人工智能技术运用与司法创新》，载《人民法院报》2017 年 12 月 14 日第 2 版。

陈琼珂：《智能 206，能有效防范冤假错案吗?》，载《解放日报》2017 年 7 月 10 日第 5 版。

吴月辉：《人工智能会取代人类吗?》，载《人民日报》2017 年 7 月 7 日第 20 版。

王禄生：《司法大数据与人工智能开发需反思片面技术理性思潮》，载《民主与法制时报》2018 年 6 月 3 日第 6 版。

韩振文：《司法裁判的人工智能化反思》，载《中国社会科学报》2017 年 11 月 8 日第 5 版。

王峰:《数据标签实现同案类推 人工智能如何辅助办案?》,载《21 世纪经济报道》2018 年 1 月 8 日第 5 版。

宁杰:《加强法律数据智能化开发应用 建设智慧法院促进法治建设》,载《人民法院报》2016 年 3 月 3 日第 1 版。

辛红:《大数据助力司法改革》,载《法制日报》2017 年 9 月 18 日第 2 版。

姚万勤:《人工智能影响现行法律制度前瞻》,载《人民法院报》2017 年 11 月 25 日第 2 版。

孙振东:《司法大数据助推"智慧法院"建设》,载《人民法院报》2016 年 12 月 9 日第 2 版。

张帅:《智慧审判苏州模式通过验收》,载《苏州日报》2016 年 12 月 11 日第 A01 版。

严剑漪:《人工智能与未来法治构建——2018 世界人工智能大会"人工智能与法治"高端研讨会综述》,载《人民法院报》2018 年 9 月 26 日第 5 版。

蒲晓磊:《法律该赋予人工智能怎样的地位?》,载《法制日报》2018 年 1 月 23 日第 10 版。

高雁、杨运:《司法改革背景下人工智能的价值》,载《云南法制报》2017 年 12 月 20 日第 5 版。

国中兴、吴占英:《处理好"五个关系"促进智慧司法建设》,载《检察日报》2018 年 1 月 29 日第 3 版。

Thompson Clive, Smarter than You Think: What Is IBM's Watson? In: The New York Times. 16. 6. 2010.

专 著

樊崇义:《诉讼原理》,法律出版社 2003 年版。

何兵:《现代社会的纠纷解决》,法律出版社 2003 年版。

范愉:《纠纷解决的理论与实践》,清华大学出版社 2007 年版。

黄进、宋连斌、徐前权:《仲裁法学》,中国政法大学出版社 2008 年版。

袁忠民:《仲裁机构的学理与实证研究》,法律出版社 2008 版。

左卫民:《中国基层纠纷解决研究》,人民出版社 2010 年版。

张斌生:《仲裁法新论》,厦门大学出版社 2010 年版。

公丕祥:《当代中国的审判管理——以江苏法院为视域的思考和探索》,法律出版社 2012 年版。

涂子沛:《数据之巅——大数据革命、历史、现实与未来》,中信出版集团股份有限公司 2014 年版。

江必新:《良善司法的制度逻辑与理性构建》,中国法制出版社 2014 年版。

陈瑞华:《刑事审判原理论》(第 3 版),北京大学出版社 2020 年版。

王琦:《劳动争议非诉法律制度研究》,合肥工业大学出版社 2015 年版。

谢增毅:《劳动法的改革与完善》,社会科学文献出版社 2015 年版。

王彩萍编:《劳动人事争议处理(第 2 版))》,北京大学出版社 2015 年版。

林嘉:《劳动法的原理、体系与问题》,法律出版社 2016 年版。

吴军:《智能时代:大数据与智能革命重新定义未来》,中信出版集团股份有限公司 2016 年版。

中国社会科学院法学研究所国家法治指数研究中心、法治指数创新工程项目组:《中国法院信息化第三方评估报告》,中国社会科学出版社 2016 年版。

金东寒:《秩序的重构——人工智能与人类社会》,上海大学出版社 2017 年版。

张江健:《智能化浪潮:正在爆发的第四次工业革命》,化学工业出版社 2017 年版。

腾讯研究院等:《人工智能:国家人工智能行动抓手》,中国人民大学出版社 2017 年版。

李彦宏等:《智能革命:迎接人工智能时代的社会、经济与文化变革》,中信出版集团股份有限公司 2017 年版。

李开复、王咏刚:《人工智能》,文化发展出版社 2017 年版。

任仲文编:《人工智能领导干部读本》,人民日报出版社 2017 年版。

李林、田禾主编:《中国法院信息化发展报告 No.1(2017)》,社会科学文献出版社 2017 年版。

中国社会科学院、国家法治指数研究中心、法学研究所法治指数创新工程项目组:《人民法院信息化 3.0 版建设应用评估报告——以山东法院为视角》,中国社会科学出版社 2017 年版。

尼克:《人工智能简史》,人民邮电出版社 2017 年版。

刘韩:《人工智能简史》,人民邮电出版社 2017 年版。

长城会:《科学+预见人工智能》,人民邮电出版社 2017 年版。

余来文、封智勇等:《智能革命:人工智能、万物互联与数据应用》,经济管理出版社 2017 年版。

刘进长、雷瑾亮:《人工智能改变世界:走向社会的机器人》,中国水利水电出版社 2017 年版。

阿里巴巴集团:《马云:未来已来》,红旗出版社 2017 年版。

张江健:《智能化浪潮:正在爆发的第四次工业革命》,化学工业出版社 2017 年版。

李林、田禾主编:《中国法院信息化发展报告 No.2(2018)》,社会科学文献出版社 2018 年版。

陈瑞华:《司法体制改革导论》,法律出版社 2018 年版。

乔路、白雪:《人工智能的法律未来》,知识产权出版社 2018 年版。

刘宪权主编:《人工智能:刑法的时代挑战》,上海人民出版社 2018 年版。

王骥:《新未来简史:区块链、人工智能、大数据陷阱与数字化生活》,电子工业出版社 2018 年版。

杨爱喜、卜向红、严家祥:《人工智能时代,未来已来》,人民邮电出版社 2018 年版。

周晓垣:《人工智能:开启颠覆性智能时代》,台海出版社 2018 年版。

华宇元典法律人工智能研究院:《让法律人读懂人工智能》,法律出版社 2019 年版。

李开复:《AI · 未来》,浙江人民出版社 2018 年版。

余来文、林晓伟等:《智能时代:人工智能、超级计算与网络安全》,化学工业出版社 2018 年版。

李玉赋:《工会网上工作概论》,中国工人出版社 2018 年版。

李征坤:《互联网 + 政务服务:开启智慧型政府新时代》,中国铁道出版社 2018 年版。

陈甦、田禾主编:《中国法院信息化发展报告 No. 1(2019)》,社会科学文献出版社 2019 年版。

[法]勒内 · 费洛里奥:《错案》,赵淑美、张红竹译,法律出版社 1984 年版。

[美]唐 · 布莱克:《社会学视野中的司法》,郭星华译,法律出版社 2001 年版。

[日本] 谷口安平:《程序的正义与诉讼》,王亚新、刘荣军译,中国政法大学出版社 2002 年版。

[比]马克 · 范 · 胡克:《法律的沟通之维》,孙国东译,法律出版社 2008 年版。

[美]凯文 · 凯利:《失控:全人类的最终命运和结局》,东西文库译,新星出版社 2010 年版。

[美] 库兹韦尔:《奇点临近》,李庆诚、董振华等译,机械工业出版社 2011 年版。

[法]吉尔 · 德勒兹:《哲学与权力的谈判》,刘汉全译,译林出版社 2012 年版。

[美]艾伯特 · 拉斯洛 · 巴拉巴西:《爆发:大数据时代预见未来的新

思维》,马慧译,中国人民大学出版社 2012 年版。

[英] 维克托·迈尔·舍恩伯格、[英] 肯尼思·库克耶:《大数据时代:生活、工作与思维的大变革》,盛杨燕、周涛译,浙江人民出版社 2013 年版。

[美]雷·库兹韦尔:《人工智能的未来》,盛杨燕译,浙江大学出版社 2016 年版。

[以色列]尤瓦尔·赫拉利:《未来简史》,林俊宏译,中信出版社 2017 年版。

[英]卡鲁姆·蔡斯(Calum Chace):《人工智能革命:超级智能时代的人类命运》,张尧然译,机械出版社 2017 年版。

[英]玛格丽特·博登:《AI:人工智能的本质与未来》,孙诗惠译,中国人民大学出版社 2017 年版。

[英]理查德·萨斯坎德、[英]丹尼尔·萨斯坎德:《人工智能会抢哪些工作》,李莉译,浙江大学出版社 2018 年版。

[美]瑞恩·卡洛、[美]迈克尔·弗兰金、[加拿大]伊恩·克尔:《人工智能与法律的对话》,陈吉栋、董惠敏、杭颖译,上海人民出版社 2018 年版。

[意]乌戈·帕加罗:《谁为机器人的行为负责?》,张卉林、王黎黎译,上海人民出版社 2018 年版。

[美]约翰·弗兰克·韦弗:《机器人是人吗?》,刘海安、徐铁英、向秦译,上海人民出版社 2018 年版。

[美]Kalman Toth :《人工智能时代》,赵俐译,人民邮电出版社 2018 年版。

[美]皮埃罗·斯加鲁菲(Piero Scaruffi):《智能的本质 人工智能与机器人领域的 64 个大问题》,任莉、张建宇译,人民邮电出版社 2018 年版。

[英]亚历克斯·希勒:《天蓝色的彼岸》,吕良忠译,北京联合出版公司 2019 年版。

Susskind&Richard, *The End of Lawyer: Rethinking the Nature of Legal Service*, Oxford University Press, 2008.

Kevin D&Ashley, *Artificial Intelligence and Legal Analytics: New Tool For Law Practice in Digital Age*, Cambridge University Press, 2017.

Hoekstra&Rinke, *The Knowledge Reengineering Bottleneck*, Semantik Web. 1(1,2).

Murray Jhanahan, *The Technology Singularity*, MIT Press, 2015.

主要相关文件

国家信息化发展战略纲要(摘要)

……

28. 提高政府信息化水平。完善部门信息共享机制,建立国家治理大数据中心。加强经济运行数据交换共享、处理分析和监测预警,增强宏观调控和决策支持能力。深化财政、税务信息化应用,支撑中央和地方财政关系调整,促进税收制度改革。推进人口、企业基础信息共享,有效支撑户籍制度改革和商事制度改革。推进政务公开信息化,加强互联网政务信息数据服务平台和便民服务平台建设,提供更加优质高效的网上政务服务。

29. 服务民主法治建设。建立健全网络信息平台,密切人大代表同人民群众的联系。加快政协信息化建设,推进协商民主广泛多层制度化发展。实施"科技强检",推进检察工作现代化。建设"智慧法院",提高案件受理、审判、执行、监督等各环节信息化水平,推动执法司法信息公开,促进司法公平正义。

……

41. 提高就业和社会保障信息化水平。推进就业和养老、医疗、工伤、失业、生育、保险等信息全国联网。建立就业创业信息服务体系，引导劳动力资源有序跨地区流动，促进充分就业。加快社会保障"一卡通"推广和升级，实行跨地区应用接入，实现社会保险关系跨地区转移接续和异地就医联网结算。加快政府网站信息无障碍建设，鼓励社会力量为残疾人提供个性化信息服务。

……

新一代人工智能发展规划

（国发〔2017〕35 号）

人工智能的迅速发展将深刻改变人类社会生活、改变世界。为抢抓人工智能发展的重大战略机遇，构筑我国人工智能发展的先发优势，加快建设创新型国家和世界科技强国，按照党中央、国务院部署要求，制定本规划。

一、战略态势

人工智能发展进入新阶段。经过 60 多年的演进，特别是在移动互联网、大数据、超级计算、传感网、脑科学等新理论新技术以及经济社会发展强烈需求的共同驱动下，人工智能加速发展，呈现出深度学习、跨界融合、人机协同、群智开放、自主操控等新特征。大数据驱动知识学习、跨媒体协同处理、人机协同增强智能、群体集成智能、自主智能系统成为人工智能的发展重点，受脑科学研究成果启发的类脑智能蓄势待发，芯片化硬件化平台化趋势更加明显，人工智能发展进入新阶段。当前，新一代人工智能相关学科发展、理论建模、技术创新、软硬件升级等整体推进，正在引发链式突破，推动经济社会各领域从数字化、网络化向智能化加速跃升。

人工智能成为国际竞争的新焦点。人工智能是引领未来的战略性技术，世界主要发达国家把发展人工智能作为提升国家竞争力、维护国家安全的重大战略，加紧出台规划和政策，围绕核心技术、顶尖人才、标准规范等强化部署，力图在新一轮国际科技竞争中掌握主导权。当前，我国国家安全和国际竞争形势更加复杂，必须放眼全球，把人工智能发展放在国家战略层面系统布局、主动谋划，牢牢把握人工智能发展新阶段国际竞争的战略主动，打造竞争新优势、开拓发展新空间，有效保障国家安全。

人工智能成为经济发展的新引擎。人工智能作为新一轮产业变革的核心驱动力，将进一步释放历次科技革命和产业变革积蓄的巨大能量，并创造新的强大引擎，重构生产、分配、交换、消费等经济活动各环节，形成从宏观到微观各领域的智能化新需求，催生新技术、新产品、新产业、新业态、新模式，引发经济结构重大变革，深刻改变人类生产生活方式和思维模式，实现社会生产力的整体跃升。我国经济发展进入新常态，深化供给侧结构性改革任务非常艰巨，必须加快人工智能深度应用，培育壮大人工智能产业，为我国经济发展注入新动能。

人工智能带来社会建设的新机遇。我国正处于全面建成小康社会的决胜阶段，人口老龄化、资源环境约束等挑战依然严峻，人工智能在教育、医疗、养老、环境保护、城市运行、司法服务等领域广泛应用，将极大提高公共服务精准化水平，全面提升人民生活品质。人工智能技术可准确感知、预测、预警基础设施和社会安全运行的重大态势，及时把握群体认知及心理变化，主动决策反应，将显著提高社会治理的能力和水平，对有效维护社会稳定具有不可替代的作用。

人工智能发展的不确定性带来新挑战。人工智能是影响面广的颠覆性技术，可能带来改变就业结构、冲击法律与社会伦理、侵犯个人隐私、挑战国际关系准则等问题，将对政府管理、经济安全和社会稳定乃至全球治理产生深远影响。在大力发展人工智能的同时，必须高度重视可能带来的安全风险挑战,加强前瞻预防与约束引导,最大限度降低风险,确保人工智能安全、可靠、可控发展。

我国发展人工智能具有良好基础。国家部署了智能制造等国家重点研发计划重点专项,印发实施了"互联网+"人工智能三年行动实施方案,从科技研发、应用推广和产业发展等方面提出了一系列措施。经过多年的持续积累,我国在人工智能领域取得重要进展,国际科技论文发表量和发明专利授权量已居世界第二,部分领域核心关键技术实现重要突破。语音识别、视觉识别技术世界领先,自适应自主学习、直觉感知、综合推理、混合智能和群体智能等初步具备跨越发展的能力,中文信息处理、智能监控、生物特征识别、工业机器人、服务机器人、无人驾驶逐步进入实际应用,人工智能创新创业日益活跃,一批龙头骨干企业加速成长,在国际上获得广泛关注和认可。加速积累的技术能力与海量的数据资源、巨大的应用需求、开放的市场环境有机结合,形成了我国人工智能发展的独特优势。

同时,也要清醒地看到,我国人工智能整体发展水平与发达国家相比仍存在差距,缺少重大原创成果,在基础理论、核心算法以及关键设备、高端芯片、重大产品与系统、基础材料、元器件、软件与接口等方面差距较大;科研机构和企业尚未形成具有国际影响力的生态圈和产业链,缺乏系统的超前研发布局;人工智能尖端人才远远不能满足需求;适应人工智能发展的基础设施、政策法规、标准体系亟待完善。

面对新形势新需求,必须主动求变应变,牢牢把握人工智能发展的重大历史机遇,紧扣发展、研判大势、主动谋划、把握方向、抢占先机,引领世界人工智能发展新潮流,服务经济社会发展和支撑国家安全,带动国家竞争力整体跃升和跨越式发展。

二、总体要求

(一)指导思想

全面贯彻党的十八大和十八届三中、四中、五中、六中全会精神,深入学习贯彻习近平总书记系列重要讲话精神和治国理政新理念新思想新战略，按照“五位一体”总体布局和“四个全面”战略布局，认真落实党中央、国务院决策部署，深入实施创新驱动发展战略，以加快人工智能与经济、社会、国防深度融合为主线，以提升新一代人工智能科技创新能力为主攻方向，发展智能经济，建设智能社会，维护国家安全，构筑知识群、技术群、产业群互动融合和人才、制度、文化相互支撑的生态系统，前瞻应对风险挑战，推动以人类可持续发展为中心的智能化，全面提升社会生产力、综合国力和国家竞争力，为加快建设创新型国家和世界科技强国、实现“两个一百年”奋斗目标和中华民族伟大复兴中国梦提供强大支撑。

(二)基本原则

科技引领。把握世界人工智能发展趋势，突出研发部署前瞻性，在重点前沿领域探索布局、长期支持，力争在理论、方法、工具、系统等方面取得变革性、颠覆性突破，全面增强人工智能原始创新能力，加速构筑先发优势，实现高端引领发展。

系统布局。根据基础研究、技术研发、产业发展和行业应用的不同特点，制定有针对性的系统发展策略。充分发挥社会主义制度集中力量办大事的优势，推进项目、基地、人才统筹布局，已部署的重大项目与新任务有机衔接，当前急需与长远发展梯次接续，创新能力建设、体制机制改革和政策环境营造协同发力。

市场主导。遵循市场规律，坚持应用导向，突出企业在技术路线选择和行业产品标准制定中的主体作用，加快人工智能科技成果商业化应用，形成竞争优势。把握好政府和市场分工，更好发挥政府在规划引导、政策支持、安全防范、市场监管、环境营造、伦理法规制定等方面的重要作用。

开源开放。倡导开源共享理念，促进产学研用各创新主体共创共享。遵循经济建设和国防建设协调发展规律，促进军民科技成果双向转化应用、军民创新资源共建共享，形成全要素、多领域、高效益的军民深度融合发展新格局。积极参与人工智能全球研发和治理,在全球范围内优化配置创新资源。

(三)战略目标

分三步走:

第一步,到 2020 年人工智能总体技术和应用与世界先进水平同步,人工智能产业成为新的重要经济增长点,人工智能技术应用成为改善民生的新途径,有力支撑进入创新型国家行列和实现全面建成小康社会的奋斗目标。

——新一代人工智能理论和技术取得重要进展。大数据智能、跨媒体智能、群体智能、混合增强智能、自主智能系统等基础理论和核心技术实现重要进展,人工智能模型方法、核心器件、高端设备和基础软件等方面取得标志性成果。

——人工智能产业竞争力进入国际第一方阵。初步建成人工智能技术标准、服务体系和产业生态链,培育若干全球领先的人工智能骨干企业,人工智能核心产业规模超过 1500 亿元,带动相关产业规模超过 1 万亿元。

——人工智能发展环境进一步优化,在重点领域全面展开创新应用,聚集起一批高水平的人才队伍和创新团队,部分领域的人工智能伦理规范和政策法规初步建立。

第二步,到 2025 年人工智能基础理论实现重大突破,部分技术与应用达到世界领先水平,人工智能成为带动我国产业升级和经济转型的主要动力,智能社会建设取得积极进展。

——新一代人工智能理论与技术体系初步建立,具有自主学习能力的人工智能取得突破,在多领域取得引领性研究成果。

——人工智能产业进入全球价值链高端。新一代人工智能在智能制造、智能医疗、智慧城市、智能农业、国防建设等领域得到广泛应用,人工智能核心产业规模超过 4000 亿元,带动相关产业规模超过 5 万亿元。

——初步建立人工智能法律法规、伦理规范和政策体系,形成人工智能安全评估和管控能力。

第三步,到2030年人工智能理论、技术与应用总体达到世界领先水平,成为世界主要人工智能创新中心,智能经济、智能社会取得明显成效,为跻身创新型国家前列和经济强国奠定重要基础。

——形成较为成熟的新一代人工智能理论与技术体系。在类脑智能、自主智能、混合智能和群体智能等领域取得重大突破,在国际人工智能研究领域具有重要影响,占据人工智能科技制高点。

——人工智能产业竞争力达到国际领先水平。人工智能在生产生活、社会治理、国防建设各方面应用的广度深度极大拓展,形成涵盖核心技术、关键系统、支撑平台和智能应用的完备产业链和高端产业群,人工智能核心产业规模超过1万亿元,带动相关产业规模超过10万亿元。

——形成一批全球领先的人工智能科技创新和人才培养基地,建成更加完善的人工智能法律法规、伦理规范和政策体系。

(四)总体部署

发展人工智能是一项事关全局的复杂系统工程,要按照“构建一个体系、把握双重属性、坚持‘三位一体’、强化四大支撑”进行布局,形成人工智能健康持续发展的战略路径。

构建开放协同的人工智能科技创新体系。针对原创性理论基础薄弱、重大产品和系统缺失等重点难点问题,建立新一代人工智能基础理论和关键共性技术体系,布局建设重大科技创新基地,壮大人工智能高端人才队伍,促进创新主体协同互动,形成人工智能持续创新能力。

把握人工智能技术属性和社会属性高度融合的特征。既要加大人工智能研发和应用力度,最大程度发挥人工智能潜力;又要预判人工智能的挑战,协调产业政策、创新政策与社会政策,实现激励发展与合理规制的协调,最大限度防范风险。

坚持人工智能研发攻关、产品应用和产业培育“三位一体”推进。适应人工智能发展特点和趋势,强化创新链和产业链深度融合、技术供给和市场需求互动演进,以技术突破推动领域应用和产业升级,以应用示范推动技术和系统优化。在当前大规模推动技术应用和产业发展的同时,加强面向中长期的研发布局和攻关,实现滚动发展和持续提升,确保理论上走在前面、技术上占领制高点、应用上安全可控。

全面支撑科技、经济、社会发展和国家安全。以人工智能技术突破带动国家创新能力全面提升,引领建设世界科技强国进程;通过壮大智能产业、培育智能经济,为我国未来十几年乃至几十年经济繁荣创造一个新的增长周期;以建设智能社会促进民生福祉改善,落实以人民为中心的发展思想;以人工智能提升国防实力,保障和维护国家安全。

三、重点任务

立足国家发展全局,准确把握全球人工智能发展态势,找准突破口和主攻方向,全面增强科技创新基础能力,全面拓展重点领域应用深度广度,全面提升经济社会发展和国防应用智能化水平。

(一)构建开放协同的人工智能科技创新体系

围绕增加人工智能创新的源头供给,从前沿基础理论、关键共性技术、基础平台、人才队伍等方面强化部署,促进开源共享,系统提升持续创新能力,确保我国人工智能科技水平跻身世界前列,为世界人工智能发展作出更多贡献。

1. 建立新一代人工智能基础理论体系

聚焦人工智能重大科学前沿问题,兼顾当前需求与长远发展,以突破人工智能应用基础理论"瓶颈"为重点,超前布局可能引发人工智能范式变革的基础研究,促进学科交叉融合,为人工智能持续发展与深度应用提供强大科学储备。

突破应用基础理论"瓶颈"。瞄准应用目标明确、有望引领人工智能技术升级的基础理论方向,加强大数据智能、跨媒体感知计算、人机混合智能、群体智能、自主协同与决策等基础理论研究。大数据智能理论重点突破无监督学习、综合深度推理等难点问题,建立数据驱动、以自然语言理解为核心的认知计算模型,形成从大数据到知识、从知识到决策的能力。跨媒体感知计算理论重点突破低成本低能耗智能感知、复杂场景主动感知、自然环境听觉与言语感知、多媒体自主学习等理论方法，实现超人感知和高动态、高维度、多模式分布式大场景感知。混合增强智能理论重点突破人机协同共融的情境理解与决策学习、直觉推理与因果模型、记忆与知识演化等理论，实现学习与思考接近或超过人类智能水平的混合增强智能。群体智能理论重点突破群体智能的组织、涌现、学习的理论与方法，建立可表达、可计算的群智激励算法和模型，形成基于互联网的群体智能理论体系。自主协同控制与优化决策理论重点突破面向自主无人系统的协同感知与交互、自主协同控制与优化决策、知识驱动的人机物三元协同与互操作等理论，形成自主智能无人系统创新性理论体系架构。

布局前沿基础理论研究。针对可能引发人工智能范式变革的方向，前瞻布局高级机器学习、类脑智能计算、量子智能计算等跨领域基础理论研究。高级机器学习理论重点突破自适应学习、自主学习等理论方法，实现具备高可解释性、强泛化能力的人工智能。类脑智能计算理论重点突破类脑的信息编码、处理、记忆、学习与推理理论，形成类脑复杂系统及类脑控制等理论与方法，建立大规模类脑智能计算的新模型和脑启发的认知计算模型。量子智能计算理论重点突破量子加速的机器学习方法，建立高性能计算与量子算法混合模型，形成高效精确自主的量子人工智能系统架构。

开展跨学科探索性研究。推动人工智能与神经科学、认知科学、量子科学、心理学、数学、经济学、社会学等相关基础学科的交叉融合，加强引领人工智能算法、模型发展的数学基础理论研究，重视人工智能法律伦理的基础理论问题研究，支持原创性强、非共识的探索性研究，鼓励科学家自由探索，勇于攻克人工智能前沿科学难题，提出更多原创理论，作出更多原创发现。

专栏1　基础理论

(1)大数据智能理论。研究数据驱动与知识引导相结合的人工智能新方法、以自然语言理解和图像图形为核心的认知计算理论和方法、综合深度推理与创意人工智能理论与方法、非完全信息下智能决策基础理论与框架、数据驱动的通用人工智能数学模型与理论等。

(2)跨媒体感知计算理论。研究超越人类视觉能力的感知获取、面向真实世界的主动视觉感知及计算、自然声学场景的听知觉感知及计算、自然交互环境的言语感知及计算、面向异步序列的类人感知及计算、面向媒体智能感知的自主学习、城市全维度智能感知推理引擎。

(3)混合增强智能理论。研究"人在回路"的混合增强智能、人机智能共生的行为增强与脑机协同、机器直觉推理与因果模型、联想记忆模型与知识演化方法、复杂数据和任务的混合增强智能学习方法、云机器人协同计算方法、真实世界环境下的情境理解及人机群组协同。

(4)群体智能理论。研究群体智能结构理论与组织方法、群体智能激励机制与涌现机理、群体智能学习理论与方法、群体智能通用计算范式与模型。

(5)自主协同控制与优化决策理论。研究面向自主无人系统的协同感知与交互,面向自主无人系统的协同控制与优化决策,知识驱动的人机物三元协同与互操作等理论。

(6)高级机器学习理论。研究统计学习基础理论、不确定性推理与决策、分布式学习与交互、隐私保护学习、小样本学习、深度强化学习、无监督学习、半监督学习、主动学习等学习理论和高效模型。

(7)类脑智能计算理论。研究类脑感知、类脑学习、类脑记忆机制与计算融合、类脑复杂系统、类脑控制等理论与方法。

(8)量子智能计算理论。探索脑认知的量子模式与内在机制,研究高效的量子智能模型和算法、高性能高比特的量子人工智能处理器、可与外界环境交互信息的实时量子人工智能系统等。

2. 建立新一代人工智能关键共性技术体系

围绕提升我国人工智能国际竞争力的迫切需求,新一代人工智能关键共性技术的研发部署要以算法为核心,以数据和硬件为基础,以提升感知识别、知识计算、认知推理、运动执行、人机交互能力为重点，形成开放兼容、稳定成熟的技术体系。

知识计算引擎与知识服务技术。重点突破知识加工、深度搜索和可视交互核心技术，实现对知识持续增量的自动获取，具备概念识别、实体发现、属性预测、知识演化建模和关系挖掘能力，形成涵盖数十亿实体规模的多源、多学科和多数据类型的跨媒体知识图谱。

跨媒体分析推理技术。重点突破跨媒体统一表征、关联理解与知识挖掘、知识图谱构建与学习、知识演化与推理、智能描述与生成等技术，实现跨媒体知识表征、分析、挖掘、推理、演化和利用，构建分析推理引擎。

群体智能关键技术。重点突破基于互联网的大众化协同、大规模协作的知识资源管理与开放式共享等技术，建立群智知识表示框架，实现基于群智感知的知识获取和开放动态环境下的群智融合与增强，支撑覆盖全国的千万级规模群体感知、协同与演化。

混合增强智能新架构与新技术。重点突破人机协同的感知与执行一体化模型、智能计算前移的新型传感器件、通用混合计算架构等核心技术，构建自主适应环境的混合增强智能系统、人机群组混合增强智能系统及支撑环境。

自主无人系统的智能技术。重点突破自主无人系统计算架构、复杂动态场景感知与理解、实时精准定位、面向复杂环境的适应性智能导航等共性技术，无人机自主控制以及汽车、船舶和轨道交通自动驾驶等智能技术，服务机器人、特种机器人等核心技术，支撑无人系统应用和产业发展。

虚拟现实智能建模技术。重点突破虚拟对象智能行为建模技术，提升虚拟现实中智能对象行为的社会性、多样性和交互逼真性，实现虚拟现实、增强现实等技术与人工智能的有机结合和高效互动。

智能计算芯片与系统。重点突破高能效、可重构类脑计算芯片和具有计算成像功能的类脑视觉传感器技术，研发具有自主学习能力的高效能类脑神经网络架构和硬件系统，实现具有多媒体感知信息理解和智能增长、常识推理能力的类脑智能系统。

自然语言处理技术。重点突破自然语言的语法逻辑、字符概念表征和深度语义分析的核心技术，推进人类与机器的有效沟通和自由交互，实现多风格多语言多领域的自然语言智能理解和自动生成。

专栏2 关键共性技术

(1)知识计算引擎与知识服务技术。研究知识计算和可视交互引擎，研究创新设计、数字创意和以可视媒体为核心的商业智能等知识服务技术，开展大规模生物数据的知识发现。

(2)跨媒体分析推理技术。研究跨媒体统一表征、关联理解与知识挖掘、知识图谱构建与学习、知识演化与推理、智能描述与生成等技术，开发跨媒体分析推理引擎与验证系统。

(3)群体智能关键技术。开展群体智能的主动感知与发现、知识获取与生成、协同与共享、评估与演化、人机整合与增强、自我维持与安全交互等关键技术研究，构建群智空间的服务体系结构，研究移动群体智能的协同决策与控制技术。

(4)混合增强智能新架构和新技术。研究混合增强智能核心技术、认知计算框架，新型混合计算架构，人机共驾、在线智能学习技术，平行管理与控制的混合增强智能框架。

(5)自主无人系统的智能技术。研究无人机自主控制和汽车、船舶、轨道交通自动驾驶等智能技术，服务机器人、空间机器人、海洋机器人、极地机器人技术，无人车间/智能工厂智能技术，高端智能控制技术和自主无人操作系统。研究复杂环境下基于计算机视觉的定位、导航、识别等机器人及机械手臂自主控制技术。

(6)虚拟现实智能建模技术。研究虚拟对象智能行为的数学表达与建模方法，虚拟对象与虚拟环境和用户之间进行自然、持续、深入交互等问题，智能对象建模的技术与方法体系。

(7)智能计算芯片与系统。研发神经网络处理器以及高能效、可重构类脑计算芯片等,新型感知芯片与系统、智能计算体系结构与系统,人工智能操作系统。研究适合人工智能的混合计算架构等。

(8)自然语言处理技术。研究短文本的计算与分析技术,跨语言文本挖掘技术和面向机器认知智能的语义理解技术,多媒体信息理解的人机对话系统。

3.统筹布局人工智能创新平台

建设布局人工智能创新平台,强化对人工智能研发应用的基础支撑。人工智能开源软硬件基础平台重点建设支持知识推理、概率统计、深度学习等人工智能范式的统一计算框架平台,形成促进人工智能软件、硬件和智能云之间相互协同的生态链。群体智能服务平台重点建设基于互联网大规模协作的知识资源管理与开放式共享工具,形成面向产学研用创新环节的群智众创平台和服务环境。混合增强智能支撑平台重点建设支持大规模训练的异构实时计算引擎和新型计算集群,为复杂智能计算提供服务化、系统化平台和解决方案。自主无人系统支撑平台重点建设面向自主无人系统复杂环境下环境感知、自主协同控制、智能决策等人工智能共性核心技术的支撑系统,形成开放式、模块化、可重构的自主无人系统开发与试验环境。人工智能基础数据与安全检测平台重点建设面向人工智能的公共数据资源库、标准测试数据集、云服务平台等,形成人工智能算法与平台安全性测试评估的方法、技术、规范和工具集。促进各类通用软件和技术平台的开源开放。各类平台要按照军民深度融合的要求和相关规定,推进军民共享共用。

专栏3　基础支撑平台

(1)人工智能开源软硬件基础平台。建立大数据人工智能开源软件基础平台、终端与云端协同的人工智能云服务平台、新型多元智能传感器件与集成平台、基于人工智能硬件的新产品设计平台、未来网络中的大数据智能化服务平台等。

(2)群体智能服务平台。建立群智众创计算支撑平台、科技众创服务系统、群智软件开发与验证自动化系统、群智软件学习与创新系统、开放环境的群智决策系统、群智共享经济服务系统。

(3)混合增强智能支撑平台。建立人工智能超级计算中心、大规模超级智能计算支撑环境、在线智能教育平台、"人在回路"驾驶脑、产业发展复杂性分析与风险评估的智能平台、支撑核电安全运营的智能保障平台、人机共驾技术研发与测试平台等。

(4)自主无人系统支撑平台。建立自主无人系统共性核心技术支撑平台,无人机自主控制以及汽车、船舶和轨道交通自动驾驶支撑平台,服务机器人、空间机器人、海洋机器人、极地机器人支撑平台,智能工厂与智能控制装备技术支撑平台等。

(5)人工智能基础数据与安全检测平台。建设面向人工智能的公共数据资源库、标准测试数据集、云服务平台,建立人工智能算法与平台安全性测试模型及评估模型,研发人工智能算法与平台安全性测评工具集。

4. 加快培养聚集人工智能高端人才

把高端人才队伍建设作为人工智能发展的重中之重,坚持培养和引进相结合,完善人工智能教育体系,加强人才储备和梯队建设,特别是加快引进全球顶尖人才和青年人才,形成我国人工智能人才高地。

培育高水平人工智能创新人才和团队。支持和培养具有发展潜力的人工智能领军人才,加强人工智能基础研究、应用研究、运行维护等方面专业技术人才培养。重视复合型人才培养,重点培养贯通人工智能理论、方法、技术、产品与应用等的纵向复合型人才,以及掌握"人工智能+"经济、社会、管理、标准、法律等的横向复合型人才。通过重大研发任务和基地平台建设,汇聚人工智能高端人才,在若干人工智能重点领域形成一批高水平创新团队。鼓励和引导国内创新人才、团队加强与全球顶尖人工智能研究机构合作互动。

加大高端人工智能人才引进力度。开辟专门渠道,实行特殊政策,实现人工智能高端人才精准引进。重点引进神经认知、机器学习、自动驾驶、智能机器人等国际顶尖科学家和高水平创新团队。鼓励采取项目合作、技术咨询等方式柔性引进人工智能人才。统筹利用“千人计划”等现有人才计划,加强人工智能领域优秀人才特别是优秀青年人才引进工作。完善企业人力资本成本核算相关政策,激励企业、科研机构引进人工智能人才。

建设人工智能学科。完善人工智能领域学科布局,设立人工智能专业,推动人工智能领域一级学科建设,尽快在试点院校建立人工智能学院,增加人工智能相关学科方向的博士、硕士招生名额。鼓励高校在原有基础上拓宽人工智能专业教育内容,形成“人工智能+X”复合专业培养新模式,重视人工智能与数学、计算机科学、物理学、生物学、心理学、社会学、法学等学科专业教育的交叉融合。加强产学研合作,鼓励高校、科研院所与企业等机构合作开展人工智能学科建设。

(二)培育高端高效的智能经济

加快培育具有重大引领带动作用的人工智能产业,促进人工智能与各产业领域深度融合,形成数据驱动、人机协同、跨界融合、共创分享的智能经济形态。数据和知识成为经济增长的第一要素,人机协同成为主流生产和服务方式,跨界融合成为重要经济模式,共创分享成为经济生态基本特征,个性化需求与定制成为消费新潮流,生产率大幅提升,引领产业向价值链高端迈进,有力支撑实体经济发展,全面提升经济发展质量和效益。

1. 大力发展人工智能新兴产业

加快人工智能关键技术转化应用,促进技术集成与商业模式创新,推动重点领域智能产品创新,积极培育人工智能新兴业态,布局产业链高端,打造具有国际竞争力的人工智能产业集群。

智能软硬件。开发面向人工智能的操作系统、数据库、中间件、开发工具等关键基础软件,突破图形处理器等核心硬件,研究图像识别、语音识别、机器翻译、智能交互、知识处理、控制决策等智能系统解决方案,培育壮大面向人工智能应用的基础软硬件产业。

智能机器人。攻克智能机器人核心零部件、专用传感器,完善智能机器人硬件接口标准、软件接口协议标准以及安全使用标准。研制智能工业机器人、智能服务机器人,实现大规模应用并进入国际市场。研制和推广空间机器人、海洋机器人、极地机器人等特种智能机器人。建立智能机器人标准体系和安全规则。

智能运载工具。发展自动驾驶汽车和轨道交通系统,加强车载感知、自动驾驶、车联网、物联网等技术集成和配套,开发交通智能感知系统,形成我国自主的自动驾驶平台技术体系和产品总成能力,探索自动驾驶汽车共享模式。发展消费类和商用类无人机、无人船,建立试验鉴定、测试、竞技等专业化服务体系,完善空域、水域管理措施。

虚拟现实与增强现实。突破高性能软件建模、内容拍摄生成、增强现实与人机交互、集成环境与工具等关键技术,研制虚拟显示器件、光学器件、高性能真三维显示器、开发引擎等产品,建立虚拟现实与增强现实的技术、产品、服务标准和评价体系,推动重点行业融合应用。

智能终端。加快智能终端核心技术和产品研发,发展新一代智能手机、车载智能终端等移动智能终端产品和设备,鼓励开发智能手表、智能耳机、智能眼镜等可穿戴终端产品,拓展产品形态和应用服务。

物联网基础器件。发展支撑新一代物联网的高灵敏度、高可靠性智能传感器件和芯片,攻克射频识别、近距离机器通信等物联网核心技术和低功耗处理器等关键器件。

2. 加快推进产业智能化升级

推动人工智能与各行业融合创新,在制造、农业、物流、金融、商务、家居等重点行业和领域开展人工智能应用试点示范,推动人工智能规模化应用,全面提升产业发展智能化水平。

智能制造。围绕制造强国重大需求,推进智能制造关键技术装备、核心支撑软件、工业互联网等系统集成应用,研发智能产品及智能互联产品、智能制造使能工具与系统、智能制造云服务平台,推广流程智能制造、离散智能制造、网络化协同制造、远程诊断与运维服务等新型制造模式,建立智能制造标准体系,推进制造全生命周期活动智能化。

智能农业。研制农业智能传感与控制系统、智能化农业装备、农机田间作业自主系统等。建立完善天空地一体化的智能农业信息遥感监测网络。建立典型农业大数据智能决策分析系统，开展智能农场、智能化植物工厂、智能牧场、智能渔场、智能果园、农产品加工智能车间、农产品绿色智能供应链等集成应用示范。

智能物流。加强智能化装卸搬运、分拣包装、加工配送等智能物流装备研发和推广应用，建设深度感知智能仓储系统，提升仓储运营管理水平和效率。完善智能物流公共信息平台和指挥系统、产品质量认证及追溯系统、智能配货调度体系等。

智能金融。建立金融大数据系统，提升金融多媒体数据处理与理解能力。创新智能金融产品和服务，发展金融新业态。鼓励金融行业应用智能客服、智能监控等技术和装备。建立金融风险智能预警与防控系统。

智能商务。鼓励跨媒体分析与推理、知识计算引擎与知识服务等新技术在商务领域应用，推广基于人工智能的新型商务服务与决策系统。建设涵盖地理位置、网络媒体和城市基础数据等跨媒体大数据平台，支撑企业开展智能商务。鼓励围绕个人需求、企业管理提供定制化商务智能决策服务。

智能家居。加强人工智能技术与家居建筑系统的融合应用，提升建筑设备及家居产品的智能化水平。研发适应不同应用场景的家庭互联互通协议、接口标准，提升家电、耐用品等家居产品感知和联通能力。支持智能家居企业创新服务模式，提供互联共享解决方案。

3. 大力发展智能企业

大规模推动企业智能化升级。支持和引导企业在设计、生产、管理、物流和营销等核心业务环节应用人工智能新技术，构建新型企业组织结构和运营方式，形成制造与服务、金融智能化融合的业态模式，发展个性化定制，扩大智能产品供给。鼓励大型互联网企业建设云制造平台和服务平台，面向制造企业在线提供关键工业软件和模型库，开展制造能力外包服务，推动中小企业智能化发展。

推广应用智能工厂。加强智能工厂关键技术和体系方法的应用示范，重点推广生产线重构与动态智能调度、生产装备智能物联与云化数据采集、多维人机物协同与互操作等技术，鼓励和引导企业建设工厂大数据系统、网络化分布式生产设施等，实现生产设备网络化、生产数据可视化、生产过程透明化、生产现场无人化，提升工厂运营管理智能化水平。

加快培育人工智能产业领军企业。在无人机、语音识别、图像识别等优势领域加快打造人工智能全球领军企业和品牌。在智能机器人、智能汽车、可穿戴设备、虚拟现实等新兴领域加快培育一批龙头企业。支持人工智能企业加强专利布局，牵头或参与国际标准制定。推动国内优势企业、行业组织、科研机构、高校等联合组建中国人工智能产业技术创新联盟。支持龙头骨干企业构建开源硬件工厂、开源软件平台，形成集聚各类资源的创新生态，促进人工智能中小微企业发展和各领域应用。支持各类机构和平台面向人工智能企业提供专业化服务。

4. 打造人工智能创新高地

结合各地区基础和优势，按人工智能应用领域分门别类进行相关产业布局。鼓励地方围绕人工智能产业链和创新链，集聚高端要素、高端企业、高端人才，打造人工智能产业集群和创新高地。

开展人工智能创新应用试点示范。在人工智能基础较好、发展潜力较大的地区，组织开展国家人工智能创新试验，探索体制机制、政策法规、人才培育等方面的重大改革，推动人工智能成果转化、重大产品集成创新和示范应用，形成可复制、可推广的经验，引领带动智能经济和智能社会发展。

建设国家人工智能产业园。依托国家自主创新示范区和国家高新技术产业开发区等创新载体，加强科技、人才、金融、政策等要素的优化配置和组合，加快培育建设人工智能产业创新集群。

建设国家人工智能众创基地。依托从事人工智能研究的高校、科研院所集中地区,搭建人工智能领域专业化创新平台等新型创业服务机构,建设一批低成本、便利化、全要素、开放式的人工智能众创空间,完善孵化服务体系,推进人工智能科技成果转移转化,支持人工智能创新创业。

(三)建设安全便捷的智能社会

围绕提高人民生活水平和质量的目标,加快人工智能深度应用,形成无时不有、无处不在的智能化环境,全社会的智能化水平大幅提升。越来越多的简单性、重复性、危险性任务由人工智能完成,个体创造力得到极大发挥,形成更多高质量和高舒适度的就业岗位;精准化智能服务更加丰富多样,人们能够最大限度享受高质量服务和便捷生活;社会治理智能化水平大幅提升,社会运行更加安全高效。

1. 发展便捷高效的智能服务

围绕教育、医疗、养老等迫切民生需求,加快人工智能创新应用,为公众提供个性化、多元化、高品质服务。

智能教育。利用智能技术加快推动人才培养模式、教学方法改革,构建包含智能学习、交互式学习的新型教育体系。开展智能校园建设,推动人工智能在教学、管理、资源建设等全流程应用。开发立体综合教学场、基于大数据智能的在线学习教育平台。开发智能教育助理,建立智能、快速、全面的教育分析系统。建立以学习者为中心的教育环境,提供精准推送的教育服务,实现日常教育和终身教育定制化。

智能医疗。推广应用人工智能治疗新模式新手段,建立快速精准的智能医疗体系。探索智慧医院建设,开发人机协同的手术机器人、智能诊疗助手,研发柔性可穿戴、生物兼容的生理监测系统,研发人机协同临床智能诊疗方案,实现智能影像识别、病理分型和智能多学科会诊。基于人工智能开展大规模基因组识别、蛋白组学、代谢组学等研究和新药研发,推进医药监管智能化。加强流行病智能监测和防控。

智能健康和养老。加强群体智能健康管理,突破健康大数据分析、物联网等关键技术,研发健康管理可穿戴设备和家庭智能健康检测监测设备，推动健康管理实现从点状监测向连续监测、从短流程管理向长流程管理转变。建设智能养老社区和机构，构建安全便捷的智能化养老基础设施体系。加强老年人产品智能化和智能产品适老化，开发视听辅助设备、物理辅助设备等智能家居养老设备，拓展老年人活动空间。开发面向老年人的移动社交和服务平台、情感陪护助手，提升老年人生活质量。

2. 推进社会治理智能化

围绕行政管理、司法管理、城市管理、环境保护等社会治理的热点难点问题，促进人工智能技术应用，推动社会治理现代化。

智能政务。开发适于政府服务与决策的人工智能平台，研制面向开放环境的决策引擎，在复杂社会问题研判、政策评估、风险预警、应急处置等重大战略决策方面推广应用。加强政务信息资源整合和公共需求精准预测，畅通政府与公众的交互渠道。

智慧法庭。建设集审判、人员、数据应用、司法公开和动态监控于一体的智慧法庭数据平台，促进人工智能在证据收集、案例分析、法律文件阅读与分析中的应用，实现法院审判体系和审判能力智能化。

智慧城市。构建城市智能化基础设施，发展智能建筑，推动地下管廊等市政基础设施智能化改造升级；建设城市大数据平台，构建多元异构数据融合的城市运行管理体系，实现对城市基础设施和城市绿地、湿地等重要生态要素的全面感知以及对城市复杂系统运行的深度认知；研发构建社区公共服务信息系统，促进社区服务系统与居民智能家庭系统协同；推进城市规划、建设、管理、运营全生命周期智能化。

智能交通。研究建立营运车辆自动驾驶与车路协同的技术体系。研发复杂场景下的多维交通信息综合大数据应用平台，实现智能化交通疏导和综合运行协调指挥，建成覆盖地面、轨道、低空和海上的智能交通监控、管理和服务系统。

智能环保。建立涵盖大气、水、土壤等环境领域的智能监控大数据平台体系，建成陆海统筹、天地一体、上下协同、信息共享的智能环境监测网络和服务平台。研发资源能源消耗、环境污染物排放智能预测模型方法和预警方案。加强京津冀、长江经济带等国家重大战略区域环境保护和突发环境事件智能防控体系建设。

3. 利用人工智能提升公共安全保障能力

促进人工智能在公共安全领域的深度应用,推动构建公共安全智能化监测预警与控制体系。围绕社会综合治理、新型犯罪侦查、反恐等迫切需求,研发集成多种探测传感技术、视频图像信息分析识别技术、生物特征识别技术的智能安防与警用产品,建立智能化监测平台。加强对重点公共区域安防设备的智能化改造升级,支持有条件的社区或城市开展基于人工智能的公共安防区域示范。强化人工智能对食品安全的保障,围绕食品分类、预警等级、食品安全隐患及评估等,建立智能化食品安全预警系统。加强人工智能对自然灾害的有效监测,围绕地震灾害、地质灾害、气象灾害、水旱灾害和海洋灾害等重大自然灾害,构建智能化监测预警与综合应对平台。

4. 促进社会交往共享互信

充分发挥人工智能技术在增强社会互动、促进可信交流中的作用。加强下一代社交网络研发,加快增强现实、虚拟现实等技术推广应用,促进虚拟环境和实体环境协同融合,满足个人感知、分析、判断与决策等实时信息需求,实现在工作、学习、生活、娱乐等不同场景下的流畅切换。针对改善人际沟通障碍的需求,开发具有情感交互功能、能准确理解人的需求的智能助理产品,实现情感交流和需求满足的良性循环。促进区块链技术与人工智能的融合,建立新型社会信用体系,最大限度降低人际交往成本和风险。

(四)加强人工智能领域军民融合

深入贯彻落实军民融合发展战略,推动形成全要素、多领域、高效益的人工智能军民融合格局。以军民共享共用为导向部署新一代人工智能基础理论和关键共性技术研发,建立科研院所、高校、企业和军工单位的常态化沟通协调机制。促进人工智能技术军民双向转化,强化新一代人工智能技术对指挥决策、军事推演、国防装备等的有力支撑,引导国防领域人工智能科技成果向民用领域转化应用。鼓励优势民口科研力量参与国防领域人工智能重大科技创新任务,推动各类人工智能技术快速嵌入国防创新领域。加强军民人工智能技术通用标准体系建设,推进科技创新平台基地的统筹布局和开放共享。

(五)构建泛在安全高效的智能化基础设施体系

大力推动智能化信息基础设施建设,提升传统基础设施的智能化水平,形成适应智能经济、智能社会和国防建设需要的基础设施体系。加快推动以信息传输为核心的数字化、网络化信息基础设施,向集融合感知、传输、存储、计算、处理于一体的智能化信息基础设施转变。优化升级网络基础设施,研发布局第五代移动通信(5G)系统,完善物联网基础设施,加快天地一体化信息网络建设,提高低时延、高通量的传输能力。统筹利用大数据基础设施,强化数据安全与隐私保护,为人工智能研发和广泛应用提供海量数据支撑。建设高效能计算基础设施,提升超级计算中心对人工智能应用的服务支撑能力。建设分布式高效能源互联网,形成支撑多能源协调互补、及时有效接入的新型能源网络,推广智能储能设施、智能用电设施,实现能源供需信息的实时匹配和智能化响应。

专栏4　智能化基础设施

(1)网络基础设施。加快布局实时协同人工智能的5G增强技术研发及应用,建设面向空间协同人工智能的高精度导航定位网络,加强智能感知物联网核心技术攻关和关键设施建设,发展支撑智能化的工业互联网、面向无人驾驶的车联网等,研究智能化网络安全架构。加快建设天地一体化信息网络,推进天基信息网、未来互联网、移动通信网的全面融合。

(2)大数据基础设施。依托国家数据共享交换平台、数据开放平台等公共基础设施,建设政府治理、公共服务、产业发展、技术研发等领域大数据基础信息数据库,支撑开展国家治理大数据应用。整合社会各类数据平台和数据中心资源,形成覆盖全国、布局合理、链接畅通的一体化服务能力。

(3)高效能计算基础设施。继续加强超级计算基础设施、分布式计算基础设施和云计算中心建设,构建可持续发展的高性能计算应用生态环境。推进下一代超级计算机研发应用。

(六)前瞻布局新一代人工智能重大科技项目

针对我国人工智能发展的迫切需求和薄弱环节,设立新一代人工智能重大科技项目。加强整体统筹,明确任务边界和研发重点,形成以新一代人工智能重大科技项目为核心、现有研发布局为支撑的"1+N"人工智能项目群。

"1"是指新一代人工智能重大科技项目,聚焦基础理论和关键共性技术的前瞻布局,包括研究大数据智能、跨媒体感知计算、混合增强智能、群体智能、自主协同控制与决策等理论,研究知识计算引擎与知识服务技术、跨媒体分析推理技术、群体智能关键技术、混合增强智能新架构与新技术、自主无人控制技术等,开源共享人工智能基础理论和共性技术。持续开展人工智能发展的预测和研判,加强人工智能对经济社会综合影响及对策研究。

"N"是指国家相关规划计划中部署的人工智能研发项目,重点是加强与新一代人工智能重大科技项目的衔接,协同推进人工智能的理论研究、技术突破和产品研发应用。加强与国家科技重大专项的衔接,在"核高基"(核心电子器件、高端通用芯片、基础软件)、集成电路装备等国家科技重大专项中支持人工智能软硬件发展。加强与其他"科技创新2030—重大项目"的相互支撑,加快脑科学与类脑计算、量子信息与量子计算、智能制造与机器人、大数据等研究,为人工智能重大技术突破提供支撑。国家重点研发计划继续推进高性能计算等重点专项实施,加大对人工智能相关技术研发和应用的支持;国家自然科学基金加强对人工智能前沿领域交叉学科研究和自由探索的支持。在深海空间站、健康保障等重大项目,以及智慧城市、智能农机装备等国家重点研发计划重点专项部署中,加强人工智能技术的应用示范。其他各类科技计划支持的人工智能相关基础理论和共性技术研究成果应开放共享。

创新新一代人工智能重大科技项目组织实施模式，坚持集中力量办大事、重点突破的原则，充分发挥市场机制作用，调动部门、地方、企业和社会各方面力量共同推进实施。明确管理责任，定期开展评估，加强动态调整，提高管理效率。

四、资源配置

充分利用已有资金、基地等存量资源，统筹配置国际国内创新资源，发挥好财政投入、政策激励的引导作用和市场配置资源的主导作用，撬动企业、社会加大投入，形成财政资金、金融资本、社会资本多方支持的新格局。

（一）建立财政引导、市场主导的资金支持机制

统筹政府和市场多渠道资金投入，加大财政资金支持力度，盘活现有资源，对人工智能基础前沿研究、关键共性技术攻关、成果转移转化、基地平台建设、创新应用示范等提供支持。利用现有政府投资基金支持符合条件的人工智能项目，鼓励龙头骨干企业、产业创新联盟牵头成立市场化的人工智能发展基金。利用天使投资、风险投资、创业投资基金及资本市场融资等多种渠道，引导社会资本支持人工智能发展。积极运用政府和社会资本合作等模式，引导社会资本参与人工智能重大项目实施和科技成果转化应用。

（二）优化布局建设人工智能创新基地

按照国家级科技创新基地布局和框架，统筹推进人工智能领域建设若干国际领先的创新基地。引导现有与人工智能相关的国家重点实验室、企业国家重点实验室、国家工程实验室等基地，聚焦新一代人工智能的前沿方向开展研究。按规定程序，以企业为主体、产学研合作组建人工智能领域的相关技术和产业创新基地，发挥龙头骨干企业技术创新示范带动作用。发展人工智能领域的专业化众创空间，促进最新技术成果和资源、服务的精准对接。充分发挥各类创新基地聚集人才、资金等创

新资源的作用,突破人工智能基础前沿理论和关键共性技术,开展应用示范。

(三)统筹国际国内创新资源

支持国内人工智能企业与国际人工智能领先高校、科研院所、团队合作。鼓励国内人工智能企业“走出去”,为有实力的人工智能企业开展海外并购、股权投资、创业投资和建立海外研发中心等提供便利和服务。鼓励国外人工智能企业、科研机构在华设立研发中心。依托“一带一路”战略,推动建设人工智能国际科技合作基地、联合研究中心等,加快人工智能技术在“一带一路”沿线国家推广应用。推动成立人工智能国际组织,共同制定相关国际标准。支持相关行业协会、联盟及服务机构搭建面向人工智能企业的全球化服务平台。

五、保障措施

围绕推动我国人工智能健康快速发展的现实要求,妥善应对人工智能可能带来的挑战,形成适应人工智能发展的制度安排,构建开放包容的国际化环境,夯实人工智能发展的社会基础。

(一)制定促进人工智能发展的法律法规和伦理规范

加强人工智能相关法律、伦理和社会问题研究,建立保障人工智能健康发展的法律法规和伦理道德框架。开展与人工智能应用相关的民事与刑事责任确认、隐私和产权保护、信息安全利用等法律问题研究,建立追溯和问责制度,明确人工智能法律主体以及相关权利、义务和责任等。重点围绕自动驾驶、服务机器人等应用基础较好的细分领域,加快研究制定相关安全管理法规,为新技术的快速应用奠定法律基础。开展人工智能行为科学和伦理等问题研究,建立伦理道德多层次判断结构及人机协作的伦理框架。制定人工智能产品研发设计人员的道德规范和行为守则,加强对人工智能潜在危害与收益的评估,构建人工智能复杂场景下突发事件的解决方案。积极参与人工智能全球治理,加强机器人异化和安全监管等人工智能重大国际共性问题研究,深化在人工智能法律法规、国际规则等方面的国际合作,共同应对全球性挑战。

(二)完善支持人工智能发展的重点政策

落实对人工智能中小企业和初创企业的财税优惠政策,通过高新技术企业税收优惠和研发费用加计扣除等政策支持人工智能企业发展。完善落实数据开放与保护相关政策,开展公共数据开放利用改革试点,支持公众和企业充分挖掘公共数据的商业价值,促进人工智能应用创新。研究完善适应人工智能的教育、医疗、保险、社会救助等政策体系,有效应对人工智能带来的社会问题。

(三)建立人工智能技术标准和知识产权体系

加强人工智能标准框架体系研究。坚持安全性、可用性、互操作性、可追溯性原则,逐步建立并完善人工智能基础共性、互联互通、行业应用、网络安全、隐私保护等技术标准。加快推动无人驾驶、服务机器人等细分应用领域的行业协会和联盟制定相关标准。鼓励人工智能企业参与或主导制定国际标准,以技术标准"走出去"带动人工智能产品和服务在海外推广应用。加强人工智能领域的知识产权保护,健全人工智能领域技术创新、专利保护与标准化互动支撑机制,促进人工智能创新成果的知识产权化。建立人工智能公共专利池,促进人工智能新技术的利用与扩散。

(四)建立人工智能安全监管和评估体系

加强人工智能对国家安全和保密领域影响的研究与评估,完善人、技、物、管配套的安全防护体系,构建人工智能安全监测预警机制。加强对人工智能技术发展的预测、研判和跟踪研究,坚持问题导向,准确把握技术和产业发展趋势。增强风险意识,重视风险评估和防控,强化前瞻预防和约束引导,近期重点关注对就业的影响,远期重点考虑对社会伦理的影响,确保把人工智能发展规制在安全可控范围内。建立健全公开透明的人工智能监管体系,实行设计问责和应用监督并重的双层监管结构,实现对人工智能算法设计、产品开发和成果应用等的全流程监管。促进人工智能行业和企业自律,切实加强管理,加大对数据滥用、侵犯个人隐私、违背道德伦理等行为的惩戒力度。加强人工智能网络安全技术研发，强化人工智能产品和系统网络安全防护。构建动态的人工智能研发应用评估评价机制，围绕人工智能设计、产品和系统的复杂性、风险性、不确定性、可解释性、潜在经济影响等问题，开发系统性的测试方法和指标体系，建设跨领域的人工智能测试平台，推动人工智能安全认证，评估人工智能产品和系统的关键性能。

(五)大力加强人工智能劳动力培训

加快研究人工智能带来的就业结构、就业方式转变以及新型职业和工作岗位的技能需求，建立适应智能经济和智能社会需要的终身学习和就业培训体系，支持高等院校、职业学校和社会化培训机构等开展人工智能技能培训，大幅提升就业人员专业技能，满足我国人工智能发展带来的高技能高质量就业岗位需要。鼓励企业和各类机构为员工提供人工智能技能培训。加强职工再就业培训和指导，确保从事简单重复性工作的劳动力和因人工智能失业的人员顺利转岗。

(六)广泛开展人工智能科普活动

支持开展形式多样的人工智能科普活动，鼓励广大科技工作者投身人工智能的科普与推广，全面提高全社会对人工智能的整体认知和应用水平。实施全民智能教育项目，在中小学阶段设置人工智能相关课程，逐步推广编程教育，鼓励社会力量参与寓教于乐的编程教学软件、游戏的开发和推广。建设和完善人工智能科普基础设施，充分发挥各类人工智能创新基地平台等的科普作用，鼓励人工智能企业、科研机构搭建开源平台，面向公众开放人工智能研发平台、生产设施或展馆等。支持开展人工智能竞赛，鼓励进行形式多样的人工智能科普创作。鼓励科学家参与人工智能科普。

六、组织实施

新一代人工智能发展规划是关系全局和长远的前瞻谋划。必须加强组织领导，健全机制，瞄准目标，紧盯任务，以钉钉子的精神切实抓好落实,一张蓝图干到底。

(一)组织领导

按照党中央、国务院统一部署,由国家科技体制改革和创新体系建设领导小组牵头统筹协调,审议重大任务、重大政策、重大问题和重点工作安排,推动人工智能相关法律法规建设,指导、协调和督促有关部门做好规划任务的部署实施。依托国家科技计划(专项、基金等)管理部际联席会议,科技部会同有关部门负责推进新一代人工智能重大科技项目实施,加强与其他计划任务的衔接协调。成立人工智能规划推进办公室,办公室设在科技部,具体负责推进规划实施。成立人工智能战略咨询委员会,研究人工智能前瞻性、战略性重大问题,对人工智能重大决策提供咨询评估。推进人工智能智库建设,支持各类智库开展人工智能重大问题研究,为人工智能发展提供强大智力支持。

(二)保障落实

加强规划任务分解,明确责任单位和进度安排,制定年度和阶段性实施计划。建立年度评估、中期评估等规划实施情况的监测评估机制。适应人工智能快速发展的特点,根据任务进展情况、阶段目标完成情况、技术发展新动向等,加强对规划和项目的动态调整。

(三)试点示范

对人工智能重大任务和重点政策措施,要制定具体方案,开展试点示范。加强对各部门、各地方试点示范的统筹指导,及时总结推广可复制的经验和做法。通过试点先行、示范引领,推进人工智能健康有序发展。

(四)舆论引导

充分利用各种传统媒体和新兴媒体,及时宣传人工智能新进展、新成效,让人工智能健康发展成为全社会共识,调动全社会参与支持人工智能发展的积极性。及时做好舆论引导,更好应对人工智能发展可能带来的社会、伦理和法律等挑战。

最高人民法院关于加快建设智慧法院的意见

（法发〔2017〕12 号）

为深入贯彻党的十八大和十八届三中、四中、五中、六中全会精神、十二届全国人大五次会议决议，全面落实《国家信息化发展战略纲要》和《“十三五”国家信息化规划》对智慧法院建设的总体要求，确保完成《人民法院信息化建设五年发展规划（2016—2020）》提出的 2017 年总体建成、2020 年深化完善人民法院信息化 3.0 版的建设任务，以信息化促进审判体系和审判能力现代化，努力让人民群众在每一个司法案件中感受到公平正义，制定本意见。

一、充分认识加快建设智慧法院的意义、目标和要求

（一）深刻领会建设智慧法院的重大意义。智慧法院是人民法院充分利用先进信息化系统，支持全业务网上办理、全流程依法公开、全方位智能服务，实现公正司法、司法为民的组织、建设和运行形态。加快建设智慧法院是落实“四个全面”战略布局和五大发展理念的必然要求，是国家信息化发展战略的重要内容，是人民法院适应信息化时代新趋势、满足人民群众新期待的重要举措。各级人民法院要从推进国家法治建设、促进审判体系和审判能力现代化的高度，认识和推动智慧法院建设，切实发挥先进科学技术对服务人民群众、服务审判执行、服务司法管理的重要保障作用。

（二）正确理解建设智慧法院的工作目标。建设智慧法院，就是要构建网络化、阳光化、智能化的人民法院信息化体系，支持全业务网上办理，全流程审判执行要素依法公开，面向法官、诉讼参与人、社会公众和政务部门提供全方位智能服务，使信息化切实服务审判执行，让司法更加贴近人民群众，用先进信息技术不断提高各级人民法院的科学管理水平。

（三）准确把握建设智慧法院的总体要求。坚持统一规划、积极推进，以最高人民法院和各高级人民法院信息化建设五年发展规划为指导，依据人民法院信息化标准，结合各地信息化建设发展实际，各级人民法院主动作为，务实有序推进建设；坚持融合共享、高效智能，充分拓展各类业务应用线上服务能力，建立线上线下有效对接机制，提升法院业务应用、各级法院和法院内外之间的融合贯通、互动服务效能，按需提供各类智能服务应用；坚持创新驱动、安全发展，加强前沿技术和关键技术研究，紧密结合审判执行工作实际，推进技术转移和转化应用，同时提高规划、建设、管理、维护等各环节信息安全风险意识和防护水平，在信息化建设和应用不断发展的同时确保信息安全。

二、推进系统建设，提供坚强的信息化基础支撑

（四）构建全要素集约化信息网络体系。基于法院专网、移动专网、外部专网、互联网和涉密内网，构建专有云、开放云和涉密云，提升各类基础设施配置水平，通过安全隔离交换技术实现网间信息共享。利用物联网技术，进一步提升诉讼服务大厅、执行指挥中心、科技法庭、远程提讯、远程接访、数字审委会、数字化会议室、信息管理中心等执法办案场所的信息化水平。

（五）构建全业务全流程融合应用体系。以现有各类应用系统为基础，打通数据接口、集成应用界面、拓展和完善业务功能，构建融合审判、执行、人事、司法管理等各类应用系统的内部融合平台，集成司法公开、诉讼服务、沟通宣传等各类应用系统的外部服务平台，贯通内部融合平台和外部服务平台，形成“一站式”综合服务体系，推动平台资源整合、业务协同和多方利用，实现线上线下业务办理无缝对接。

（六）构建全方位信息资源及服务体系。完善国家司法审判信息资源库，实现审判执行、司法人事、司法政务、司法研究、信息化管理和所需外部数据的全面覆盖；建立数据集中管理和质量保障机制，狠抓数据源头，重视数据质量，做到汇聚快、要素全、质量高；建设数据共享交换平台,实现法院之间和法院与外部之间的数据共享交换和业务协同;建立大数据分析系统,研发面向司法公开、诉讼服务、决策支持、监控预警、司法研究和工作评估等方面的智能服务;探索建立面向立案、审理、裁判、执行等法院业务的知识图谱,构建面向各类用户的人工智能感知交互体系和以知识为中心的人工智能辅助决策体系。

三、推进业务应用,大力提升审判工作质效

(七)推动流程再造促进审判高效有序运行。基于贯通至人民法庭的法院专网,全面推进电子卷宗随案同步生成和深度应用,构建覆盖案件办理全流程的网上审判体系,全面支持网上办案,实现全程留痕、动态监督、审限预警,促进程序公正与实体公正的有机统一,全面提升审判质效,有效规范司法行为;推进巡回审判、执行等移动应用,打通服务群众的"最后一公里";推进司法协助管理平台建设与应用,为"一带一路"等国家重大经济战略提供司法保障及便利。

(八)依托信息化破解执行难题。建设覆盖全国各级法院的执行指挥系统,融入案款管理、终本案件管理、执行会商、执行委托、舆情监管、绩效考核、数据分析等内容,发挥实时监控、上传下达、异地调度、快速反应等功效,形成全国法院上下一体、协调统一的运行机制;充分应用人民法院执行案件流程信息管理系统,实现四级法院执行案件信息统一管理,立体多维的监控与纠错,加强业务管理和廉政风险防控;进一步完善网络查控系统,全面拓展提升查控广度和力度,实现与查控单位的业务协同,深入虚拟网络空间,分析挖掘隐匿涉案财物线索;持续加强信用惩戒系统建设和应用,实现与社会诚信体系的全面联动,多维关联分析被执行人信用数据,扩大信用惩戒范围,加大信用惩戒力度;大力推广网络拍卖系统建设和应用,支持全国法院网络司法拍卖工作,提高被执行财产处置效率。

(九)推进立案信访工作上下联动、内外贯通。建立完善网上立案系统,推广网上异地立案,与法官工作平台无缝对接,为涉诉群众提供更加

便捷的服务；提高诉讼服务中心信息查询输出、信访接待处置、立案快速处理等专用诉服装备的信息化水平，不断增强人民群众的获得感；建立上下级法院以及法院与其他信访部门之间的及时信息共享和工作联动机制，探索建立面向跨部门稳控的信访群体特征画像与息访手段，提高多源涉诉信访数据分析的证据甄别与案件处置能力。

（十）借助现代信息技术助推司法改革。建立并完善举证、质证、认证留痕系统，全面贯彻证据裁判原则；通过信息化系统支持司法人员分类管理、人案结合绩效评查，促进司法责任制改革；建立完善人民陪审员分类、抽选、评估系统，支持人民陪审员制度改革；建立司法改革数据分析评估系统，提高司法改革方案科学性和工作成效。

四、推进"互联网＋阳光司法"，促进法院工作透明便民

（十一）提升司法公开工作水平。充分运用互联网技术，完善司法公开四大平台建设，助推司法公开工作，促进实现审判执行全要素依法公开；推动司法公开信息全面汇总、深度关联、便捷查询，提升司法信息公开水平和服务能力；继续推进庭审公开，通过互联网多渠道公开庭审过程，让遍布各地的更多人群"走进"法庭，切实感受阳光司法的不断进步；进一步加强互联网监督投诉平台建设和推广应用，强化社会公众对人民法院各项工作的全面监督作用。

（十二）打造"互联网＋"诉讼服务体系。提供更加优质、高效、便捷的诉讼服务，支持实现所有诉讼服务业务网上办理；整合诉讼服务大厅、诉讼服务网、12368 热线、移动客户端等诉讼服务渠道，构建线上线下打通、内网外网互动的立体式诉讼模式，为诉讼参与人提供一体化、全方位、高效率的诉讼服务；进一步拓展网上诉讼服务，普及网上调解、网上证据交换、网上质证、网上开庭功能，构建支持全业务流程的互联网诉讼平台；建设完善电子送达系统，通过与外部单位信息共享，精准定位诉讼参与人，通过信息留痕、数据追溯，实时掌握受送达人收悉情况，提升送达效率，破解送达难题。

（十三）构建多渠道权威信息发布平台。利用互联网、移动互联网应用平台等，构建网站、微信、微博和App客户端等多渠道权威信息发布平台，促进社会公众了解、参与、监督法院工作。

五、运用大数据和人工智能技术，按需提供精准智能服务

（十四）支持办案人员最大限度减轻非审判性事务负担。充分运用外包服务方式，建立先进的电子卷宗随案同步生成技术保障和运行管理机制，为案件信息智能化应用提供必要前提；不断提高法律文书自动生成、智能纠错及法言法语智能推送能力，庭审语音同步转录、辅助信息智能生成及实时推送能力，基于电子卷宗的文字识别、语义分析和案情理解能力，为辅助法官办案、提高审判质效提供有力支持；深挖法律知识资源潜力，提高海量案件案情理解深度学习能力，基于案件事实、争议焦点、法律适用类脑智能推理，满足办案人员对法律、案例、专业知识的精准化需求，促进法官类案同判和量刑规范化。

（十五）为人民群众提供更加智能的诉讼和普法服务。挖掘利用海量司法案件资源，提供面向各类诉讼需求的相似案例推送、诉讼风险分析、诉讼结果预判、诉前调解建议等服务，为减少不必要诉讼、降低当事人诉累提供有力支持；拓宽司法服务渠道，探索基于法律知识自主学习和个性化交流互动的智能普法服务装备，提升诉讼和普法服务质效；深度分析用户诉讼行为，挖掘用户个性化需求，精准推送司法公开信息，提升广大人民群众的获得感。

（十六）支持管理者确保审判权力正当有序运行。推广完善庭审规范性自动巡查系统，确保审判活动有序、高效、规范，提高司法公信力；提升审判管理、人事管理、政务管理信息化水平，再造审判管理流程，推进审判执行与审判管理同步运行，实时智能化预警审判执行过程偏离态势，实现审判工作的精细化管理；探索建立全面覆盖审判全过程的信息化监管手段，有效监督和制约审判权的行使；构建面向司法公开、司法为民、司法管理的信息化评估体系，确保司法公正、廉洁、高效。

（十七）支持法院管理者提高司法决策科学性。运用大数据为司法决策服务，结合审判动态分析和司法统计智能分析，科学研判审判运行态势，科学调配司法资源，提高司法决策的时效性和针对性；运用海量司法案例资源，针对刑事、民事和行政等案件，探寻新形势下司法规律，提高司法预测预判和应急响应能力；关联运用案件与人事、行政、财务、后勤、装备和信息化等数据资源，建立信息化支持的人民法院综合管理分析评估改进体系，支持提高各级人民法院科学化管理水平。

（十八）支持党和政府部门促进国家治理体系和治理能力现代化。深度挖掘分析海量案件信息资源，监测社会治理存在的突出矛盾，预判经济社会发展变化趋势，为各级党委、政府提供决策参考。

六、强化工作保障，促进持续健康发展

（十九）建立常态化经费保障机制。将智慧法院建设纳入当地经济发展战略、规划和计划，积极争取建设经费并在预算中统筹安排基础设施、重点项目建设资金和日常运维服务经费，确保建设需求；统筹利用天平工程、财政专项、科研项目等多项资金渠道，建立经费动态调整机制，优化资金配置；探索采用社会资本合作模式，创新信息化投融资机制，积极引导社会资本投入法院信息化建设。

（二十）建立规范化安全保障体系。大力推动实施《人民法院信息系统安全保障总体建设方案》，确保信息化建设与信息安全体系同步发展；建立全国法院年度信息安全检查机制，增强安全意识，强化安全管理和防护，保障网络安全；建立全国法院人员统一身份认证体系，完善人员身份认证和授权管理机制；健全完善基础设施、应用系统和数据资源安全保障机制，提高对各类突发事件的日常防控、态势预警和应急响应能力。

（二十一）建立质效型运维保障体系。构建以基础设施、应用系统、数据资源、信息安全为支撑，以应急响应为保证的常态化运维保障体系，最大限度提高人民法院信息化应用成效；建设推广可视化运维平台，实现对四级法院直至人民法庭的信息化运行质效可视化管理，为提高运行成效提供有力支持;从运维组织、运维管控、运维过程、运维资源四个方面建立信息系统运维保障评估方法,促进质效型运维管理体系不断完善。

(二十二)建立专业化人才保障体系。全面落实最高人民法院《关于人民法院信息化人才队伍建设的意见》,制定完善细则,督促贯彻实施,为智慧法院建设提供坚实的人才队伍保障。

(二十三)构建应用成效评估改进机制。开展法院信息化建设与应用的深度调研、评估指标设计、指数评估、问题分析和改进,提升人民法院信息化的建设水平和应用成效;加强审判执行业务应用、司法管理应用的使用培训,重点加强试点示范项目的总结和交流培训力度;整合全媒体宣传推广资源,建立多渠道、全方位的法院信息化推广宣传体系。

"互联网+调解仲裁"2020行动实施计划

(人社厅发〔2018〕83号)

为做好新时代劳动人事争议调解仲裁(以下简称调解仲裁)工作,切实加强调解仲裁行风建设,更好发挥信息化引领和保障作用,不断提高调解仲裁工作质效和公共服务能力,现结合实际制定本实施计划。

一、总体要求

(一)指导思想

以习近平新时代中国特色社会主义思想为指引,贯彻落实习近平网络强国战略思想,按照《"互联网+人社"2020行动计划》和人社系统行风建设的要求,推动"互联网+调解仲裁"工作,进一步提升劳动人事争议处理质效,更好满足劳动人事争议当事人(以下简称当事人)日益增长的调解仲裁需求,不断完善中国特色劳动人事争议处理制度,推动新时代调解仲裁事业创新发展。

（二）基本原则

坚持以人为本，充分发挥“互联网＋调解仲裁”服务人民群众的作用，依托互联网、大数据和人工智能等技术，不断满足当事人更高维权需求。坚持开拓创新，推动“互联网＋”与调解仲裁工作的深度融合，加快服务方式与业务创新变革，不断开拓“互联网＋调解仲裁”新模式、新领域。坚持开放共享，着力实现调解仲裁信息系统与调解仲裁服务平台的互联互通，推动实现调解仲裁信息系统与人社领域其他信息系统、人民法院等有关部门信息系统的互联互通。坚持安全有序，加强数据安全管理，强化信息安全措施，防范信息泄露风险，确保“互联网＋调解仲裁”安全、健康、稳定运行。

（三）总体目标

到2020年，功能完备、运行高效、服务优质、监督有力的调解仲裁信息化网络基本建立，基本实现线上办案全覆盖，网上调解仲裁服务普遍开展，与有关部门信息共享机制初步形成，信息化建设在调解仲裁事业发展中的引领和保障作用充分发挥，调解仲裁工作服务当事人、服务人社事业发展、服务改革发展稳定大局的能力显著提升。

二、主要任务

（一）推进全国劳动人事争议仲裁办案系统（以下简称办案系统）建设。该系统是由仲裁工作人员使用的专门处理劳动人事争议案件的信息系统，旨在规范办案流程，统一办案标准，提高办案效能，加强办案监督。

2018年，制定发布《劳动人事争议调解仲裁管理信息系统指标集与代码》，升级部版办案系统，建立法律法规库和案例库，探索类案法律政策推送。各地实现地市级仲裁机构办案系统全覆盖，县级仲裁机构办案系统覆盖率超过85%；各省（区、市）在线办案率（在线处理案件数/处理案件总数）不低于40%。

2019年，完成部版办案系统升级，完善法律法规库和案例库，统一仲裁文书,实现类案法律政策推送等功能。各地根据部版办案系统和《劳动人事争议调解仲裁管理信息系统指标集与代码》同步升级调整本地办案系统。县级仲裁机构办案系统覆盖率超过90%;各省(区、市)在线办案率不低于60%。

2020年,加大升级后办案系统推广力度,进一步充实案例库,加强类案法律政策推送,丰富系统功能。各地基本完成办案系统升级,县级仲裁机构办案系统覆盖率超过93%;各省(区、市)在线办案率不低于80%。

(二)推进全国劳动人事争议仲裁机构及其工作人员管理信息系统(以下简称机构人员系统)建设。该系统是全国仲裁机构及其工作人员的管理平台,旨在全面、及时、准确掌握全国仲裁机构和工作人员基本情况,加强仲裁机构及其工作人员管理,提高机构队伍建设水平。

2018年,升级机构人员系统,开展数据信息核准工作,加强对全国仲裁机构和工作人员的动态管理。各地要按照《全国劳动人事争议仲裁机构及其工作人员管理信息系统数据信息核准操作指南》,认真做好数据信息的核准填报工作,并从第四季度起按季度更新系统数据信息。

2019年至2020年,完成机构人员系统升级;对全国仲裁机构和工作人员实行实时动态管理,并以之为基础推动通过系统实施绩效考核,增强仲裁培训和工作指导的针对性,建立全国仲裁员名册并以适当方式公开。各地实时更新机构人员数据信息,注重数据信息的使用,进一步加强机构管理和队伍建设。

(三)推进全国劳动人事争议仲裁案件信息监测系统(以下简称监测系统)建设。该系统是依托办案系统收集、汇总、分析全国劳动人事争议仲裁案件数据信息的系统,旨在加强调解仲裁统计分析、形势研判和风险防控工作。

2018年,完成监测系统建设,建立仲裁案件信息监测制度,制定发布《全国劳动人事争议仲裁案件信息监测指标》(以下简称《监测指标》),第四季度起试运行系统。各地配合做好监测系统试运行工作。尚未使用办案系统的地区,组织专门人员填报监测数据信息。

2019 年,升级完善监测系统,在全国正式运行。制定数据信息校核标准,探索建立争议案件风险预警机制,提高统计数据分析能力。各地按照《监测指标》按月报送监测数据信息,落实校核标准,提高数据信息质量。尚未使用办案系统的地区,组织专门人员填报监测数据信息。

2020 年,试行案件数据信息实时采集,实行争议案件情况实时监测。各地进一步提高数据信息质量,保证数据信息及时报送,不断加强监测成果应用,做好争议风险防控。

(四)推进网上调解仲裁服务平台建设。该平台通过网站、手机 APP 等载体为当事人提供在线调解和在线仲裁服务,旨在进一步畅通调解仲裁服务渠道,为当事人提供更好维权服务。

2018 年,建立全国劳动人事争议调解服务平台(以下简称调解平台),并于第四季度试运行。各地建立网上调解员库,先行开展网上调解工作的地区要选派优秀调解员仲裁员开展网上调解工作,加强工作指导、考核及培训。有条件的地区提供查询仲裁案件处理进度信息等服务。推动有条件地区建立仲裁机构与人民法院数据信息共享互联机制。

2019 年,升级完善调解平台并加大推广力度,探索调解平台与办案系统资源的融合应用。各地加大调解平台使用力度,力争各省份都有调解组织运用调解平台开展调解工作。有条件的地区开展网上预约申请仲裁等服务,探索开展仲裁网上庭审。推动更多仲裁机构与人民法院建立数据信息共享互联机制。

2020 年,研究提出加强网上调解仲裁服务工作的意见,推动数字仲裁庭和智能仲裁院建设。各地调解组织都通过调解平台开展调解工作。仲裁机构逐步实现案件网上处理,探索裁决书网上公开。大部分地区仲裁机构实现与人民法院系统数据信息的共享互联。

三、组织实施

(一)提高思想认识,明确工作任务。各地要充分认识调解仲裁信息化建设的重要意义,将其作为加强和改进调解仲裁行风建设、进一步提升争议处理效能的重要工作来抓。要制定工作方案,明确任务、时限要求和责任人,有序高效开展工作。

(二)加强组织领导,形成工作合力。各地要加强调解仲裁机构与信息化综合管理机构的协调,研究解决工作中遇到的问题,促进调解仲裁业务与信息技术的融合创新,切实发挥信息化的引领和保障作用。

(三)坚持问题导向,加强指导督查。各地要根据工作实际,有针对性地加强工作指导和督查调研,推动"互联网+调解仲裁"落实落细。

(四)鼓励横向交流,推广先进经验。各地要加强交流,促进共同进步。部里将总结、宣传、推广各地好经验好做法,发挥典型经验的示范引领作用,推动"互联网+调解仲裁"深入开展。

浙江省劳动人事争议数字仲裁庭建设标准

(浙劳人仲办〔2021〕2号)

本标准规定了浙江省劳动人事争议数字仲裁庭(以下简称"数字仲裁庭")的功能要求,适用于规范和指导数字仲裁庭的建设。

数字仲裁庭满足庭审过程公开、公正、高效、真实、透明的要求,打破时间和空间因素对庭审活动的限制,最大限度规范庭审活动,提高庭审效率,为仲裁员、当事人、群众提供便捷的服务。

数字仲裁庭建设模式分为标准型和增强型两类:

一、标准型

标准型所含功能为数字仲裁庭必备功能,并为后续升级增强型预留接口。

(一)基本应用功能

1. 开庭同步

庭审现场按需设置大屏显示设备,仲裁员席位配置显示设备,各方席位信息、当庭展示的证据信息和笔录内容能实时同步到显示设备。

2. 庭审实况采集

支持庭审参与各方席位、庭审全景等多路视频同时接入、同步切换控制,视频多画面合成显示。各席位按需配置桌面拾音设备用于声音采集。最终庭审视频合成画面分辨率要求不低于1080P,并确保视频完整、清晰、流畅。

3. 语音激励

自动跟踪拍摄当前发言人的特写画面。

4. 庭审实况存储

庭审现场的音视频信息、示证信息必须同步存储在系统中。系统应提供本地同步实时存储,并为后续网络存储预留接口,保证庭审实况录像可靠保存。

5. 庭审点播

系统提供对庭审实况资料的管理功能,授权用户能通过终端设备在专网或互联网上调阅所需的某一案件的庭审资料。提供查询功能,点播庭审资料时提供快速定位功能。系统要保证庭审实况音视频信息、示证信息、笔录信息的同步播放。

6. 信息共享

系统能与浙江省劳动人事争议调解仲裁信息管理系统共享庭审排期信息、案件基本信息和人员角色信息、庭审音视频信息。与信息管理系统整合所需功能:(1)庭审状态及笔录上传;(2)庭审点播;(3)庭审应用情况统计展示。

7. 信息安全

对系统的使用者按岗位、职能授予相关权限。提供庭审音视频信息、示证信息存储备份功能。

(二)设备管理功能

1. 设备操控

系统应提供方便的控制系统,简化操作步骤。通过触摸屏或者计算机软件,对仲裁庭设备进行操控。

2. 设备监测

提供本仲裁机构所有数字仲裁庭设备运行状态监测平台,实时监测庭审主机、后台管理服务器运行状态,系统可监测各仲裁庭录像录制状态。

二、增强型

增强型包含标准型全部功能,并可选择增加以下功能:

1. 席位显示功能

庭审各方席位按需配置显示设备用于显示庭审证据、庭审笔录、案件信息等。

2. 语音识别功能

将仲裁庭内实时的语音转换成为文字。

3. 人脸身份证校验功能

提供人证合一识别,核验当事人真实身份。

4. 电子质证功能

支持物证、书证、音像证据、电子证据的当庭展示。

5. 远程开庭功能

(1)庭审双方当事人、证人通过互联网终端设备与位于仲裁庭的仲裁员在同一时间通过网络参与同一庭审活动。(2)分布于不同地区仲裁庭的双方当事人、证人、仲裁员在同一时间通过网络参与同一庭审活动。

6. 庭审实况直播功能

采集后的数字音视频信号,通过流媒体服务发送到计算机网络上,经授权的用户,在内网或互联网的终端设备上可观看庭审实况直播。实况直播根据实际可选用单路或者合成播出。系统能控制是否开启实况直播。

7. 其他功能

各地可根据办案实际,按需配置其他功能。

浙江省人力资源和社会保障厅
关于开展示范仲裁庭建设活动的通知

（浙人社厅函〔2015〕65号）

各市、县（市、区）人力资源和社会保障局：

为深入贯彻落实中共中央国务院《关于构建和谐劳动关系的意见》（中发〔2015〕10号），进一步推进仲裁机构实体化建设，提高劳动人事争议仲裁规范化、专业化水平，不断提升仲裁服务社会能力，树立“公正、公平、公开、公信”的良好形象，经研究，决定在全省开展劳动人事争议示范仲裁庭建设活动。现将有关事项通知如下：

一、指导思想

以十八届四中全会精神和习近平总书记系列重要讲话为指导，贯彻“四个全面”战略布局，进一步落实中共中央、国务院《关于构建和谐劳动关系的意见》要求，以示范仲裁庭建设为抓手，全面推进劳动人事争议仲裁效能建设。坚持问题导向，通过示范引领，推进我省调解仲裁规范化、标准化、信息化、专业化建设，不断提升调解仲裁服务发展能力水平，为建设“平安浙江”，构建和谐劳动关系提供有力保障。

二、建设标准

示范仲裁庭应在硬件设施、信息化装备、案件处理质量、队伍建设和配套保障等方面在全省起到示范和引领作用。具体标准见《浙江省劳动人事争议示范仲裁庭建设标准》（附件1）。

三、工作安排

示范仲裁庭建设是我省“十三五”期间加强仲裁效能建设的重要内

容，各地要根据仲裁庭建设情况分步分批推进。2016 年起，每年第二季度对示范仲裁庭进行验收和授牌，对验收通过的仲裁庭进行通报，在年度劳动人事争议案件处理质量查评中给予加分，并视情况给予相应的政策倾斜和支持。

（一）自行申报。2016 年起，每年 5 月 10 日前，各地对照示范仲裁庭建设标准，自行评估，符合标准的，填报《浙江省劳动人事争议示范仲裁庭申报表》（附件 2）和《浙江省劳动人事争议示范仲裁庭建设清单》（附件 3），上报市人力社保局。市本级的示范仲裁庭直接向省厅申报。

（二）评估推荐。每年 5 月 30 日前，各市人力社保局对所辖县（市、区）申报的示范仲裁庭进行考察评估，对符合示范仲裁庭建设标准的，提出书面推荐意见，上报省厅。

（三）评估验收。每年 6 月 30 日前，省厅对各市推荐的示范仲裁庭进行评估验收并予以公示，对通过验收的示范仲裁庭进行通报，并授牌。

（四）复审复核。省厅每两年对示范仲裁庭进行复审复核，不符合条件的予以摘牌。

四、有关要求

（一）高度重视。各地要以示范仲裁庭建设为契机，不断推进仲裁机构实体化建设，提升劳动人事争议处理效能。各市在评估推荐示范仲裁庭工作中应坚持实事求是，不得虚报推荐。对弄虚作假的，一经查实即取消申报资格。

（二）加强管理。要加强示范仲裁庭日常管理，不仅要做到设施设备等硬件到位，更要做到办案程序、处理质量等软件更胜一筹，不断提升调解仲裁效能。省厅将对示范仲裁庭进行日常督查，对发现不符合条件，经限期整改后仍未达标的，予以摘牌，并在年度劳动人事争议案件处理质量查评中予以扣分。

（三）创新工作。各地要结合示范仲裁庭建设活动，不断完善劳动人事争议处理制度，创新调解仲裁办案方式、优化办案程序，强化便民服务,不断提升调解仲裁公开透明、依法公正、及时高效的社会形象。

相关事宜及问题,请及时与省劳动人事争议仲裁院联系。

附件:1. 浙江省劳动人事争议示范仲裁庭建设标准

2. 浙江省劳动人事争议示范仲裁庭申报表

3. 浙江省劳动人事争议示范仲裁庭建设项目清单

附件 1

浙江省劳动人事争议示范仲裁庭建设标准

为进一步推进仲裁机构实体化,提高仲裁办案质量,提升争议处理效能,不断促进“阳光仲裁、公平正义”,在我省劳动人事争议仲裁庭规范化建设的基础上,制定示范仲裁庭建设标准。

一、硬件设施

(一)仲裁庭面积。示范仲裁庭的面积原则上不少于 80 平方米。

(二)仲裁庭席位。示范仲裁庭应按规定设置仲裁员席、当事人席、证人席和旁听席,旁听席不少于三排或 30 座,旁听区与审理区之间相对分离。

(三)仲裁庭布局。示范仲裁庭装修应庄严、肃穆,席位布局遵照规范化建设指导意见执行,隔音效果好。

(四)配套设施。仲裁庭和办公区域相对分离,并设有候庭区和接待窗口、调解室。

二、信息化装备

(五)基本配置。

1. 仲裁庭应配置大型显示屏,仲裁员席、申请人席、被申请人席、书记员席均配置显示器,实现与书记员操作数据同步。

2. 书记员席应配置电脑、打印机、证据展示台,实现证据展示、庭审笔录等信息在仲裁员、双方当事人、证人、旁听人员之间同步或交叉显示。

3. 仲裁庭外公共场所显著位置设置电子显示屏,及时公布仲裁开庭审理公告等信息。

(六)监控设备。仲裁庭应配置具备智能语音激励功能的音、视频实时监控设备,实现仲裁庭审全程同步录音录像。并具备网络直播和回放功能。

（七）信息系统。仲裁相关基础信息在浙江省劳动人事争议调解仲裁信息管理系统内及时更新。全部案件均通过调解仲裁信息管理系统办理，实现案件同步处理。

（八）信息档案。及时保存庭审录像。每件经过仲裁庭开庭审理的案件卷宗都有庭审全程音、视频录像，做到“一案一光盘”。

三、案件处理质量

（九）案件受理。依法保护当事人合法权益，严格依法及时受理各类劳动人事争议仲裁申请。未发现该受理而未受理案件情况。

（十）依法审理。依法处理各类劳动人事争议案件，未发生错案。开庭公告和送达公告及时发布，并自动在省仲裁网站同步显示。

（十一）仲裁文书。法律文书严谨规范，各类文书送达程序和时间符合法律规定。裁决书内容完整，事实认定清楚，适用法律准确，分析说理清晰透彻。

（十二）庭审程序。仲裁庭组成符合法律规定，仲裁员统一着装，庭审程序规范，各审理环节完备。仲裁员庭审驾驭能力强。

（十三）仲裁调解。依法调解，维护当事人合法权益。落实调解优先原则，调解工作贯彻案件处理全过程，年度调解率达到70%以上。

（十四）及时处理。依法及时审理劳动人事争议案件，年度结案率达到94%以上，严格落实终局裁决制度。

（十五）统计分析。及时准确统计案件处理情况，分析面临形势和存在问题，并按规定期限上报统计分析材料。注重经验总结，及时在浙江省劳动人事调解仲裁网发布工作成效、全新举措等工作信息。

四、队伍建设

（十六）人员保障。示范仲裁庭应配备不少于5名工作人员，其中专职仲裁员不少于3人。

（十七）学历要求。专职仲裁员具有法律专业本科以上学历，或取得司法职业资格。

（十八）业务培训。仲裁员每年参加业务培训，及时掌握最新劳动人事政策法规。

（十九）职业素养。仲裁员符合法律规定的任职条件，办案程序符合法律规定，无违法违规情形。

五、配套保障

（二十）制度保障。示范仲裁庭应落实劳动人事争议处理绿色通道、法律援助等便民举措，建立完善申请接待、立案受理、开庭排期、公开庭审应急处置等各项工作制度，做到制度公开上墙，保证案件处理公开、公平、公正。

（二十一）经费保障。示范仲裁庭建设、维护和庭审设备配置、更新经费，以及办案经费、仲裁员着装费、办案补助等纳入财政预算，专项保障。

（二十二）安全保障。示范仲裁庭设置仲裁员专用通道和当事人通道，有安全防范措施和应急预案，配置安检设备，配备安保人员维持秩序，确保庭审安全有序。

附件 2

浙江省劳动人事争议示范仲裁庭申报表

申报单位：

示范仲裁庭名称	
申报材料	□示范仲裁庭建设项目清单 □仲裁庭全景照片 □仲裁席位照片 □开庭全程录像 □仲裁员名单及学历证书 □仲裁庭规章制度 □其他文件资料 以上材料刻录成光盘，一式三份，报市人力社保局留存一份、省厅二份。
申报意见	（盖章） 年　月　日
市人力社保局推荐意见	评估情况：
	推荐理由： （盖章） 年　月　日
省厅验收意见	（盖章） 年　月　日

附件 3

浙江省劳动人事争议示范仲裁庭建设项目清单

申报单位：　　　　　　　　　　　　　　　　　　　　日期：　年　月　日

项目	单位申报	市人力社保局评估	省厅验收
1、硬件设施			
1. 仲裁庭面积(平方米)			
2. 仲裁庭席位设置			
3. 旁听席位数、是否分离			
4. 仲裁庭布局、隔音效果			
5. 仲裁庭与办公区分离			
6. 候庭区			
7. 接待窗口			
8. 调解室			
2、信息化装备			
9. 各席位显示器、是否同步数据			
10. 证据展示、电脑配备，是否同步展示			
11. 公共场所大型显示屏，公告开庭信息			
12. 音视频监控、语音激励			
13. 全部通过仲裁信息系统办案			
14. 一案一光盘			
3、案件处理质量			
15. 严格依法受理申请			
16. 未发生错案			
17. 仲裁文书严谨规范			

续表

项目	单位申报	市人力社保局评估	省厅验收
18. 仲裁员统一着装			
19. 仲裁庭审程序完备			
20. 上年调解率70%以上			
21. 上年结案率94%以上			
22. 及时上报统计分析			
23. 总结经验,发布信息			
4、队伍建设			
24. 工作人员5人以上			
25. 专职仲裁员3人以上			
26. 仲裁员具法律本科以上学历或司法职业资格			
27. 仲裁员每年参加培训			
28. 仲裁员无违规办案			
5、配套保障			
29. 有便民举措			
30. 落实法律援助工作			
31. 规章制度完备,责任到人			
32. 专项工作经费保障			
33. 仲裁员、当事人通道分离			
34. 有安全防范设备、措施,应急预案、机制			